中国社会科学院　学者文选

费孝通集

中国社会科学院科研局组织编选

中国社会科学出版社

图书在版编目(CIP)数据

费孝通集 / 中国社会科学院科研局组织编选. —北京：中国社会科学出版社，2005.9（2018.8 重印）
（中国社会科学院学者文选）
ISBN 978-7-5004-5256-0

Ⅰ.①费… Ⅱ.①中… Ⅲ.①社会科学—文集 Ⅳ.①C53

中国版本图书馆 CIP 数据核字(2005)第 116447 号

出版人 赵剑英
责任编辑 冯广裕 周兴泉
责任校对 尹 力
责任印制 张雪娇

出 版 中国社会科学出版社
社 址 北京鼓楼西大街甲 158 号
邮 编 100720
网 址 http://www.csspw.cn
发行部 010-84083685
门市部 010-84029450
经 销 新华书店及其他书店

印刷装订 北京市十月印刷有限公司
版 次 2005 年 9 月第 1 版
印 次 2018 年 8 月第 2 次印刷

开 本 880×1230 1/32
印 张 16.375
字 数 392 千字
定 价 99.00 元

出版说明

一、《中国社会科学院学者文选》是根据李铁映院长的倡议和院务会议的决定，由科研局组织编选的大型学术性丛书。它的出版，旨在积累本院学者的重要学术成果，展示他们具有代表性的学术成就。

二、《文选》的作者都是中国社会科学院具有正高级专业技术职称的资深专家、学者。他们在长期的学术生涯中，对于人文社会科学的发展作出了贡献。

三、《文选》中所收学术论文，以作者在社科院工作期间的作品为主，同时也兼顾了作者在院外工作期间的代表作；对少数在建国前成名的学者，文章选收的时间范围更宽。

中国社会科学院

科研局

1999 年 11 月 14 日

目　　录

前　言

费孝通是我国著名的社会学家、人类学家和民族学家，中国社会学的创始人，新民主主义革命时期的民主斗士和新中国著名的社会活动家，中国民主同盟的卓越领导人和中国共产党的亲密朋友。他才华横溢，学贯中西，怀抱“志在富民”理想，开创社区研究之风气，在社会学、人类学等社会科学的诸多领域均有重大建树，是倡导和实践中国由传统乡土社会向现代文明社会转型的重要代表人物。

费孝通1910年11月出生于江苏吴江一个知识分子家庭，从小接受现代教育。1924年起开始发表文章，展露出过人的天赋和才华。1928年进入东吴大学医预科学习。后受进步思想影响，于1930年转入燕京大学社会学系学习，获学士学位。毕业后受梁漱溟先生之邀，到山东邹平县参加乡村建设工作。不久，考入清华大学社会学及人类学系，成为我国最早在本土获得社会人类学硕士的青年学者。1936年赴英国伦敦政治经济学院留学，师从著名人类学家马林诺斯基，1938年获博士学位后回到处于抗战中的祖国。1938—1946年，任云南大学社会学系教授。其间，于1943年赴美国学习访问，1946年11月访问英国。1947 年到清华大学任教。新中国成立后，他历任清华大学教授、校务委员会委员、副教务长，中央民族学院教授、副院长，中央人民政府民族事务委员会副主任，国务院专家局副局长等职，以极大的热情投身国家的民族事业和教育事业。“文化大革命”中受冲击，下放到湖北沙洋“五七”干校。1972 年回到中央民族学院，和吴文藻、谢冰心等翻译海斯及穆恩的《世界史》和韦尔斯的《世界史纲》。1978 年后历任中国社会科学院民族研究所副所长、社会学研究所所长，国家民族事务委员会顾问，国务院学位委员会委员，中华人民共和国香港特别行政区基本法起草委员会副主任委员，中央民族学院教授，北京大学教授等多项职务。他还是第一届全国人大代表，第七、八届全国人大常委会副委员长；全国政协第一届全体会议代表，政协第三、四届全国委员会委员，第五届全国委员会常务委员，第六届全国委员会副主席。

费孝通是伟大的爱国主义者、中国共产党的亲密朋友和著名的社会活动家。1938 年，时值中华民族危亡之际，他毅然从英国回国，任教于云南大学社会学系，积极投身于抗日民主运动。他与其他学者发表声明，撰写文章，抨击蒋介石的独裁统治。“一二·一”惨案后，他与云南大学的教授一同发表声明，声援和支持昆明学生的“反内战、争民主”运动。1946 年 1 月，他与其他教育工作者联名致函正在重庆召开的政治协商会议，呼吁停止内战，成立联合政府，保障民主权利。李公朴、闻一多被暗杀后，由于生命受到威胁，他被迫离开云南。新中国建立后，他以强烈的爱国热诚积极投身新中国的建设，为社会主义伟大事业贡献了全部精力和智慧。在民主斗争中，费孝通成为中国共产党的亲密朋友。1949 年初，他积极响应中国共产党提出的“五一”口号，应邀赴西柏坡共商建国大计，受到毛泽东、周恩来等中共领导人的亲切接见，深受鼓舞和教育，从此开始了在中国共产党的领导下，与共产党亲密合作的光辉一生。在社会主义现代化建设新时期，他始终不渝地坚持中国共产党的领导，衷心拥护中国共产党的路线方针政策，以极大的热诚积极投身于中国共产党领导的统一战线和多党合作事业。他同毛泽东、邓小平、江泽民、胡锦涛等中央领导核心及诸多中共领导人建立了深厚的友谊，是中国共产党值得信赖的挚友和诤友。他曾多次表示，正是中国共产党的领导和多党合作事业，才使他为人民作贡献的理想得以真正实现。他在担任全国人大、全国政协领导职务期间，积极参加国家政治生活，参与党和国家大政方针的协商。他把领导工作与学术研究、社会活动密切结合起来，通过开展区域发展战略研究，进行“国是咨询”，将参政议政工作提高到一个新的水平。他早年就树立了“志在富民”的理想，一生孜孜以求。他利用一切机会接触社会变革的实际，深入探讨中国乡镇企业和小城镇发展问题、边区与少数民族地区发展问题、城乡关系问题、区域发展问题、文化自觉与文明对话等，发表了许多具有广泛影响的论著，为推动社会变革，为改革开放和经济社会发展作出了重要贡献。他广交海内外朋友，努力促进两岸学界和其他人士的相互了解、交流，与港台知名学者共同倡导举办了八届“现代化与中国文化”研讨会。他作为中国政府代表团成员之一，赴香港参加香港回归祖国的政权交接仪式。他为坚持和完善人民代表大会制度，为坚持和完善共产党领导的多党合作和政治协商制度，为巩固和发展爱国统一战线，为促进祖国的统一大业作出了重要贡献。

费孝通是中国民主同盟卓越的领导人。他 1945 年加入民盟，历任民盟中央委员、常委、副主席。1987 年后任民盟中央主席、民盟中央名誉主席。他在总结自己几十年与中国共产党合作共事的经验，总结中国近现代历史的演变和新中国成立的经验时，一再强调要坚持中国共产党领导的多党合作和政治协商这一中国特色的政党制度。他主持民盟中央工作后，坚持中国共产党的领导，紧密围绕国家的中心任务，把为经济建设“出主意、想办法，做好事、做实事”作为民盟的工作思路，并身体力行。多年来，他的足迹遍及祖国的山山水水。他高度关注农村和农民问题，七下甘肃定西，三十余次到江苏吴江调查，帮助当地农民寻找脱贫致富和加快发展的道路。他先后对我国西北地区、西南地区、黄河中上游、黄河三角洲、长江三角洲、珠江三角洲、环渤海地区、中原经济协作区、淮海经济协作区、东北地区、京九铁路沿线地区等进行实地调查，代表民盟中央向中共中央和国务院提出了许多既符合当地实际、又具有全局意义的重要发展思路与具体建议，尤其是关于上海浦东开发和促进22个人口较少的少数民族实现现代化的提议，受到党和政府的赞同和肯定。他善于发挥民盟在智力上的优势，领导民盟探索参政议政的有效途径。

费孝通是享誉海内外的社会学家、人类学家，我国现代社会学和人类学的创始人。他1930年即投身社会学学习和研究，后考入清华大学师从俄籍教授史禄国攻读人类学。1935年，他与新婚妻子在蜜月中同赴广西大瑶山进行社会调查，历尽艰险，调查途中误踏虎阱，腰腿受伤，妻子在寻人救援途中不幸溺水身亡。获救后，他在疗伤期间根据瑶山调查所得资料，整理出版了《花蓝瑶社会组织》。留学英国期间，在马林诺斯基教授指导下继续学习社会人类学，完成并出版了英文专著 *Peasants' Life in China*（《江村经济》）。这一论文被马林诺斯基教授誉为具有里程碑意义的人类学著作。回国后，创办了云南大学—燕京大学社会实地工作站，积极开展农村社会调查，发表了《禄村农田》等一系列关于农村问题的文章，对中国的社会、家庭结构进行了深入研究，培养了一批社会学者。1942—1943 年访美期间，把《禄村农田》、《易村手工业》、《玉村土地和商业》加以整理，1945 年以 *Earthbound China* 为名（中文名《云南三村》）在美国出版。在人类学实地调查基础上，费孝通结合中国社会结构发生的巨大变化，在 20 世纪 40 年代中后期先后发表了具有广泛影响的《生育制度》、《乡土中国》、《乡土重建》、《皇权与绅权》等论著，在动荡的年代里迎来了其学术生涯的第一个高峰期。

改革开放以后，费孝通以近 70 岁的高龄迎来了其第二个学术高峰期。1979 年他受中共中央委托主持社会学学科重建工作，任中国社会学学会会长。其间，他出访美国、加拿大，广泛了解国外社会学发展现状，大力培养国内社会学师资，组织编写教材，筹建专业教育和研究机构，并重新开始社会实地调查活动。1980 年起任中国社会科学院社会学研究所所长、名誉所长。在此期间他陆续发表了《关于我国民族的识别问题》、《迈向人民的人类学》、《三访江村》、《小城镇　大问题》等多篇著名文章。1985 年他从中国社会科学院来到北京大学，创建了北京大学社会学人类学研究所，1987 年他创办了中国社会与发展研究中心，继续进行小城镇问题、城乡关系问题、边区开发、区域发展等问题的调研工作。他主张当代的中国社会学应该是结合中国社会实际和民族特点的社会学，必须立足于中国社会的实际生活，从科学的社会调查研究入手。他在重建社会学的过程中，始终把人才的培养放在重要位置。他身教重于言传，不仅对学生提出目标、任务，更重要的是出题目（“破题”），开风气。他把学术研究和培养人才有机结合在一起，尽可能地为下一代学人提供条件、思路和方法，创造良好的学术环境。他积极倡导实地调查的风气，并且身体力行，不顾年迈之躯每年用1/3以上的时间到全国各地进行访问和调查，行一路，写一篇。他行行重行行，先后提出了沿海发展中的苏南模式、温州模式、珠江模式，中部地区的民权模式、庭院经济模式，分析了内蒙包头等代表的人文生态失调状况，站在全局和全国一盘棋的高度，提出了西北多民族开发区建设、开发大西南，发展泛珠江三角洲区域合作，以上海为龙头振兴长江三角洲，开发黄河三角洲等一系列的学术见解和政策主张。这期间他发表的《小城镇四记》、《边区开发与社会调查》、《行行重行行——乡镇发展论述》、《四年思路回顾》、《中华民族多元一体格局》等论著。他通过实地调研和思考，不断提出事关社会进步和发展的重要思想与理论，1987年提出“中华民族多元一体格局”的理论，1990年提出“各美其美、美人之美、美美与共、天下大同”的社会和谐观点，1995年提出“文化自觉”的思想，强调世界各民族的文化自觉、文化对话与文化包容。这些主张及他在社会科学研究事业上的卓越成就，引起了广泛的社会反响，赢得了国际声誉。1980年他获得了国际应用人类学会该年度马林诺斯基纪念奖，1981年获英国皇家人类学会赫胥黎纪念奖章，1988年获美国“大英百科全书奖”，1993年获日本亚洲文化大奖，1994年获该年度菲律宾拉蒙·麦格赛赛“社会领袖奖”，1998年获得“霍英东杰出奖”。此外，他还先后获得英国伦敦经济政治学院授予的荣誉院士、澳门东亚大学社会科学博士、香港大学文学博士等荣誉。20世纪80年代中期他发表的《小城镇四记》被时任中共中央总书记的胡耀邦推荐给全党学习，并在1987年获得北京市首届哲学社会科学研究荣誉奖；《中华民族多元一体格局》1990年获得北京市第二届哲学社会科学优秀成果特等奖；《行行重行行——乡镇发展论述》1995年获得全国高等学校首届人文社会科学研究优秀成果一等奖，1999年获国家社会科学基金特别荣誉奖。1999—2004年相继出版的《费孝通文集》（16卷本），收集了他从1924—2004年80年间的绝大部分著述，这是他一生重要学术成就的集纳，也是我国社会科学的一项丰硕成果。他的理论在实践中的应用，卓有成效地体现了社会学、人类学的巨大应用价值。他超凡的才智、渊博的学识为人们所钦佩和敬重。

费孝通的一生是光辉的一生，是追求真理的一生。他在追求救国救民的真理中，以自己的研究工作和社会活动为中华民族的伟大复兴殚精竭虑，不懈奋斗，直至生命的最后阶段。自2003年底住进医院到2005年4月24日逝世，他还利用口述方式发表了《老来还是要在向前看》、《“美美与共”与人类文明》等著述。他高尚的品格、无私奉献的精神永远值得我们学习和怀念！

《费孝通集》被列入“中国社会科学院学者文选”系列，编撰工作得到了中国社会科学院科研局的大力支持，表示衷心感谢。本文集的文章主要来源于《费孝通文集》，个别文章来源于北京大学中国社会与发展研究中心等编辑的SAChina工作论文2004年第八期。张荣华同志提供了中国民主同盟中央委员会2005年5月的《中央盟讯——沉痛悼念中国民主同盟名誉主席费孝通同志》专刊、《费孝通学历简述》、《费孝通简历》等资料，并与编者一起商定了收录文章的具体篇目。文集后附的《作者主要论著目录》、《作者大事年表》，主要根据上述资料整理，在此一并表示感谢。费孝通先生一生勤于著述，著作等身，佳篇名作甚多。受篇幅限制，《费孝通集》根据编撰要求仅收录了一小部分具有一定代表性的学术性论文，很多佳作如《江村经济》、《乡土中国》、《生育制度》、《社会调查自白》等著作均无法收录，远不能全面体现费孝通先生的学术全貌和人文情怀。谨此说明。

王延中

2005年9月12日

中国乡村工业*

1939年的暑假，之毅和我一同到禄村去做调查工作。我们睡在一间房里，晚上，隔着两层蚊帐，上下纵横的谈起来。年轻人总是善于做梦的。有一次他突然从床上坐起来，撩开了帐子，点了一支烟，很兴奋的和我说："我想到一个风景优美，与世隔绝的小天地里去住上一年。一家一家都混熟了。你不要来管我，好像忘了我一般。可是我有一天忽然回来了，写好了一本书。"这本是之毅的性格，默默的，装得好像很平庸，可是他在预备，在干，无声无息的，等待有那么一天，叫人对他刮目相视。床头的梦语，谁也不当正经话，说完也就过了。可是，隔不上几天，他要我一同去看张大舅，听他讲绿叶江的神话。似乎是在江的尽头，有一个桃花源似的去处。红红的山岩，像是给天火烧过。大江就在这山坳里滚滚地流，两岸长着几十里不断的翠竹，丛丛密密，把天都遮住了。就在这地方，有着无数的纸坊，家家都造纸。张大舅讲得出了神，"我和你们一同去，我认得这地方。你们调查好了，开个大工厂，我来帮你们办事"。张大舅的口才把

* 本文是作者为张之毅著《易村手工业》所作的序。

我们都说动了。隔不上两个月，之毅和我两匹马就在高山险峰上盘旋着向这动人的易村出发了。

易村对于我们的引诱，当然不止是红的山，绿的竹。更具有魅力的是它所代表的那种农村经济的结构。在我们研究计划中，早就写下了要调查一个以手工业为基础的内地农村。一方面可以和太湖附近有手工业的江村作一比较，一方面可以和以农业为主的禄村作一比较。从各方面打听下来，易村正是我们理想的研究对象。因之，我们不辞劳苦的走访这个村子。实在的易村，并不和传说的易村那样家家户户造纸。可是，我们住定了一看，发现它比我们所预期的更有意思，因为它不但有造土纸的作坊工业，还有织篾器的家庭手工业。正可做一个比较研究。

我们不久就离开了易村，之毅准备了一下，单身匹马一个人再去。他就在这外人罕至的小山坳里默默的进行他的工作。易村的工作环境，实在比我们所有的工作地方都困苦。不但我们曾好几天除了花生外，没有任何其他可以下饭的东西，而且人地生疏，没有半点捷径。一切都得硬硬地打入这个陌生的社区中去。这自是一件极不容易的事。之毅初次加入我们的队伍，就派着这个苦差。他离开我时，我不免为他担心。那年年底，之毅饱受风尘地回来了，没有说半句怨言。他和我住在一起，一行一行地写下了这份报告。禄村小楼上的一句梦话，居然成了事实，至少也可算是我们这几年艰苦生活中的一点小小的安慰。

在这份报告中，之毅很仔细地解剖了易村的经济结构。更在整个结构中，点明乡村工业所占的位置。他好像是在显微镜下对一个标本做了一番极周到的观察，并且一一为我们描画了下来。可是我们的目的，却并不是如张大舅所说的一般，调查了可以去开一所造纸厂，我们对于易村本身可说并没有特别的兴趣。我们所发生兴趣的，还是乡村工业的本身，易村只是我们研究这个问题时的一个标本罢了。我读完了这本报告，很想借这个机会，根据之毅研究的结果，对于中国乡村工业问题说几句话，用以指明之毅这次研究对于我们了解中国乡村工业上所有的贡献。

一 工业和农业的界线

我常觉得一般人把工业的范围看得太狭，好像一定要有厂房，有机器，有大烟囱，才算是有工业。西洋现代工业固然是最新的工业，但不是工业的全部。把工业的范围看得太狭，很容易使我们抹煞了建国过程中一个重要的节目，就是怎样使我们原有的工业蜕变成现代工业。要我们能对付这个问题，自得先明了我们原有工业的性质。

本来农业和工业的区别是不容易用一条清清楚楚的界线来划分的。理论上说来，农业是只限于在土地上培植作物的活动。至于把作物的自然形态改变成可以消费的物品，就得算作工业的活动。可是培植和制作，在事实上却不易严格区别的。比如有一次我们在田里看人家掼谷子，曾问一位朋友："这算是农业活动么?"他坚决的说："那自然是，收获不算作农业算什么?"可是我问他，"碾谷子呢?"他踌躇了一下，"必要时，算作工业活动也可以"。我不很明白掼谷和碾谷在性质上有多大分别。为什么把谷粒和稻穗分离的工作算是农业；而把米粒和糠秕分离的工作，就可以算作工业。本来，没有人会对这个分别看得这样严重，因为农业和工业其实并不是对立的两回事，而是相连的两个段落。农业靠土地的生产力给我们植物性的原料，工业是把这原料制造成可以消费的物品。

这样说来，我们可以说没有一个地方的人民是可以单靠农业而生活的了。至少，自从人们不能专以树上的鲜果，地上的菜蔬直接充饥以来，人们的生活多少得靠一部分工业来维持。田里的谷子成熟了，得掼下来，碾成米。米还得煮成饭才能吃。麦子得磨成粉，烤成面包。棉花得收集了，把纤维整理，纺成纱，织成布，裁了，缝了，才可以成为衣服。这些基本工业和日常生活关系太深，所以时常就在出产原料的农家经营的。这种农夫和工人不分的情形，是自给经济的特色。每一个自给单位，家族，村落，或是庄园，必须经营着一些基本工业，不论如何简单，用来满足他们生活上的需要。

中国农家在消费上具有很高的自给性。据我们在云南乡村中调查的结果，农家消费中的自给部分普通要占总数的70%左右。当然自给的农产品较多，不自给的部分大多是由都市工业所供给的日用品，但是衣食住各项基本用品中，自制的还是很多。

以我们曾调查过的禄村来说。它的经济是以农业为主，在村子里除了四家外，全是耕田的。他们每家所做的工作也差不多。以特殊工艺作副业的只占全村户数的10%。普通人家并不是不需要木器，竹器，陶器和棉织物，他们除了直接到村外去购买外，大部分是靠自己来制作的。我们邻居姓刘的那位朋友，家里的厨房和马槽是自己动手盖的；屋里的草垫，竹筐是自己编的；身上的衣服，是太太缝的。这种不求人的自给经济，把很多工业活动普遍的分散到每个农家。中国并不是没有工业，只是工业太分散，每个农民多少同时是个工人。

农家不但因为求生活的自给多少都做一些工业活动，而且他们所不自给的消费品，也大都是从别的农家中买来的。都市工业的不发达，使我们种种用品，好像衣着，陶器，木器等等都在乡村中生产。凡是有特殊原料的乡村，总是附带着有制造该种原料的乡村工业。靠河边有竹林的地方，有造纸和织篾器的工业。有陶土的地方，就有瓷器的工业。宜于植桑养蚕的地方，有缫丝，织绸的工业。这种地域性专门工业的发展，并不一定引起工业和农业的分手，这类工业依旧分散在多数的农家。在家庭经济上，农业和工业互相依赖的程度反而更形密切。中国的传统工业，就是这样分散在乡村中。我们不能说中国没有工业。中国原有工业普遍的和广大的和农民发生密切的关系。

二　工业帮着农业来养活庞大的乡村人口

中国乡村中工业的发达并不是偶然的。在农村经济中工业是必要的部分，原因是在中国农业并不能单独养活乡村中的人口。之毅在本书中说得很清楚。在这个分析中，“至少我们可以明了乡村工业的一个特性，就是它是用来帮助农业维持我们庞大的乡村人口的。这在易村是十分显然的，若是没有手工业，易村就不易有这样多的人活着”。这是在显微镜下检查易村这标本的结论。这结论却很能适用于其他有手工业的乡村。

人多地少是中国乡村的普遍现象。乡村人口密度太高，农田分割得十分细碎。依普通的估计，每家平均所有土地已不到30华亩。在土质肥沃的地方，各人所能分得的地更少。多年前翁文灏先生曾说：中原区每人得6亩，扬子区每人得4亩7分，丘陵区及东南沿海区每人得11亩，四川盆地区每人得6亩半。若专就耕种的土地说，他曾引Baker的估计说：每个人可以分得耕地的数目是，直隶4亩，江苏2亩半，广东1亩半，所以平均每个人大约只得3亩田地。他接着又说，这3亩田地若种麦子，每亩只出6斗，3亩共有1石8斗，如何能使一个人免于饥饿。[①] 在种稻的区域中，人口更密，每人可分得土地更少，平均不过2亩

① 翁文灏：《中国人口分布与土地利用》，《独立评论》第314号。

左右。最好的水田，每亩产米3石，而每个人每年要吃2石半。虽则从字面上看，种2亩水田的农夫，应当还有些剩余来作别项费用。但是农民中，尤其是水稻区，有80%左右是佃户。他们得贡献一半以上的产量给住在市镇上，时常不事生产的地主，每人所余也只够一饱了。我在江村调查时，当地人民异口同声的说：这地方的田要是丰收，也不过给人一些饭米罢了。这句话似乎是很确当的。

饭米固然是日常所必需的，但是单单吃饱并不是健全的生活。我们还要穿，还要住，病了要医药。人死了要埋葬，过时过节还得烧一些纸钱。这些费用在江村可以说其中有80%是在农业外筹来的。依之毅的调查，易村的情形也相似，全村只有11家单靠农田上的收入，在食用外还有剩余，其余42家却有亏空。估计全村食用，单靠农田上的供给，每年尚差谷子470石左右。这笔账就得以工业来填补了。

人多地少，农业不能维持生活而得求助于工业的，不只是江村和易村。广西的宾阳又是一例："宾阳乃广西省著名之手工艺区……该地因人稠地稀，土地生产力远不足以供养全县之人口，故人民除种田外，多从事一种手工艺，以为副业。往往一村之内，全村居民均赖此为生，该村即以此种小工艺而著闻于当地。"① 调查山西农村的李有义先生也说："上郭村的农民在耕田之外，都有一两种副业。特别是小农，他常要靠副业的收入补耕田收入的不足……这种主要的副业是纺织。"② 农民因生活的压迫，不能不乞助于工业，而乡村工业却帮助了农业来维持中国这样庞大的乡村人口。

① 千家驹、韩德章、吴半农：《广西省经济概况》，第54页。
② 李有义：《山西上郭村的经济组织》，燕京大学硕士论文，未出版。

可是乡村里为什么要维持这样庞大的人口呢？这可以从两方面来说，一是在都市工业没有发达的社区里，除了乡村，人民并没有更好的去处。农业固然养活不了这样多的人口，可是单靠工业也养活不了。之毅在织篾器的一章中已算给我们看：这些穷苦的农民，不论耕田或是织篾器，所得的其实都不过是一些糊口的工资，在劳动报酬十分低落的情形下，他们没有出卖劳力的机会时固然要死，即有出卖的机会，也只能免于一死罢了。加以市场狭小，运输困难，手工业的利益不能高，出品不能多。他们不能离开土地，单独靠工业谋生。

另一方面是农业在现有的技术下，非拖住大批人口在乡村中不成。我在《禄村农田》里已分析过农业里的劳动是有季候性的。农田上的工作受植物生长的限制，每节农作都有很紧促的期限，早不得，迟亦不得。比如插秧，从立夏到芒种这一段时期最适宜，过了夏至，在禄村就不能插了。在这 30 天到 40 天之间，这节农作都得结束。人少了就忙不过来。所以劳力得老是养着以备急需时候之用。紧急的时候一过就闲了。所以乡村人口不能太大的减少，因之乡村中永有这种矛盾的存在：一方面要拖住大批的人口，一方面又不能在农业里利用他们所有的劳力，一方面又不能以农业里的收入来养活他们。

之毅在第三章里把农业里劳力过剩的情形分析得很明白，所以他把易村织篾器的工业称作："在农闲基础上用来解决生计困难的工业。"这是个十分得当的定义。这表明乡村工业不是一个单独的问题，而是密切关联着农业技术和人民生计的复杂问题的一环。

三 乡村工业的两种形式

在农闲基础上用来解决生计困难的工业，固然是中国乡村工业的一种基本形式，但是在乡村中的工业，却并不止于这一种形式。之毅在本书中最重要的贡献，也许是在他利用易村的材料充分说明了乡村工业的另一种形式，那就是他所称的作坊工业。这种形式，以我国人说，在以前是常常忽略的，虽则一经之毅说明，我立刻想到母亲说到她幼年生活时，常常提起的油坊和米行来。这实是我们传统乡村工业中的一个重要形式。

织篾器所代表的家庭手工业，是发生在人多地少的乡村中。它是利用过剩的劳力。而造土纸所代表的作坊工业，是发生在土地贫瘠的乡村中，它是利用过剩的资本。之毅曾为此详细分析易村土地吸收资本的能力。易村农业本是先天不足。红页岩的冲积地已够贫乏，加上了肥料的缺乏，生产力自然更难增加，在这种情形下，所谓投资，其实是等于多加劳力。易村农业里所用劳力，实在已经极多，每单位土地上所用劳力总数已超过禄村；和Buck的估计相比，相差更多。① 若是在易村土地再要加工，所增加的产额，已不够恢复所费劳力的消耗。这种土地实在已经到了经济学上所谓耕种边际了。

易村土地虽然贫瘠，可是因为土地权分配得不平均，一辈拥有较大农场的人家，还是能累积资金，这笔资金既然不容易吸收到土地里去，于是逼着他们去寻求利用这笔资金的门路，这样发生了造纸的作坊工业。

---

① Hsiao tung Fei, *Agricultural Labor in a Yunnan Village*, *Nan Kai Social and Economic Quarterly*, Vol. XII, Nos. 1～2, 第151页, Footnote 5.

农业里所累积下的资金，变作乡村工业的资本，在和都市靠近的乡村中即不易发达。以江村为例，全村大部是佃户，因有田较多的地主已经全数迁入市镇。乡村的居民，每年要在地租上输出大部分资金到市镇上去。因之，乡村本身并没有剩余的大宗资本来本乡发展工业。作坊工业是发生在市镇中。更因大都会的兴起和洋货的畅销，市镇上的作坊，也入于式微的趋势。可是，内地的情形则不同，乡村离市镇和都会太远。交通不便，洋货的势力较弱，所以像易村这种只有50多户的小村子中，还能保有9个土纸作坊，固定资本竟超过1.8万元（以1939年市价折合），这很可说是内地乡村的特色。

织篾器所代表的那种家庭手工业并不能吸收资本。它的特点，就在不需要值钱的设备。所以之毅比较这两种形式的乡村工业时说：“织篾器不需要很大的资本。一把砍刀值不了几块钱，而且可以用上十几年也不坏。竹料自己家里就可以长，所需不多，即使要向人买也不过几块钱。几天之内就可以把篾器织好，卖出去。所以我说织篾器这种工业中主要的成本是劳力。作坊工业不同。它需要相当的设备，所需资本也相当大。所谓作坊工业，我是指那种有一专门工作场所的工业。织篾器只要一方空场，下雨时在卧室里，在厨房里都可以工作。而造土纸就得有个专门为原料加工的池塘和碾房，专门舀纸的木棚，和专门烤纸的炕房。这些有专门设备的作坊工业，资本才成了一个重要的生产要素。”

作坊工业利用较进步的技术，利用人力以外的动力，大批的购进原料，更大批的生产商品，使它可以得到经营的利益。易村的土纸坊，投资的利息高至6分，比农业利息高上5倍。可是作坊工业既需资本，没有资本的贫民也就没有沾光的机会。得到这种高利的是工具的所有者，而不是生产劳动者。这是和家庭手工业的一个重要分别，也可以说是资本主义经济的起点。可是作坊工业在传统的运输和贸易机构中并不能一帆风顺的发展。它和农业的联系也很深，因为所用的原料常是当地的产物。这些产物因土地的限制不能尽量的扩充，因之也限制了这类工业扩充的可能性。太湖流域的土丝行、菜油行、轧米行都受着原料的限制不能发展成大工业。若是作坊工业可以算是我们传统经济中资本主义的萌芽，则这萌芽在运输困难和市场狭小的阻碍下被遏制了。易村的土纸作坊充分的显示了中国传统资本主义所以不能发达的原因。

作坊工业在乡村中发达起来，成了一个累积资金的机构。这笔资金既不能在工业里翻覆的再生产，最后依旧得向土地里钻。之毅在末章里说明了这两种工业对于农民生活上影响的差别。家庭手工业是救济他们的力量，使他们不致有劳力没处出卖的苦衷。但是作坊工业却刚刚相反。它成了一只攫取土地权的魔手，向着贫农伸去，这样促成了乡村中贫富的对立。

四　都市工业和乡村工业

易村是一个内地乡村。所谓内地不单是指它地理的位置，也指它经济的处境。内地是表示和现代工商业接触较浅的地方，可是现代工商业的势力一日千里的向内地侵入，内地的范围日渐缩小。当百年前，沿海诸省也属内地，可是到现在，西南诸省也快要抛脱内地的称号了。

内地经济基本上代表着和西洋接触前，我们中国传统经济的一般方式。沿海诸省近百年来所遭遇的变故，也正是内地诸省不久将来很可能的命运。所以在此，我们不妨转到沿海诸省乡村去看一看在那些地方乡村工业所发生的问题。

沿海诸省乡村工业的处境，我在《江村经济》中已经叙述过。简单地说来，就是都市工业的发达促成乡村工业的崩溃。从世界经济史上看，工业中心都市的兴起，是工业革命后的产物。工业从乡村集中到都市来，主要的原因，是工业所用动力的改变。利用体力来生产的手工业，集中到都市中去，是没有多大利益的。在人口集中的地方，地价高，生活费用高，生产成本因之也高。原料运输费用既大，工场管理上也多麻烦。集中的工场所以会发生，推究其源，是出于蒸汽力代替体力的结果。利用蒸汽力来作工业的动力，限制了工作场所的面积。我们要记得每一个轮子的转动，在蒸汽动力下，都不能脱离和动力机直接或间接相连的皮带。这根皮带决定了机器的位置和可能的距离。在手工业中是工具来就人力；在机器工业利用蒸汽动力的时代，是人力来就工具。因之，动力的改变，产生了都市，集中了劳工，把工业和农业的地缘拆散，工业脱离了乡村独立了起来。

都市工业和乡村工业在这个时代是大规模机器生产和小规模手工生产的分别。我在这里不必再去分析为什么大规模机器生产因成本低，技术精，出品良，把小规模手工生产压下去的原因。这已是普通的常识，也是可以目击的事实。当然，我并不是说一切手工业都立脚不住。我们所需要的用品中有些并不是机器所能做的。表现个性的艺术品就是一个例子。可是机器本身的日趋精巧，不能做的东西为数已日趋减少。手工业所守得住的壁垒实在是已经很可怜了。我们只要想一想：大规模的食品和服装工厂的发达，使那些和个人癖好密切相关的用品，也已经有趋于标准化的危险了。

我们现在所要讨论的问题，若是在机器工业和手工业间作一选择，或是在比较大规模生产和小规模生产的利弊，我想很少人能站在乡村工业方面说半句硬话。大规模的机器生产固然有它的缺点，可是这些缺点并不足以作为维持小规模手工业生产的理由。我们现在所要注意的是都市工业兴起后对于乡村经济的影响。这些影响若是有害于民生的，我们得用什么方法来加以补救，这是第一层。乡村工业本身是否必须以手工业为基础？我们能不能改变乡村工业的性质使它可以和都市工业并存？这是第二层。

从乡村工业到都市工业是世界经济史上的普遍现象。可是在中国却另外还有一种新的意义。因为中国本国的都市工业，在西洋先进工业的压力下无法发展。我们关税不能自主，领海及内河航行权已送给外国，加上了历年来厘金特税的束缚，国外输入的工业品在市场上到处占着优势。只要看历年洋货进口量的增加，1931 年比 1911 年增加三倍，和入超的提高，1931 年比 1911 年提高六倍，就能知道我们国家经济处境的危险。

国际贸易上的劣势有两方面是和我们乡村工业有关的。一方面是我们以前可以自给的日用品改用了洋货。比如，我们以前的布是由自己纺的纱自己织成的。可是到了清末光绪年间，机纺洋纱已开始代替了土纺的棉纱。接着手工业的织布机输入，促进了织布工业的发展，成为一种重要的乡村工业。河北高阳一带曾是华北织布业中心，在欧战期间，外国布匹入口减少，曾有一度兴盛的时期。可是“欧战停止后，外国棉布，又复畅进，夺去了高阳布一部分的销路”①。

另一方面是手工输出品的下跌，我们对外输出的货物，除了农业原料外，以手工业品为主。但是手工业品质不易改良，所以不易和国外机器出品相竞争。我们的输出，也因之日形跌落。以茶叶说，1911 年输出 148 万担，到 1931 年只剩了 65 万担；以丝

① 吴知：《乡村织布工业的一个研究》，第 17 页。

说，民国十九年比十七年减少了20%，1934年竟不到1920年的1/5。

在这些简单数字的背后，却包含着无数可悲可痛的故事。我已经说过农业和工业在乡村中的联系，是人的生活把它们结住的。工业固然可以撒手入城，甚至出国，可是一般农民的生活却怎样呢？若是都市的工业是在国内发展的，情形也许可以不同一些，因为新兴都市可以调剂乡村的经济需要。在中国不幸的是都市和乡村之间横着一道国界。整个的大趋势是中国经济的彻底农业化。我在上文业已指明农业中国等于是个饥饿中国。把工业集中到了国外，或外资统治下的“孤岛”上，是剥夺我们广大民众的生活凭借。手工业衰落的过程怎能不成为我们民族的一段伤心史。

我在江村就目睹这段伤心史的表现，这里用不着重述。我们见到农家因为收入的减少，不能不举债度日，在高利贷的活动下，土地权整批的向外流，全村差不多成了一个佃户的集团。土地问题日趋严重，最后竟引成了一个政治性的争斗。我虽不敢说，在抗战前乡村经济的崩溃全是由于手工业的衰落，但是乡村工业的破坏，农民部分的失业，自然是乡村不安和政治扰乱的一个原因。国外工业利用其政治上的特权，尽量作经济上的侵略，而在手工业衰落的渡船上，转变成国内政治的不安。

在抗战之前，政府对于这个局面所持政策，不外镇压叛乱和救济农民两项。这两项政策即使努力做去，也解决不了问题的症结。问题的症结是在国家工业没有办法。要有办法，非先抵住外国工业的势力不成。抗战军兴，整个局面才算改观。

五　乡村工业的复兴和前途

抗战把我们所有在沿海的一些小小的都市工业根本就破坏了。同时政府着手限制进口货物，很多本来仰给于外国的日用品不能大量的输入。又因外汇上涨，洋货价格飞跳，想买的也买不起，于是日用品的供给不能不自谋解决。后方都市在敌机轰炸之下，不易建立起来，即是大规模的工厂，也都向乡村中求隐蔽。而且在国防需要下，政府能力所能维持的工业，大都偏于军需性质。从沿海迁入的和从国外购得的机器，为数既少，自不能不大部用来充实国防工业。日用品的制造，只能留给乡村工业了。这样，乡村工业顿时脱离了洋货和机器产品的竞争，走上了繁荣之路。我固然没有统计材料可以用来表示后方乡村工业发展的实况，但凭我们日常的观察，在大都市附近的乡村中，到处可以听到各种手工机器的声音。而且经营这些工业的，没有不是谋得大大的利益。

在抗战期间，农业和工业配合的需要益见显著。征兵的结果，在乡村中吸去了大批的劳力。而粮食问题的严重，又使我们不能让农业衰落。同时，新工业激速的发展，工厂里莫不感觉到劳工缺乏之苦。后方人力有限，如何合理的分配到农业和工业里去，成了一个急迫的问题。这提醒了农业和工业共用同一劳力供给的需要。我在上文中已说过农业所要的劳力，是季候性。工业固然没有季候性，但是在小型的工厂中，即使在农忙时停一两个月工也不致有重大的损失。

抗战转变了乡村的处境，不但挽回了一落千丈的衰势，而且因战时的特殊局面，工业不能不疏散。又为了要兼顾农工双方的生产，要尽量利用后方的人力，不能不提倡农民来兼营工业。可是抗战结束之后，乡村工业还有它的前途么？

抗战胜利结束后，在短期间农业技术不会有重要的改变，换言之，战后和战前一般，农业依旧需要季候性的劳力供给，乡村中不能不有大量人口用以应付短期的农忙。乡村人口虽或可以因都市工业的兴起而略见减少，但并不易在人地比率上有重要的修改。每家所分得的土地还是很少，农业单独依旧不能维持这庞大的乡村人口。于是，我们必须考虑：假使乡村工业的效率的确无法追上都市工业，从工业本身着想，都市工业较为合宜，我们是否值得以降低广大乡村里农民的生活程度，来换取我们的新工业？

从事实上说，中国现代工业的发展，因资本和资源的限制，也决不会太快的。而且受了这次抗战的教训，我们今后工业建设自应从重工业下手，轻工业的建立在时间上很可能要比重工业慢一个时期。因之，在这个时期中，抗战中所造成的形势会继续维持，而且因为安全有了保障，小型机器可以由本国工厂中自行制造后，乡村工业可以更为发达。

有人可以为将来的乡村工业发愁。假定大规模生产对小规模生产在经济上占绝对优势，则将来我们大规模的轻工业，若有一天发达起来，小规模的乡村工业不是又要重演战前的悲剧了么？因之，我们对于这假定还得推考一下。

大规模生产之所以经济，最重要的是在动力和机器的利用。我在上文中已说过，工业集中的原因，得推源到蒸汽动力的应用。自从电力和内燃机的采用成为工业的动力后，大规模的集中工场，就不一定占有特殊的便宜了。单位较小的制造机，用电力来推动的，就不必要挤在一个工场中了。这样造成了工业由集中而分散的新趋势。

我并不是说一切工业都能分散，工业中确有不可以分散的。

可是也确有一部分工业，只要分散的工场在运输上和经营上有配合的系统，它在技术上就不致绝对地不能和大规模的集中工场相抗衡。这样，我们的新工业并不一定全部都要集中在都市中了。若是留着一切可能留在乡村中的，设法限制不必需的集中，则我们的都市工业和乡村工业不致有尖锐的冲突了。

这样说来，乡村工业是可以有前途的，可是有前途的乡村工业，却绝不是战前那种纯粹以体力作动力的生产方式，也绝不是每家或每个作坊各自为政的生产方法。除非乡村工业在技术上和在组织上变了质，它才能存在，才能立足在战后的新世界里。

六　乡村工业的变质

乡村工业在技术上需要改良，那是无可避免的。乡村工业的变质第一步是在引用机器，使乡村工业并不完全等于手工生产。可是怎样去改良乡村工业的技术，怎样引用机器，怎样使它依旧适合于在乡村中经营，依旧能和农业相配合，那却是值得提出来讨论的问题。关于这问题，韩德章先生曾发表过一篇重要的文章，[①] 我在这里不妨把他的意思择要介绍一下：

在一件工业品的制造过程中，有些部分可以由手工来做，有些部分则最好用机器来做。若是我们能把那些不一定要机器做的保留在农家，而把须机器做的集中到小型工厂里去，则出品的质地可以不因部分的手工制造而不易改良。韩先生曾举例说："以制糖而论，旧法榨糖，蔗汁混入杂质颇多。煮糖之际，一部分蔗糖经高温而转化，以致减少结晶糖的出量，且旧法制造白糖，只凭重力滤去糖蜜，耗费时日，仍难获纯净的产品。倘使改用机器

① 韩德章：《战时农村工业的新动向》，《今日评论》第4卷第17期。

榨蔗，用压滤机除去杂质，用真空釜浓缩蔗汁，用离心力分蜜机去除糖蜜，则上述诸困难迎刃而解。这样新式作业一样可以用小规模的设备在农村生产。战前浙江金华蔗糖合作社的联合社，曾建议筹设小规模机器制糖工厂，其全副机器设备，均可采用国产，且代价不过数千元，轻而易举。同时这种小规模的机器制糖设备还有一种长处，就是每种工具均能单独使用，可以随时同手工作业配合。如用土榨榨得蔗汁，亦可以用真空釜浓缩，人工煮制的带蜜糖，亦可用离心力分蜜机去除糖蜜。人工不足的作业，可用机器代替，节余的人工，仍可从事其他不必需机器的工作，因此在这样的糖厂里，可以用小规模的设备，完成大规模的作业，可称一举两得。战时农村手工业的局部利用机器，已有显著的效果，如四川铜梁实验制纸工厂，采用机器打浆，手工抄纸，成绩斐然可观。因为在制纸工程中，用手工打浆，人工最费，而机器抄纸设备最昂。今以机器打浆，手工抄纸，则截长补短，恰到好处。由此类推，烧瓷程序中之舂泥部分，织帆布或麻袋程序中之打麻部分，亦可以设法利用机器，而以手工完成其余不费人力的部分。战时生产资金筹措不易，生产工具输入困难，农村工业所含有的手工生产并不一定需要全部用机器代替，只要取占人工或人工不能达到良好效能的部分应用机器及动力，已可认为满意。”

把比较要精制的部分交给机器生产，则手工业不一定要完成整个生产过程，出产消费品。它可以就农产加工，以供各种新工业原料之用。“如制造油漆，油墨，洋烛，假漆，滑润油，漆布，肥皂所需之植物油料，制炼精糖所需之土糖，制酒精所需之糖蜜（制土糖之副产），制调味粉所需之面筋，制蚊香所需之除虫菊粉等等，都可以用农村手工业的方式先行农产加工，再供新式工业原料之用。类此的例证很多，不必一一列举。”

“反过来看，在农村里织布，织袜，织毛线衣，以及制造熟皮器，漆器，金属器，抽纱，挑花，丝绣，毛毯，地毡，人造果汁，混成酒等等，都是以新式工业所生产的半制造品为原料，施以加工，而制成可供直接消费的制造品。可知若干农村工业借着新式工业的树立而存在。如能利用二者之特性，取得密切的联系，平衡发展，则吾国工业化的推动，必能加速。”

以上所说的是就制造过程中纵的分段，使那些不必需机器的部分留给手工业，借以利用乡村里多余的劳力。制造过程横的方面也有能分成各部门分别在小型工厂中进行的。韩先生曾举例说：“如同电话线所用的绝缘珠，室内电灯路所用电压的陶瓷器，在配合材料及制型方面都不需要十分严格规定，都可以在窑业的农村中生产。”有一次和韩先生讨论这问题时，他还举出日本的自行车制造，是把各部分零件分散到乡村家庭中，用简单的电力机器制造；然后到总厂去装配，因之价钱可以便宜。他还提起天津的小型铁工厂，时常担任军火零件的制造。这些例子说明若我们把制造过程拆断了，其中有不少部分是不需要大机器的，都可以分配到用电力推动的小型工厂或用体力的家庭工场中去制造，结果，以前乡村工业在技术上所受的限制就破除了。

在韩先生所提出乡村工业部分机器化的方案中，有一点特别值得我们注意的，就是在本书中之毅所分别的家庭手工业和作坊工业在技术上是可以联系成相辅的生产部分。在我们传统经济中，这两种乡村工业的方式，是可以说各不相关，而且有时是相冲突的。这种分立或冲突，使乡村社会中发生对立的两种阶级，也是我们乡村中各种社会问题的根源。韩先生所主张的联系，实在不止于技术上的配合，更重要的还是在组织上的统一。

乡村工业的变质，主要是在利用动力和机器，变了质的乡村工业，在它的结构中，生产工具的成本一定要加大，因之，决不是一个在生计压迫下的农民所能购备的。他在新式乡村工业中所能得到的利益，还是限于保留于手工生产的部分。机器生产部分所获得的利益，统统会归到占有生产工具的富户手里。这种分配方式，正和本书中所描写的方式相同。因之，我们可以说，家庭手工业和作坊工业若单在技术上加以联系，对于乡村经济的贡献，是决不会太大的。反之，这种新式乡村工业的发展，反而会引起乡村社会中贫富的悬殊。之毅在本书中所描写的情形，正是给我们新式乡村工业的一个警告。

家庭手工业和作坊工业在组织上要谋联系，就得采取合作方式。作坊里生产工具的所有权，不使它集中在少数有资本的人手里，而分散到所有参加生产的农民手上。这一点正是现在工合运动的宗旨，已有充分的发挥，我在这里不多申说了。

用合作方式来组织的乡村工业，就可以避免如之毅在末章所说的，作坊工业成为集中土地权的魔手了。作坊工业成为集中土地权的魔手，是发生于两个原因：一是作坊工业有极限，工业里累积下的资金，因为在少数人手中，不能在消费中用去，因之又得向土地中投去。二是一般农民生计的压迫，他们不能不借钱来维持生活，以致入了那只金融的魔手。作坊工业若是在合作方式中组织起来，则在这工业中所得到的利益，可以分散到一辈需要钱用的农民手上，花在消费之中。他们生计既有了保障，也不必借钱了，这非但安定了工业，也安定了乡村里的土地问题。

云南大学社会学系研究室，

魁阁，古城，呈贡，云南

1941年9月

《昆厂劳工》书后

国衡把那本一再改写过的《昆厂劳工》的原稿交给了我，预备送出去付印。我又从头读了一遍。我觉得在研究方法上和在解释目前劳工问题的理论上，还有可以补充及发挥的余地；因之，愿意在书末加上几页附言。

一 预定的研究方案

国衡这本书在方法上更可以代表我们研究室所提倡的“社会学调查”或“社区研究”。我在《禄村农田》的导言里曾提到社区研究和流行的社会调查的分别：“社会调查只是某一人群社会生活的闻见的搜集，而社会学调查或社区研究乃是要依据某一部分事实的考察，来证验一套社会学理论或‘试用的假设’的。”换句话来说，社会调查者记录所观察的事实之外别无其他责任，而社区研究者则还要用理论来解释所见的现象。社会调查的中心是事实，社区研究的中心是理论。

这一番辨别在一个普通读者也许并不发生任何意义。最近我在云南大学及西南联合大学授课，学生中也有很多不太明白这两种方法上的区别。我觉得要明了这区别也许最好是亲身参加这两种不同的工作；次之，是详细比较在两种不同方法下做出来的报告。在农村经济方面用社会调查方法做出来的报告有 L. J. Buck 的 *Chinese Farm Economy* 和 *Land Utilization in China*；行政院农村复兴委员会的各省农村调查；李景汉的《定县社会概况调查》等。在劳工问题方面有陈达的《中国劳工问题》等。这些著作的书末多附有一套调查表格，调查者根据这些表格在实地访问或观察，把结果填入表内。根据这些表上的数字加以分类和统计，就完成了调查工作。我们社区研究的步骤却并不如此。

社区研究的出发点是一套已有的理论，所谓理论是对于社会现象的解释。由已有的理论发生许多相连的问题。根据这些问题去考察事实，目的是在看我们所持理论是否可以解释这些新事实，若是不能的话就在实地观察中去寻求新的解释，形成新的理论。以前我们所出版的研究报告中，我们忽略了把我们研究经过描写出来，并说明我们带了什么理论下乡怎样修改和怎样充实我们的理论。也许就因为这个原因，所以还有一部分读者不能辨别社会调查和社区研究的差异。在印行这本《昆厂劳工》时，我们不妨把我们在开始此项研究之前所拟定的研究方案附在书后，以备读者的参考。

下附的研究方案是根据我们研究室同人和南开大学丁佶先生，清华大学周先庚先生，沈同先生等共同讨论的结果而写成的，时间是民国二十九年八月。在这方案中，读者可以见到我们在设计这项研究时所持的理论和所提的问题；更可见到社区研究者所带下乡的方案和社会调查者所带下乡的表格不同在什么地方了。下面就是预定的研究方案：

云南工业发达中劳工问题研究计划：

一、我们的问题——我们是想从劳工的一方面来检讨后方新兴工业现在所遭遇的问题，并想从这些问题中看到后方工业发达的前途和限制，借此想指出，若是我们想在西南确立一现代工业的根据地，在劳工方面应当采取的种种措施。

西南的新工业能否维持和发达，单从劳工方面说，是倚于能否吸收和维持足够数目的劳工，和能否保护和提高劳工的技术和效率。我们若是要回答这问题就需要多方面的知识，好像劳工来源，招工机构，工作动机，待遇和报酬，工人生活，组织以及营养和健康。不但我们要知道厂内的情形，同时我们还得顾到厂外的环境。劳工来源的丰富和枯竭是决定于供给工人的那些社区的组织和经济处境；招工机构常是利用着社会中的原有的亲属、同乡的关系；工作动机又是系于工人对于新工业的期望和他们对于工作本身的态度；工作效率更牵涉到工人在厂外所养成的生活习惯如何，营养是否充足和适当，健康程度如何等问题。这样看来，我们所提出的问题是须从社会、经济、心理、营养、医学等方面入手才能得到比较完全和能适于实用的答案。

集合多方面的人才，在同一的具体问题上，做有系统的研究，在中国尚是一种尝试。因之，我们对于这个研究的目标拟采取渐进办法：先从小范围做起。在小范围中，确定了研究的问题和方法，各项特殊研究能配合得拢，然后可以推广到较大的范围中去。所以我们研究的对象将先限于昆明附近的工厂，将来才扩充到别地的工厂和为其他性质的劳工。

在开始我们这个合作研究计划之前，不妨先把我们觉得在实地调查中应加注意的问题，汇集文章，以作各研究员的参考。

二、外来的劳工——在分析新工业劳工来源时，第一可以问新工业在劳工方面得了多少当地的遗产？云南在战前有多少工业，保有多少有新工业训练的劳工？这一辈劳工有多少是被吸收在新兴工业中？若是有一部分遗漏在原有工业之中的，是为了什么原因？新兴工业对于原有的简单工业（包括市镇的手工业）是否在争夺劳工？劳工向新工业的移动是否造成了旧有的简单工业的没落和衰败？在这里我们得注意到双方工资的高低，工人在两种工业中所处不同的地位（好像新工业中的工人只负劳动责任，不负营业上之风险），新工业是否可以利用一部分原有工业中的技术和习惯？

若是依我们现有的印象来说，云南原有工业并没有给新兴工业多大有用的遗产。现有的新工业可说大多是平地造成的，他们所利用的劳工，重要的是沦陷区里移入的技术工人和从内地农村中直接或间接所吸收出来的农民。我们不妨先论外来的劳工。

从沦陷区里移入西南加入新兴工业的劳工又可分为两种：第一种是沦陷区中撤退出来没有工业经验的人，他们在后方无法进入农业社区，因而挤入工业中。这种人也许并不多，因为这次大规模的移民似乎并没有影响到和土地拉得特别紧的农村人口。我们这次研究可以旁及的看到这次抗战中移民的性质。

第二种可说是现在内地工业中劳工的主干，就是由沿海及中原工业区里移入的技术工人。这辈人固然是维持现在内地工业的主要力量，但是这个力量是付了很高的代价而得来的，因为他们从沦陷区到内地的移动需要一笔费用。这笔费用直接或间接的得在新工业的账上开销。交通的便利日竣，交通的费用日增，内地要和沦陷区工业争夺，技术工人迟早要成为一个严重的问题。

云南的新工业若是靠外来技术工人为主干，则将来在战后是否能维持现有的效率，或能否逐渐发达，就得看西南能否吸住他们？能否继续吸收新的劳工？和能否逐渐把工业干部建立在不易外流的本地劳工身上？这样使我们发生了下列的问题：

什么原因使这批外来劳工到内地来的？若是因为沦陷区工业破坏之后才出来的，则沦陷区工业复兴之后，会不会回去？他们现在和沦陷区的工业区还维持着什么关系？他们在内地的生活是否满意？内地能否满足他们的期望，使他们愿意以此为一生事业的根据地？他们和本地已发生了什么联系？有多少已和本地人结婚成家？他们有没有这种打算？他们本乡有没有家属要靠他们生活的？他们若不安于后方，有多少是出于生理上的原因？多少是出于社会的原因？他们健康和疾病如何？事实上，现在这种工人移入的数目是否日渐在减少？有多少从内地重又回沦陷区的？有多少在云南住了一个时期更向内地进去，加入别地工业的？在现有各地的外来劳工中间哪一个地方，哪一种性质的劳工是最能安定在云南？为什么？

若是内地吸收外来劳工的力量只靠着一时的战局关系，则战事结束之后，很有失去这吸引力的可能。从经济上说，内地交通不便，生产成本较高，是否有余力在工资上提高到能和外边工业相竞争，维持现有技术工人？

假定外来劳工不是建设西南工业的可靠干部，则为西南将来工业打算，最重要的事应当是在借这个抗战没结束的时机，设法赶快在本地工人中训练出一批可以接替外来技术工人的干部来。于是我们可以看一看现在内地新工业中第二个重要来源了。

三、从农业到工业——中国工业化的要义是在把一辈本来农业的人变成工业的人。工业化的过程具体地说来是几百万，几千万的农民脱离农村走到工业都市去谋生，是一个个人生活习惯的改造，是一个个人生活理想的蜕化。这一批人脱离了农村，原有的农业组织必然发生变化。同时，这辈带着土气的农民能否顺利地变成工人就成了新工业是否顺利诞生的关键。西南工业诞生得太仓促，从农业到工业的变化因为时间太短，容易发生种种困难，这些困难也正是我们这次研究的最主要对象。

我们可以先从农村方面来看哪种人在被新工业吸引出来？男

还是女？他们和土地的关系是怎样的？他们在农村社区结构中占什么地位？为什么他们会离开农村？他们离开农村是预备长久的呢？还是暂时的？他们是否把出外做工好像出外做官一般视作是得到一些农业资本的手段，打算隔几年有了钱，娶个妻子，买些田地在农村中成家立业？换一句话说，在他们眼里新工业是否系农业梯阶中的一级？

在农村中，我们可以见到这一批劳工外出之后所引起的影响。他们的外出使农业劳动力的供给减少了，是否已减少到农业中缺乏劳工以致田亩荒废？农作粗放？工业和农业已否在争夺劳工？农村人口减少对于土地制度的影响如何？以前那种雇工自营的农田经营方式是否尚能维持？出外的工人和农村里的家属维持着什么关系？他们是否寄钱回家使新工业成为富裕农村的一种力量？都市资本从这条路线流入农村有多少成为农业资本，或成为集中土地权的力量？

这批人怎样脱离农村加入工业的呢？第一，我们须看到招工的机构，这并不只是指工厂招工的章程，而是指实际上农民离村入城所依靠的路线。什么机构使农民和新工业发生接触的？谁在怂恿农民出外，再给他们介绍到工厂里去的？他们是不是在利用原有的亲属和同乡关系？

第二，从农业到工业可以并不是直接的，路上分着站。一个乡曲的农民的语言，习惯，举止，态度和城里工人相差太远，所以时常不能一步就跨入正式的工厂之中。他们得在某种职业中先驻一驻脚，换一换面目，然后正式加入工业中去。

四、农民在工业中——一个农民从农业走到了工业里若是时间太快，很可能还是带着一身乡下人的气味，他在农业里所养成的一套习惯一时不易脱掉。这一套习惯带入了工厂，使初兴的工业发生种种特殊的困难。

第一个最显著的问题是效率。工业和农业中的劳作性质上有很多不同的地方。工业中大都是单调，整齐，耐久的动作，缺乏变化，可是需要比较集中的注意力。这是和农夫们在田野里劳作有很多刚刚相反的地方。田野里的工作可以悠悠地做，停一忽，抽筒烟；高兴时多做做，不高兴时停一下。农民在工业中往往会格格难入，于是工作效率特别低。我们可以从不同时间入厂的工人分组比较他们的工作效率。在这里我们可以在效率的变化上，算出一个农民在工作上变成一个工人所要的时间。

第二是工作的动机。我们在农村中曾经看见过农民们常有的经济打算和都市里的工人不同的。都市里的工人生活在生活程度差异很大的社区中。他们不容易知足，天天想着享受不到的东西；因之，他们要尽量地增加收入，想法多挣工钱，努力在效率上求进步。可是农民们却常在生活程度上自划一个限度，一个人达到这个程度之后，就不再劳作了。若是农民们带了这种打算到工厂中来，工资愈提高，请假的日子可以愈多。很多人感觉到西南的工人们有很多要等钱花完了才再做工的，好像南洋和非洲一带的人民一般，这实在是出于农业习惯没有脱尽的原因。

第三是工人的退伍率。在工业中的农民不过是一种过渡的暂时现象。除非在相当时间，他把农业习惯革除，他是不能长期滞留在工业中的。在过渡期间，一部分是被工业所选择了，一部分却给工业所淘汰了。在一个工业的劳力基础没有安稳的地方，好像有个筛子在筛动，不断在不熟练的工人中挑取合格的。被淘汰的工人人数多寡正代表出一个工业的劳力基础有没有稳固的情形。被淘汰的是否回返农村？重视农业？还是在各个工业间来往流动，构成工业中一辈无赖的工人？

五、劳工的利用和保养——新工业得到了一个工人怎样能好好地利用他？怎样能好好地保养他？使我们所有的人力都能充分利用来振兴我们的新工业。在这问题中，我们得先寻出一个普通工人所能做到的工作效率标准，再把那些可以免除的使工作效率减低的因子，好像营养不足，疾病等，全数除外，然后得比较各种不同的工作环境，分别各种不同的体型，进而求出各体型在各种工作环境及各种性质的工作中，在不发生疲乏的程度下，所能做到的工作量和工作时间。也许我们所得的是一套标准，不是一个标准。有了这一套标准，然后我们可以讲到劳力利用得当与否了。

利用劳工不得其当，则工作时间很长，效率极低，同时却破坏劳工的健康，减少他们的工作兴趣，效率会一天比一天退步，以至于退伍。这是工业的损失，也可以说是劳工的浪费，不正当的消耗。因之，劳工利用中我们要提出劳工的保养问题来了。

劳工的保养有两方面：一是不过分消耗劳力，一是尽量调整营养，改善工人生活。我们在这里要知道现在西南新工业的劳工的工作效率是否在日趋下降？工作时间是否过长？工作时间过长的原因何在？工人的食料是否足够维持他们工作中所需的营养？营养不足的原因何在？

营养方面我们不但要做食料成分的分析，而且要注意他们膳食的组织。工人们是否个别在家庭中分食的，还是在工厂中共膳的？若是个别家庭是膳食的单位，则家庭的经济状况是否可以供给他们足够的营养？他们工资中百分之几是用在食料上的？工资若是增加是否可以提高他们营养的供给？若他们是共膳的，营养上的管理比较容易，但是各地人民口味是否会发生问题？

疾病也是消耗劳工的一个要素。我们要知道有多少劳工的停顿和退伍是出于疾病的原因。在云南工厂中有哪些疾病是最多？外来劳工在抵抗疾病的能力是否较弱？他们最易患哪种疾病？

六、劳工上升的社会梯阶——上面已说过西南工业能否有一个安稳的基础，最重要的还是在能否在本地的人民中选出一批有效率的技工。而且，我们觉得战事结束之后，外来的劳工有重返故乡的可能。这是西南工业的一个潜在的危机。换一句话说：为西南工业前途着想，本地劳工干部应当在较短可能期间确立起来。

从一个毫无工业习惯的人训练成一个技术工人究竟要经过多少阶段？这里我们还得先从每一种性质的工业来看，在个别的工业里分着多少种类和阶段？然后把许多工业合起来看，构成着怎样的一个梯阶？一个劳工怎样从一个粗工一直爬到顶上去成一个技师？从甲种简单工业爬到乙种复杂工业？这个梯阶是否有爬不上去的脱节？他是否须离开工厂才能转变走到工业中的上级阶层？

可是即使工业中有着一个可以爬的梯阶，工人们是否有能力一级一级地爬上去呢！工人上升的能力有一部分也许是受制于遗传的智力。因之，我们要分别给各种工人以智力测验。有一部分是限于工业组织本身中有没有给工人增进技术的机会。学习技术的机会是在工厂之内，还是在工厂之外？在工厂里半工半学可以爬到什么阶层为止？厂方对于劳工上升的奖励也是很重要的，好像以成绩来决定工资，在工资之外另加奖金，并选拔有才干的工人升级和改变他的工作，或是给他出外学习较高技术的机会等。

劳工在技术上晋级的阻力也是我们所要注意的一方面。在工人间有没有独占技术的帮会？有没有类似学徒制等的组织？我们在这里又要看到劳工的健康，退伍率和对于工业的态度等。

工业组织的性质有时也是决定工作效率和技术进步的一个要素。一个劳工对于他们所做的工作有没有兴趣要看他是否能了解他所做工作的意义。一个在为私人谋利益的工厂中做工的人，他的兴趣不是工作的本身，而是工作的报酬。可是在一个国家存亡所关的国营工厂中工作的人，很可以在工作报酬之外另有一种工作的动机和工作的兴趣。工业性质不同，组织不同，可以发生技术上和效率上进步的难易之别。在这里工人的教育程度，公民观念等都成了我们应当注意的问题了。

七、这大纲的用意——以上是我们在没有开始工作时所能想到的问题。这大纲的用意是在给参加研究者有所参考，而且使各方面比较专门的研究有一个配合的底子。它决不含有限制研究范围的意思。我们将在工作进行中随时提出修正和补充，甚至结果可以完全改了样子。但是我们既要实现合作研究的结果，就不能放弃有一个整体的全面的大纲，使各方面的研究能相辅相关，不但是形式上的联络，而且是性质上的会同。

二　实地观察

规定了研究的方案，第二步就是选择实地观察的社区。这是相当于自然科学的试验室；所不同的是自然科学的研究者可以依他的问题在试验室里安排他该项试验所需的仪器和设备，他可以用人工来控制研究环境，可是我们研究社会现象的人却没有这种方便。我们没有可以加以控制的社会试验室。社会现象依其自身的推演而发生，并不受研究者的全部控制。因之，我们有所要考察的问题就得去寻一个实际社区来考察，所选择的社区又必须有我们所要观察的现象在发生。譬如，我们在禄村研究之后，发生了一个问题就是在内地农村中手工业的发达对于土地制度会有什么影响，我们要回答这问题就得翻山越岭到易村去，因为我们知道这地方有造纸的手工业可以供我们研究上述的问题。

找到了发生着我们所要观察的现象的社区之后还不一定能进行实地观察，因为实地观察社会现象本身包含着人事问题，研究者和所研究的对象都是人，而且得在一个时候生活在一处，所以他们之间，必然要发生社会关系。即使我们不因此种关系而发生阻碍我们客观观察的感情反应，我们也必须时常注意到自己观察行为会不会引起对方的感情反应因而阻碍我们工作的进行。这并不是研究者个人所能控制的。他若遇着不愿意受人询问观察的研究对象，他的工作也必然不能有结果。所以在我们选择观察的社区时，不但要顾到问题的性质，还得考虑到研究时人事上的方便。

我们为了要实行上述的研究方案，所以曾在昆明附近选择可以观察的工厂。依我们方案中所列的问题说，最好同时有好几个研究员在不同工厂里进行观察，因为在任何一个工厂中不一定能见到我们所要考察的全部现象。而且还有许多问题须在厂外加以观察的。但是人才和经费不允许我们这样做。最初我们只选定了两个工厂，一个就是国衡在本书中所报告的昆厂，另一个是以女工为中心的纺织厂，由汝康负责调查，后来因事停顿，初步报告见《内地女工》。

这两个研究技术上略有不同。在昆厂，国衡是住在工人宿舍里，在工人食堂包饭，因之他和昆厂工人的接触机会较多，而且接触的场合亦较自然，我们并不主张调查者应当全部成为被调查的社区中的一分子，譬如在工厂里调查就得实际做工人，这是所谓直接参加法。事实上，这是不能，亦不必的。以往人类学者喜欢说他怎样被当地土人认为亲属，怎样容许他参加秘密集会，用以表明他观察的可靠。其实这只是表面上的亲热，实际上一个已长成的人在短期间想变成另一社区中的分子是不可能的。依我们在中国农村中调查的经验，尽管嘴上说得怎样甜，我们在别人眼中，甚至在自己心中，总是当地的一个客人。我们并不求脱去这客人的身份，因为我们只有被认为是客人时，问东问西，看这看那，才不会引人疑忌。试问一个本地人怎会对于风俗习惯，甚至各家收入等发生问题的呢？因为我们是客人，固然有一部分事实人家有时可以不愿讲，可是他们也明白即使给我知道了他们不愿本村人知道的事也没有什么关系，我们反正和他们不站在利害冲突上。在工厂里研究，研究者可以在厂做工，成为工人的，可是既做了工人，而想进行调查时，就会引起误会。所以我们主张研究者，以客人的身份住在所要观察的工厂里去。这样，他不但可以和工人中不同的集团，甚至不和洽的组合往来；他也可以和厂方往来而不引起工人的疑忌。这一点在本书中表现得很清楚。

我在《禄村农田》中已说明我们决不反对数字，我们也不怀疑调查时应当利用表格。我们和社会调查者不同的是在制定表格及规定表格中各项意义的手续和应用表格时的态度。在本书，和我们所发表其他的报告一般，凡是可以用数字表示，而且用数字表示比较更清楚时，我们决不避免用数字。可是我们并不迷信数字。每个数字所代表的意义并不是自明的，而是需要我们加以解释的。我们所用的表格并不是在调查之前加以制定的。我们给予调查员带下乡的是一个启发他思想，引导他观察的研究方案。他根据这方案在实地观察，在实地思索，凡遇着需要用表格来记录有系统的可用数量表示的现象时，他就在实地里当场设计他所要用的表格的格式。譬如本书里关于工资一项，曾用了“推算的”、“额定的”、“所得的”和“过手的”四个项目来记录。这是国衡在实地观察，思索，根据我们所要知道的问题而建议的格式，并不是抄袭其他调查，依样画葫芦，加以制定的。我们的主张是“表格是工具不是主人”，这一点是和社会调查根本不同的地方。

我们可以不以表格为主人是因为我们的调查员是和他所观察的对象有亲密的接触，若是我们没有这机会，我们就不能这样了。譬如我们在纺织厂调查时，因为男女有别，我们不能住在工人宿舍里去和工人们发生长期的和自然的往来。我们只能在一定时间，在特别预备下的谈话室里和她们见面说话。这是十分不自然的。我们既然不能对每个工人有个别的认识，所以我们也不能不在谈话前预定了若干项目。更因为对方不相熟识，谈话也时常不能跳越所预定的项目，我们在这次调查的经验中更明白研究社会现象时所受客观环境的限制，所以后来决定除非我们有一个女的研究员，否则不能对女工有正式的研究计划。

读者读完了本书，再看上引的预定研究方案，就会见到其中有很多问题本书并没有答复的，有些是因为在调查期间厂中并没有发生可以用来答复这些问题的现象。有些是因为须到厂外去观察，而调查者还没有这种观察的机会，有些是因为我们预定方案中所采取的理论不正确，发生的问题没有意义，更有些是因为调查者本人没有观察的训练不能得到答复的。

读者可以在上节知道我们在开始这项研究时抱负是很大的：希望集合社会、经济、心理、营养、医学等各方面的人才合作做这个与实际建设有关的研究。我们更想在研究方法上采取集体方式，不但在设计研究方案时，我们曾经过好几次集合讨论，而且希望在实地观察期间，观察者每隔两星期就得回来口头向大家报告所见到的现象，由大家讨论其意义，贡献各人的见解。但是不幸的事发生了，使我们无法实现这企图。先是丁佶先生突然逝世，接着是昆明大遭轰炸，各研究机关分别疏散，对于这研究有兴趣的人相见都不容易。我们虽则时而得到周先生唐先生和沈同先生的关心和合作，但是集合研究计划不得不缩小，普通的讨论只限于我们研究室的同人罢了。于是有许多关于健康及心理方面的测验不能不割爱了。《昆厂劳工》只做到了我们研究方案中社会学一方面问题。其他方面只能留待将来了。

我在研究方案的结尾加重说明这方案所根据的理论，所提出的问题并不是限制研究者观察之用，而只是一些启发的暗示。研究者在实地里应当用他的眼光和头脑去校核我们提出的看法，并且修改我们所根据的理论。在这方面本书是一个很好的榜样，国衡在本书中所发挥的理论实在是已超过了我们在设计这项研究时大家所能想得到的了。我愿意在这篇书后重复提出来，引起读者们特别的注意。

三 工作效率

在研究方案中我们认为中国工业化的基本问题是在如何使一辈农民变为工人。我们更从两方面来规定变字的意义，一是地域上的变动，由农村搬到都市；一是生活习惯上的变动，由独立的，悠悠的农村方式变成合作的，紧张的都市方式。我们更进一步认为工厂里工作效率低，工人退伍率高等阻碍现代工业发展的现象是“出于农业习惯没有脱尽的原因”。这个理论实是偏重个人的看法。一方面我们似乎假定了农业和工业两种生活方式的不相容性，虽则我们在研究方案中并没有明白规定这种方式是怎么样的。另一方面我们又似乎认为从一种方式跳到另一种方式过程中所有阻碍不过是个人生理上在时间中所养成的习惯。让我们先从第二点讨论起。

国衡在实地研究中对于第二点先提出了疑问，他在第九章论厂风时开头就说：“从上面几章看来，工厂为改进工人生活在各方面已经尽过很大的努力，可是工人的反应往往适得其反。我们曾屡次提到这种冲突是新的设施和社会传统未达到调整的时候一个不可避免的现象。不过个人的积习和先入为主的观念，也未必可以覆盖一切，习惯和观念既然是逐渐获得的，也应该可以逐渐脱旧换新。譬如说不相信西医的人就未必永远不可以被说服，或用事实转变他们的成见。我们固然不该希望一个初入工厂的农人很快就了然新式工厂的究竟，但反复的教导，长期的学习也该可以破除他们的成见和惰性了。然则工人的行为实际上何以这样难得就范？战事的影响我们已再三提到，生活紧促，心情难安，确实要负一份责任；但从另一方面看，抗战也还可以激发工人的热情，增加效率，何况他们是在国营工厂做工，他们的工作又和军需发生关联，常以爱国自负的工人又何以会发生怠工玩职一类的行为？所以这一定不是习惯或观念所可以完全解释得了的，其间或许还有别的道理存在。

把新工业不能顺利诞生，归过于劳工在未入厂之前所养成的习惯固然有一部分的确实性，但是，国衡所说并不是完全的解释。若这是惟一的原因则我们工业化的过程也只成了一个教育的过程，除非我们怀疑教育的力量。我们可以希望在时间中终可达到有效的工业建设的了。因之我们的研究也应当偏重于工人个人的生理和心理。若是我们要注意社会因素的话，也不仅是限于如何使工人得到教育的机会罢了。我们在研究方案中，虽没有明说，实在是采取了这个观点。譬如我们说："农民在工业中往往会格格难入，于是工作效率特别低。我们可以从不同时间入厂的工人分组比较他们的工作效率，在这里我们可以在效率的变化上算出一个农民在工作上变成一个工人所要的时间。"我们在劳工的利用和保养中又说，"我们得先寻出一个普通工人所能做到的工作效率标准，并把那些可以免除的使工作效率减低的因子，好像营养不足、疾病等，全数除外。然后比较各种不同的工作环境，分别各种不同的体型，进而求出各种体型在各种工作环境及各种性质的工作中，在不发生疲乏的程度下，所能做到的工作量和工作时间。"这些方法上的建议表示了我们在当时还认为影响工作效率的因子是体质和工作环境。所谓工作环境，虽没有说明，所指的也限于光度、空间、温度等物质的设备。这种看法实在是普通工业管理者一般的看法。当国衡对这种看法发生疑问后，我们去参考一下对于劳工问题的著作，就发现有不少研究者同样对这种见解发生了疑问的。最著名的是哈佛大学研究工业的一辈朋友们。让我借这个机会把他们的试验简单地一述，以助证国衡的怀疑是发生得有根据的。

大约20年前，哈佛大学在Western Electric公司开始一项关于工作效率的研究。第一步是研究光度和工作效率的影响。他们选了两组工人：甲组在不变的光度下工作，乙组在不同的光度下工作。第一次试验乙组的光度变了三次，分别在24、46、70支光下工作。结果甲乙两组的产量在试验期中都增加了，而且增加得差不多。于是他们把乙组的光度降低，低到10支和3支光。结果乙组的产量不但不下降，反而上升；甲组光度不变，产量也逐渐增加。接着他们又改变方法，向工人说光度已经增加，但实际上并不增加，工人们对于光度的“改变”表示很满意，可是产量却并无影响。他们又说光度减少而实际不减，工人们有些抱怨光度不足，但对于产量也没有多大影响。最后，他们把光度一直降到0.6支光，等于在月亮光下工作，那时产量才开始下降——这些结果似乎说明了光度和产量并无一定的关系。

哈佛大学工业研究工作并没有因此停止。他们又另外选出五个女工在一间种种工作环境都能控制的房间里工作。每隔相当时期，工作环境即加以改变一次，看这些改变和产量有何影响。工作环境中如温度，湿度，睡眠时间，三餐的菜单等等都有记录，产量是有自动的记录机把每节工作所需时间都记下，工作的质地也有等级的记录。这个精细的试验一共有5年之久，记录的卡片真是汗牛充栋。世界上对于工人工作做系统的观察和记录，没有比这个试验更精细、完全和久长的了。结果却和上述的试验一般，在工作环境和工作效率之间，找不出一定的关系来。

研究者还是不死心，继续这种试验。这次是比较各种不同的工作时间和休息。好像起初是让工人在早上和下午多得每次5分钟的休息，后来休息时间加长，并在不同时间插入短期休息，有一个时期，工人在休息期间还可以吃一些东西。这样试验了两年。起初变更一次休息时间，产量也增加一次，所以试验者认为找到了工作效率的决定因素了。可是试验到第七期，试验者决定恢复未试验以前的状态，依他们的猜想，工作效率也会降低到原来程度，可是事实上却并不如此，产量并无变化。

这是什么原因呢？研究者最后才发觉影响工作效率的并不是他们所控制的工作环境，而是在进行这项试验时所创造的心理状态。为了要进行试验，所以研究者和工人间发生了亲密关系。研究者把试验的意思讲给试验者听，使他们能在试验中和研究者合作。他们又时常因试验的需要访问工人对于各种工作环境改变的意见。他们又和工人在管理室开讨论会，使工人们觉得自己的重要，而且认为他们是在参预由大学教授们主持的科学试验。他们甘心愿意合作的心理使他们工作效率大加提高。

这第七期的试验使研究者发觉到人事试验和物质试验的不同。试验一块石头，石头不知道在被试验，并不改变它的性质。人却不然，人是有知识有感情的。他并不是直接生活在自然世界中，而是生活在他知识和感情所改变过的意识世界中。同样是一种光度，若是在两种心情中看去，可以有不同的意义，因之也发生了不同的反应。以往的试验是只去求光度和反应两者的关系，因为缺了中间的一环，所以结果两者的关系无从确立。在上述的试验中，光度和其他工作环境虽在改变，但是工人们却一贯地在愿意合作的心情中做试验，这种心情决定了工作效率之所以上升不落。他们实在是在试验工人对于工作的态度和工作效率的关系。这样，他们那些温度、湿度等的记录，也并不发生多大试验上的价值了。他们应当用另一种技术去记录工人的态度，他们对于工作怎样看法，他们对于同事和上司有什么感情。这些材料却并不能直接用仪器来测量的了。

1928年，哈佛大学的研究者决定改变他们研究的方法了。他们采取访问谈话的方式去研究工人的态度。他们要发现工作环境在工人心理上所具的意义。起初研究者以为工人的好恶可以直接从他们所说的话中得知的。若是有人对于某一件事表示不满，这件事若改良了，他也不再抱怨了。可是经了好久的试验，研究者又发现事实没有那样简单。有时一个人抱怨某项工作环境，若是这项工作环境改过了，他又转移他的不满之感在另外一项事上。不满之感并非由某项工作环境而引起，他不过是借题发挥罢了。有时，有人对于膳食极感厌恶，可是一经申诉，又遇着同情的研究者说了一些安慰的话，膳食实际可以并无改变，可是他却感觉到已经好得多了，厌恶之感也消除了。这些经验，使研究者更觉得工人的行为并不全是由厂内工作环境所引起的。每个人有他的生活史，每个人在厂内有他不同的社会生活，占着不同的地位，遇着不同的人物，各人对他有不同的看法，使他对现有生活有不同的估价。在厂外，他还有他的家庭，朋友和其他往来接触的人。这种种过去和现在的生活情境，以及他对于将来的希望和抱负，都是直接影响他工作效率的要素。

哈佛大学的工业研究也因之更进一步注意到工业组织的本身，因为工业组织是工人生活中主要的社会情境。他们又发现在正式的组织之外，工人中常有种种非正式的组织。工人们依他们的历史、兴趣或其他原因，组织成各种小团体。每个小团体中有它的规范和风气，有些是和工厂所需要的不相冲突，可是也有是不相容的。工人们在小团体里获得他们社会生活中所需的地位、面子、尊荣、名誉等等。他们关心于小团体中的批评可以远过于工资和工厂当局对他的褒贬。在这个社会情境中他们认取他们生活的意义。若是要使工人效率提高，最好是使工人们把工厂看成是他们所关心的生活团体。至少也得要使他们小团体所支持的价值和工厂所需的一套不相冲突——从这方面进行研究，研究的对象不是某种工作环境和效率的关系，而是怎样建立一个合作的生产团体了。

我简单地把哈佛大学工业研究的经过转载在这里，目的是在指出国衡对于我们在研究方案中所提的看法发生怀疑是和哈佛大学研究结果相合的。工作效率并不是一个单纯的生理问题，因之并不和工作环境发生直接的关系。我们在预定的研究方案所采取的看法中也忽略了农业到工业变迁过程所引起的心理情境。一个从农村里出来到工厂里做工，若是没有效率，主要原因也许并不是在他从农村里带来的生活习惯和现代工厂的工作环境不合，而是在工厂里并没有发生一种工人们甘心效力的社会情境。工厂现有的社会情境并不能引起工人们高度效率的原因，一部分固然出于这辈工人生活中还带着农民的习气，可是重要的还得求之于工业组织的本身。

四　社会分层

国衡在本书中就注意到同工作效率关系较深的社会因素了。他叙述了几件目击的纠纷之后接着说，“上面我们说昆厂中所发生的几件事态，绝不是完全出于偶然的，实有其蓄成激动的趋势。这种趋势的主要源流就在厂中工人与管理方面有一种对立的形势。这形势也并不是凭空而来的，原来在我们的传统社会组织中一向就有这种社会分化，昆厂里面所表现出来的对立，正是从这种分化里发生出来的。”他又说，工厂纠纷“最基本的原因是我们社会里已经有一个劳心和劳力的分野，劳心者治人，劳力者治于人。职员是所谓长衫阶级，代表劳心的一面；工人没有受过教育，是靠体力谋生的粗人，代表了劳力的一面。所以前面提到过的那个监工因为工人的名义不好听，就情愿自己家里贴钱来升他做职员，升了职员就算晋了一个社会等级，比较有光荣，有光荣才有出路。我们的社会阶梯是由仕途入宦途，升官和发财是一套连环。所以从身份，等级和出路去看，职员总要比工人高出一等，在这个社会环境里职员看不起工人，工人对于职员由羡生忌，也正是情理之常。惟其如此，才有职员说工人是小人不可以理喻，才有厂医对职员另眼相看，才有管理员看见工人手指被打断，还说不关重要。两群不同等级的人聚在一起，在上的一层忽略了在下一层的幸福和痛苦，好恶和荣辱正是社会上常有的事……这种态度带进了工厂可以成为从农业过渡到工业的一个大障碍。除非我们工厂里面负管理责任的中上级干部抱定主张，拿出眼光来，一扫这种成见，以生产为前提，把工人看作一体，对他们求了解，具同情，才可以开拓一种新的风气。否则在我们工业建设当中，在劳工的因素上，这个问题将比人力供给更为严重。”

我不避冗长地抄引上面一段话，因为我觉得国衡在这一段话里对于我们在研究方案里所提的理论有了重要的修正。我们把农业到工业的过程看成了个人习惯的改造，上节里我已经说明了这种看法的不完全，可是我们应当怎样重述这问题呢？国衡在上引的一段话里至少已暗示了农业到工业的过程是一个社会结构变迁的过程。农业里所养成的社会结构并不合于工业的需要。国衡所提出的传统社会分化，劳心和劳力的隔离以至于成为社会身份的高下，是可以追溯到农业社会的特性的。这种分化在现代工业阻碍了合作的契洽，以致发生工人与职员的对立，这种心理上的歧视实是现在中国劳工问题的症结。关于农业和社会分化的关系，我愿意在此补充地加以说明一下：

中国农村的基本特性是人口过多。人口过多有两个意思，一是当地资源不足以给人民足够的生活，一是当地经济活动不足以给人民足够的工作。结果一方面是贫穷，一方面是失业。在中国农村贫穷是大家可以目睹的事实，失业却因家属的相互扶持，不像欧美都市中的明显。但是所有研究吾国农村经济的人一致同意农民们至少有一半时间是旷费在不生产的活动中。丰富的人力挤在有限的土地上，使人工成为生产中最便宜的一项。世界上很少国家可以和中国农民的手艺相比，同时也很少国家可以见到像中国农民的胼手胝足劳苦终日的。很多地方畜力都比人工为贵，以致牛马畜力用在农作上的数量远没有人工的多。这样便宜的人工使一切省工的机械失去其意义。一般农民发愁的是没有工做，哪里谈得到节省人力？我们记得当现代交通工具传入中国的时候，反对最烈的是劳动大众。铁路上卧轨，电车被捣毁，因为这些新的工具夺去劳工的生活机会。只有人力车才是不受反对的交通工具，因为这种工具并不节省人力，反而添加人力，人口过剩的东方也是人力车通行的区域！

劳工便宜，工作上不求替力的设备，以致粒粒皆辛苦，劳作总不免是一种血汗之事。因之，凡是能不必劳作而获得生活的人必然会把脱离劳作视为可贵的优裕。有闲阶级就在这种背景里发生了。他们靠了租佃制度把土地交给别人去耕种，而自己享受土地上大部的收获。在人口众多，土地有限的环境中，不愁没有一大批无田无地的穷人，愿意接受苛刻的条件，租地当佃户，于是较大的地主很容易变成不劳作的有闲阶级。劳力者役于人，劳心者役人的社会分化于是成立。

有闲阶级脱离了劳作可以从事于较高的文化活动。他们有钱有闲可以学习那艰难的文字。中国传统的文字绝不是一个每天得靠劳作才能生活的人所能学习的，至于经典之类的学问更是须毕生努力，远非这些劳工所能妄想。可是在传统社会中，礼法是维持秩序的纲纪，不读诗书就不配成为维持社会秩序中的权力，于是那些有闲阶级，因有闲而有学，因有学而有势，成了传统的士大夫阶级。役人的劳心者并不是劳其心于生产事业，而是劳心于统治工作。劳力的在被统治中经营维持社会的经济活动。这两种人在社会上形成了高低两种身份。

现代技术的发展使劳心和劳力的性质改变了。在传统的生产活动中动力的来源是我们的肌肉，因之有不必劳心而偏重于劳力的人；而且因为技术简单所以不劳力的人就得凭借权力来获取劳力者所生产的东西，役人的方式于是发生。现代技术是起于自然动力的应用。人并不是动力的供给者，而是动力的运用者，所以生产活动的本身逐渐脱离劳力的性质而成为劳心的性质了。他们不是以劳心来役人而是以劳心来役物。不论是一个车床上的小工，或是一个管理整个工厂的工程师都是运用心思来利用机器以应付物力，所不同的只是应付的对象有广狭罢了。一个工程师可以是要指挥许多工人，他得应付人，可是他应付人是在配合各人所运用的机器以完成共同的生产目的，这是和地主役使佃户或仆役的性质不同。地主是从佃户和仆役的劳力中直接获取他个人的享受，而一个工程师指挥工人是在完成这团体活动的共同目的。在现代工业组织中只有工作和责任的划分，本质上已没有身份的高低。

国衡在本书中指出了在我们的现代工厂中还遗留着传统身份的划分。大多数在厂里工作的人还保留着工人是役于人，职员是役人的观念。工人和职员既是社会上两种高低的身份，而人的本性都是想由低级爬到高级，于是一般工人的心目中，他们的出路并不是在技术上求进步，而是在想抛弃工人的身份，从役于人变成役人的地位。这种传统的观念不变，工人这个阶层也就不容易吸收住肯努力的人才，只有那些爬不上去的人才不得不停留在被社会所轻视的地位上，这些人自不会安心，也不会拼命工作了。而且责在配合团体活动的职员若有意无意地以役人的态度去对付工人，甚至以个人的服役作为升迁工人的原因，分工精密的现代工厂组织中，就会发生配合不拢的弊病。工人和职员间，各级工人间的对立就是分工而不合作的病象。

还有一点我们应当注意的就是在传统农业社会中，劳力到劳心，役于人到役人，被统治者到统治者——是一条社会地位上升的通路。一个处在低级的人若是肯努力，在相当时间内，本人或是他的子孙，可以爬到上级，所以这两级是在一条梯上的，爬得上去的。因之，虽则我们可以说劳于统治的地主们不一定用心思在生产事业上，常成为社会上的寄生阶级，可是这个享受阶级的存在也正给了每个农田上胼手胝足的农民们一个努力的目标。有为者亦若是，多少也是鼓励一个工作者的力量，一个向上的志气。工作有目标，做人有志气，是工作效率的来源。

目前过渡时代的中国工业里，传统观念虽则没有很清楚的改变，传统的事实却已改变了。那种处于工业组织低层的工人们，在观念上被人看不起，在事实上也爬不到被人看得起的职员阶级。一个管理工厂的职员，大部分都得受过中学教育；穷苦人家的子弟须入厂做工来谋生的，很少有得到这种教育的机会。在工厂里做工，可以从小工到技工，但不容易做到一个比较高的职员。职员所必需的文字训练不是一个做工出身的人所容易获得的。国衡曾提到一个由工人出身的管理员不受高级职员的赏识，表示了这个职员在行为和气味上不能进入职员的团体。工人和职员因为来源不同，在礼貌、谈吐、举止、态度上已有不能混合的分化。从工人到职员的上升路径上已有严重的阻碍。上级职员都是大学甚至是留学出身的人，说话时常夹着英文，工人怎能想像有为者亦若是？那个要国衡补习英文的工人，即使学会了英文又会发现还有其他必须补习而比英文更难的东西，使他失去上进的志气。这些事实摆在眼前，怎能使工人们不觉得前途暗淡，一辈子也不过是一个被人看不起的工人。这在汝康所描写的女工中更是清楚。在一个没有前途，没有出路，没有希望的事业中生活，不是三日京兆，暂时驻足，等待有较好的机会，就是因循苟且，敷衍塞责，在烟赌和酒色上去寻求片刻的刺激。

国衡这种分析，使我们从个人的生活习惯去解释现在中国新工厂中人事问题，走入了对于社会情境的分析了。在这里我们可以进一步追问，为什么在现代的工厂组织中还会遗留着传统的结构？不但在我们中国如此，即使在工业先进的欧美，工厂里也有非正式的组织存在，我在上节介绍哈佛大学的研究时已经提到。这问题使我们不能不讨究到现代工业的基本性质了。

五　现代工业的病症

远在1829年，法国有一位工程师已经注意到这问题。他就是Frederic Le Play。他研究欧洲的劳工从那时起一直到1855年。在这个时期他在欧洲大陆上各处旅行、观察，发现了工业愈发达的地方，生产事业中合作的程度愈低。他为此问题调查了许多不同的社区作比较，写了六大册的报告，从1855年到1879年出版行世。他在第一册里描写欧洲东北部的农业和渔业的村子。这些社区里的人和人有充分的互信和互助，维持着和平和安定。每个个人生活在这种社区里明白：他和团体有什么关系，一举一动对于团体会有什么影响，团体里的礼法对于自己有什么意义。他不必需别人的干涉才去实行某项规范，因为在他这些规范不是限制个人行为的桎梏而是达到个人生活的方便之门。个人和团体的高度契洽下，每个个人间的行为也就配合得像是球场上的队伍。个人的参预团体生活是出于自愿的。

Le Play 逐渐向西欧研究过去，工业化的程度也逐渐加深。生活程度是提高了，可是社区生活却“动摇”了，有些而且已经在“解组”中。他又把这些形式的社区详细描写了下来。现代工业社区，依他看来，已经失去了和平和安定的能力。社会规范的权力已被忽视，亲属的联系已被拆散。在这种情形下，秩序得靠腰边挂着武器的警察来维持。每个人不安于他的现实，梦想着更好的去处，永远在不满足的心情下追求新异和刺激。个人间的联系一断，社会的重心也就不再契洽，而在于当前的利害，换一句话，人不得不集合而集合，不是出于自愿的去经营共同生活。Le Play 更指出了三种弊端发生：一是财富的误用，财产所有者脱离所有的东西，而寄生在这上面；不利用人和物的关系去增加人和人的联系，反而去增加人和人的对立；二是知识的误用，人对于人事的知识不用来去增加人和人的合作，反而去减低人对于文物制度的信仰而损害它的威权，以致人和人间缺少了认真的精神；三是权力的误用，表现在风俗习惯礼法中的团体权力被人漠视之后，社会秩序的维持只有靠人为的暴力，以致发生彻底的专制，不顾及社会利益的权力习惯或个人的权力产生——一言以蔽之，人和人的合作从自动变成了被动。

接着 Le Play，在法国社会学中有 Emile Durkheim 继起。他更从理论上发挥现代工业兴起之后，都市社区不但是丧失了人和人间的契洽，而且个人也因之失去了他生活的意义。这“一堆散沙般的个人”只在物质享乐上苟延残喘。超于个人的价值已不受人注意，自觉洒脱和漂亮的人靠一些眼前的刺激过他的日子。一旦遇到挫折，他可以抛弃生命来作最后的解决，自杀了事。

依 Le Play 和 Durkheim 的说法，现代工业似乎是一种病菌侵入到和平安定的社区中，用着一点物质的享受，引诱着人们放弃他们生活的意义和人生的愉快，终于走上毁灭之途。他们的看法是否过于悲观，我们暂时放一放不论。有一点我们在这里要提出来的就是自从新的技术发明以来，人类对于自然支配力突然增加。在利用新技术，获取更大的物质享受的过程中，我们需要更多的人的集合，作更细的分工。也许是因为技术进步得太快，这许多被技术条件所集合拢来的人显然还没有在心理上，在感情上，适合这新环境，以致发生了如 Le Play 和 Durkheim 所描写的那一大堆倾于自杀的沙砾般的个人，同时这堆沙砾般的个人在技术上不能不在一个生产系统中工作，进而发生了 Le Play 所说的三大弊病，这三大弊病到今日已表现得没有人再能否认了。100多年前的先见并没有减轻我们在目前所受这三项弊病的磨难！

可是我们却不愿跟着 Durkheim 一般的想法认为是甘心走入这种没有组织的社区中去的，尤其是那些在早年曾经在比较完整的社区中生活过的人，他们不能爽爽快快地从愉快的环境走入不愉快的环境。我们一方面得去看为什么他们走入工业社区里去（假定 Le Play 和 Durkheim 的理论是对的，则抛弃健全的生活接受不健全的生活，显然必有理由，不能是一种自然的过程），另一方面，若是他们不得已而走入了工业社区，他们怎样去适应，怎样在可能范围中去保留他们曾经借以获得愉快生活的组织？这两个问题使我们回到了国衡在这本书里所描写的昆厂了。在这里我们也许可以得到一些线索。本书用事实证明了工业初期劳工的进入工厂并不常是工厂本身的引诱而是社会其他力量逼着他们走上这条路的。而且我刚才所提出的：为什么在现代工业中还留着过去传统的组织，甚至不受承认的遗留成为非正式的结构，这问题是否可以用劳工们怀念着过去愉快生活的结构，在个人化了的社区中去追求社会生活的企图来解释？

我们若是修改了"从农业到工业"的公式而代替以"从有组织的社会生活进入无组织的社会生活"，比较上更容易了解昆厂工人们自觉的或不自觉的所遭遇的困难了。让我举一个例子来说："我睡觉的那间房子里，时常听到为了门窗的开关问题而起口角。有时到了熄灯时候，还有人抽烟筒下棋或高声谈笑，闹得全室不安，有人起而干涉，反转来引起更大的骚扰，还有工人半夜起来开了灯忘记关闭，以致天犹未明，已有人受了灯光刺激而早醒，彼此交谈，结果亦影响全室。还有那个18号的帮工，每两周有一周夜班，日间也睡在同一寝室内，其他工人进进出出，自然使他不能入眠，若是遇到有特别的事故，他也靠着一股亢进的精神，和做日班的工人一同行乐。他还告诉我他很爱做夜班，就是因为夜来做工心思很集中，白天没事又可很痛快地玩耍，可是他并未想睡眠不足，会妨碍心身的健康。"

读到这一段话，使我们想到车站等车时的情形，这是一个描写没有社会组织的最具体的记录。国衡虽则用工人们的生活习惯来解释这种杂乱的情形，他的意思是在说他们在家乡本来生活上有秩序的，可是一旦进入这新环境，没有了传统的维持秩序的权威，大家就毫无顾忌地谈笑下棋，口角起来。这显然不只是习惯问题，而是说他们有在秩序生活中过活的能力和经验，可是新环境并没有利用他们这种能力去建立秩序，以致大家顾不得身心的健康了。换一句话说，在这个新环境中，尚没有规定生活秩序的组织，以致使那些人无法无天起来。我觉得这现象并不是工人们没有秩序生活的习惯，而是因为没有秩序的环境使他们无所适从罢了。

或者说工厂并不是没有秩序，依着工厂所颁布的法令，没有一件事有无所适从的道理。这句话同样可以应用到现代的都市，若说现代都市没有秩序自然是不合适的。可是现代都市的秩序却和乡村中传统的秩序性质不同。依 Le Play 所分析，一种是自动的，一种是被动的；一种是发生在人和人的契洽中，一种是发生在权力的控制中。在家庭里，出息有序，各人起卧的规则绝不需明文规定，也用不着有具体的权力来维持这种节奏。可是一到了昆厂的宿舍里，明明有一定的规则：什么时候上床熄灯可说全规定了。可是因为不是自发的秩序，所以一旦这些法则没有有效的权力去维持也就等于废纸。同时，我们也可以设想，即使有权力，能否使每个人就范，这是问题，除非这个权力很强，否则不易发生效力。而很强的权力是否可以发生在工人的宿舍里？厂方所以不施行压制的原因也许就在怕得罪了这辈工人，以致引起退厂等事。这里告诉我们一个社会秩序的真正基础不在权力的维持，而在自动的守法。自动守法却出自更深一层的条件，就是 Le Play 所说的必须个人和团体有高度的契洽。

这样讲来，我们至此不能不提出现代工业组织中是否有达到高度契洽的可能了。

在现代工业发达的初期，因为原有的传统社会组织，西欧的封建，不能适合于新技术的利用；握有新技术的是传统社会中没有权力的人，有权力的享受他们传统的特权，不必在新技术中谋发达。新工业没有承继传统的社会结构，反而是一种要求解脱于传统机构的力量。新兴中产阶级兴起，逐渐占领社会的地位时，他们提出了一种新的社会观。他们认为人和人的合作是出于各个人的私利。每个人若能用理智来打算怎样得到最大的利益，社会上才能有最有效的分工体系。这是个自然定下的规律，冥冥之中好像有一只看不见的手，在根据各个人的自私心安排了社会的秩序。在个人说，不必去担心这个秩序，只要一心一意地在竞争中去追求最大的利益。这种社会观在当时的确有它的用处，因为在新技术中开辟了无限获取财富的可能性。在这可能性下需要有胆量，有创造力的人去实现。传统的那种安分的态度不但不合时宜而且是阻碍利用新技术来开拓财富的力量。这种"成功即是道德"的信念打破了社会身份的拘束，使当时的人集中力量来推动这新的生产力。可是也就是这个经济个人主义使一般企业家忽视了组织生产力时的人事要素。经济个人主义把社会看成了只受需要和供给配合的市场，把人看成了一个合理计算的经济动物。在这种看法之下，一方面发生了正统派的经济学，一方面发生了Le Play 所描写的现代工业社区的病症。

在一个竞争有自由，成就根据竞争的秩序里，个人工作的动机可以是对于将来成功（并不限于经济的收入）的期望。最显著的例子是工业初期的美国，有无数从世界各地移来的劳工，愿意为多得一些工资而接受16小时以上的工作。他们反对缩短工作时间因为他们的注意焦点不在工作当时的甘苦，而是在未来的荣誉和生活。为未来，他们尽可牺牲目前。他们愿意这样不顾死活地追求未来，是因为当时美国的经济中，有着充分的机会来酬报努力的人，竞争是成功之路，一点都不假。如洛克菲勒，如卡内岐，哪个不是个穷小子出身？在这时，工业的效率似乎是不大成为企业家所担忧的问题。到了第一次世界大战之后，即是像美国这样的新大陆，经济机会在现有的社会结构中，已不是可以作为努力者的报酬了。大企业家统治了经济机构，一切的利益都集中到他们手上去了。于是一辈在工业里工作的劳动者除了每星期每月所得到的工资外，别无什么可以期待了。"为什么要努力工作"也就成了一个问题。当然企业家可以用开革工人，甚至用长期停雇来威胁工人。使他们不敢不拼命工作。可是这种鞭笞的方法永远不会达到目的的。工人们终于组织起来，用罢工、怠工以及一切同样不顾道义的手段来对付企业家。这种劳资间的冲突暴露了经济个人主义已不适宜于成熟了的工业组织。一辈有见之士，也逐渐看到目前的经济秩序中已发生了很严重的毛病。在 1933 年，Sir Arthur Salter 就说，一个社会的秩序中决不能缺少“集合的决心”。在 Sir George Paish 的 *The Defeat of Chaos*（1941）里更具体地用“愿意合作的精神”来说明世界经济秩序所必需的要素。他们都感觉到二百年来对物的技术确已大大的增进了，可是被对物的技术所联系的庞大人群（从工厂起到整个人类）之间却表示出他们契洽的精神在同一期间非但不增加，而且反而退步了。退步到不必有专门学识如 Le Play 如 Durkheim 才看得到，就是每一个经营工厂的管理员都切身感觉到工人的效率问题了。

最先，一般发生效率问题的人，并没有想到这是社会结构本身的一种病象，而是以为可以头痛医头，脚痛医脚的。他们注意到疲乏的生理基础。哈佛大学工业研究所最早也是从生理上来研究疲乏的原因的。从工人个人血液里的毒素慢慢研究出来，一直到心理和社会原因。在过去十几年中工业人事的研究里逐渐分出两种倾向，一是从现有工业实际需要着想，为种种病态求取治疗的方法，好像是对于疾病的研究发生临床治疗的医术。哈佛大学的 F. J. Roethlisberger 就注意到怎样去诊断，怎样去了解病情，同时也指出了治疗时医生们应取的态度，以及若干已有效验的技术，好像谈话，讨论，意见箱等等。他注意人事调整，以获得充分合作的技术问题，所以他觉得人事上的毛病和身体上的毛病一样是每一个病症有它的特殊性。天下没有万应丹，人事上也没有一个可以解决一切问题的方案。每一件事，每一个人，凡是发生不能顺利工作时，就得依事依人加以诊断。

在一个已经有很长久历史积重难返的结构中，若发生了病症，第一步自然是求医疗治。可是社会制度毕竟不是生物机体。生物机体是无法改造的，有改造可能的话也是需要极长的时间；社会制度是人造的，所以也是人所能改的。若是我们发现了现有工业制度中有着病症，我们不但可以就这机构内加以治疗，也可以改造这机构本身，取消这种病根。在我看来，我们没有理由相信人类发明了新的技术就永远不能再恢复传统社会中高度契洽的社会组织。现在固然是因新工业兴起而发生了社会解组的现象，这可以看做是一个过渡的情形。若是人类还想绵续不绝，必然不能长久维持现在这种用新技术来互相残杀，互相对立的局面。从科学里得到的力量可以提高我们生活也可以促进我们的死亡。怎样能利用新技术来生产，更以增强了的生产力来提高我们的生活是我们必须解决的问题，合理的工业组织是其中的一部分，也是最基本的一部分。

我们在这里固然不能提出一个简单的方案，但是我们可以说的就是：这本书至少可以使那些讨论中国工业建设的人注意到工业制度本身的问题。工业建设不只是盖厂房，装机器；而是一个新社会组织的建立。在这新社会组织中我们得利用科学知识所发生的新技术来谋取人类共同的幸福。在这组织中一切参加的人必须有高度的契洽。我们决不能因目前工业组织中的种种病象而回头。过去传统社会中确曾发生过契洽，每个人都能充分领略人生的意义，可是这种传统组织并不能应用新的技术。新技术已因分工的精密，使我们互相依赖为生的团体范围扩大到整个人群。我们不能在小团体中求契洽以为满足。从新技术中所得到的力量已使我们若不用以来求与人类的契洽，即将毁灭这没有契洽而生活已打通了的世界。我们也不应成一个悲观主义者，觉得人类贪了物质上的便利，出卖了灵魂，更因灵魂的丧失，连肉体都不能保存。我们面前只有一条路就是确认现有社会组织没有完成一个新的蜕化，我们得在过渡时期的病症中去探求一个新秩序的方案。头痛医头，脚痛医脚虽然在小范围中可以见效，但是这终究不是根本的办法。我们可以承认疗治性的人事调整的价值，但是我们觉得，我们还有一个责任去讨究一个比目前工业组织更能适合于应用新技术，更能有效率，也更能促进人类幸福的组织。

我们这番话似乎离开本书的本题太远了。可是我们从国衡在本书中所提出的看法中再引申出去自然不能不使我们推考到工业社会的本质上去。在我看来，这本书使我们已经可以明白现在昆厂里所发生的种种人事上的问题是现代工业中普遍的现象，是出于从有组织的传统社会变化到能应用新技术的新组织中过渡时期的现象。在这过渡时期因为社会的解组，生产关系并没有建立在人和人的契洽之上，因之传统的结构，因其曾一度给人以所需的契洽，遗留在新时代成为非正式的潜在结构。这些潜在结构一方面固然满足着人们的社会需要，另一方面却阻碍了新技术的有效利用。

这种理论是这次研究的结果。我在这书后重述这理论的意思是在指明我们的方法，怎样从理论出发进入我们实地观察，观察的结果怎样修改原有的见解，形成一套新的理论。这套新的理论又将为我们以后实地观察的出发点。读者把我们在本节里所提出的看法和我抄录在前面的研究方案对照一看，就可以明白理论和观察的关系了。我因为有些读者看了我们社会学丛刊乙集的报告之后，而不明白社区研究与社会调查的分别，所以在书后加上这几页说明这本报告中理论和观察是怎样联系起来的。

云南大学社会学系研究室，

魁阁，大城，呈贡，云南

1944 年 12 月 18 日

中国社会学的长成

——为《日本社会学会年报》写

在一个像中国一般，特别注重人伦关系的文化里，社会学，那一种以科学方法去分析社会现象的学科的发展有它的方便，但也有它的困难。方便之处是容易见到的：不但在累积的文献里充满着对于人和人之间关系的规律和注解，而且在日常生活中，因为这套规律和注解已经成了有力的教条，我们也特别容易看到社会所施于个人的范畴力量，因而使我们很容易发生对于社会观众的注意。这在很古的时候已经如此。现代英国人类学家布朗教授Radcliffe-Brown曾说：功能观点的文化论有很多基本的看法和概念并不是新的，至少在中国战国时候的思想家中已经有了雏形，最重要的是荀子。可惜现在我们还没有学者能用现代的名词去把这些古书重新翻译出来，如果能这样做的话，一定有很多发现，不但在思想史上有贡献，在社会学本身也一定有重要的启发作用。譬如说，孔子所说的“祭神如神在”和法国社会学大师Emile Durkheim的“有人信仰上帝，上帝就存在了”的说法实在是完全相通的。中国既有着这样丰富的遗产，只要科学方法一旦传入，必然会给社会学发展上极大的方便。

但是这里却也包含着困难。中国传统对于人伦关系的重视是从实践的目的出发的。着重的是在人和人应当怎样相处，学者们所问的是为什么这样相处才算是好的问题，至于怎么会这样相处的问题却不发生的。“应当怎样”是教条，是社会范畴个人行为的方案；“为什么这样才算是好”是伦理学，也是文化里维持教条的理论工具——这些都是科学研究的对象，而不是科学研究的本身。科学研究的开始是在“怎样会这样”的问题上。这在中国传统的思想系统中是没有地位的。

在中国传统思想系统中没有科学研究的精神是一件事实，造成这事实的原因之一就是在中国人太注重了人伦关系。注意人伦关系的文化必须要给维持这些关系的教条有裁制力的权威。规律的注释只限于“给予理由”的范围，是一种说教。怀疑的态度必须加以排斥，连带着被遏制的是对于社会关系的理性的研讨。怀疑是研讨的开始，研讨的结果可能是对于教条的否定，因之足以危害教条的权威。于是维持着教条下的人伦关系的确剩了习惯和感情。这对于科学是等于沙漠对于草木。以科学方法去分析社会现象的学科是不容易在这种沙漠中长成的。这也说明了为什么社会学在中国的初期是舶来品，而不是从传统学术里自身演化出来的结果。

我这句话里所说的初期至少可以包括二三十年以前的时代。最早把社会学传入中国的应该推严幾道先生，他把斯宾塞的 *Studies of Sociology* 翻译成了中文。但是他那时还没有“社会学”这个名字，这书的中文名字是《群学肄言》。群学这个名词是否比社会学一词好，还是值得我们思考的问题；但是社会学一词，我想是从日本传来的，却比了群学一词更普遍的被采用了，以致现在已没有继承严先生用着他得意的翻译了。

我似乎带了一点遗憾的语气来提起这一件名词上的小事并不是偶然的。我们如果有机会翻出严先生的译本来诵读时，我知道现在已经很少学生会有这心情，一定会体悉到译者想把这套洋货加以汉化的苦心。他努力地在中国旧有的思想中去寻求原有的概念来套取西洋的思想系统。我相信他大体上是成功的，因为我已说过在这方面我们确有此方便。但是他的努力却并没有传下来，至少他所用来表达这一套新学问的旧名词，却大多和“群学”一词一般的被遗失了——在教条权威没有在中国社会中消失之前，正是严先生引进“群学”的时候，真正的社会学是无法在中国学术界生根的。社会学这个名词代替了群学，正象征着两个时期，我们为方便起见，这界限可以放在“五四”。

从严幾道先生翻译《群学肄言》起到“五四”这一段时期里，正是中国社会大变动的开始，是传统教条威权的破坏时期。中间有着政治上从清朝改为民国的“革命”，和民国初年军阀的跋扈——这些都是这破坏时期的现象。在破坏过程中，传统教条被否定了，但是怎样去否定这些教条呢？批评是必需的一步骤，批评引起了研讨，这是科学的基础。“五四”初步地把破坏过程做一总结，在这里将死的还没有告终，将生的还没有降世。但是五四运动已确切地指出了将生的将是什么——民主和科学，那时被称为德先生和赛先生的两位。

我说五四运动只指出将生的将是什么，但并没有让将生的降世成为现实，因为我觉得德先生和赛先生在那时只投了两张名片罢了。社会科学虽则没有在那时立下基础，但是各种社会科学的名词是提定了。在这些名词底下所有的内容，在性质上并没有和传统的思想有很大的出入，大多还是“教条”，大多还是“应当怎样”的主张。新的教条和旧的教条不但不同，而且是相反，相冲突。我在这里称这些新兴的理想作为教条，并不包含丝毫轻蔑的意思。这是社会变迁中必然会发生的。新的处境要求新的适应，新的适应包含抛弃旧有的生活方式，旧有生活方式有着教条的维持，因之，新的适应的第一步不免是对旧有教条的攻击。维持着旧有教条的是习惯和感情，攻击这感情对象的也就不免是更强的反感。社会运动，那种集体的行动，是转变习惯和感情的有效机缘。在五四运动中，人生和社会新的理想被提出了。新的理想吸引着新人物的感情，对于这些人，新理想性质上是新的教条，是信仰所维持的原则。

在那个时代，社会学和社会主义的区别是不受人注意的。二者的区别在实质上说并不很显著，科学不能离开实用，这在自然科学中是没有疑问的；理论上的思考必须证实于自然现象的过程，因之也必然影响到人和自然的关系。自然科学家并不避免他的工作对于人和自然关系的影响，他们不规避实用。所谓实用就是理想的实践。电灯实践了光明的理想，飞机实践了腾空的理想。社会科学原本没有自树例外的理由，它也必然会影响人和人的关系，也必然有实用的价值、实践社会的理想。在这方面说来社会主义，为某一种社会理想所定下的实践道路，和社会科学并不是互相排斥的。事实上，是互相辅助的。如果我们一定要区别它们，我认为只是态度上的差别。社会主义者对于某种社会理想是视作不必考虑的前提，对这前提的态度是信仰。因之，我们可以说社会主义的出发点是教条。社会科学对于社会理想并没有成见，兴趣是在“怎么会有这种或那种理想?”社会科学是批评的，而社会主义是战斗的；社会科学对于现实是思考和解释，社会主义对于现实是改变和推动。

社会科学和社会主义虽则在人类生活的改进中应当是互相协助，但是在激烈的社会变迁的过程中却可以分道扬镳。在五四运动之后的中国社会学和社会主义，不幸的就这样走上了分歧的路线。中国的社会学并不是从五四运动中直接培养出来的，社会主义这一路才是“五四”的承继者。正因为在这方面的发展，使一部分“五四”的正统派对于富于社会革命性的实际运动抱着歧视，多少排斥在外围，使“五四”的结果表面上只限于文学的改革。“五四”之后文学的大众化和历史的科学化汇成了一个主流，而社会主义的旁支则和当前的政治相汇合，展开了一直到现在没有停止过的革命运动。社会学那一门新进的科学，却在不同的偏见中被冷落地挤在荒芜的田园里。在文史的主流里因为社会学和社会主义的瓜葛而不愿加以接受，在社会主义的旁支里，却因为社会学的批评性不适宜于早期的政治运动而加以拒绝了。

我所谓荒芜的田园是在那少数和社会群众相当隔离的大学围墙之内。我相信，早年在这些大学里教社会学的并不太受人重视的。他们时常附属于其他的学系里，开讲着零星的课程，甚至他们所附属的学系都没有一定；历史、教育、政治、经济、哲学、心理，都可以作为他们的保护者。一直到现在社会学应当属于文学院还是法学院依旧是各大学随意自行取决的。

如果我们再问一问哪些大学有意收容这门被冷落的社会学？更可想见它所受歧视的程度了。社会学在10多年前常被视作教会学校的特色。当然，直到现在著名的国立大学中如北京大学、浙江大学、武汉大学等还是没有社会学系的。

关在教室里的社会学很容易流于经院式的讨论，最能代表这类讨论的是对于影响社会现象的各种因子间孰为重要的辩论。有的主张生物遗传，有的主张后天教育，所谓文化。这类问题显然没有概然性的结论可得的，而且在研究社会现象时无妨从某一方面入手，在实用时又免不了兼筹并顾，所以这种争论既不是因研究具体社会现象而发生的不同结论，也不是以实用为目的而提出的不同计划，只是讲座之间相互炫耀其学识而已。我并不认为这些辩论是无益的，因为在这类辩论里至少可以把有关影响社会现象各种因子的，或是被称为“基础”的，各种学说介绍到了中国的读者面前。我说社会学在中国的初期是舶来品这句话，在这个时期大部分还是正确的。在讲座间的辩论里所应用的论据多引用西洋社会学的理论和事实。西洋社会学里的各种派别，各从它们所授的生徒，分别传入中国；中国社会学所不尽同于西洋社会学的在它们和实际社会的关系上：西洋的社会学不论哪一个派别，都反映着一部分社会现实，但是当它被带进中国来时，却只剩了一套脱离了社会现实的空洞理论。这在当时讲座间的辩论中是可以看得出来的，因为他们的互相批评到后来只成了逻辑上的责难，而不是事实上的驳证了。

这类所谓“理论”研讨实在是烦琐的。科学的理论是已有观察的总结，同时是引导和启发新的观察的假设。科学并不会发现绝对的真理，只是人和自然及人和人互相适应过程中的助力。所以理论如果不能开拓新的问题和观察的方向，这些理论在科学里是没有用处的。经院派讲座间的辩论所引起的反应是社会工作和社会理论的分家。这在大学生里表现得很深刻，做社会工作的可以不研究理论，研究理论的可以藐视社会工作。在大学的围墙之外，这分家的弊病更足以令人遗憾。在民国二十年到民国三十年的一期中，社会实验区的设立相当多。但是这些实验只是个别的小单位和片面的社会改良工作，虽则并不若十八九世纪西洋乌托邦社会主义那样富于远大而空泛的理想，但是改良的动机出于人道观念则如出一辙。这和教会大学直接间接都有关系。教会大学本是中国社会学的温床。不能自限于经院辩论而要求实用的社会学者，在基督教义的精神中，发生了不需要理论的社会工作和社会实验区。就是在同时附设有研究部门的实验区里，所有研究工作也只以胪列数字而不作解释的社会调查为满足。在这一个时期凡是说起社会研究的大多就指这一类的调查。这类调查自有它行政上的用处，但是如果认为是科学的则未免不太切当了。我这种批评只是求全之论，如果抹煞这种工作对于中国社会学的贡献那是不公允的。在这些实验区的研究报告中，我们初次得到了大量的社会事实的搜集和报告。这是使中国社会学向健全的大道上发展的重要步骤，我所认为遗憾的是社会理论的研讨没有配合着当时的社会改良运动罢了。

在这里我们不妨回头看一看“五四”旁支里所发展出来的社会主义那一路。民国十五年到十九年的革命运动，在精神上是从五四运动中和政治发生直接关联的“社会主义”的旁支里发生出来的，但是这次革命依旧结束在“尚未成功”的阶段上。在一个区域里社会结构中并没有起深刻的改变，在另一个区域里却引起了大胆的和激烈的改革，在这两个区域里都没有找到怎样使中国社会主义者不能不对于中国社会的性质加以检讨了。如果在这种要求下，大学里的社会学家和政治运动中的社会主义者能共同参加这一中国社会性质的讨论时，也许社会学的理论、事实和实用三者能汇合起来给中国社会学一个激发。可是，这种汇合却还没有成熟。社会主义者的检讨在动机上是康健的，但是因严守教条的前提和事实材料的缺乏，除了引起一场在青年读者中颇有影响的“社会史论战”外，并没有其他更值得称道的成绩。

一直到第二次世界大战的发生，中国社会学依旧分离在经院理论、实验区的调查和社会主义者教条性的实践的三条碰不上的平行线上。可是以每条线来说，经历了这多年的工作积累，都有了显著的进步，这进步也包括着共同的觉悟到理论、事实、实用三者应当结合的需要。这项觉悟至少在大学方面是最容易看得明白。抗战把以前门禁森严的大学疏散到了后方的乡村里，把以前可以终日和普通人民毫无接触的学者送入了破庙和农舍里，书籍的丧失和国外杂志的断绝，使他们无法在图书馆里去消磨研究的精神，再加上了国家的危急，实际问题的严重，他们无法不正视现实，把他们多年来熟习的理论，在现实的人民生活中去求证实和否定了。于是在抗战前几年已经被一部分社会学者所提出的“社会研究”，在这场合中，成了战时中国社会学的共同的风气了。在这时期进行着实地社区研究的有三个重要研究机关：清华大学的国情普查研究所，云南大学和燕京大学合作的社会学研究室和华西大学的边疆研究所。

普查所的特点是较大规模的普查工作。普查工作虽则是继承战前实验区的社会调查，但是所普查的项目却针对着中国人口、农业和劳工问题而设计的。在普查时，曾动员了当地的行政和学术人员，在昆明市和昆明附近的四县举行了中国初次挨户普查的实验。这实验奠定了来日全国性普查的方法和技术。

云大研究室在方法上和普查所是不同的。他们少数的研究员，在选定的社区中，对于某一问题做较长时期的实地观察。最早，他们的兴趣是在内地农村里的土地制度，他们想明白土地权是怎样集中的。因之，他们挑选了三个不同的乡村来观察土地权集中和其他因子，好像手工业，资本积累，家庭组织等的关系。后来他们更扩大了他们观察的范围和问题。他们在昆明的工厂里研究劳工从乡村及其他行业转入工厂的过程，又在云南的边区研究当地非汉民族的团结力，以及他们和汉人相处的问题。他们在内地乡村中也研究了基层行政机构，以及他们经济分工和贸易的方式。研究的区域虽则只限于一定的社区：乡村，部落或工厂，但是他们所研究的问题却是中国各种及各地社区所共同遭遇的，那就是现代化的过程。因之，他们可以把不同的标本加以比较，而形成启发继续研究的假设，也就是社会学的理论。

华西的边疆研究所在方法上是近于云大研究室。他们也是在一定的小社区里进行长期和亲密的多方面汇合的观察。他们的对象是在非汉民族，在语言上需要更长久的准备，而且对于每一部落文化的了解又需要历史的追溯。他们对于不同部落的宗教制度和土司制度的研究，都是用当地的事实来试验人类学里原有的各种理论，而且加以新的引申或修正。

这些工作如果从科学水准上估价也许并不能认为有重要的贡献，但是从中国社会学的发展上去检讨确可认为是一步重要的迈进。他们不是单把西洋的理论用适当的中国传统概念加以翻译，不是专注重于西洋理论的系统介绍，也不是素白的胪列中国的社会事实，而是企图用西洋所传来的科学方法和已有的社会学理论去观察及分析中国现实的社会生活，更进一步地想对中国社会怎么会这样的问题提出解释。他们所提出的解释，因为观察范围的有限，很可能是部分的、片面的，甚至是错误的。但是这不是重要的，重要的是他们能从可以证实的现实生活中去求概然性的解释，使我们对于中国社会有了去认识的兴趣，以及继续研究的基础了。

无可讳言的，这些工作不过是刚粗糙的开始。他们是零星的，而且深入程度也是有限。这些批评并不改变这些工作已有的成就，只是要求这类工作的继续和扩大。可是因为这些工作的零星，他们在实用的价值上还不够显著，他们还不够作为社会设计的张本。这些工作的贫乏使社会学至今还不能在实际社会变迁里取得它应有的地位。中国现在不幸的还是在“试验，错误，再试验”的原始学习过程中去找它的出路。这过程不免浪费，而且可能走着很弯曲的道路。在我们这些相信社会科学有实用价值的人看来，如果中国社会学能早一点成熟的话，多少是可以减少一些在变迁过程中不必要的代价。我个人并不认为社会学可以代替社会主义，但是我确是相信社会学是有助于社会设计的。任何社会主义都是为了某一种社会秩序的实现而发生的，社会秩序就包括了设计的需要。

我也许未免过于自信地说，中国社会学进入了八年的战争时期，已有了重要的迈进，向着方法的科学化、问题的具体化和实际化的路上的迈进。但是这不过是一个开端，如果真是会有成就的话，必然还得靠今后社会学者的努力；这还不够，单在大学围墙之内的努力是不够的。我已说过，需要对中国社会作现实的认识的觉悟也应当发生在直接为中国社会变迁而努力的实行家。自然科学是受了实用的要求而得到它理论上的发展，社会科学大概也不能离开这条路。

最后我觉得中国社会的成年对于人类现阶段的文化一定会有重要的贡献。人类文化发展到这时候已逢到极严重的危机。这危机是发生在人对于自然的控制日益增加，而人对于人的控制，使人类可以利用他们支配自然的能力去增加人类幸福的能力，却并没有配合的提高，于是人所自创的伟大能力反而威胁着人类的生存。这是因为在过去一两个世纪中，自然科学的发达远超过了社会科学的缘故。西洋的文化，至少在它现代历史期中，太偏重人和自然的关系而忽略了人和人的关系。这一点和中国文化正相反。中国现在的困难是发生在支配自然的能力的落后，在人和人怎样和平相处的一方面，即使目前的混乱已并不能充分表现他们传统的优点，几千年的经验绝不会是一无所得的。这些经验如果以现代的科学方法加以分析和整理，很可能用来补足现代人类文化失去平衡的缺陷。我愿意用这一个希望来结束我这一篇鸟瞰性的叙述。

1947 年 9 月 18 日

皇权与绅权

论 绅 士

绅士是封建解体，大一统的专制皇权确立之后，中国传统社会中所特具的一种人物。它的发生有着它的社会背景，从这背景中我们可以了解它的特性。

帝王本无种

这种我们所谓绅士的人物也常被称作士大夫。因之，它也常被认作和封建时代的大夫和士一类的人物，其实士大夫和大夫士却有很重要的区别。

在封建制度中，大夫和士是统治阶级的一层，虽则在统治阶级中说是很低的一层，但是究竟还是统治者，是握有政权的。封建制度中，政权并不集中在最高的王的手上。这是个一层层重叠着的权力金字塔，每个贵族都分享着一部分权力。王奈何不得侯，侯也奈何不得公，一直到士，都是如此。他们在一定的范围之内，各层有各层的政权。所以我们可以说大夫和士也是握有政权的统治阶级的一部分。封建解体，在政治上说，是政权不再像金字塔一般的从上逐渐一层层地分下来，而集中成了大一统的皇权，皇帝是政权的独占者，“朕即国家”。他在处理政务时固然雇用着一批助手，就是官僚。可是官僚和贵族是不同的。官僚是皇帝的工具，工具只能行使政权而没有政权。贵族是统治者的家门，官僚是统治者的臣仆。

封建解体之后，政治上还有一个重要的变化，那就是：“帝王本无种”。封建的政权是依血统来分配和传袭的。不生在贵族之门的庶人，轮不到这些“宝座”，看不到这些“神器”。没有人能在出生之前挑选他的血统，也没有人在出生之后能改变他的血统，所以不在其位的，也不会去觊觎此位。正如生而为女的不会想变为男的一般。可是封建解体之后，人人得而为皇帝了，换一句话说，政权成了个可以夺取的对象了。在秦末的时候，封建初废，“彼可取而代之”的心理是既新鲜而又生动，所以太史公在《史记》里借了项羽之口，还要写下这一笔有声有色的口号。这口号是划时代的。从项羽这样一说，争夺政权的事也就没有停止过。政权在一般人眼中似乎成了一个宝贝。做大买卖的就干这个。

可是不幸的，封建里解放出来的政权，固然不再专属一姓，万世一系了，但是中国却到现在还没有找出一个夺争政权的和平方式。我们一说起夺取政权，也就忘不了“揭竿而起”的武力手段。武力争夺的方式下，政权成了“成则为王，败则为寇”的夺宝。夺来夺去，以暴易暴，总是极少数人统治着其他的人民，专制的皇权并没有在政权的转移中发生任何性质上的改变。我们不像英国，杀一个皇帝，皇权减少了一些，民权抬了一些头；赶走一个皇帝，皇权又减少了一些，民权也又抬了一些头；最后竟变了个挂名皇帝，取消了皇权。在传统中国只有“取而代之”的故事，流的是人民的血，得到宝座的却是少数幸运的流氓，像刘邦，朱元璋一派人物。在御定的国史上，固然似乎真有着一线相承的正统；事实上，恐怕大小规模的内战是经常的现象，史不绝书的。

天下之大不韪

以武力争夺政权是危事。成固然可以称王，败则只有一死，非但一死，而且可以灭族。在争夺的时候是“寇”是“匪”，被剿被戡，面对着武力的威胁。这是必然的，用武力得来的天下，怎肯随意拱手让人？许由、务光也不是既得政权之后而逃走的，尧舜的谦让和我们熟知的辞职也许差不多；无论如何，这些本是无可考证的传说，从有记录的历史看，马上得的天下也必须在马上失之。

宝座的代价是命拼来的，当然要世世代代尽力保持着。别的罪都可以因皇恩浩荡而赦免，惟有“篡逆”却在一切可赦者之外。所以这是“天下之大不韪”。念过明太祖对付这些敢于侵犯政权者的酷刑记载，无异是“地狱历程”，我们在城隍庙里所见的十八层地狱的形象，据说是写实的，是明史标本。希特勒比了明太祖还是小巫见大巫。

威胁是皇权自保的手段。我记得幼年时曾经不知怎么在小朋友面前夸口自称起皇帝来，祖母在旁边赶紧很严厉地呵斥：“这是不能说的！”——用现代名词说是 tabu，即是孩子们戏言都不能触犯这个威权。这不是迷信，历史上，至少是传说的历史上，有着屠杀据说命中有做皇帝可能的孩子的说法。

威胁却从来不曾是政权有效的保险，因为“人不畏死，奈何以死惧之”。只要是政权可争，皇帝的宝座具有引诱，是一笔大买卖时，冒天下大不韪的人还是会接踵地相望于道。威胁只吓得住一部分人，不是全体。在予取予夺，想什么有什么的专制皇权下，政权可以用来谋取私人幸福的时候，社会也可以从顺逆的界线上分出不敢冒大不韪的人和敢于冒大不韪的人。敢不敢是怎样决定的呢？

在专制政体之下，人民只有义务而没有权利。皇帝的话就是法律。他如果想要大兴土木：建宫殿，营陵墓，造长城，开运河，不管人民愿意不愿意，他就可以用政权来向人民要钱要人；他如果想开边扩地，所谓好大喜功，或是要戡乱平变，所谓安内，不管人民愿意不愿意，他又可以用政权来向人民要钱要人。纳税当兵之成为义务，在专制政体下生活的人是最明白的。这也是孔子所谓："苛政猛于虎"的根源——可见其由来已久。这政治老虎出了槛，就会逼人上梁山了。

逃避权力的渊薮

政治老虎对于每个解除了武装的被统治者的威胁是一般的。但是他们对这老虎的反应却不同。

从接受政治老虎威胁的能力上说，愈是经济基础薄弱，愈是承担不起要钱要人的征发。假如经济基础比较稳固些，他还可以忍痛耐一下，所谓逆来顺受，花些冤枉钱免得惹是非，拉长了看，还是上算的。而且在我们的传统里"要人"总是可以转变为"要钱"，骨肉离散、春闺梦里人、白骨填沟壑之类的事不至于发生在富豪之家，原是事实。如果要逼到非上梁山不可，也是偶然的。所以在贫富之间有着顺逆之别。

可是经济基础较稳固的人家，也有他们不利之处，所谓"人怕出名猪怕壮"，如果政治老虎择肥而噬时，情形可比一身之外无长物的贫民更为尴尬。这时财产和较安乐的家庭却成了"家室之累"了。所以，有产的家室不能不更担心着政治老虎的威胁。

在平民，穷到没有办法时，可以硬干。在有家室之累的资产阶级却不大方便硬干。于是他们要开辟一个逃避这老虎的渊薮了。可是“率土之滨莫非王土”的时代，没有租界；交通不方便，海禁未开，也不能去华府或巴西，连香港都没有，在空间想找逃避是不太容易的。也许这也不是断不可能，因为逃之四夷的在早年还是有例子可举。范蠡，张良，都会神龙见首不见尾，可能是走了的，像老子一般骑了青牛也可以出关。但从普通人说，逃避之所还得在社会制度中去创造。

大一统的专制皇权中被这批人发现了一个漏洞。握有无上政权的天子，固然可以在政权的占有上一丝不让人，但是幅员辽阔的天下，却不能一手经管。他虽则未始不想凡事亲理，天子还是人：还是有实际的限制，所以他不能不雇佣大批官僚。

我已说过官僚并非天子的家门，并不和皇上分享政权，他们不过是臣仆。当大一统局面形成之前，曾有些人认真地想建立一个富有效率的行政机构，这是法家。他们的理论是一点都不错的，有效率的行政机构必须是一个法治的机构，一切人都得在法律之内。商鞅实验着这理论而且有了成效，可是他有一小点疏忽，有一个人没有收入法律之内，那就是天子。这留在法律之外的一个人却把法家的理论作废。商鞅自己把生命牺牲了，而且还给后世看成了个“现世报”的傻子。“作法自毙”在历代论者的笔下是件愚不可及的殷鉴——这是现实的批判：如果最高的权力不受法律的拘束，整个有效率的行政机构可能成为无可抵御的老虎了。从被统治者着想，官僚自己也在内，这绝不是个理想，理想刚刚和这个相反，而是一个瘫痪的行政机构。从官僚的怠工做到无为而治的、“天高皇帝远”的、不发生作用的、被软禁了的皇权——这才是孔孟老庄合作努力达到的理想政治。

皇权被软禁的理想也不易充分实现，退而求其次，为了自身的安全，这些官僚即使不能怠工，也得为自己和自家亲戚朋友们开一个方便之门。他们可以利用着他们在行政机构里的位置作掩护，一个不受权力所威胁的租界地。

这个发现给那些有家室之累，不敢冒天下大不韪的资产阶级找到了一个逃避权力的渊薮了。有一些像纳尔逊的战略："靠近敌人。"可是这些欲求自保的资产阶级靠近政权、为皇帝当差、进入官僚的战略，却并不是攻势，而是守势；不是积极的目的，而是消极的目的——并不想去"取而代之"，而是想逃避，"吃不到自己"。官僚和他们所掩护下的亲亲戚戚构成了中国社会所特有的"法律所不及的区域"，他们有免役免税的特权，但并没有政权。

官僚和绅士

靠近自己想逃避的对象是一件需要极机警的动作。官僚是奴才，"君要臣死，不得不死"，"臣罪当诛，天王圣明"——这角色是不易当的。他们不能全部怠工，一旦给皇帝识破，就会斩头。于是他们得行使出两套面目，在执行向平民要钱要人时得特别卖力，把整个政治的担负转嫁到平民身上，使自己所掩护下的亲亲戚戚都可以豁免。但是一旦平民被逼到铤而走险时，首当其冲的却又是这些人。天纵神明是不能错的，官僚成了替罪羊。卖劲也不好，不卖劲也不好。在这里，中国官场中，经了几千年的磨练，虽则已有种种传统的"宦术"，但是做官并不是一件太容易而没有风险的事，宦海也可没顶。

做官并没有太大的直接的好处。利用官职直接发财的行为，在皇帝看来，不但是腐化皇权所依赖的行政机构，而且是和自己争利，在一个不太糊涂的皇帝手上是不会容忍的。像贾政这样的循吏，加上内宫里还有着裙带的联系，为了侄媳的受贿，竟免不了抄家，可见吏治在专制皇权之下的严厉了。普通官吏不能不勉为其难做到两袖清风的地步。做官既没有太大好处，而多风险，为什么大家还是争着要做官呢?

陶渊明是够得上清高的标准了，他有着诗人的天才，有着独到的风雅，可是他尽管这样，还是勉强去折过腰的。如果折腰不是必要的话，他何必不早一些在田园里负锄往来呢?这是中国社会所不许可的。如果他真的看不起官职，他不去折腰，最可能的他已成了折臂翁了。折腰和折臂之间的选择，使人体悉了非做官不可的原因。

做官是得到安全和保障的必要手续，有一点像打防疫针，在打针期间可能有反应，做官是有风险的，可以被抄家，被斩头，皇上是难侍候的。可是反应受过，就可以免疫了。当然，这个譬喻有一点不太切，防疫针只能自己免疫，而做官所能掩护的领域却不止个人。于是又发生了一种办法，就是一个集团遣派代表去做官；一人升官，鸡犬安宁。

传统社会里的大家族就是这种团体。全族人合力供给一个人去上学，考上了功名，得了一官半职，一族人都靠福了。在朝廷里没有人，在乡间想保持财产是困难的。像顾亭林这样德高望重的学者，改换了朝代，宁可闭门读书，简从旅行，但是为了安全和保障还是不能不派他外甥到朝廷里去侍奉异族。他这种做法，其实在逻辑上并不矛盾。中国的官僚并不是分享政权的，他们和政权本来是处于敌对的地位。侍奉它，就在软禁它，逃避它，并不改变其敌对的地位。这是美国社会学家孙末楠所谓敌对的合作。外甥做官，保障了舅舅的安全，甚至可以使舅舅能安心去下革命的种子。在他们看来可以毫不矛盾。

中国传统的官吏并不认真做官，更不想终身做官；打防疫针的人决不以打针为乐，目的在免疫，和免了疫的康健。中国的官吏在做官时掩护他亲亲戚戚，做了一阵，他任务完成，就要告老还乡了，所谓“归去来兮”那一套。退隐山林是中国人的理想。这时，上边没有了随时可以杀他的主子，周围是感激他的亲戚街坊，他的财产有了安全，面团团，不事耕种而享受着农业的收益。这是“衣锦还乡”的景况，是中国专制政治之下的特权人物的享有。他们决不冒险去觊觎政权，他们的孩子都不准玩着“做皇帝”的游戏。他们更不想改革社会制度，因为他们一旦把皇权的威胁消除了，或推远了，他们就不能靠这制度得到经济的特权。他们在农业经济中是不必体力劳动的既得利益者，他们可说是不劳而获的人——这种人就是绅士。绅士是退任的官僚或是官僚的亲亲戚戚。他们在野，可是朝内有人。他们没有政权，可是有势力，势力就是政治免疫性。政治愈可怕，苛政猛于虎的时候，绅士们免疫性和掩护作用的价值也愈大。托庇豪门才有命。

绅士和官僚互相联起来才发生上述的作用，于是我们可以了解为什么我们会一直沿用着封建时代所传来的大夫和士这两个名称，而且自从颠倒了次序成为士大夫之后，我们一直把这两个名称联用着竟成了一个名词了。

绅士是士，官僚是大夫。士大夫联成了中国传统社会结构中一个重要的层次，就是到现在还是如此。

论“知识阶级”

知识阶级已是一个很流行的名词。这名词指示了中国社会在“知识”上发生了分化，其中有一部分人以“有知识”作为异于他人的特性。这里发生了问题：“知识”怎么可以成为社会分化的基础呢？可以分化社会的知识是什么性质的呢？这类知识怎么会独占在某一部分人的手里？这种独占有什么好处？怎样加以维持？这一部分怎样在社会里构成阶级？这种结构对于中国现代化有什么影响？这些是我想在本文里提出来讨论的问题。

知者的知识

可以成为社会分化基础的必须是可别的标帜。男女两性常是分化基础，因为他们是可别的。现代社会中主要的分化是根据经济的，但并不是贫富，贫富是相对的“差”而不是“别”。分化现代社会的是生产工具所有权的有无。握有生产工具的和没有生产工具的形成两种不同而且对立的阶级。这样说来知识怎么能成为社会分化的基础呢？世界上岂能有毫无知识的人呢？如果没有人能毫无知识而继续生活，知识也决不能成为一部分人所特具的了。我们凭什么可以说“知识阶级”呢？

知识是所知，知是人类所共具的能力，所以知识是凡人皆有的。但是在古书里也有并不把作名词之用的知字广泛地包括一切所知，而且用知字作为形容词时，如知者的知字，意义也更狭。现代所流行的知识分子一词可能是相近于古书所谓知者。

我们不妨以《论语》里知字的用法作例：

知字作为动词时是和我们普通所说“知道了”的知字是相同的。例如：

父母之年不可不知也。

殷因于夏礼，所损益，可知也。

但是知字成为名词时却可以有狭义的用法了。例如：

樊迟问知。子曰：“务民之义，敬鬼神而远之，可谓知矣。”

子曰：“盖有不知而作之者，我无是也。多闻，择其善者而从之；多见而识之——知之次也。”

樊迟……问知。子曰：“知人。”樊迟未达。子曰：“举直错诸枉，能使枉者直。”

这里所谓知，显然不单是“知道了”，而是指“懂了道理”。在第二条文里孔子说明了行为的普通过程：先是闻、见；接下去是择、识；于是知，知才有作。知之异于闻见是在有所择识。择的根据是善，识是加以辨别；因之我们可以说知是明白了行为标准加以择识的作用。所谓行为标准就是“举直错诸枉”里的直字。知了之后，对己还要“从之”，对人还要“使直”，那是“作”。所以孔子可以直接以标准行为的规范来说明知。凡是对民能“务本”，对鬼神能“敬而远之”的就可以说是知了。知在这里不只是人的能力，而是人的德性，可以和仁勇并称。因之，知者并不是指聪明人，智力高的人，或是见闻极广的人，而是指明白道理的人，道理就是规范。

在人类所知的范围里本来可以根据所知的性质分成两类，一是知道事物是怎样的，一是知道应当怎样去处理事物。前者是自然知识，后者是规范知识。《论语》里所申述的知是属于规范知识。依孔子看来，凡是专长于规范知识的人可以不必有自然知识。孔子所代表的知者是“四体不勤，五谷不分”的人物。分辨五谷是自然知识，对于知者是不必要的。

> 樊迟请学稼。子曰：“我不如老农。”请学为圃，曰：“吾不如老圃。”樊迟出。子曰：“小人哉，樊须也。上好礼，则民莫敢不敬；上好义，则民莫敢不服；上好信，则民莫敢不用情。夫如是，则四方之民襁负其子而至矣，焉用稼？”

这段话不但说明自然知识对于和孔子一般的人是没有价值的，而且从此可以看到这种人的社会地位。他们是在“上”的，在他们之下的是“民”，民是种田种菜的人。在上的人所要的是获得这些民的敬服，方法是好礼、好义、好信。礼、义、信是规范，明白这些规范而实践是知。有规范知识的人不必亲自劳作的。这种社会结构到了孟子口上说得更清楚。有一次有个叫陈相的在孟子的面前宣传许行的“贤者与民并耕而食”的主张。孟子听了大不以为然。他认为社会必须分工：耕、织、机器、陶冶不能由一人经营。这是从经济原理立论的；但是他一转，却用分工的原理去维持政治上统治者和被统治者的分化了。在这里他说明了“在上”者的特权。他说：

> 百工之事，固不可耕且为也，然则治天下独可耕且为与？有大人之事，有小人之事；且一人之身而百工之所为备，如必自为而后用之，是率天下而路也。故曰：或劳心，或劳力；劳心者治人，劳力者治于人；治于人者食人，治人者食于人，天下之通义也。

我引用了上面的两段话，目的是在想指出，自然知识和规范知识的分别包含着社会分化的意义，自然知识是农圃百工所赖以为生的知识，用普通的话说，是利用自然来生产的知识。规范知识是劳心者治人的工具，统治别人的可以“食于人”，由生产者供养，所以自己可不必生产；不事生产才能四体不勤，才能五谷不分，“焉用稼”？

规范带来了威权

孟子虽则说这种社会分化是“天下之通义”，但并没有说明那些劳心的，或如我在上面的解释，那些具有规范知识的为什么可以在上，可以治人，可以食于人。我们如果要分析这些知识分子怎样得到他们这种社会地位，通义两字是不能满足我们的。我觉得知识分子的地位有一部分是从规范知识的性质里发生出来的，因之，在这里我们还得再分析一下规范知识的性质。

人们生活上的需要，衣食住行，在在得用自然的物资来满足。可是人并不能任意取给于自然，像神话里的仙女一般说什么就有了什么；人得依顺着自然运行的原则，才能以自然物资为己用。要能依顺自然原则，必然先须明白知道这些原则，自然知识是这些原则的认识。譬如摩擦可以生火是人类很早也是很重要的自然知识。但是要生火的人并不是随意把东西摩擦一下就可以得到火的。生火的知识的内容必须包含用什么东西，怎样摩擦，摩擦多久等等许多条件。在这些条件下才能实现摩擦生火的自然原则。这许多物质条件和手艺是技术。技术规定了在一定程序下得到一定的效果。它可决定火生得起生不起来。

在人类生活中，我们并不是为生火而生火的。生火是为了要达到另外的目的：煮饭、取暖、照明、敬神——于是发生了另外一套问题：为了某种用处应当在什么时候、地点、场合，由谁去生怎么样的火？生火在这里已不是一件孤立的活动，而是整个社会制度中的一部分。在和生活的关联上，生火的活动附着了价值观念，有着应当不应当的问题。这是孔子的所谓礼。同一件事，同一种动作，在不同情形中，有时是应当的，有时是不应当的。

> “管仲知礼乎?”曰，“邦君树塞门，管氏亦树塞门；邦君为两君之好，有反坫，管氏亦有反坫。管氏而知礼，孰不知礼!”

决定“应当这样不是那样”的是我在本文中所说的规范知识，和技术所根据的自然知识性质上是不同的。

自然知识有正确不正确，不正确就达不到所要的结果。不明白，或明白了不遵守摩擦生火的技术，结果是生不出火，因之我们不需要另外一种力量去防止人们不遵守正确的自然知识。规范知识则不然。人们不遵守应当的规范，虽则也会引起有损害于社会的结果，但是这损害并不很容易看到，而且对于个人可能是不受损害的。所以为了保障社会共同生活的人的大家的利益，不得不对于不遵守规范的人加以制裁，使“应当这样”成为“不敢不这样”。制裁作用需要威权的支持。威权的来源是社会共同的意志，可是社会上所有的人不能大家参加制裁的工作，所以得把威权授予若干人物去代理大家执行这任务。这种人是相当于上节里所提到的知者。

在一个变动很少的社会中，从实际经验里累积得来的规范时常是社会共同生活有效的指导。规范对于社会生活的功效不但是它存在的理由，也是受到社会威权支持的理由。社会威权的另一面就是人民的悦服。悦服的原因是在从此可以获得生活上的满足。社会结构不变动，规范成了传统，已往的成效是规范取信于人的凭借。

> 子曰：“述而不作，信而好古，窃比于我老彭。”
>
> 子曰：“甚矣，吾衰也。久矣，吾不复梦见周公。”
>
> 子曰：“我非生而知之者，好古敏以求之者也。”

他认为他所做到的不过是把传统说说罢了，传统是古时传下来的规范，周公是传说中创立这些规范的人物。

传统的社会也可以称作威权的社会。在这种只要遵守现存的规范就可以解决生活上各种问题的社会里做人，他们不必去推究“为什么”的问题，只要问“应当怎么办”或是“以前人曾经怎么办的”就够了。“民可使由之，不可使知之”的时代是传统规范有效的时代，也是社会结构不常变动的时代。那时的问题是谁知道规范？谁知道传统？他们服从规范和传统，像一个工匠服从技术一般，技术由师傅传授，师傅是知道技术的人，他具有威望。同样的，知道传统的人具有社会的威望。

在这里我得加上一个注解，这威望和政权可以是不同的。我在《论绅士》一文中着重的说，中国的士大夫并不是握有政权的人。在中国，政权和这里所记的社会威权是很少相合的。政权是以力致的，是征服者和被征服者的关系。这里所讲的威权是社会对个人的控制力。儒家固然希望政权和社会本身所具的控制力相合，前者单独被称为霸道，相合后方是王道。但是事实上并没有成功的。孔子始终是素王，素王和皇权并行于天下，更确切一些说，是上下分治。地方上的事是素王统治，衙门里是皇权的统治。皇权向来是不干涉人民生活的，除了少数暴君，才在额定的赋役之外扰乱地方社会的传统秩序。

文字造下了阶级

在生活比较简单的社会里，规范的知识并不是少数人所特有的，凡是在行为上表示出有这种知识的就可以享受传统的威权，并不须特殊的资格。

> 子夏曰："贤贤易色，事父母能竭其力，事君能致其身，与朋友交，言而有信。虽曰未学，吾必谓之学矣。"

没有特殊资格的原因是在每个人都有和这种知识接触的机会。这种知识是在世代间和社会里口口相传，人人相习的。《论语》开宗明义的第一句里就用习字来说明学。接着提到曾子的三省，最后一条是"传不习乎?"《论语》里充满着闻、问这一类直接口头交谈的方式。孔子自己是"不耻下问"，"入太庙，每事问"。到现在学术和"学问"还是相通的，在那时文字显然并不占重要的地位。"行有余力，则以学文"。

但是生活逐渐复杂，去古日远，口口相传的规范发生了派别的出入时，就有"征实"的问题，那时文献才成了定谳的凭证。

> 子曰：夏礼吾能言之，杞不足征也；殷礼吾能言之，宋不足征也，文献不足故也，足则吾能征之矣。

文献却不是大家可以得到的，文字也不是大家都识的。规范，传统，文字结合了之后，社会上才有知道标准规范知识的特殊人物，称之为君子，为士，为读书人，为知识分子都可以。

我在《再论文字下乡》（见《乡土中国》）里曾说乡土社会是有语无文的。中国的文字并不发生在乡土基层上，不是人民的，而是庙堂性的，官家的。所以文字的形式，和文字所载的对象都和民间的性格不同。象形的字在学习上需要很长的时间，而且如果不常常用，很容易遗忘；文言文的句法和白话不同，会说话的人不一定就会作文，文章是另外一套，必须另外学习；文字所载的又多是官家的文书、记录和史实，或是一篇篇做人的道理，对于普通人民没有多大用处的。这类文字不是任何人都有学习的机会。没有长期的闲暇不必打算做读书人。闲暇在中国传统的匮乏经济中并不是大家可以享有的。尽量利用体力来生产的技术中，每个从事生产的人为了温饱，每天的工作时间必然很长，而且技术简单，收入有限，一年中也不能有较长的假期。因之，如我在《禄村农田》里所描写的：生产者没有闲暇，有闲暇的不事生产，生产和闲暇互相排斥。换一句话说，除非一个人能得到生产者的供养，是不能脱离劳作的。在以农为主的中国经济中，这种人大多是地主，而且是相当大的地主，大到能靠收租维持生活的地主。有资格读书的必须有闲暇，只有地主们有闲暇，于是读书人也就限制在这一个经济阶级中了。

孟子所说劳心者食于人的通义，并不是说劳心是一种应该受到供养的服役，食于人是他们应得的报酬；而是说非有食于人资格的不配劳心。

不劳力的人本来并不是非劳心不可的，换一句话说，一个靠着特权而得到生产者供养的人，不但不必有生产所需要的技术知识，也不必有任何其他知识，他可以悠哉游哉地过他寄生的日子。如果他这样，他的特权可就不安全了。特权是要靠力量来维持的：暴力、政权或社会威权。文字是得到社会威权和受到政权保护的官僚地位的手段。于是不但只有这种阶级有资格读书，而且这种阶级亦有读书的需要。两相配合而成了这种阶级的特点了。

这种配合的结果却发生了技术知识和规范知识的分化。我的意思是：并不是因为知识本身可以有这两类的分别，好像男女之别一般，发生为社会的分化；而是因为社会上不同的阶级因为他们不同的地位、需要和能力吸收了不同性质的知识，而使上述两种知识分离在两种人里面。

如我在上面所说的，技术知识和规范知识本是相关相连的。但是规范知识和文字一旦结合而成了不事生产者的独占品时，它和技术知识脱离了。这样一脱离，技术也就停顿了。我已说过自然知识一定要通过社会才能被应用而成为有用的技术。社会必须决定某种自然知识怎样去安排在社会制度里来增加那些人的生活享受。安排这事的人必须是明白技术的人，不然就无从安排起。那些“四体不勤，五谷不分”的人如果有着决定应当怎样去应用耕种技术权力的话，他只有反对“淫巧”以阻止技术的改变了。现代技术的进步是生产者取得了决定社会规范的权力之后的事。一旦这权力脱离了生产者，技术的进步也立刻停顿。

传统社会里的知识阶级是一个没有技术知识的阶级，可是他们独占着社会规范决定者的威权，他们在文字上费工夫，在艺技上求表现，但是和技术无关，中国文字是最不适宜于表达技术知识的文字；这也是一个传统社会中经济上的既得利益的阶级，他们的兴趣不是在提高生产，而是在巩固既得的特权，因之，他们着眼的是规范的维持，是卫道的。眼睛里只有人和人关系的人，他不免是保守的，人和人的关系要安排到协调的程度必须先有一个安定的基础，这基础就是人和自然的关系。所谓保守是指不主张变动的意思。眼睛里只有人和自然关系的人，单就技术上打算的，他不免是不肯停的、前进的、要变的；在经济，在效率上讲，那是没底的。技术的改变使人和人的关系不能不随着改变，于是引起不断的社会的变动，变动中人和人可能得不到协调，发生冲突，增加生活上的痛苦。中国的传统知识分子是前一种人，他不了解后一种人，因为他们是没有技术知识的人。

现代知识分子

当中国被西洋的经济政治的扩张力量带进现代世界时，在社会上握着威权，指导着“在下者”应当怎样应付环境的人物，就是我在上面所分析的知识阶级。中国接受外来文化的影响并不自现代始，印度文化曾经有力地进入过中土，但是这种外来文化并没有引起社会结构上的紊乱，也许是因为所传入的正是中国知识分子所熟习的那一套，象征性的、文字的、思想的那一套。他们明白怎样去应付，怎样去接收，怎样去加以汉化。可是现代从西洋所进来的那一套却不同了。工业革命之后所发生的那一套西洋文化是以自然知识和技术作重心的。那却巧是我们知识分子的外行，不只是外行，而且瞧不起的那一套。

文化的传播是受到社会结构的限制的。我们用了这个自然知识和规范知识分化的格局去和西洋文化相接触时，西洋文化的重心也就无法传播进来。中国具有自然知识，依赖技术为生的人，限于他们的财力和社会地位，不容易和西洋文化相接触。他们可以从西洋运来的货品和工具上间接地去猜想西洋的技术，但是很少机会可以直接去传授技术（中国匠人模仿洋货的能力是惊人的）。和西洋文化有机会直接往来，懂他们的文字，能出洋的却多是知识分子。在这阶级里发生了“中学为体，西学为用”的公式。这公式不过是中国社会结构本身格式的反映。在这公式下，“在上者”看到西洋技术的效用，但是他们依旧要把这种知识割裂于规范知识，他们要维持社会的形态而强行注入新的技术——一件做不通的事。中国知识分子并不是不能明白西洋也有一套所谓精神文明的。西洋的历、数、哲、理，都比我们自己的强。这套东西，在纯粹理论方面，是中国传统知识分子所能接受的。以我个人所熟悉的社会科学说，穆勒、斯宾塞、孟德斯鸠、亚当·斯密等名著很早已有严复的译本。这些理论是工业革命之后西洋现代文明的理论基础，但是当这些理论传进中土，却并没有激起工业革命。这说明了这套理论一定要和现代技术配合了才发生作用，一旦脱离了技术，只成了一篇文章罢了——知识分子不能看重西洋文化的理论或是技术，他们同样的并不能把握住二者的关联。他们不能这样，因为他们生活所倚的社会结构是一个把知识分化了的结构。

中国知识分子受着这种传统社会结构的拘束，使他们不能在中国现代化的过程中担当领导的责任。我这样说并不单指已经过去的一代，我很有意思想包括我们自己这一代在内。在我们这一代里，学习工程和技术的人数是多了，他们而且已经有机会直接到西洋去学习。但是当他们学习的时候，他们却时常只注意自然知识和技术，生火怎么生法一类的问题，并不想到火应当生在什么场合里，对于社会的影响怎样。等他们“学成”了衣锦荣归后，他们会一转而成为食于人，治人的人物，他们继承着传统知识阶级的社会地位，是“在上者”。他们的祖宗是没有技术知识的人物，但是他们有适合于当时社会的规范知识。现代的知识阶级有了不加以实用的技术知识，但是没有适合于现在社会的规范知识。这种人物在社会里是不健全的。不健全的人物去领导中国的变迁，怎能不成为盲人骑瞎马？

或者有人会觉得我这种学说是过分的。我但愿如此，希望现代的知识分子不致这样的不健全。但是我的看法却是从我在现有的工厂里观察出来的。在我们所研究过的工厂里，凡是学校出身的，决不愿意当技工，一定要做职员。职员不但是一个社会地位，而且是动笔、动嘴，不动手的人物。工程师和技工的区别是前者经过别人的手去运用机器，而后者用自己的手去运用机器。我们且不必去问一个不直接用自己的手接触机器的人是否真的能熟悉技术，我觉得特别关心的是这些学工程出身的工程师并不知道怎样去有效地利用别人的手；那是工厂管理，人事重于技术的职务，也正是中国新工业里最缺乏的人才。

为什么？这是传统的知识分化还是活着的缘故。

最近哈佛大学费正清教授曾说：现代技术进入民间是中国现代化最亟须做到的事，但是传统的社会结构却一直在阻挠这件事的发生。他是从中国前途着眼而说的。如果我们回头看到知识阶级的本身，我们不免会为他们担心了。以整个中国历史说，也许从没有一个时期，在社会上处于领导地位的知识分子曾像现在一般无能，在决定中国命运上这样无足轻重的。我这篇分析是想答复这个问题：为什么他们会弄到这个地步？

中国知识分子是否还有前途，要看他们是否能改变传统的社会结构，使自然知识，技术知识，规范知识能总合成一体，而把他们所有的知识和技术来服务人民。使知识不成为一个社会阶级的独占品。也就是说打破这知识成为阶级的旧形态。

论 师 儒

我在《论绅士》一文里曾想对那种被称为士大夫的人物在传统政治结构中的地位加以分析。我的看法是认为自从大一统的集权政治确立之后士大夫并没有握过政权。我所谓政权并不指做官，而是政策的决定权，也就是国家的主权。在封建时代，主权属于贵族；在“朕即国家”的皇权时代，主权属于皇帝。我自己问自己：为什么中国的历史里不曾发生中层阶级执政的政治结构？这问题使我对士大夫阶层的政治意识发生兴趣。他们怎么不去和皇帝争取政权？中国怎么不发生有如英国大宪章一类的运动？这种在经济上是地主，社会上是绅士的阶层怎么会在政治上这样消极？这些问题显然可以从多方面去研究，我在《论绅士》一文中已经提出过一些意见，在这里我想再挑一点出来发挥引申，所挑出来的一点是他们自己对于自己政治地位的看法。这种看法并不是士大夫阶层不去争取政权的“造因”，只是一种维持传统结构，那种“朕即国家”的政治结构的意识，本身是一种支持结构的力量，使这结构不易改变。

任何一种社会结构必然包括一套意识，就是认为应当如此的态度。它支持着那种结构。我在这里想说明被皇权所控制的士大夫用什么态度来认取他们和皇权的关系。我把这种士大夫的基本政治意识加以说明绝不包含我本人赞同这种意识的意思（因为有一部分不太明白社会分析工作的读者曾为了我分析这套传统结构和意识而认为我在提倡这套结构和意识，所以不得不加这一句话）。我认为惟有明白这种意识的内容，我们才能在要求改革社会结构时，克服这种阻碍改革的力量。

道统和政统

传统士大夫的政治意识中有一个很重要的观念就是道统。道统这个观念在皇权确立之前已经发生，而且我们也可以说，这观念的成熟才使皇权的结构能够确立。因之我们在分析这一直到现在还发生作用的传统政治意识时，不能不推到皇权确立之前，尤其是封建和皇权交替的过渡时期。

我并不愿意把一种社会意识的形成归原于一二个思想家的言

行。在我看来，一个时代的思想家，他们的言行能被社会所接受，主要的是因为他们反映了社会上一般的观点，他们不过把已经由客观的社会事实所造成的观点用比较明白和肯定的言行表达了出来罢了。在封建过渡到皇权时，最能反映出这趋势的思想家是儒家。儒家最后能超过其他百家而成为皇权时代最有力的思想体系，可以说是因为它所表达出来的观点是最适合于皇权时代政治结构中所需的意识形态。

道统这个观念有它所根据的社会事实，这社会事实就是发生了一个没有政治权力的士大夫阶层。把这观念说出来，而且组织成有系统的理论的是儒家。儒家的理论是跟着社会事实的演变而逐渐发展的。为了传统社会中威权寄托在传统，“过去的前例”，所以凡是要取信于民的，不能不常常“托古”，所谓“述而不作”，其实是修改史书。在那种时代，历史并不一定是实际社会事实演变的记录，它和神话是并不相分的。正因为这个缘故，理论，史实，神话混合的程度高，它们反映这时代实际需要的程度也高。我们读一节记载，对于它的“寓意”应当看得比“事实”更重［所谓“寓意”是指这故事在当时（说这故事的时候）社会上发生的作用，所谓“事实”是指故事内容的真实性］。

我说这一段话是要指明我虽则在下面要引用若干有关于孔子的言行，来说明儒家道统观念的内容，但是这些言行是否系孔子当时实有的记录，并不是重要的。孔子是生在封建和皇权交替过程的前期，他后来在皇权确立时期被推崇为“万世师表”，所推崇的却是在皇权时代有关孔子的传说，其中无疑地有许多附会和神话。并不一定是实有的孔子一生的事迹。但是在这些附会和神话中却更可以使我们看得出儒家和皇权在推崇孔子的时代的关系来。我知道有一部分读者可以说孔子是皇权确立以前的人物，不能用来说明皇权时代士大夫的意识；所以我要作上述的说明。我在这里所提到的孔子，主要的是汉代士大夫所奉以为师表的孔子，这是个传说或神话性的孔子，正是这个孔子才真正象征了皇权时代士大夫的表率，一直到现在还没有完全死去的模型。

道统观念的形成是因为社会上发生了一种新的人物，这种人物已经被排斥于握有政治权力的圈子，但是在社会上却还保持着他们传统的威望；他们没有政权不能决定政治，但是他们要维持他们经济的特权，有他们政治的主张。这一套主张用文字构成理论，对政治发生影响。他们不从占有政权来保障自己的利益，而用理论规范的社会威望来影响政治，以达到相同的目的——这种被认为维持政治轨范的系列就是道统。道统并不是实际政治的主流，而是由士大夫阶层所维护的政治规范的体系。

当士大夫阶层要用道统来驾驭或影响皇权，以规范牢笼现实的时候，孔子被抬出来作为道统的创始者，因之得到“素王”的尊号。传承道统的被称为师儒——“道在师儒”。

传说中的孔子身世正可以看成这道统和政统分离的象征。从政治结构的演变说，从部落的文化英雄燧人，神农，传到部落的政治领袖五帝，再传到封建的帝国——这个系统：三皇，五帝，尧，舜，禹，汤，文，武，都是在其位，谋其事的：在儒家对于这些标准政治人物的推崇上看去，可以说，他们是知道政治规范而同时又是实际在这规范里治理天下的。那是道政合一的时代。但是接下去，儒家却推出了个周公。他们推崇周公，在我这里所要提出来的理论上看去，是有很重大意义的。周公在封建宗法上是并没有得到最高权力资格的王叔，但是他却执了政，他的摄政固然并没有改变当时的政治结构，但是却些微发生了一点变化，就是在实位的人如果没有能力，可以由有能力，知道怎样去治理天下的人去代替，这些微的变化推论下去，政统和道统成了可以分离的两件事了。也许就是这一点意义，使孔子的潜意识里念念不能忘记这位周公了。在关于周公的传说里，政统和道统在事实上固然没有多大的距离，王叔在宗法上本是有地位的，而且摄政也是很普通的办法，但是后来在儒家所承认的标准统治系列中，却在文、武之后连接着周公，由周公引出孔子，构成了和政统分离的道统。

道统和政统的分离，依儒家的传说看去，要到孔子才完成。这位“素王”据说也是贵族之后，但是离开贵族的系统太远，在封建体系中，是微不足道的。在这一点他是不能和周公相比的。依宗法来决定政治权力的所属时，孔子是无法从血统的身份上得到任何“统治”的。于是神话性的传说发生了。这传说的作用是在为“素王”找一个离开封建系统的来源。《史记》上对孔子的身世就露出可疑之意。先说是“野合”，再说是他母亲不把父亲的墓地告诉他，后来他母亲死了，才从别人那里打听出来，使父母合葬。当时的人也很怀疑他的身份：“季氏飨士，孔子与往。”——这是说孔子自认是贵族之后——可是“阳虎绌曰：‘季氏飨士，非敢飨子也。’”——这是说不承认他。后来《史记》上又说“祷于尼丘得孔子”——这是神授。由出身的可疑，进而找到神话性的来源。更进一步又有“履大人迹”的说法。

这段神话的作用是在要为孔子的道统找来源。这里表示了孔子并不是从贵族血统中获得他的地位的，并不直接来自政统，但是他的地位却并不低于有位的王，因为他是“素王”，“素王”是授命于天。从这位素王推出另一系列的人物，这一系列是道统，和实际得政权的政统不同。二者分离了。

用之则行舍之则藏的卫道者

实际执政的系列——政统——和知道应该这样统治天下的系列——道统——的分别是儒家政治理论的基础，也是中国传统政治结构中的一个重要事实。这和西洋中古时代的政治和宗教的分权有相似之处，但也不完全相同。在理论上，耶稣说："恺撒的物当归给恺撒，上帝的物当归给上帝。"他也是指权力的双重系统。有一次祭司长和文士并长老责问耶稣，"你仗着什么权柄做这些事？"耶稣回问他们："约翰的洗礼是从天上来的，是从人间来的？"这些人不肯回答。耶稣说："我也不告诉你们，我仗着什么权柄做这些事。"——这里说明了在耶稣的眼睛里做事的权柄有二：一种是从天上来的，一种从人间来的。二者可以并行。但是欧洲中古的历史里人间的权力却降服在天上的权力之下。降服在宗教之下的是皇权。政教分离的结果是民权的抬头。在西洋政治意识中，权力不从天上来就得从人间来，人间即是民间；在他们似乎不易有"天纵神明"的自足的皇权。

在中国，孔子也承认权力的双重系统，但是在他看来，这两个系统并不在一个层次里，它不是对立的，也不必从属的，而是并行的，相辅的，但不相代替的。恺撒的一个系统，就是政统，是相同的，而另一系统在西洋是宗教，或是教统；在中国却并不是宗教，是道统。有人把儒家看成宗教，或是无神之教，因为它自成一个系统，不过这系统和教统有性质上的区别，区别也不只是理论里有没有个神，而且在和人类行为的关系上。耶稣的确用一种"权柄"，做一些"事"，因之在大家要做事的领域里，上帝和恺撒最后还是会冲突的。冲突的结果是有一个克服另一个。在儒家道统是一个"理"，一个应当这样做的规范，一个依着这样做就能王天下的路子，并不是“事”，因为按不按理做和有没有理是分得开的。事归政统，而理则归道统。这一点孔子说得很清楚：

> 孔子曰：“回，诗云‘匪兕匪虎，率彼旷野’吾道非邪？吾何为于此？”颜回曰：“夫子之道至大，故天下莫能容。虽然，夫子推而行之，不容何病，不容然后见君子！夫道之不脩也，是吾丑也。夫道既已大脩而不用，是有国者之丑也。不容何病，不容然后见君子！”孔子欣然而笑曰：“有是哉颜氏之子！使尔多财，吾为尔宰。”

这里说明事实上在“匪兕匪虎，率彼旷野”的乱世，道还是可以“既已大脩”的，那是说事与道是两回事，道是可以离事而脩的。道脩之后，用道于事，并不是“不在其位”的人的责任，而是“有国者”的责任。“有国者”可以用道，也可以不用道；“不在其位”的维持道统者可以设法“推而行之”，以见“容”于有国者，但是却不能直接行于事。所以“推而行之”只在取得有国者的“用之”的一层里，而并不进入“仗着权柄，做这些事”的一层里。政统和道统，一是主动，一是被动；站在被动的地位才会有“用之则行，舍之则藏”。用舍是有权的，行藏是无权的。

在持执规范的人看去，实际的政治有些和有时是合于规范的，有些和有时是不合于规范的，于是分出“邦有道”和“邦无道”。尧舜是有道的例子，桀纣是无道的例子。皇权可以失道，当失道之时，卫道的人并没有意思去改正它，只要勤于自脩，使这规范不湮灭。依孔子的看法，明白规范的人可以在被用的时候把道拿出来，不被用的时候好好地把道藏好。师儒就是和这道统不相离的人物。皇权和道接近时，师儒出而仕，皇权和道分离时，师儒退而守。所以他一再说：

笃信好学，守死善道。危邦不入，乱邦不居。天下有道则见，无道则隐。邦有道，贫且贱焉，耻也；邦无道，富且贵，耻也。

邦有道穀，邦无道穀，耻也。

直哉史鱼，邦有道如矢，邦无道如矢；君子哉蘧伯玉，邦有道则仕，邦无道则可卷而怀之。

道统消极地等待机会

关键是在政统和道统怎样接得通。师儒的理想是王道，王道可以说就是政统加道统。怎么去实现这理想呢？这里埋着孔子的矛盾。他是封建的后裔，他注意社会秩序，一个定于一尊，按着礼治的秩序，静态的社会。封建的传统使他想不到政统可以脱离血统；静态的理想使他厌恶改变社会结构的革命，这是这过渡人物的上半身。因之他对于政统是看成既成和不变的因素。可是同时他又以道统自负，死守那个王天下的理，也是不能变的。关于这一层子贡曾劝过孔子，而孔子很固执。

子贡曰："夫子之道至大也，故天下莫能容夫子。夫子盍少贬焉？"孔子曰："赐，良农能稼而不能穑；良工能巧而不能顺；君子能脩其道，纲而纪之，统而理之，而不能为容。今尔不脩尔道，而求为容，赐，而志不远矣。"

这样说来，这两个不变的因素怎能碰头呢？于是要碰机会了。一方面要有耐性的等待，一方面要不辞劳苦的游说。他等待的心情在和子贡的谈话中说得很露骨：

子贡曰："有美玉于斯：韫椟而藏诸，求善贾而沽诸？"子曰："沽之哉，沽之哉，我待贾者也。"

孔子的周游列国，据史记，他曾"干七十余君"。"君命召，不俟驾行矣。"他那种不肯错失机会的心情在下列一段史记的记载中更可见到：

孔子年五十，公山不狃以费畔季氏，使人召孔子。孔子循道弥久，温温无所试，莫能己用。曰："盖周文武起丰镐而王，今费虽小，倘庶几乎！"欲往。子路不说，止孔子。孔子曰："夫召我者岂徒哉？如用我，其为东周乎！"然亦卒不行。

当孔子得到了有人用他的时候，他是想做事的：

孔子年五十六，由大司寇行摄相事，有喜色。门人曰："闻君子祸至不惧，福至不喜。"孔子曰："有是言也。不曰'乐其以贵下人'乎？"于是诛鲁大夫乱政者少正卯。与闻国政三月，粥羔豚者弗饰贾；男女行者别于涂；涂不拾遗；四方之客至乎邑者不求有司，皆予之以归。

但是像孔子所代表的儒家在别人眼中却是："滑稽而不可轨法，倨傲自顺，不可以为下。崇丧遂哀，破产厚葬，不可以为俗。游说乞贷，不可以为国。"所以尽管有耐性，尽管到处碰机会，与闻政事的机会还是不多。即使碰着了，如果不把政统屈服，还是没有把握使王道能继续下去的。孔子自己还是"悠哉游哉，维以卒岁"的离开了鲁国。他感慨得想"乘桴浮于海"。但是如果他真的"三年有成"，怎样呢？他在窦鸣犊，舜华之死看到了所谓学而仕的师儒人物的结局了：

孔子临河而叹曰："美哉水，洋洋乎！丘之不济此，命也夫！"子贡趋而进曰："敢问何谓也？"孔子曰："窦鸣犊，舜华，晋国之贤大夫也。赵简子未得志之时，须此两人而后从政；及其已得志，杀之乃从政。丘闻之也，刳胎杀夭则麒麟不至郊，竭泽涸渔则蛟龙不合阴阳，覆巢毁卵则凤凰不翔。何则？君子讳伤其类也。夫鸟兽之于不义也尚知辟之，而况丘哉！"

可是这教训并不能改变孔子对政权的消极态度，因为他和以后的士大夫一般认为“道理”可以存在于“真际”，不必一定要出现于“实际”。让我再引一段《史记》来点出这种儒家的根本的看法：

及西狩见麟，曰：“吾道穷矣！”喟然叹曰：“莫知我夫！”子贡曰：“何为莫知子？”子曰：“不怨天，不尤人。下学而上达，知我者其天乎！”“不降其志，不辱其身，伯夷、叔齐乎！”谓“柳下惠、少连降志辱身矣”。谓“虞仲、夷逸隐居放言，行中清，废中权”。“我则异于是，无可无不可。”子曰：“弗乎弗乎，君子病没世而名不称焉。吾道不行矣，吾何以自见于后世哉？”乃因史记作春秋。

春秋是一部政治典范，但存在于真际，不必存在于实际的。所谓道统和政统也就平行着。孔子的尊号是“素王”。这个没有位的“王”是中国政治概念中的特色。这也是我所谓士大夫没有握过政权的意思。素王的后裔是师儒。

奉天以约制皇权企图的流产

道统如果永远不能控制政统，尽管在道统的立场骂这些失道的有国者不知耻，政统自己并不觉得如此。邦无道时，师儒们固然不妨把道卷而怀之，可是其如苍生乎？师儒们尽可以说：“天之未丧斯文也，匡人其如予何？”但是同样可能的是：“天之将丧斯文也，后死者不得与于斯文也。”这是说师儒们并不是月亮上的人物：世界上好，下一次凡；世界不好，拂然上天。皇权的统治是“率土之滨，莫非国土”。道统可以自求不辱的合则留，不合则去。政统却“有着权柄做这些事”，它可以焚书坑儒，可以兴文字狱，可以干涉道统。孔子的矛盾并没有解决。只要是在一个世界上，道统和政统在实际上是无法各行其是的。道统不争政统，政统却可压迫甚至消灭道统。如果情形是这样，师儒们怎么办呢？积极的出路是走上西洋的方向，制约皇权，把政统压在道统之下。但这和封建里所养成的传统不合。在中国过去的历史上并没有采取过。所采取的却是另一套。

孔子呼天，这个天是空洞的，即使有知也是不干涉人事的。可是在到了道统被压迫得没有翻身的时候，这个天却被请出来干涉人事了。孔子的道统是没有权柄的，不做什么事的，做事的只有政统。但到了董仲舒手里，道统却直接通了一个干涉人事的天了。孔子的春秋和董仲舒的春秋因之也有了这基本的差别。董仲舒吓唬皇权说：

> 臣谨案春秋之中，视前世已行之事，以观天人相与之际，甚可畏也。国家将有失道之败，而天乃先出灾害以谴告之；不知自省，又出怪异以警惧之；尚不知变，而伤败乃至。以此见天心之仁爱人君，而欲止其乱也。
>
> 臣谨案春秋之文，求王道之端，得之于正。正次王，王次春。春者天之所为也，正者王之所为也。其意曰：上承天之所为，而下以正其所为，正王道之端云尔……孔子曰：凤鸟不至，河不出图，吾已矣夫。自悲可致此物，而身卑贱，不得致也。今陛下贵为天子，富有四海，居得致之位，操可致之势，又有能致之资，行高而恩厚，知明而意美，爱民而好士，可谓谊主矣。然而天地未应，而美祥莫至者，何也？凡以教化不立，而万民不正也……故南面而治天下，莫不以教化为大务，立太学以教于国，设庠序以化于邑。

在董仲舒的公式里上是天，中是皇，次是儒，末是民。他抬出天来压倒皇权，使皇权得有所畏。谁知道天意的呢？那是师儒。他特别主重师道，师道必须归于一统，然后才能代表天意。这一点和从民意去看天意的民主萌芽是不同的，虽则大家都保留着听不听天意的权柄给皇权。依着董仲舒所代表的天人之际的符兆主义，师儒不过是帮着皇权去应天。天要降刑罚时，并不用民，而用自然的灾异，先是警告，然后是打击。在这套理论中，虽则对皇权增加了一项压力，但是利用这压力的并非师儒，更非人民。

如果董仲舒再走一步，也许可以到宗教的路子上去，就是由师儒来当天的代表，成为牧师，或主教。师儒再加组织，形成一个教会，获得应归于上帝的归之于教会的权柄，发展下去，可以成为西方的政教关系。但是这并没有发生在中国历史上。董仲舒的灾异说发展到不利于皇权时，先就受到压迫。

> 仲舒治国，以春秋灾异之变，推阴阳所以错行。故求雨闭诸阳，纵诸阴；其止雨，反是。行之一国，未尝不得所欲……先是辽东高庙长陵高园殿灾，仲舒居家，推说其意，□稿未上。主父偃候仲舒私见，嫉之，窃其书而奏焉。上召视诸儒。仲舒弟子吕步舒，不知其师书，以为大愚。于是下仲舒吏。当死，诏赦之。仲舒遂不敢复言灾异。

灾异论虽则没有做到控制皇权之功，但是给民间一个重大的刺激，因为这种理论把皇权的绝对性给打击了。如果“天厌之”时，皇权就得改统。于是在汉之后，每一次皇权的动摇，农民的暴动都得借符瑞来取信于民。这也表示了这种理论被民间所接受的情形。灾异论成了改统的根据，但没有改变皇权的性质。

道统的屈服

和董仲舒同时的，跟董仲舒到胶西去的阴谋家，公孙弘，也是学春秋的儒者。但是他却另开出一条纳师儒入官僚的道路。在当时正统的儒林看来是出卖了孔子卫道的传统，不肯迁就皇权的90岁老人辕固生，罢归的时候，公孙弘侧目而视固。固曰：“公孙子务正学以言，无曲学以阿世!”师儒有着维持道统的责任，不能投机。但是以曾做过狱吏，又牧过豕以卒伍身份致显朝廷，封为列侯，做到宰相的公孙弘却并不这样看，他看到的是出卖道统，屈服于皇权的投机利益。其实这是早就注定的命运：孔子的矛盾，只有两个可能的解决，一是道统制服政统，一是政统制服道统。辕固生，董仲舒不肯屈服，被放逐了；公孙弘屈服了，做到宰相。

公孙弘所主张的是由皇权来利用师儒去统治人民。他说：

夫虎豹马牛禽兽之不可制者也，及其教驯服习之，至可牵持驾服，惟人之从。臣闻揉曲木者不累日，销金石者不累月。夫人之于利害好恶，岂比禽兽木石之类哉。期年而变。

公孙弘的“做官”、“事上”也开了官僚的风气。《汉书》里描写得很逼真：

每朝会议，开陈其端，使人主自择，不肯面折庭争。于是上察其行慎厚，辩论有余。习文法吏事，缘饰以儒术。上说之。

弘奏事有所不可，不肯庭辩，常与主爵都尉汲黯请间。黯先发之，弘推其后。上常说，所言皆听。

尝与公卿约议。至上前皆背其约，以顺上指。汲黯庭诘弘曰：“齐人多诈而无情，始为与臣等建此议，今皆背之，不忠。”上问弘。弘谢曰：“夫知臣者以臣为忠，不知臣者以臣为不忠。”上然弘言。

汲黯曰：“弘位在三公，奉禄甚多。然为布被，此诈也。”

弘自见为举首起，徒步数年至宰相封侯。于是起客馆，开东阁以延贤人，与参谋议。弘身食一肉脱粟饭。故人宾客仰衣食，奉禄皆以给之，家无所余。

> 然其性意忌外宽内深。诸常与弘有隙。无近远虽阳与善，后竟报其过。杀主父偃，徙董仲舒胶西，皆弘力也。

这是一个，不讲原则，揣摩上意，不守信用，出卖朋友，沽名钓誉，阴结私党，维持高位的形式，一直到现在还是我们常见的官僚面目。

从公孙弘所开创的官僚路线上，孔子所维持的道统，已不复成为王天下的规范而成了歌功颂德支持皇权的饰词了。韩愈虽则自以为是开八代之衰，直承道统的人物，而他的道统却完全变了质了。在他的《争臣论》中简直把诤谏的意义训作了为皇帝获取美誉的手段了。他说：

> 夫阳子本以布衣隐于蓬蒿之下，主上嘉其行谊，擢在此位，官以谏为名，诚宜有以奉其职，使四方后代知朝廷有直言骨鲠之臣，天子有不僭赏，从谏如流之美。庶岩穴之士闻而慕之，束带结发，愿进于阙下，而伸其辞说，致吾君于尧、舜，熙鸿号于无穷也。

韩愈已不再问皇权是否合于道，这已不是他的问题。政统既然即是道统，帝皇就有责任起用这些士人，士人也有责任自荐于朝廷。二者也应合而为一。他的理由是这样：

> 古之士，三月不仕则相吊，故出疆必载贽，然所以重于自进者，以其于周不可则去之鲁，鲁不可则去之齐，于齐不可则去之宋，之郑，之秦，之楚也。今天下一君四海一国。舍乎此则彝狄矣，去父母之邦矣。故士之行道者，不得于朝，则山林而已矣。山林者士之所独善自养，而不忧天下者之所能安也，如有忧天下之心，则不能矣。

他甚至责备40余日不复他自荐信的宰相说：

> 今虽不能如周公之吐哺握发亦宜引而进之，察其所以而去就之，不宜默默而已也。

从韩愈自承的道统起，中国之士，已经不再论是非，只依附皇权来说话了。所谓师儒也成了乡间诵读圣谕的人物了。

师儒和政权的关系曾有着这一段演变的历史。最初是从政统里分离出来，成为不能主动顾问政事的卫道者。这个不能用自己力量去维护自己利益的中层阶级，在皇权日渐巩固和扩大的过程中，曾想过借传统的迷信，或是思想体系，去约制这随时可以侵犯他们利益的皇权，但是在中国显然并没有成功。于是除了反抗只有屈服。士大夫既不是一个革命的阶级，他们降而为官僚，更降而为文饰天下太平的司仪喝彩之流。这一段演变的历史也许可以帮助我们了解绅士在政治结构里的地位。他们并不是积极想夺取政权为己用的革命者，而是以屈服于政权以谋得自己安全和分润一些“皇恩”的帮闲和帮凶而已，在政治的命运上说，他们很早就是个失败者了。

后　记

储安平先生在暑假里到北平来，他希望我把在《乡土重建》后记里所预告的《中国社会结构》早一点整理出来，我对这件工作着实踌躇，因为这件工作要做到自己能满意的程度绝不是这几年内可以完成的。

我这一年多来，为了四乡不安靖，一向想做的实地研究工作停顿之后，曾想借此转变一个研究的方向，费几年读读中国历史，所以想到这个“雄心太大”的题目。在今年上半年，我曾跟读历史的老朋友商量，跟他们从头学起。为了交换意见的方便，约了辰伯兄一同组织了一个讨论班，聚集了一些对这问题有兴趣的朋友一起切磋。同时还在学校里开了一门“社会结构”

的课程，使同学也有机会参加。实际的目的还是在想借朋友们和同学们的督促，让自己多读一点中国历史，而且希望能和实地研究的材料连串配合起来，纠正那些认为功能学派轻视历史的说法。

这个讨论班继续了有半年，每两星期有一位朋友宣读一篇论文，这些论文也陆续在各种刊物上发表过。但是这些只是我们初步的尝试，目的偏重在提出问题，不在获得结论。若把这些尝试的结果拿出来，对于行家固然是不够成熟，无其所取；对于初学甚至可以有盲人带瞎子的危险。储先生要我编这本书，真为难了我。

但是，如果读者明白了这集子里所收的论文只是一些年轻朋友相互学习过程中的记录，而且愿意就这里所提出的问题自己下手去研究的话，这个记录也有参考的价值。我和辰伯兄讨论是否值得编这集子时，他也认为这里所提出的问题是很值得继续研究的。虽则他同时也承认有很多理论还没有足够的事实予以支持。本来，科学的发展是需要一些大胆的假设的，这些假设最后可以完全被取消，但是如果这些假设能引起研究者的兴趣，集结许多人的努力，它对于科学的发展也大有帮助。我在这种认识之下，最后答应了储先生把曾在我们讨论班里宣读过的论文编成这一本《皇权和绅权》的讨论集。我希望读者也从这个了解下去接受这本集子。

因为这是讨论集，所以各人不厌求异。很多时候我们有意地采取了相反的立场，使我们的辩论可以更周到。在这集子里，我们还保持着当时各人所发表的意见，有的是补充的，有的是相反的，虽则我知道经过了这半年的讨论，各人的看法多少都有了一些变更。我相信，多一些假设也可以帮忙读者看到一些不同的说法，因而引起他们自己对这问题下手研究的兴趣。

我们的讨论班在事先并没有“讨论大纲”一类的计划。一个人宣读过一篇论文，大家参加了意见之后，常常发生需要深入讨论的新题目，参加的朋友们中对这新题目有兴趣的常常自动地担任了下届宣读论文的责任。有时一个人接连读了几篇，也有时自愿把旧题目再度提出来讨论一次。因之在编这集子时，我并不能根据题目间本身的相关性作次序，也不能用宣读的前后作次序，结果只能采取了一个折中办法，以人作单位，大体上顾到一些内容和宣读的次序以编成此集。

依书名说，应当是论皇权在前，但是因为在这个讨论班组成之初，朋友们要我第一个开口，我提出了绅权的题目；同时我又在别的地方发表了《基层行政的僵化》和《再论双轨政治》等文章，论到绅权和皇权的关系。当时这几篇文章曾引起过各方面的反应，讨论班上的朋友们意见也极为分歧，所以成了我们讨论时的中心兴趣之一。后来好几篇论文多少都针对着我在这几篇文章中所提出的假设而立论的。因之我想最好还是把这几篇编在前面。至于有关基层行政的论文因为已经收入《乡土重建》一书中，所以不再在这里重复了。

很多朋友重述我的意见时，有时也未免有过分的地方。但是为了讨论方便起见，把对方说得过分一些，辩论时比较容易有声色。因之，我也安于被配作反角的地位，使讨论本身更有兴趣。我觉得我们重要的任务不是在审判皇权和绅权，定他们什么罪名，而是在了解中国传统结构中这两种权力怎样合作和冲突？它们的性质如何？它们的演变如何？对它们多一分了解，我们也就算多做了一步工作。我们的工作是分析，不是批判。至于有人以为我们在提倡什么，那是更远得不着要点了。

这里不过是一个开端，如果还有机会的话，我很愿意继续对中国社会结构多作讨论。我在《乡土重建》的后记里已经说过，从权力结构上看去，我们至少可以在传统中国找到四种重要的成分，皇权、绅权、帮权和民权。这里我们不过讨论到前面两种中的若干方面，整个结构中极小的一部分。如果这个既不成熟又不完整的开端能引起广大读者的兴趣和讨论，则这本集子的出版也可以说是没有白费纸张了！

1948 年 8 月 28 日

知识分子的早春天气

我想谈谈知识分子，谈谈我所熟悉的一些在高等学校里教书的老朋友们的心情。所谈的无非是一隅之见，一时之感；写出来还是杂文之类的东西而已。

出门半年，回家不久，接到一个通知，是劳动干部学校邀我去参加一个座谈会，讨论陈达先生的一篇有关人口问题论文的提纲。陈先生是我的一位老师。提起他，很多朋友是熟悉的；他是个几十年如一日的学者，社会学的老前辈，桃李满门墙的灰发教授。解放以来，一直还是手不释卷，但是报纸杂志上却很少见他的名字，书店里也已经找不到他所写的书，同行老朋友见面时常会互相打听陈先生近来怎样了。这个通知是一个喜讯。他老人家的科学研究工作又活跃起来了。

还有，到家刚逢春节，次日在《人民日报》上看到了李景汉先生写的《北京郊区乡村家庭生活的今昔》。这篇文章连载了三天。李先生又是一位同行的老前辈，30年前出版的《北平郊外之乡村家庭》一书的作者。我记得大概一年多前，在一个民盟召集的关于知识分子问题的座谈会上，李先生曾说起过他自从院系调整后，三年多来已准备过三门不同的而都没有上堂机会的新功课。尽管他用了极为幽默的口吻，很轻松地道来，在座的朋友却半晌接不上话头。那时谁也想不到，他今年春节会献出这份珍贵的礼物。在我看来，他不仅报了乡村家庭生活改善的喜讯，同时也报了知识分子政策胜利的喜讯。

春到人间，老树也竟然茁出了新枝。

这个感觉并不是回到了北京才有的。去年暑假，我初到昆明，曾会见过不久前为了笺注杜诗特地到成都草堂去采访回来的刘文典老先生。去年年底，张文渊先生邀我去吃小馆子送行，大谈他正在设计中的排字机器。这半年多来，知识分子的变化可真不小。士隔三日怎能不刮目而视？

这自是情理之中的事。几年来，经过了狂风暴雨般的运动，受到了多次社会主义胜利高潮的感染，加上日积月累的学习，知识分子原来已起了变化。去年1月，周总理关于知识分子问题的报告，像春雷般起了惊蛰作用，接着百家争鸣的和风一吹，知识分子的积极因素应时而动了起来。但是对一般老知识分子来说，现在好像还是早春天气。他们的生气正在冒头，但还有一点腼腆，自信力不那么强，顾虑似乎不少。早春天气，未免乍寒乍暖，这原是最难将息的时节。逼近一看，问题还是不少的。当然，问题总是有的，但当前的问题毕竟和过去的不同了。

前年年底，我曾到南京、苏州、杭州去走过一趟。一路上也会到不少老朋友。在他们谈吐之间，令人感觉到有一种寂寞之感：当一个人碰到一桩心爱的事而自己却又觉得没有份的时候，心里油然而生的那种无可奈何的意味。这些老知识分子当他们搞清楚了社会主义是什么的时候，他们是倾心向往的。但是未免发觉得迟了一步，似乎前进的队伍里已没有他们的地位，心上怎能不浮起了墙外行人的“笑渐不闻声渐悄，多情却被无情恼”的感叹。

去年下半年，我一直在西南一带东跑西走，在朋友中听到的这种感叹是不多了。周总理的报告对于那些心怀寂寞的朋友们所起的鼓舞作用是难以言喻的，甚至有人用了“再度解放”来形容自己的心情。知识分子在新社会里的地位是肯定了，心跟着落了窠，安了。心安了，眼睛会向前看，要看出自己的前途，因此，对自己也提出了新的要求。有的敢于申请入党了，有的私下计议，有余钱要买些大部头书，搞点基本建设。这种长期打算的念头正反映那些老知识分子心情的转变。不说别人，连我自己都把“二十四史”搬上了书架，最近还买了一部《资治通鉴》。

知识分子这种心情是可喜的，这是积极因素，孕育着进步的要求，也提出了新的问题。

这些知识分子当前主要的要求是什么呢?

要概括地答复这个问题是有困难的。我只能就比较熟悉的一部分朋友们这个范围里来琢磨琢磨。新年里报纸上曾发表过一些知识分子的新年愿望。武汉大学校长李达先生说得很干脆：要做一个专任教授或专任研究员。做了教授之后要什么呢？在成都工学院的一次座谈会上康振黄教授总结了在座许多朋友们的心愿：“一间房，两本书”，意思是要能静静地做做功课。

要体会这些要求，得说个由来。一年多前知识分子苦恼的是有力使不上；一年来这个问题基本解决了，现在感觉到自己力量不足，要求提高。

周总理报告之后，各地学校在知识分子问题上都做了不少工作，改善了他们的生活条件和工作条件，二者比较起来，生活条件似乎改善得更多一些。比如工资提高了，过去许多只够衣食的教师们现在可以买买书了，就是子女多，家属中有病人的困难户也大多得到了特殊照顾。生活上的问题总的说来基本上是解决了。知识分子是满意的，甚至有点受之有愧。而且过去这一段时间里，很多学校里对高级知识分子照顾得也非常周到。比如为了剪发、医疗、买菜等排队费时间，给高级知识分子优先待遇，甚至看戏都可以预定前排座位。高级知识分子对于这些优待自然是领情的，但是这也使他们过分突出，叫别人看来不很舒服，甚至引起了群众的反感。这些办法是否妥当还值得考虑。我自己就没有用过这些优待券，因为拿出来怪不好意思的。

应当说生活条件的改善是基本的，但是现在这已不是重点了。针对知识分子的要求来说，现在主要是要帮助他们。先谈谈他们的业务情况罢。在教学改革初期，教师们曾经紧张过一阵。那是由于要学习苏联，很多教材都要新编，又由于经过思想改造运动，许多教师们把原来学来的一套否定了，而新的体系没有建立，有些青黄不接。所以突击俄文，翻译讲义，显得很忙。这两年来，是不是学习苏联已经学通了呢？是不是新的学术体系已经建立了呢？我想并不都是如此。但是上课的困难似乎是比较少了。那是因为一方面教师已有所提高，另一方面讲义也编出了一套，上堂照本宣读，问题已不大。但是到了去年，却又发生了新的情况，反教条主义的结果，对教师提出了新的要求。要培养能独立思考的学生，老师自己先得要独立思考一番。过去和教本不同的说法，不论自己信与不信，可以闭口不谈，现在讲讲各家的异同，那免不了要批判批判，如果自己没有钻研过，道理也就说不明白。过去可以口头上复述一些心里不太同意的理论，现在心口不一致，连自圆其说都有难处了。过去可以根据权威对那些自己连原书都没有见过的异说，跟着大加驳斥，现在别人一追问就会露马脚了。总之，现在没有一点真才实学，教书这个行道是不容易搞了。反教条主义能提高教学质量的道理在此，引起教师们业务上的紧张的道理也在此。

我所接触到的许多朋友们，对反教条主义是拥护的，对自己提高业务的要求也是积极的，他们要求帮助也是真实的。要“一间房，两本书”静静地做做功课就是指这个。说得具体一些，他们要求开展科学研究，要有机会出席学术性的会议，甚至要脱离生产进修一个时期和出国留学，等等。这种要求是好的，应当说是可贵的。

现在让我们看看实际情况，帮助教师们提高业务的科学研究开展得怎样了呢？有的学校好些，有的学校差些，总的说来，我认为并没有满足教师们的要求。

如果研究一下科学研究工作开展得不够令人满意的情况，关键问题是什么呢？是不是工作条件不好呢？我看并不如此。教师们工作条件在过去半年中是有很大改善的。首先说过去吵得最凶的时间问题。自从规定 5/6 的业务时间之后，各地高等学校想了很多办法来贯彻，效果是不坏的。去年上半年，北京的高等学校里大约已有 3/4 的教师得到了保证。8 月里我到昆明，听说云南大学里只有不到 1/5 的教师还不能保证业务时间。今年年初我知道有些学校业务时间得不到保证的教师比例已降到1/10以下。这个问题虽则不能说全部解决，而且像李达先生在新年愿望中所提到的情况还是存在，这些业务时间得不到保证的人又多是有能力搞科学研究的，但是一般说来时间问题已不是开展科学研究的主要障碍了。其次，图书、资料、仪器、设备的条件怎样呢？这些条件各地、各校是不平衡的。过去一年中，各校购置图书一般都有增加，现在的问题主要不是书少，而是编目慢，流通难，分配还不够合理。仪器方面在生产、供应、修配、使用上问题还多，特别是内地和边区的学校困难不少。但过去一年中，我们在这些方面的工作还是做得不少的。除了特别的专题外，一般还没有发生有人因为这些方面的条件缺乏而不能进行科学研究的。

那么现在高等学校里的教师们在开展科学研究上最重要的问

题是什么呢？我认为是具体领导不够。在这半年的旅行中，我看到：凡是加强了对教师们科学研究工作的领导，这些学校里的教师们也就安心工作，业务有提高，学生也满意；凡是放松了这方面领导的，教师们彷徨苦闷，情绪也多。这种区别是可以理解的。教师们当前积极要求提高业务，一有奔头就心安理得。如果积极性起来了，有了要求，不能满足，看不到用力的方向，心就乱了。

全国各高等学校里科学研究工作开展得怎样，我不清楚，但是我知道没有把科学研究工作认真领导起来的学校还是不少的。有些学校把“向科学进军”当运动来搞，做了号召性的动员报告之后，发表格要教师们填题目，造计划，甚至过了一个时候就伸手要成果。在高等学校里究竟应当搞些什么研究？科学研究和教学怎样结合？各科抓些什么问题？教师之间又怎样组织起来，分工合作，互相帮助？进行研究时要什么具体条件？工作中遇到了困难怎样帮助克服？怎样组织讨论来提高学术思想？这一系列的问题显然不是任何一个教师能单独解决的。在这些问题上都需要具体领导。如果学校领导上不深入实际，依靠科学研究上有经验的教师，逐步地跟着工作的发展，解决这些问题，教师们尽管主观上怎样积极，科学研究工作不是开展不起来，就是搞得有些混乱。我就遇到过已经填过几次科学研究计划表的朋友，见了我还是说科学研究方向不明，题目难找，甚至有些连自己在表上填过些什么都不大清楚了。对于这些朋友，向科学进军真像一阵风，只“吹皱了一池春水”。另外还有些朋友，急于赶世界水平，对实际条件考虑不够，一动手首先和已有的教学任务碰了头，时间冲突，精力兼顾不过来，发生了矛盾。我又注意到有一些学校领导上对第一种情况倒并不焦急，按兵不动，但求完得成当前教学任务就满意了，而且科学研究表格已汇报了上级，交了卷了。他们对于第二种情况却相当敏感，惟恐教学任务受到影响。他们不去分析怎么会发生这种情况的，更少自觉到这正是缺乏具体领导的结果；反而大叫教学和科学研究有矛盾，教师们名利心重，轻教重研。好像为按兵不动，填表了事，找到了正当理由。这种叫喊对教师们的积极性是不利的。上推下拉，进退两难，他们思想上怎能不混乱，情绪上怎能不受波动？高等学校里怎样开展科学研究的问题进一步明确一下是必要的。如果真的在高等学校里科学研究和教学有矛盾，不能放手开展科学研究，也得拿出个提高教师们业务水平的具体办法来。我对这个问题没有深入研究，但总觉得解决的办法，不是在冻结科学研究、保证教学，而是在加强对科学研究的具体领导，密切和教学的结合。高等学校里科学研究搞得太多了还是太少了？我想这个问题是值得检查一下的。

知识分子提高业务的积极要求反映了他们已自觉到业务水平不足以适应社会主义建设急速发展的需要。这种自觉表明了他们政治觉悟已有了提高，是过去几年思想改造和学习的效果。如果他们还是自认为是社会主义事业的旁观者，他们为什么要不到午夜不上床的如此自苦呢？我想强调知识分子搞科学研究是为名利双收，是个人打算是不好的，因为和事实不符。

接着想谈谈百家争鸣。

百家争鸣实实在在地打中了许多知识分子的心，太好了。知识分子的思想改造是从立场这一关改起的。划清敌我似乎还比较容易些，一到观点、方法，就发生唯心和唯物的问题，似乎就不简单了。比如说，拥护党、政府，爱国家、人民，对知识分子来说是容易搞得通的，但是要批判资产阶级唯心主义思想体系，就有不少人弄不大清楚什么是唯物的，什么是唯心的那一套。唯物和唯心的界线弄不大清楚，只有简单地划一下，说凡是资产阶级国家里讲的学术都是唯心的，凡是社会主义国家里讲的学术都是唯物的。如果这条线划对了，事情是容易办些。英美的书本占书架，当废纸卖掉；俄文来不及学，就买翻译的小册子来读。写文章，上讲堂多几句引经据典的话，找几个英美学者骂上一番。这些都好办，而且很多人是这样办了。但是学习了一些辩证唯物主义之后，逐步会觉得这样简单的划法，似乎是很成问题的，觉得有一点像小孩子看草台戏，剧情看不懂，就看白脸还是红脸，白脸挨打了就叫好。他们逐步明白过去那样以为哪些人说的话一定是唯物的，哪些人说的话一定是唯心的想法是不很对头的。他们开始要求从学术思想本身来辨别唯心还是唯物。我想这应当可以说是学习上进了一步，但是这步一进，问题却多了，心情也跟着复杂起来了。他们很希望把官司打清楚，自己的学术思想里究竟哪些是唯物的，哪些是唯心的。但是在百家争鸣的方针提出之前，却没有这个条件。

积极的东西搞得不好会变成消极的东西。要求搞清楚唯物唯心的界线应当肯定是积极的，但是如果条件不具备，这种要求不能满足，别人还是红脸白脸地来对待他，他心里就会不服气会产生情绪。我体会到学习苏联这个问题上就有这种情况。最初确是有人反对学习苏联，本质上是立场问题。但是最近又出现一些对学习苏联的态度不满的情绪，如果不加分析，会觉得立场又不稳了，其实性质是和过去不同的。在过去一段时期里确有一些地方把学习苏联简单化了。有些苏联传来的东西不一定是正确的，有些人提出了怀疑或不同意见，反而受到批评，于是搞出了情绪。这些情绪并不是从立场问题上发生的。但一有情绪，消极因素也跟着滋长，那就不好了。

百家争鸣恰好解决当前知识分子思想发展上发生出来的这些问题。据我的了解，百家争鸣就是通过自由讨论来明确是非，即是知识分子进一步的思想改造，在观点、方法上更进一步的接受辩证唯物主义。现在绝大多数知识分子是有接受辩证唯物主义的要求的。他们希望具体地弄清哪些是唯物的，哪些是唯心的，唯心的为什么不对，口服心服地在思想上进入工人阶级。他们欢迎百家争鸣，因为百家争鸣可以保障不会冤屈任何一点正确的东西，而且给任何一点可以长成为正确的东西充分发展的条件。这样，可以防止积极转化为消极，而使知识分子的潜力充分发挥出来。

“百家争鸣”的方针贯彻得怎样了呢？和“向科学进军”来比较似乎又差一些。先从知识分子方面来说：他们对百家争鸣是热心的；心里热，嘴却还是很紧，最好是别人争，自己听。要自己出头，那还得瞧瞧，等一等再说，不为天下先。依我接触到的范围来说，不肯敞开暴露思想的人还是占多数。这一年来，情况是有些好转，在一定场合之下，有些人是肯吐露些知心话了，但是还是相当腼腆的。向科学进军可以关起门来进，而百家争鸣就得抛头露面来鸣，腼腆了就鸣不成。

究竟顾虑些什么呢？对百家争鸣的方针不明白的人当然还有，怕是个圈套，搜集些思想情况，等又来个运动时可以好好整一整。这种人不能说太多。比较更多些的是怕出丑。不说话，抱了书本上堂念，肚子里究竟有多少货，别人莫测高深。抛头露面，那就会显原形。说穿了这里还有个“面子问题”。面子问题并不是简单的。我记得有一次座谈会上有一位朋友说得很生动。他说，我不是怕挨批评，我们以前还不是大家有被批评的，学术论战还是搞过，现在可挨不得，因为一有人说自己有了唯心主义，明天上课学生的脸色就不同，自己脚也软了。面子是很现实的东西。戴上一个“落后分子”的帽子，就会被打入冷宫，一直会影响到物质基础，因为这是“德”，评薪评级，进修出国，甚至谈恋爱，找爱人都会受到影响。这个风气现在是正在转变中，但是积重难返，牵涉的面广，也不是一下就转得过来的。"明哲保身"、"不吃眼前亏"的思想还没有全消的知识分子，想到了不鸣无妨，鸣了说不定会自讨麻烦，结果是何必开口。

另一方面是具体领导知识分子工作的人对于百家争鸣的方针是不是都搞通了呢？也不全是通的。有些是一上来就有的担心。"中央定的方针当然是正确的，但是我们这里具体情况还没有条件。"接着有些人想把这个方针圈个范围：先圈在学术里，再圈在教学之外，这样一来就可以不出乱子了。等到鸣了起来，闻到一些唯心主义的气味，就有人打起警钟："唯心主义泛滥了"，"资产阶级的思想又冒头了"。大有好容易把妖魔镇住了，这石碣一揭开，又会冲出来，捣乱人间的样子。对这方针抗拒的人固然不算多，但是对这方针不太热心，等着瞧瞧再说的人似乎并不少。

"草色遥看近却无"——这原是早春天气应有的风光。

知识分子的早春天气意味着他们的积极性是动起来了，特别表现在提高业务的要求上，但是消极因素还是很多的。他们对百家争鸣还是顾虑重重，不敢鸣，不敢争；至于和实际政治关系比较密切的问题上，大多更是守口如瓶，有点事不关己，高高挂起的神气。比如说：波匈事件发生时，我正在边区旅行，没有直接听到当时高级知识分子的反映，但是去年年底回到城市里和朋友们谈起了这些事，我的印象是这样大的事情在高级知识分子中引起的波动却是不大的。一方面这是好的，说明我们的这些知识分子立场是稳的；但另一方面，如果仔细了解一下，可以看到他们并不是思想上是非辨别得很清楚所以很稳，而是没有深刻地动过脑筋，古井没有生波，不很关心。

我想，对世界的和国家的大事不很关心可能是当前许多高级知识分子的一般情况。这种情况当然不是新发生的，由来已久。

有一次我和几个朋友一同聊天，谈起了为什么很多朋友不很关心政治。有一位朋友说得很有意思。他说大概有四个原因：第一是有一种相当普遍的想法，认为国家大事自有贤能，自己可以不必操心。大家的确相信共产党的领导是错不到哪里去的，很放心，只要好好跟共产党走，把自己岗位工作做好了就是了。其次是很多人对自己缺乏信心，不必等别人批评，自己常常会问问自己是不是旧思想又在冒头，所以对于世界大事或是国家大事自己没有个看法和主张，等等《人民日报》发表了社论才动脑筋。第三，对世界大势，自觉很孤陋寡闻，不要说别的，连很多外国人的名字说起来都觉得绕口。情况不熟悉，要动脑筋也没有资料。第四，年来养成了没有布置就不学习的懒汉习惯。我们曾经想替这些思想配个帽子，但是配来配去头寸都不很合。说信任党、接受领导不对么？当然不可以这样说。但是怎么会信任得成了依赖了呢？虚心些也是好的，但是怎么搞得没有了主张了呢？不论怎样，总的看来，对国家的事情关心不够总是消极性的东西。

为什么会发生这些思想情况呢？这些思想情况又说明些什么呢？我们在一起聊天的朋友，自认水平不够，说不清楚。我们似乎觉得这里是不是反映着这些知识分子觉得问不问国事对国家对自己都没有什么区别呢？自己有个主张和没有个主张又有什么关系呢？是不是他们觉得积极来提出意见似乎也没有什么必要，别人也不见得考虑，不赞一词，国家的事还是办得很好呢？如果真是这样想法，是不是说这些知识分子的政治积极性还没有很好发挥呢？那么怎样能把他们在这方面的积极性发挥出来呢？——说到了这些问题，我想可能会超过我这篇杂文的范围。那是春暖花开时节的事了。

1957年3月24日

重访江村

我前天才离开开弦弓，在村里住了有20天。

开弦弓是一个农村的名称。这个村子是在苏州南边，吴江县境内，靠太湖不远，可说是在水乡深处，从附近的震泽镇摇船进去，还要两个小时。

21年前我曾经去过这里一次，是1936年的夏天。那时我刚从广西回乡，在瑶山里跌伤了，到家养病。我有个姊姊在开弦弓帮助农民办了一个合作丝厂。她约我到村里去住一个时候。我在村子里顺便访问了老乡们的生活。后来写成了一本《中国农民的生活》，也称《江村经济》在英国出版。

抗日战争时期，这个村子沦陷后，音信断绝。解放后，我虽则常常想去望望这里的乡亲们，但事与愿违，一直没有去成。今年春天毛主席号召知识分子“下马看花”，我才下了个决心，到这个比较熟悉的农村去受受教育，这样住下了20天。

《新观察》的编者一定要我报道一些关于这个农村的情况，我不好意思推托。但是提起笔来，却好久写不下去；真是千头万绪，不知从何说起才好。摆摆21年来变化的情况罢，几天也摆不完。这21年是个多么不平凡的时代，变动太大了。每一个人的经历都是一部历史。讲起沦陷时的痛苦使我眼酸声哑；不说别的，我那本书里所附第一张照片上的那个女孩子，阿娜，就是一个被恶霸迫害自杀的实例，讲起了解放前后的斗争，令人可歌可泣；协助我们调查的农业社监察主任周富林同志就是一个生动的典型。从一个贫雇农怎样母死父病说起，讲到解放后怎样参加农民代表大会，躲开地主的毒手，一直到翻身，搞合作社。他足足为我们讲了一天一晚。再说合作化运动的经过吧，从春助夏散的互助组起，讲到去年高级社成立时，满村爆竹的景象，都是一段一段令人难忘的故事。

我应当把这些写下来，讲给大家听。但是我这支笔不听使唤，白费了许多稿纸，还是传达不好。从小没有学文艺，辜负了这样可贵的题材。

那么我还能写些什么呢？

如果一定要我写，我只能向读者汇报一些我在20天里看到的一些农村里的问题。

一

不用说，这个村子和千万个其他的农村一样，这21年里发生了历史上从来没有过那么严重和巨大的变化，从人剥削人的社会变成了一个没有剥削的社会。谁看不到这个变化，或是低估了这个变化的意义，那他一定是个瞎子。这个巨大的变化一定会带来繁荣幸福的生活，受过这几年来现实教育的人，是绝不会有丝毫怀疑的。

在我们中国，现在已经不是选择哪条道路的问题了，而是怎样更顺利的在这条大家已经选择定了的道路上前进。问题这样提出来，就要求我们去观察在这条道路上还有什么障碍，和怎样消除这些障碍。只看见障碍而不看见道路是不对的，但是只看见道路而不注意障碍也是不对的。我下面将在这个前提下提出一些问题，所以得先交代这一笔。

二

我的姊姊，她是江苏省人民代表，陪同我一起下乡，村子里30岁以上的人可以说全都认识她。

我们的船刚进村栅，两岸已经传开了我们到达的消息。许多许多老婆婆在岸上叫着我姊姊的名字，和她打招呼。船一靠岸，都聚了拢来，握着她的手说："我们老是想念你，你怎么老是不来呀。你瞧，我已经老成这样了，你还是那样。""不，你们也还是那样!"真像姊妹们久别重逢。有些老年人也还记得我，笑着说："你一个人来，我们不会认识了，你发福了。"乡亲们这样亲切，使我们感动得眼睛发酸。

拉着手不肯放。说什么好呢？问大家生活吧："日子过得可好?"许多老婆婆抢着回答："好是好了，就是粮食——"说到这里就有人插口了，"刚见面就讲这个，改天再谈吧。"接着问我们："你们老先生可好？——"

许多孩子向着我们挤，我突然觉得奇怪，在这时候，这些孩子怎么会都在河边看热闹？今天怎么不上学？他们都冲着我笑，有的拉了个鬼脸说："我们不上学，割羊草。"旁边一个老年人补充了一句："哪里有钱念书，吃饭要紧。"

虽则就是这几句话，我们被粮食二字吸住了。坐定，老乡们散后，我悄悄地问农业社干部："是不是粮食有问题?"他点点头：600多户的村子里有不少人家感到了粮食有点紧张。他接着说："问题是可以解决的。"

如果我们走马看花，沉不下气，一定会想这地方合作化出了问题了。幸亏我们住得长一些，算算账，才体会到天下事原不是那么简单的，要说清楚这里的情况，还得花一些笔墨。让我从头谈起吧。

三

农业社办得有没有成绩呢？

成绩是不但应当肯定，而且可以说很大。

水稻单位面积产量：1936 年每亩平均是 350 斤，合作化后，1956 年达到了 559 斤，增产 200 多斤。

农业总产值也有显著增加：我们替这个社的第二大队算了一笔账，1936 年折米 25 万 9000 多斤，而 1956 年达到了 41 万 8000 多斤，增产 61%。

这样的增产是不是合作化带来的呢？是的，分析一下增产原因，第一是扩大了复种面积。1936 年这个村子可以说是不种春花的，而现在普遍的种了春花，我们在村里就看到他们种双季稻。第二，在水利上有了改进。这地方是水乡，地面很低，水涨的时候，水面可以比田面高，过去有许多田，一碰到水涨，就排不出水，收成很低。合作化后有力量开了沟，又包了抽水机抽水，使得过去的坏田变成了良田。第三，肥料增加了。首先是由于开了沟，可以用船载了河泥输送到过去送不到的田里。基肥一般已没有问题。又由于农业社的领导，积肥也比以前多了。其他的因素且不多举，只有这三条，从 350 斤提高到 559 斤已是完全可能的了。

农业显著地增产是不是提高了农民的收入呢？那却是另一问题了。农民的收入来源如果只是农业，农业增了产，那就会提高收入；如果不然，收入来源不只是农业，还有许多副业，那就得看农副业的比例，和副业是否增产增值了。开弦弓原来是副业发达的农村。21年前我常听老乡们说：这里种田只图个口粮，其他全靠副业。这次我们又比较细致地估计一下，农业收入在当时大约占55%左右。因此，这地方农业虽则增产了大约60%，但还抵不过当时的全部副业收入。农民收入是否增加的关键就在副业了。

像开弦弓一类的农村，过去副业的比例比较高，有个基本道理，就是人多地少。每个人平均只有两亩左右的耕地，以过去水稻350斤计算，所有耕地全部种水稻，每人也只有700斤。那时各项剥削重，至少打去1/4，余下来作为一个人的食粮还是很勉强的。只是吃饱，生活还是不行，于是想出了许多活路，开展了副业。

在地少人多的农村里，这可能是一般的现象。以苏州专区九个县的情况说，平均每人只有1亩8分耕地。我看，要显著地提高这类地区的农民收入，单纯的从农业入手是绝对不够的。如果忽视了副业的多种经营，那就会发生严重的问题。

四

要进一步弄明白这里的经济情况，我想我们首先得求出一个21年来农副业总收入的比较。但是一进入副业收入的计算，碰到的困难却不少。即以当前情况来说，凡是农业社经营的副业，还有账可查，家庭经营的副业，已经不容易摸清。要对21年前的情况进行估计，不但项目多，而且变化大；产量、价值都不稳定，如果稍具成见，离开实情就可以很远。但是，如果不求出这个比较，凭印象来说话，自己就没有把握。在这20天里，我们可以说主要是在搞清楚这个问题。白天黑夜的找人谈，聚集了一些老乡，展开争鸣。好几个一同去协助我工作的年青朋友打算盘，摇计算机，开夜车，我们花去的灯油平均是每晚1斤。在我离开时，最后大家能接受的估计还没有确定，我们留着人在继续调查，但是大体上心中是有了个数：1936年，除去成本的农副业总收入是平均每人合谷800斤左右；1956年，是850斤出头，有了50斤左右的增加。如果只算农民的纯收入，就是可以用来做消费的部分，这两年度的差额还要缩小一些，大约只有30斤左右的增加。

这个数目说明什么呢？1936年在这个村子来说是个比较好的年份，接近过去曾经达到过的最高水平。沦陷后，这个村子的经济每况愈下，直到解放之后，我们才扭转了这个趋势。在农村合作化过程中，超出了过去这个水平。但是我们计算的是平均数，实际情况是不平衡的。过去的贫雇农翻了身，提高得快，早已远超过他们当时的水平。而过去的中农却相反，大多是没有多大提高，有些甚至下降了。感觉到日子没有过去好过的户数也不在少数（农户分类计算，现在还没有做完，所以我还说不出具体数字）。

为什么农业增产了60%，而还是有人感觉到日子没有21年前好过呢？

问题出在副业上。

五

这个水乡原是个有名的生丝出产地。过去在国际上具有突出地位的“辑里丝”就出在这个地区。当21年前我到这个村子里去的时候，是家家户户养蚕，他们所产的蚕茧，基本上可以供给一个小型丝厂所需的原料。我们这次曾抽了农业社的一个大队作比较细致的估计，当时 132 户人家要养 650 张以上的蚕种，以出售鲜茧作价计算，每年可以得到 9.6 万斤稻米。但是 1956 年只养了 130 多张种，由于蚕种单位卵量增加，集体经营后技术提高，每张种蚕产量加了一倍，茧价也提高了一些，但总收入却只有过去的 60%，合 5.7 万斤稻米。总的说来是减产了。

为什么减产呢？关键是在桑叶供应减少了。减少的原因有两方面：一方面是本村的桑树在沦陷期间因为敌人怕游击队袭击，铲去一部分，大水时又淹了一部分，留下的不少又是老了，没有更新；而且过去几年没有注意培养，肥料下得少，自给的桑叶比过去减少了。另一方面是过去太湖里的东山一带和浙江的山地，专门植桑，把桑叶供给这个养蚕区，现在这些地方都养蚕了，停止了供应。如果去年不是因为浙江的蚕出了毛病，这个村里买不到一批桑叶，有不少蚕，不到结茧就会倒掉，收入还不会有这个数字。

如果分析一下，这里问题就是一大堆。我们且不细说，只提出两点：第一是为什么让本村可以种桑的地闲掉呢？为什么不把桑地上的缺空补足呢？为什么不用新苗来代替老桑呢？答复是缺桑苗。我听说江苏省去年已开始注意这个问题，现在正在大力培植桑苗。但是桑苗的分配上是不是合理，调配是否及时，似乎还是问题。最近江苏省人代会上就有人提到 1956 年无锡配到的多少万株桑苗没有栽种的情况，报纸上这个消息，曾引起了这个村里许多老年人的惋惜和长叹。

第二是产桑和养蚕过去存在过地区分工的情形。这种在一定区域内，按当地具体条件进行专门化的生产，是否合乎经济原则，是值得研究的。现在的趋势却是有饲料的地方自己育蚕，各个农业社势必在饲料上都须自给，那就使饲料缺乏，而有养蚕传统的农业社闲空了许多有技术的劳动力，一时要转业是困难的。打一笔总账，是否值得确是问题。

单以这个村目前情况来看，如果不能供应桑苗，不能供应桑叶，要恢复过去养蚕的副业，一时还看不出路子。即使桑苗的问题解决了，也要3年到5年才能见效，而桑地面积毕竟有限，我们粗粗计算，增加现有产量的一倍还有可能，再要多就会和农业发生矛盾了。能增加一倍，在产值上可以达到过去的水平，但是有技术的劳动力还不能全部发挥作用。

六

上面所谈到的只是养蚕，养的蚕结了茧把茧卖出去，可以告一段落。现在这个村里的农民也只做到这个段落为止。但是过去却不然，一直要缫了丝才出卖。原来是家家户户自己缫的，到21年前，由于制丝工业的发达，他们所出的土丝，在质量上落后了，价钱下降。如果卖茧，一般商人总是要杀价，农民又会吃亏。就在那个时候，江苏的蚕桑学校在农村里推广技术改革，我的姊姊参加这个工作，把机器缫丝输入了农村，在这个村里帮助农民办了一个小型合作丝厂，提高了生丝的质量，使缫丝这一个生产过程还是留在农村里。这个丝厂在沦陷期间给敌人拆成了平地。

这件事在外边似乎是已经被人遗忘了，但是在村里，农民们却还是念念不忘。原因是很简单的，因为村子里有一个小工厂，好处是太多了。单说这个小工厂里经常的工人就有80多个，每个人的工资在每月10元左右。还有许多零星和临时的工作，使年老的妇女都可以参加。第二，这种小工业等于是一个开设在农村里的技术学校，不断地培养出技术工人来，当时向外输送的就有20多个。他们工资较高，每人每年可以寄回家里100多元。第三，这是一个合作丝厂，经营的办法是农民交茧，制了丝，算出成本，按供给原料和入股资金分红。原是学校协助下建立的一个集体所有的合作事业。一方面消除了商人的剥削，另一方面农民得到了缫丝过程中的利益。这许多方面加起来，对农民收入的提高是很显著的。

自从这小工厂被敌人拆平之后，在沦陷期间，许多熟练技工在乡间，除了做做家务，还能生产什么呢？土丝没有了市场，机器缫丝没有了工厂。解放之后，苏州的丝厂开了工，在村里招去了有40多个工人，但是还有60多个有技术的妇女，没有机会进厂。这40多个工人大多是以前培养出来的，但是村里没有了这个小工厂，现在十七八岁的女孩子就没有学习技术的机会了。大家念念不忘这个小工厂是有理由的。

这里提出的一个问题，我觉得有很重大的意义的，就是这一类在农村里，也就是在原料出产地，建立的小型轻工业工厂，在今后是不是还有出现的可能和必要？谈起了这个问题，我也有一段心事。因为21年前我看到过这种小工厂对于提高农村经济的好处，印象很深，所以在解放前我写过不少文章，提倡所谓“乡土工业”。也许由于我道理讲得不清楚，又过分强调了这种小型轻工业在国民经济里的地位，在思想改造时，曾被当作资产阶级思想，狠狠地被批判过一阵。现在平心静气的想来，我当时的想法不是没有错误，错误是在轻视了重工业，这是应当批判的。但是所提出关于乡村工业的问题，我依旧觉得值得研究，其中有些地方，我觉得很适合于我们中国的具体情况。最近听到了关于第二个“五年计划”的说明，更打动了我的心。这次我重访江村，我这段衷曲又涌上心头。在百家争鸣的今天，我有了勇气，再度提出来，诚恳地要求领导上能注意这个问题。

在我们国内有许多轻工业，并不一定要集中到少数都市中去，才能提高技术的。以丝绸而论，我请教过不少专家，他们都承认，一定规模的小型工厂，可以制出品质很高的生丝，在经济上打算，把加工业放到原料生产地，有着很多便宜。不但如此，这种小型工厂还是促进农村技术改革的动力，许多屑物都是最好的肥料，工农业在技术改进上都可以联系得起来。何况工业过分集中到城市里去，社会上已经出现了许多不易解决的问题，人口不必要的集中是有害无利的。当然，我从来就没有主张过把所有工业都分散到乡村里去。但是我至今还愿意肯定有些加工工业是可以分散，而且分散了，经济和技术上都有好处。丝厂只是一个例子。

我提出这个主张和当前的趋势是不合的。至少过去这几年，似乎有农业社只搞农业，所有加工性质的生产活动，都要交到其他系统的部门，集中到城镇里去做。甚至像砻糠加工这样的事都不准在农业社里进行。在开弦弓我就看到有个砻谷机，很可以把砻糠加工成为养猪的饲料。但是镇上的砻谷厂不准他们这样做，宁可让村里大批砻糠当燃料烧掉。以蚕茧说，烘茧过程也要划归商业部门去做，结果实在不很妙。但是看来国家遭受损失事小，逾越清规却事大。我希望在农业社经营范围这个基本问题上，是否可以放开来争鸣一下，多从实际研究研究，农业和工业之间究竟怎样配合联系，才最有利于我们在这个人多地少的具体情况中发展社会主义经济？如果领导部门觉得这种建议值得在实践里试验一下，在开弦弓恢复这个合作丝厂，我相信群众的积极性是一定很高的，而且我也愿意鼓励我的姊姊和一些专家们一起来提出个具体方案的。

话说远了，关于这个问题，让我另找机会申说吧。

七

再提一项在过去比较重要的副业，那就是利用船只在农闲期搞贩运。

船只是水乡人民所不能缺少的工具，这一带农村都靠河建屋，河道就是大路。有些田地四面围水像个小岛，没有船只就接近不了。

这个600多户人家的村子，一共有大小船只160条。这些船只除了做交通工具，在农业里的用处是罱河泥，但并不占很长的时间。在过去一到农闲，老乡们就利用这些船只去贩卖和运输了。据说利用来做贩运的船只有140条左右。他们活动的范围也很广，几乎包括整个太湖流域：东到上海、浦东，南到杭州，北到长江，西到宜兴、句容。这些老乡对于这个流域水道摸熟了，而且会走捷径，两天可以摇到上海，速度也是惊人的。贩运的货物种类很多。因为这个地区各地有特产，比如靠山地区出产毛竹、杉木、硬柴和炭，靠海地区出产海蜇，靠太湖地区出产蔬菜，而且还有些地区出产特有的手工业品，比如竹器等等。他们就在这些地区之间互通有无。

这个经济网络看来由来已久，这个村上的老乡和产地的老乡具有传统的关系，有了交情，因此他们可以从甲地赊了货，到乙地卖走了，再把现款带回给甲地，一方面看来带有信贷性质，另一方面，我看主要是利用船只来做运输，当然其中也有些商业性质在内。通过这些船只活动，使各地区都能发展它们的特点。

限于船只，并不是每家都有机会参加这种活动，各人贩运的日子也不一律，每次挣的钱也不一样。如果估计一下，每只船一年挣750斤米，是并不困难的。

农业社建立之后，贩运活动全部停止了，因为这种活动被认为是资本主义性质。政府的运输部门虽则也曾设法想利用农村里船只的运输力量，但是农民对此并不积极，1956 年参加运输活动的只有 10 条船。

为什么运输活动几乎全部停顿了呢？其他同类村子情况是否相同？对于这个地区的经济影响怎样？这些问题牵涉的面较广，我们住在一个农村里无法全面了解。但是从农民收入这个角度看去，这些可以利用的船只闲空下来，并不很妙。我们不相信搞社会主义了就不能利用这些生产资料，应当是可以利用得更好，但是事实还不是这样。

八

我在上面已提到过孩子们养羊的事，这种家庭副业在 21 年前就有的。草原上的牧民听到了也许不会相信，像这样水道纵横，阡陌棋布的水乡里，怎能放羊呢？一个到这村子“走马看花”的人，也可能根本看不到这项副业，因为，一眼望去，一只羊都没有。但是过去全村却养有近千只羊。这些羊终年关在小棚里，并不需要自己找草吃，而是人们找到了草来喂它们的。

养羊的收入也不坏，一只羊可以卖 10 元，出的肥料值 20 元，还可以剪毛，自己纺了绒线结成毛衣。我就看见过不少老乡穿着绒线衫。起初还以为他们学时髦，有点浪费，后来才知道是自给的手工业品。

从养羊这件事更可以看出这地方的农民对土地利用真是无微不至，寸草不留。这许多羊吃的草是由孩子们一棵一棵地割来的。在田旁、路上、水边，孩子们三三两两的在割草。为了要割羊草，很多孩子学也不上了，这是下边我还要谈到的。

合作化过程中，过去许多不能种田的土地现在开成了良田，耕地面积扩大，长草的面积减少。提高了生产力却难为了孩子。他们为了割羊草，要坐船外出，愈摇愈远，时间耗费得也愈来愈多，而所得到的草却愈来愈少。羊的数目现在只有200多只了。

不但如此，过去几年里又发生了养兔这项副业。兔子也要吃草，羊兔之间产生了矛盾。而兔子却占了优势。原因是买小羊来喂，成本高，搭个羊棚更不是易事。一只羊如果没有长成就瘟死了，赔本多，风险大；小兔子只要几毛钱的成本，养两只兔子，连肉连皮毛连肥料，一起也有10元左右的出息。现在全村至少有1000多只兔子。

我小时候也养过兔子，那是养来玩的，到处打洞，满地粪秽，搞得全家反对。想不到这里的兔子却会乖乖地住在缸里，终年不出来散个步。没有亲眼看见，谁也不会相信，动物的习惯这样容易改造，兔子的粪秽很值钱，农民积极积肥是个合作社后的新气象。

我对于养羊养兔还是有意见的。它们为农民创造财富那是很好的事，但孩子们上不了学，花的成本似乎太大了。当然，如果他们能另辟饲料来源，情况也不同了。为了孩子上学，我特别关心养殖业的饲料。当然，如果饲料问题不解决，羊也好，兔也好，总是繁殖不多的。

过去这个村子很少养猪，平时吃的肉大多从外边运进来。最近几年才开始提倡，应当说是有成绩的，现在已经有200多头，每户平均1/3头。养猪的困难，除了这地方缺乏经验外，主要也是饲料问题。猪比羊兔吃得要考究些，多少要吃些调味的米糠，这一项就很不够。我在上面也说到过，原本是有条件可以利用砻谷机把砻糠碾成细末，加上一点米糠，就能成为猪食的佳品，但是由于农业社和砻谷厂的矛盾，砻糠都当燃料烧了，我看见了真心痛。清规戒律之为害有如是也！去年农业社曾为养猪户留出饲料地，但是这里的土地太珍贵，留下的地上长出的东西不去喂猪，而给人自己吃了。猪当然争不过人，结果今年连饲料地也收回去了。这也怪不得社员们没有纪律。想在土地上打主意，看来是打不通的了。

饲养业的好处，不用我说，实在很大，且不说可以解决肉食供应的紧张，就是从进一步提高农业的产量来说，没有猪、羊、兔这些动物的协助，困难就不小。我们一再和老乡研究各项生产的潜力。首先是农业，不论副业多么重要，当前还得承认农业的老大哥地位。老乡们一致的意见，从现在每亩500多斤再要提高到600—700斤是不应该说有很大困难的，但是缺少一个宝贝，那就是肥料。在肥料方面用河泥做基肥，这个地方的供应很充足，不发愁，所缺的是追肥。追肥的供应除了化学肥料工厂之外，就是要把动物看成自然的肥料工厂。而这种工厂都可以分散到乡间去的，发展起来可以比重工业快得多，在这种肥料工厂里，猪是头等的。

要提高耕地单位面积产量到700斤，必须增加追肥供应。化学肥料一时还供应不上，就得养猪、羊、兔。要建立这些自然肥料工厂，就得解决饲料问题，这是当前开展副业的关键所在。

九

这个村子的副业还不只上面所讲的那些，如果再要一项一项的讲，文章会拖得太长了。但是重要的几项上面都已提到了。总的看来，副业方面现有的水平是没有21年前高了。作一个大约的估计，1936年，副业占农副业总收入的40%多，而1956年，却不到20%，这使农业增产增值是一个原因，副业收入的下降也是一个原因。

副业收入下降的原因，正如我们上面分析的，是很复杂的。但是那一条也不能算到合作化的账上去，相反的农村合作化提供了发展副业的有利条件，问题是在于领导农村工作的部门对于这种原来副业比例特别高的地区，没有很好贯彻关于多种经营的“统筹兼顾”，适当安排的方针。这里存在着许多值得注意的内部矛盾。今后如果能很好地执行了这个方针，副业发展问题一定是能解决的。

十

以开弦弓这样的农村来说，副业既然是如此多种多样，相互间关系又如此复杂纷纭，应该抓什么？怎样抓呢？这是我想最后谈谈的问题。百家争鸣不应当停于揭露矛盾，还应当讲道理，出主意。主意不一定出得对头，但是这样试试是有益的。

开弦弓的乡亲们对我们这样亲切，他们看见我们来了，抱着很大希望。如果我只写篇论文，出本书，对他们有什么好处呢？这不是太对不住他们了么？但是要拿出主意来，遍索枯肠，半夜不寝，还是不得其门。窗外，春雨连绵，看来今年的春花又要受影响。白天雨稍停，我徘徊田亩间，东张西望，看看所有的土地都已用上，连走道都狭小得叫人举步维艰。再在这土地上打主意，希望是不大的，怎么办呢？

有一天居然云散天晴，我看同去的朋友们一连工作了10天，也该休息休息了，所以建议搞条船，到附近去荡荡，这一荡却荡出个主意来了。

这是个水乡，到处是河道、湖泊。水的面积不下于陆地。我在船上产生了一个问题，如果这片水能利用，那多美呀！这一说触动了和我同去几位青年朋友的灵感："为什么不能利用呢？土地要肥料，猪要饲料，水面上就可以长饲料呀！"

这窍门一开，很自然的引出了一系列的问题。我说水比陆地强，水有底有面，中间还有个体积，立体发展，地有一，水有三，水底的河泥已经利用了，水中可以养鱼，水面可以种水草作饲料。不是一举三得么？

"不但三得，还有一得，就是孩子们可以从割羊草里解放出来，上学学文化了。"一位年青朋友补充了一句。

我们回到村里就召集社员老乡们一起来研究，靠水吃水的方针大家觉得很对头。看个远景：如果一片水面都能利用起来，农民收入不是增加百分之几的问题，而是增加几倍的问题了。但是具体的研究起来，困难是不少的，当然，如果没有困难，这片水面早就利用上了。几千年来，我们的祖先也不是都比不上我们聪明，为什么这片水老是闲着，当风景看呢？再想一想我们比祖先有一条是强了，我们集体化了，过去做不到的事，现在做得到了。以前克服不了的困难，现在有力量可以克服了。老乡们说，现在有个毛主席，水面可以长出钱来，一点不错。于是主张来了。有人想出了水浮莲，有人提到了去年种的菱角。水面上可以长的东西多着哩。就是认为过去谁都没有力量来管理这不能上门、又不能围墙的湖泊，谁种了东西保不住自己能收得到。现在有社，就可以管理得来。

大家再讨论有哪些困难。技术上有困难，比如去年种了菱角，台风一刮都吹了，怎样防得了风？又比如水浮莲没有根，水一流随着会漂走，又怎么办？

这是件大事情，我们这些教条主义成习的知识分子，不应当自作聪明，乱出主意。但是，把这个问题放进了老乡们的脑筋里，却会长出花朵来。老乡开始找我们谈这个问题了，我说：你们多研究研究，道理合不合，做得通做不通，如果有些苗头，是否先小规模试试看。

在我们离开之前，又和乡里的党支书和社里的干部同志们讨论了几次。听说他们已派船去搞水浮莲去了。

副业和农业不应当是矛盾的，农副业之间安排得好又是可以互相支持的。在资源，劳力，资金的利用上，可以搭成一个有利的循环：水面上长饲料，养猪、羊、兔子，增加肥料供应，提高地面作物产量，包括田里的稻麦豆菜，地上的桑树瓜果，积累了资金，投到渔业里去，满河满荡的鱼，就是荒年，这样的村子也不愁衣食了。

关于农副业暂且说到这里为止，但是进村时所遇到的粮食问题还没有说明，且听下回分解吧。

十一

从乡间回来，碰到那些知道我下乡调查的朋友们，一见面就常用这样的话问我："离开了21年，再去访问你过去熟悉的农村，面貌一定大不相同了，农民的生活改善得怎样了?"

如果这是一种寒暄，我估计对方早就料到我会说什么。如果要我认真答复，那就得看所谓面貌是指什么了。

如果面貌是指社会性质，特别是生产关系那一方面，21年前是半封建半殖民地的阶级社会，现在是走上了社会主义道路，取消了剥削的集体所有制的社会。在这方面这个农村的面貌已起根本变化，和过去完全不同了。

如果面貌是指那靠水人家、四围桑稻的乡园景色，那却依然是旧时相识，乡音俚语更难辨今昔。

如果面貌是指衣食住行的生活水平，我还有点犹豫，不知怎样说好。过去确有一种看法，认为社会主义了，人们生活必然要提高，提高得和过去大大不同了。有关农民生活的调查不强调一下生活的改善，似乎就是不拥护社会主义。你这样说，我这样说，他也不能不这样说，弥漫着一片农民生活改善的喜讯。

社会主义一定会给我们，不论在城里，在乡间，带来繁荣幸福的生活；而且事实上的绝大部分是农民生活改善了。强调一下农民生活的改善，在合作化高潮前后也可以起加强信心，扩大影响的作用。这些我都没有怀疑。我有点犹豫的却是：再这样宣传下去好不好？把农业上的四十条当作包票一般交给农民，把社会主义远景放进望远镜，变得那么迫近，一似唾手可得。这里说生活怎么好了，那里也说日子怎样好过了，改善的风四面吹。而事实上，人民生活要和生产关系一般发生迅速的和根本的变化，恐怕不是短时期内做得到的，那么这阵风吹起来对社会主义有多大好处是很值得考虑的。

在乡间的20天里，我自己也常常被各色各样的矛盾所迷惑。

作为人民代表，自应关心人民生活，正如我在上面所提到的，一上岸就遇到老婆婆们诉说粮食紧张，没有钱买米。心里想不是老乡不说实话，那就是合作化出了毛病。

我们坐下来算账，算来算去，农业增产谁都不能否定，副业是减产了，但是农副业总收入至少也已赶上了战前比较高的水平。再看这村子里农民的收入，在全国范围里都可以名列前茅。每家平均分得的粮食又不低，怎么会闹粮食紧张呢？老乡不说实话么？又不然。有一天，我们悄悄地到附近的一个村里去访问一个21年前我在这村里住的时候照顾我生活的保姆。我们到达这村里时，老乡们还以为我们是种牛痘的医生。但找到熟人，一坐下来，我们又被粮食问题所包围了，甚至我这个肥胖的外形都成了打通他们思想时的障碍。

怀疑合作化的优越性是不对的，承认合作化的优越性而以为什么问题都已解决了的，我想，也是不对的。这样不对，那样也不对，我们脑筋搞得简单了当然更会对不上头。请原谅我，说起话来不能不啰嗦一些；更希望读者不要挑出一两句话来，说我又在吹冷风了。

十二

还是先算算账。

“上有天堂，下有苏杭”——这句话虽则夸大一些，但还是反映了一些现实的。全国农民每个人平均一年的收入在 50 元左右，苏州专区平均是 78.6 元（家庭副业和小的经济作物不算在内），这个村子里农业社去年集体收入的分配每人平均是 82 元，加上家庭副业和家属寄回来的钱，总的平均收入，我们估计在 100 元左右，单就这些数字来看，这个村子还要喊穷，实在难于令人相信的了。

粮食是不是不够呢？这几年农业一直是增产的，上面已经说过，去年平均每亩粮食生产是 559 斤，虽则不能说很高，但是绝不能说低了。那么是不是留得少了？也不然。去年每人平均分到谷子 547 斤（其中有小部分是麦子和豆子），合米 380 多斤，应当说是够吃的。

当然，够不够吃的标准原不是简单的。我们小小工作组里就有一位小伙子，他比我多吃三倍，和他计算一下，一天至少要吃两斤。如果放手让他尽量吃，还可以超过这个数目。用这个标准计算当然不太合理，但也可以说明如果大家放手吃起来，即使 380 多斤加一倍，一个人在一年里也蛮可以吃得完。

吃多少才够，一方面是营养问题，一方面也是习惯问题。习惯不同，各地认为足够的标准多少可以有些相差。因此，我们请了几位老乡一起来评，依他们多年的实践，怎样才算吃够了。我们得到的数字是男全劳动力一人一月 50 斤（这个数目似乎高一些，那是因为在做重活时，吃得多些，平时没有这样多），女半劳动力 35 斤，10 岁以下儿童 20 斤，婴儿不算。一家开伙，老少可以搭配。以平均四口计算，一男一女两儿童，每月是 125 斤，一年是 1500 斤，和分配给每人 380 斤的总数恰恰相合。这样看来，即以当地公认标准来说，现在留下的粮食应当是够的。但是也应当说，要满足这样的标准，并不宽裕；必须精打细算，按劳动的需要来调剂，才不致出问题，特别是搭配了少量豆麦，而这地方原来没有把豆麦当主食的习惯，吃起豆麦来就不知道饥饱。

说到这里，读者一定可以看得到，这个村子粮食会不会紧张，将决定于农民怎样吃法了。如果心中有数，把紧了吃，粮食就不至于紧张，如果放松些，很容易在青黄不接时就闹饥荒了。放得愈松，闹得也一定愈早，愈凶。

当地农民的习惯是多年在具体情况里养成的。算算过去的账就可以看得出上面这些数字大致是不错的。比如说 21 年前每个人平均两亩土地，每亩 350 斤谷子，四口之家共得 2800 斤，除去 1/4 被剥削的部分，再合米，大约就是 1500 斤。当时我在这村子里调查时，一般都说这个村里所出产的粮食只够口粮，其他要靠副业收入。这种说法和我们的计算也合得上。多年来在这个水平上生活，对粮食必须抓紧，量入为出，一跨出这条界线就会跌入高利贷的圈套。在这种历史条件里养成了这样的习惯，一般说比其他地方似乎高一些，但是不能说他们原来就是心中无数，吃多少算多少的。

当这个村子进入社会主义时，按照习惯来定口粮是正确的。

但是必须注意守得住这个习惯。这个关口守不住，问题也注定免不了的。果真，出了毛病了。

十三

当合作化高潮卷到这个村子里的时候，热烈的场面真是动人。高级社成立前几天，号召大家积肥献礼，每只船都出动了，罱得满船的河泥，把几条河都挤住了。几村的人都穿上节日的衣服，一队队向会场里集中，一路上放爆竹，生产积极性的奔放，使每个人都感受到万象更新。

合作化发生了生产积极性，生产积极性又化成了农业增产。肥料加到地里，青青的水稻那样得意地长起来，使农民们心花怒放。这是去年夏天的事，农民们从田里回家谁都怀着兴奋的情绪，“700 斤”没问题，接下去的口头禅是“一天三顿干饭，吃到社会主义”。你想，如果 1 亩田真是一年收到 700 斤谷子，每家 2000 多斤的米是把稳的。放手吃吧。

谁知道天不成人之美，8 月里刮起了台风，好大的台风。又吹在稻花开放的时候。这一阵风吹来了今年的粮食紧张。一天三顿干饭离开了我们国家当前的具体情况来说，也不能算过分的享乐。劳动积极，看到从来没有过的丰收在望，兴高采烈，多吃一顿干饭，也应当说是人之常情。如果当时我去视察，看到这种光景，还不是要大书特书作喜讯来传报么？当然，现在我们还是可以这样说，台风是偶然事件，偶然发生的灾害所引起的结果，不值得大惊小怪。但是细细想来，过分乐观并无好处。且不说，现在我们在农业里还得靠天吃饭，灾害还不能看作太偶然，合作化高潮里吹起那一阵生活改善的风，不能认为是阵顺风。

十四

强调这个村里粮食紧张的情况是不对的，因为事实上并不是绝对缺粮。这个村里只是吃空了定量，附近还有些村子不但不闹紧张，还有余粮可以调剂。是的，这里粮食紧张情况一发生，支援的米就调拨来了，但是，米是要钱买的，大家又闹没有钱了。

怎么会没有钱呢？按我们的计算，就是以每人从农业社得到的 82 元来说，除去 547 斤谷子，值 46.5 元，还应当有 35.5 元，一家四口，还有 142 元。何况还有些家庭副业？这笔钱是怎样花法的呢？

要答复这个问题，我们得进行家计调查。详细的数字还没有算出来，依我们初步估计说：一个中年妇女一年衣着约 25 元，一个中年男子一年衣着约 35 到 40 元。四口之家除了粮食和自给部分外伙食费每年约 35 元。日常杂费每年约 60 元。社交费 20 元，燃料折价 40 元。这笔账就要超过 200 元。加上孩子衣着、房屋修理、工具等，一个中等家庭实际现金支出在 250 元左右。这些数字不能认为很正确的，等将来调查材料经过分析后，再作校正。但是以此作大体估计，可以看到几点：

第一，在这个农村里，单靠农业社的收入是不足以维持上述那样的水平的。他们在家庭副业里还要设法得到大约每个人 20 元的收入。这和我们上面对收入的估计是相符的。换一句话说，如果四口之家不能在农业社收入之外另外开源得到大约一年 80 元左右的收入，就不能达到中等水平。

第二，这种水平应当说比较高的。说说它的内容：衣着方面每年要添布衫布裤两身，夏天穿洋纱衫，冬天穿棉袄。一般说已看不到衣衫褴褛的人，相反的，老年人都有一件结实的棉马甲，青年人男的不少有制服，女的有花布衫。妇女一般不再赤足，下雨天都穿上了胶皮鞋，青年男子很多有了球鞋。成年人两年要穿三双线袜，每年穿四双布鞋和一双棉鞋。到人家房里去看，床上一般有蚊帐和棉被。吃的方面，单说猪肉，一般一年要吃 20 斤；去年有显著增加，过年时有不少人家吃了 20 多斤肉，听说有吃到 80 斤的，因为养蚕得到了一些奖金买了苗猪养到过年，都宰来自己吃了。杂用方面他们原有喝茶的习惯，一年一家至少要 10 元，烟的消耗由于旱烟改为香烟支出也增加了，牙刷牙膏中等人家都已有了，晚上出门已多用电筒。

毋庸再列举了，这样还说是中等水平，在当前全国的农村里可能是不多见的了。比 21 年前怎样呢？我没有具体材料在手上，只凭我的印象来说，过去在这个水平以下的人家现在赶上这水平了。褴褛的衣服现在看不到了，而出现了不少新事物，特别是青年人穿起了“司威脱”、球鞋和用制服来做罩衫等等。社里的干部还有呢帽、棉大衣，从城里回来的女工，还有穿呢裤的。全村没有建新的房屋，但是前年就有不少人家把破漏的房屋翻修了。他们说规律是这样：前两年修理房屋、买水车和棉被的多，去年是添置衣服的多，过年时肉吃得多。总的说来，生活改善是相当快的。

第三，生活改善已超过了增产的速度。我在上篇里已经算过一笔总账，这个村子农副业总收入可以说刚刚赶上 21 年前的水平。在生活方面虽则我们还没有算出指数，肯定是比 21 年前提高了；而且在 21 年中，他们的生活曾一度下降，是这几年里衣食住各方面都要添补一些，加起来就开支大了。收入依然，支出多了，结果是有多少，用多少，手上存不住钱，谈不上积蓄。从一家一家说，生活有点打算，普通日子还好过，但受不起风险。如果手面宽了些，收入不及时，手边就会紧起来。我们去访问时，正巧碰到这个时候，身上穿得相当整齐，来了客人还是煮水沏茶，而口上却闹着没米下锅。这样看来，这一个时候的粮食紧张不能说是合作化化出来的，也不能说是统购统销统出来的，主要是生活没有按比例地提高提起来的。如果去年夏天不那么放手吃三顿干饭，过年不放手吃猪肉，平时不买司威脱、球鞋、雨鞋，我看这个时候就不会发生这个紧张情况的。换句话说，会得做人家的，这时也就不会没有米，即使米不够，也可以买得起。

十五

今年的粮食紧张是局部性的，本身并不严重，但是这里提出了一个令人思索的问题，那就是社会主义积累问题。社会主义的积累固然可以通过国家的机构来进行。但是羊毛出在羊身上，归根结底还是在每个人生产和消费间的差额，是一个勤和俭的问题。勤可以多生产，俭是少消费。勤和俭加起来，增加了积累。我们的国家现在还是农民占绝对多数，多吃1斤米和少吃1斤米，积少成多，相差的数目是很大的。因此，农民消费多一点和少一点，对于社会主义积累影响很大。我们可以想一想，一个每年每个人的收入在百元左右的农村，如果收支相抵没有剩余，那么我们怎能指望农村来积累呢？如果这样的农村还要闹饥荒，唱穷，其他收入低的地方怎么办呢？如果每年每人可以分到547斤谷子的农村还会发生缺粮，还要国家来调剂，我们国家的粮库又怎能维持呢？所以，我们想，尽管我们所看到的情况并不是普遍的，但是应当看做一个警报，在这里取得教训。勤而不俭，只是一时的虚假的繁荣，不是创家立业的道理。

我的历史知识很差，不知道从奴隶社会进入封建社会时那些封建主的生活怎样，但是我读过一些描写资本主义初期那些企业家的传记。这种人面对着新的生产关系所开辟出来生产力提高的可能性，发生了很强烈的积累资金的要求。他们简直成了一个积累的机器，什么都要打算一下，值得不值得，把盈余作为一切活动的标准。在资本主义的初期，劳动者生活是极痛苦的，强迫着生产剩余价值，而那些企业家却也是极端吝啬的，斤斤计较的人物。他们的生活是清苦的，很多是清教徒，反对生活上的挥霍，就是这种人物把人类社会从封建社会提高到了资本主义社会，把资本主义生产关系所允许达到的生产力水平实现了。人类在资本主义阶段是痛苦的，因为它是通过剥削来实现积累的。

社会主义取消了剥削，为人类生产力的提高开辟了更远大的可能。要实现这种可能，还是要积累，而且要比资本主义更多更快的积累。这种积累要依靠劳动者的自觉，而这种自觉在社会主义的制度下是完全有可能的。因为积累下来的财富是属于劳动者自己的。在社会主义的早期也必然要出现强烈的积累要求，不是资本主义早期那些少数企业家，而是广大的社会主义劳动者。这些劳动者不但是积极的生产者，而且是会做人家的俭朴的消费者，没有这样的广大群众，社会主义的积累怎样能实现出来呢？没有积累，生产力又怎样提得高呢？

从这个角度来看，开弦弓这个村子里所发生的粮食紧张，尽管我们说是局部的，短期的，却不能不引起我们的注意和警惕。

十六

这地方的农民原来就不会做人家的么？不可能是这样的。在解放以前，农民们即使小心翼翼地过日子，灾难也是会寻上门来，谁敢大意。那么这几年在这方面是不是起了些变化了呢？我想多少是有些的。为什么呢？

第一是苦尽甘来，生活上各方面都需要充实充实，而且心情也松了些，手面也不免宽了。这地方从沦陷到解放，其间有十几年。这十几年的生活不是好过的。农业上有过荒年，副业一般都下降了，以蚕丝一项而论，原来那个小型工厂就成了平地。这些且不多说，最令老乡们痛恨的是敌伪和国民党反动派的敲诈勒索。他们说，开弦弓被看成了一块肥肉，那些狗永远是吃不饱的。一次又一次，整的零的，要钱要米，没个完。这样把许多原是富裕人家抽干了。这一个原来可以说得上殷实的农村，糟蹋得憔残了，空虚了，穷困了。好容易盼到了共产党，见了天日，农民翻了身，分得了土地，兴修了水利，又来了合作化，田里谷子一年比一年长得好。这种日子过去是没有过的。房子漏了的该修理了，农具不够的该添置了，床上没有盖的该买条棉被了，这是第一年。接着棉衣服得添得结实些了，夏天做身洋纱衫，赤脚不好看买双雨鞋，青年人更爱体面，新的制服做罩衫；过年了，猪已养壮了，不用花钱买的肉宰了腌腌，打打牙祭。来个客人留个饭也体面些。这样一步步在生活上向前走，滑溜溜的钱就这样花出去了。

要说老乡们多穿了，多吃了，实在也不好出口。这些改善看来也不能说过分。添添补补哪项不是需要的？但是东一样，西一样加起来却也可观了。要增加 10 块钱收入得费不少心思，要花去这 10 块钱，却那么容易。底子薄了，这一关更难守得住。

第二，社会主义是大家没有见过的新东西。四十条打动了心。一上来就好得很。过去做不到的事，合作化了就做得成。最动人的是农业增产，这是最现实也没有的了。老辈子种了几十年田，没有看见过田里的稻长得这样好过。去年春天，乐观空气盖满了整个村子。很多人来参观，都是赞声不绝。大家没有想到社会主义道路上还是有困难的。干部们也用了预开支票的方法来鼓动群众生产积极性。“一天三顿干饭，吃到社会主义”，成了大家的口头禅。8月里一场少见的台风刮伤了庄稼。但是还没有扭转那种盲目的乐观，“反正有毛主席，饿不死人”。

第三，土地交给农业社了，有啥事就找社里去解决，似乎把农业社看成了个大家庭，干部是当家人。过去人人都要动脑筋，想办法，现在一有困难就叫喊，不能解决问题就是干部不好，有些干部挨了骂，想不通。要群众想办法，也不容易。我也向老乡提出过：这是大家的事，要大家出主意，他们回答说：现在主意出不来了，这个也做不得，那个也不准做。原来他们熟悉的是过去的老办法。比如说做丝吧，现在不成了，蚕结了茧就得卖给国家。他们说，我们要做丝，没有茧子。老婆婆们原来都会打棉线，织绵绸（利用生丝的屑物打成丝绵，纺成线，织成绸），而现在没有了原料。再比如，很多老乡还怀念利用农闲和船只去贩运，现在又不成了。事实是这样：很多副业没有安排好，要他们自己出主意对不上头。好像什么事都有个“上头”在管，于是出了问题也不免要“上头”来解决了。

我从乡下出来，补看了近一个月的报纸。这个月里有不少社论和消息提出了“勤俭建国”。我们觉得这次在农村里学习到的主要也是这一课。我们觉得勤俭两项中，勤字容易办到，而俭字比较困难。为什么原来有的那种省吃俭用的习惯现在发生了变化呢？这个问题分析研究得还是不够深刻的。我们出来之后，曾多次提出这个问题向人请教，很多人只看到过去宣传有片面性，过分强调了合作化的优越性，没有充分讲清楚可能遇到的困难。这个意见，我们是同意的。但是似乎还不止这一条，社会主义制度下生产力的提高有赖于劳动人民自觉的积累。这种觉悟也许不只是靠口头上多讲几遍社会主义建设怎样好就提得高的。关键问题在哪里，我们还不十分清楚。我们很希望关心这个问题的朋友们能多给我们一些指教。

1957 年 5 月 18 日

关于我国民族的识别问题*

我们中国是个多民族的国家，但是究竟有哪些民族，一共有多少民族，却是个不容易答复的问题。解放前，国民党政府根本否认我国是个多民族国家，连孙中山先生提出的“五族共和”都被抹煞，他们把那些历来公认的许多民族都说成是汉族的宗支，这是赤裸裸的大汉族主义，目的是在压迫和消灭国内的少数民族。

解放后，在中国共产党领导下，中华人民共和国国内实现了民族平等。长期被压迫的许多少数民族纷纷要求承认他们的民族成分，提出自己的族名。这是党的民族政策的胜利，是少数民族自觉的表现。到 1953 年，汇总登记的民族名称据称有 400 多个。这 400 多个自报的民族名称是否都是单一的民族呢？在这个民族名单上有许多是某些民族居住区的地名，有许多是某些民族内部分支的名称，有许多是同一民族的自称和他称，还有许多是不同的汉语译名。因此，要答复我国有哪些民族和有多少民族的问

---

* 本文系作者在全国政协民族组会议上的发言。原载《中国社会科学》1980 年第 1 期。

题，就得对这个民族名单进行一番甄别。我们称这项工作为民族识别，这是一项科学研究工作。

一

解放以来，我们的党和政府十分重视民族识别工作。因为，要认真落实党的民族政策，有必要搞清楚我国有哪些民族。比如，在各级权力机关里要体现民族平等，就得决定在各级人民代表大会里，哪些民族应出多少代表；在实行民族区域自治建立民族自治地方时，就得搞清楚这些地方是哪些民族的聚居区。从1953年起，为了进一步开展民族工作，民族识别被提到了日程上，由中央及地方的民族事务机关组织了科研队伍，对新提出民族名称的单位，通过调查研究，进行识别。

民族识别的初步调查研究，要求能基本上划清哪些要识别的单位是汉族的一部分，哪些是少数民族，如果是少数民族，他们是单一民族还是某一民族的一部分。

当时需要进行识别的有下列这些情况：

一、有些汉人迁居到了少数民族地区，保留着汉族的特点，但是并不知道自己是汉人，而以当地其他人称他们的名称作为自己的民族名称，报了上来，被列入少数民族行列中。例如云南的蔗园、广东的疍民等。

二、迁居到少数民族地区去的汉人，前后有若干批。早去的汉人曾经长期和内地隔绝，和后去的汉人，在语言、风俗习惯上有一定的区别，并且受到后去的汉人的歧视，因而自认和当地汉人有区别，解放后，有人要求承认是少数民族。例如贵州的穿青、广西的六甲等。

三、有些少数民族在民族压迫时代曾经不愿表明和汉人有区别，其中又有一部分民族上层受反动统治阶级的利用，统治过当地的其他少数民族。在被他们统治过的少数民族看来，他们是和汉人一样的，解放后不愿意承认他们是少数民族。例如湖南西部的土家等。

四、历史上，有些少数民族曾经被分散，各自迁移。在迁移过程中，有些又和汉人接触，受到较深的影响，改变了语言，本民族的特点已不显著。经济上和汉人已分不开，但是受到歧视，居住上不和汉人相混，自认是少数民族。例如福建、浙江等省的畲民等。

五、原来同是一个民族的各部分，迁移到了不同地区，基本上保持相同的语言、风俗习惯、历史传统，但长期隔离，又被其他民族用了不同的名称相称，报了不同的民族名称。例如广西的布壮、云南的布沙、布依等。

六、有些民族分布在不同地区，各部分分别接受了邻近民族的生活和文化特点。但仍保持共同的语言，并被别族用同一名称相称。如四川、云南旧称的“西番”等。

七、有些民族集团分散在很广的地区，形成许多不相联结的聚居区，在语言、文化等方面都既有相似处又有较大的差别，长期以来被其他民族用同一名称相称，又自认是同一民族，如苗人等。

八、有些民族内部对于该族是单一民族还是另一民族的一部分的问题有不同意见。如东北的达斡尔等。

上述这种复杂情况表明了我国民族情况的特点：

首先是历史长，渊源久。远的且不说，自从秦代建立了统一的多民族的国家以来，各民族在相互接触、交流中经历着兴衰、消长、流动、分合的复杂过程。满族的巨大变化是我们这几代人亲自看到的现实。故宫和颐和园匾额上的满文，现今满族的游客中已很少有人能认识了。尽管满族的民族特征发生了这样大的变化，绝大多数依然很坚决地自认是满族。解放初期自报满族的人全国有240万，比起满族进关时人口增加了几十倍。翻开历史，许多曾经盛极一时的民族，比如匈奴人、契丹人，很久以来连遗裔的着落都不清楚了。历史长，变化多，源流复杂，没有清理，许多疑难情况也就不易理解。

另一特点是幅员广大，民族众多。由于交流掺杂，你去我来，加上各区地形的特点，我国各民族分别形成了万花筒式的大大小小的聚居区，相互交叉穿插地分布在千山万水间。内蒙古、新疆那一片大草原，西通中亚细亚，历来是骑马民族奔驰的广场。草原东端兴起过多少震动过世界的民族，其后裔至今还远布东欧。长江、黄河流域这片广阔平原上，原来众多的民族集团在几千年里逐渐融合成为一个称过华族、后来又称为汉族的民族，像滚雪球那样越滚越大，已成了世界上人数最多的民族，它是长时期内许多民族混血形成的，青藏高原上历史悠久的藏族，高据世界屋脊，习惯于高原气候，遍布这超过祖国1/4的土地上。它也包罗了许多来源不同的民族成分，有些已经同化于藏族，也有些迄今在一定程度上还保持一些原有的特点，而在这个地区边缘居住的藏族也曾不断被融入其他民族之中。民族情况最复杂的是我国西南角的云贵高原，这里高山深谷，纵横地分隔成为一块块、一层层不同民族的聚居区。过去，有些偏僻之区颇像陶渊明所描写的桃花源，那里的居民可以世世代代“不知有汉，无论魏晋”地过着多少与世隔绝的生活。上面提到的解放初期400多个登记的名称中，云南省就占了260多个。单位众多，支系复杂，莫过于此。

第三个特点是各民族社会经济发展不平衡，解放初期可以说是一部活着的社会发展史。我国各族人民长期在封建统治下，近百年又在三座大山的压迫下，社会发展受到阻碍。我国的少数民族中资本主义因素一般是很不发达的。绝大多数基本上处于前资本主义社会。解放初期仍滞留在初期封建的农奴制社会的有400万人，还是奴隶社会的有100万人，大约还有60万人阶级分化尚不明显，不同程度地保留着原始公社所有制。我们的政策是民族不分大小，一律平等。我们所用“民族”一词历来不仅适用于发展水平不同的民族集团，而且适用于历史上不同时期的民族集团，这是一个涵义广泛的名词。这一点和欧洲各国的传统是不同的。在欧洲各国，“民族”这个概念形成于资本主义上升期，西欧民族国家的建立是欧洲近代史的特点。在东欧多民族国家里也存在着民族集团间发展不平衡的情况，因而在接受西欧的“民族”这个概念时不得不用另外一些名词来指称前资本主义的民族集团，如称原始社会的民族集团为“氏族”、“部落”，称奴隶制及封建制社会的民族集团为“部族”等等。由于我国和欧洲各国历史不同，民族一词的传统涵义也有区别，我在这里提到这一点是要避免因中西文翻译而引起理论上不必要的混乱。我在这里所说的民族是按照我国自己的传统用法来说的。

面对中国民族情况的这些特点，用马列主义理论结合我国社会的实际，从1953年起到1957年初，对需要识别的各民族单位进行了实地调查。经过本民族代表人物及群众的同意，明确了11个少数民族的民族成分；其后又陆续明确了9个少数民族的民族成分，其中有一个民族是1979年才予以确认的，就是基诺族。到目前为止，加上蒙、回、藏等历来被公认的民族，经中央公布的，包括汉族在内，一共有56个民族。但是民族识别工作并没有结束，因为（1）台湾及西藏东南部珞渝和察隅等一部分地区的少数民族尚有待将来实地调查后才能识别；（2）一些解放初期已经提出的民族名称，如云南的苦聪人等，至今还没有作出识别的结论；（3）对过去决定的族别还有需要重新审定的如四川的“平武藏人”等。而且，还应当看到，民族这种人们共同体是历史的产物。虽然有它的稳定性，但也在历史过程中不断发展、变化；有些互相融合了，有些又发生了分化。所以民族这张名单不可能永远固定不变，民族识别工作也将继续下去。

二

为了说明怎样进行民族识别，我在下面举两个具体例子：第一个例子是识别汉族还是少数民族。第二个例子是识别是单一的民族还是其他民族的一部分。

先说第一个例子，贵州穿青人是不是汉族的识别经过。

1950 年中央派遣访问团到贵州，接触到的自报的民族单位有 30 多个，其中大约有 10 多个在语言和生活方式上和汉人基本相同，但受到当地汉人歧视，不愿和汉族合为一族，要求以少数民族待遇。其中人数最多的是居住在贵州西北部的穿青人，约有 20 多万，其他大多在两三万人上下，也有只有几千人的。为了解决他们是不是汉人的问题，1955 年进行了实地调查。

穿青人要求被认为少数民族的理由是：他们过去有一种和当地汉人不同的语言，称“老辈子话”；他们基本上都住在乡间，形成一大片村子，有自己的聚居区；他们有不同于当地汉人的信仰和风俗习惯的特点；他们妇女穿大袖滚花上衣，梳三把头，不裹脚，出嫁不坐轿。这些都和当地汉人不同。当地汉人称他们叫“穿青”，他们称当地汉人叫“穿蓝”，解放前青蓝对立，青受歧视。解放后，穿蓝都登记是汉族，穿青就不愿意登记汉族，怕吃亏。承认是少数民族可以受政府照顾，不会再受穿蓝的气。但是当地各少数民族并不称他们作“穿青”，而在称汉人的名称前加上形容词，翻译出来是“穷汉人”、“当里民的汉人”等。

初听来，穿青人在语言、地域、经济生活、心理素质这几方面似乎都有特点，可能有构成一个单一民族的条件。

我们的识别工作首先从语言入手。穿青人都说贵州通行的汉语，只有少数人会说“老辈子话”。分析“老辈子话”的结果，它完全是汉语，并没有其他民族语言的痕迹，但它和贵州通行的汉语确有区别，是一种方言。这种方言又不是从贵州通行的汉语演变来的，而和早期江西、湖北、湖南通行的汉语方言有渊源。看来，穿青人并不是在贵州学会这种方言，而可能是进入贵州时就说这种方言的，到了五六十年前才普遍学会现在贵州通行的汉语方言。

语言分析并不能得出穿青人是汉族一部分的结论，因为使用汉语并不一定是汉族。尽管如此，但语言分析毕竟提供了穿青人来历的线索，他们是早期从贵州以东诸邻省进入的移民，这是和地方志书、穿青人的家谱、墓地的碑记、文物上的记录、民间的传说相符合的。

要弄清穿青人是否已经形成单一民族，还必须研究他们在这地区的历史。

明初（公元 1381 年）朱元璋派遣军队南征元朝在云南的残余势力，经过贵州，随后即在贵州的许多据点屯田驻军。从那时起就有许多从内地迁入贵州的移民，其中有一部分是从江西强迫随军服役而来的汉人。他们形成了一个具有地方性特点的移民集团，聚居在今贵州的清镇一带，正是当时彝族聚居的水西地区的边缘，也是汉人势力的前线。随军服役的人在明代称“民家”，有别于有军籍的“军家”。军家配给土地，而民家须向彝族讨地，当佃户，受剥削。他们的社会身份低。但是因为在汉人军队的左近，并没有淹没在彝族的势力之下；又因他们在经济文化上比当地彝族为先进，也没有被彝族同化，保持了原有的民族特点。明末，彝族土司势力削弱后，他们向西深入水西腹地现织金、纳雍地方。清初改土归流，政治上汉族取得了这地方的统治权，移入的人更多，形成了汉族移民的聚居区。

和这批移民同时或以后，不断有许多外来的汉人。其中有做官的或经商的，在这地区落籍，大多住在城市和街场，因此，在这地区有来路不同的两部分汉人，各有其不同的地方性特点。早期移民的集团的人后被称为穿青，后来的其他汉人被称为穿蓝。后者住在城街，政治经济地位较优，看不起曾是彝族佃客，僻居乡间、从事农作的穿青人。

穿蓝、穿青在早期和彝族土司及改土归流后的残余土目势力作斗争时是联合的，青蓝矛盾不突出。在随后发展起来的封建经济中，蓝占优势。咸同年代农民运动中有穿青人的农民领袖，而地主阵营中却以穿蓝为主。清末民初，国内民族市场形成，破坏了这地区割据性经济，现代商业势力开始进入，而这新兴经济的领导势力几乎完全被穿蓝所独占，和外界缺乏联系的穿青人受到排斥。在地方经济中，人数较少，力量较弱的穿青地主不甘心在新兴的经济形势中被压倒和淘汰，青蓝上层之间发生了显著的矛盾。穿青上层利用移民集团内部传统的乡土感情，和穿青农民对日益加深的剥削和压迫的反抗情绪，以反对受歧视为口号，鼓动起青蓝斗争。从那时起到解放止这一段时间中，穿青聚居区的各街场上曾不断发生过大小规模的局部械斗。青蓝伤了感情，产生了隔阂。

但是这地区的经济发展和国内民族市场的联系日趋密切，穿青人在生活各方面也密切和其他汉人发生联系。他们传统的地方性特点逐渐消失，近五六十年来，在语言、服饰、风俗上已和其他族人趋于一致。青蓝界限在交通发达地区，即聚居区的边缘，已经模糊，甚至消失。但在聚居区的腹地，尤其是偏僻山区，青蓝在政治、经济上差距显著，穿青人还是受到歧视。这时期的变化表明了包括青蓝双方在内的汉族在资本主义发展中进一步的统一化，反过来也表明了穿青人原是汉族的一部分。

这次调查所了解的历史事实证明：穿青人原是汉人中的一部分，自从进入贵州之后并没有和汉族隔离，并没有独立发展为一个民族。他们所提出的特点是汉族内部早期地方性的特点，青蓝矛盾是在汉族内部地方性差别的基础上在特定的历史条件下产生的矛盾。这些差别和矛盾在汉族向现代民族发展过程中已在逐步消失。

所以，我们认为穿青是汉人，是汉族中的一部分，并不是少数民族，但是为了加强地方上青蓝两部分汉人的团结，必须在政治、经济上对穿青人适当照顾，帮助他们更快地发展起来，逐步缩小青蓝的差距，从根本上消除青蓝在心理上的隔阂。

第二个例子是东北达斡尔族是不是单一民族的识别经过。

达斡尔族 1953 年约有 5 万人，主要分布在黑龙江省嫩江及其支流的两岸，少数分布在呼伦贝尔盟，还有 1000 多人在新疆塔城。

达斡尔人的族别问题很早就引起注意，而且有争论。争论的主题是：达斡尔人是不是蒙古人？早年一般多采用族源来决定族别，所以族别的争论也集中在族源问题上。

我们对有关达斡尔人族源的各家说法都进行了分析，但认为都没有可以作出定论的充分根据。从这场争论所提出的资料中，只能看到达斡尔人在历史上同黑龙江地区先后出现过的属于蒙古语族的和属于通古斯——满语族的许多古代民族都发生过关系。但从有可靠的记载以来的 450 年中，他们主要接触的民族是些属于通古斯——满语族的索伦人（今称鄂温克人）和满人等。

尽管如此，现在达斡尔人所使用的语言却是蒙古语族的一支，它和现今的蒙语是有区别的，语言学者认为它是一种独立的语言。从语言来推测，达斡尔人的祖先可能是古蒙古人的一部分，也可能是另一种人在某一时期接受了古蒙古语的，这个族源问题不妨留着继续研究。和我们当前民族识别有关的是这些曾经说蒙古语的达斡尔人是怎样走上发展独立语言的道路的。

大约在16世纪初，有一部分达斡尔人聚居在黑龙江东边的支流精奇里江畔。17世纪初最集中的聚居区还是在精奇里江中游以下，黑龙江自漠河县对岸以东的区域。明末清初，石勒克河向西南以至尼布楚一带还有达斡尔人，俄国对这地区的历史名称“达呼里亚”反映了这一史实。这时，达斡尔聚居区的东方是说通古斯——满语的各族，西方和布里雅特蒙古人为邻。帝俄势力从西伯利亚向东扩张。1643年到1646年探查黑龙江的侦察队在精奇里江流域遇到了达斡尔人。达斡尔人跟帝俄的侵略者进行了40多年的斗争，直到1689年《尼布楚条约》签订才告一段落。在反抗帝俄侵略的斗争中，达斡尔人索伦人一起被迫放弃了在黑龙江以北的原聚居区——一方面也由于清军采取坚壁清野的战略——南迁到嫩江西岸。300年前发生的这次迁移对达斡尔民族的形成是很重要的。嫩江聚居区的西南在明末清初是科尔沁部蒙古人的势力范围。他们同达斡尔人并不友好。达斡尔人南迁嫩江流域以后，清朝政府为了增加本区的兵力和军粮供应，把达斡尔人（和索伦人）编入八旗，强迫他们“披甲驻防”。他们和蒙族分属不同的行政系统，关系更形疏远了。

这段历史说明，不论达斡尔人和蒙古人在族源上是否相同，至少在有史料可考的450年中达斡尔人是生活在和蒙古族分开的聚居区里，关系是疏远的。和他们密切相处的是说通古斯——满语的索伦人，在政治上控制他们的主要是说通古斯——满语的满人。这种历史条件使他们一方面分离于蒙族，在语言上已产生了独立的特点，而另一方面尽管处在讲通古斯——满语的各民族的包围之中，却并没有同化于周围的民族。

从达斡尔人的历史分析，可以认为他们经过这段历史已形成一个单一的民族。但是为什么在东北的达斡尔人中出现达斡尔是蒙古族一部分的论调呢？这也应当从历史过程中去理解。清代，达斡尔人被编入八旗后，部分上层紧密依附于满族统治集团，又由于他们在八旗中文化较高，不少人取得了显赫的地位。辛亥革命后，这些达斡尔人失去了政治支持，在大汉族主义的压迫下自己又找不到出路，于是在民国初年开始有达蒙结合运动，不少关于达斡尔人是蒙古族的论调就是这时出现的。日伪时期，日本帝国主义为进一步入侵蒙古做准备，拉拢这些达斡尔人上层，并在群众中散布种种论调，其影响一直到解放后还没有完全消失。这次民族识别工作对达斡尔人的历史比较全面地、系统地进行了一番分析研究，在统一达斡尔人对自己民族的正确认识上起了积极作用。达斡尔是一个单一民族的结论得到了达斡尔人广大人民的同意，它的族别问题得到了圆满解决。

我举出上面两个具体例子来说明在我国复杂的民族情况里怎样进行民族识别的方法，也就是怎样运用马列主义的历史唯物主义观点对具体情况进行具体分析。

三

在开始进行民族识别工作时，我们曾反复学习了马克思列宁主义有关民族问题的理论，特别着重学习了斯大林著名的有关民族的定义："民族是人们在历史上形成的一个有共同语言、共同地域、共同经济生活以及表现于共同文化上的共同心理素质的稳定的共同体。”[①] 我们认为这是对资本主义时期形成的西方民族的科学总结，应当作为我们进行民族识别的研究工作的指导思想。怎样运用这个理论来研究我国具体的民族情况是我们做好民族识别的关键。

我国曾经长期处在封建社会，直到解放前还是一个半殖民地半封建的国家，各民族的社会经济发展极不平衡，除少数几个民族已经初步具有资本主义因素之外，有许多民族还是处在前资本主义阶段，所以它们不具备近代民族的四个要素。但同时我们必须承认近代民族是历史的产物，它的特征也是从历史中发展出来的，前资本主义时期的民族共同体必然在不同程度上存在着这些要素的萌芽。正如斯大林所说的：“当然，民族的要素——语言、地域、文化共同性等等——不是从天上掉下来的，而是还在资本主义以前的时期逐渐形成的。但是这些要素当时还处在萌芽状态，至多也不过是将来在一定的有利条件下使民族有可能形成的一种潜在因素。这种潜在因素只有在资本主义上升并有了民族市场、经济中心和文化中心的时期才变成了现实。”[②] 因此，在我国民族识别工作中既不能搬用资本主义时期所形成的民族特征来作为识别标准，又不应该不把这些特征作为研究的入门指导。

我们在上述的两个例子里从语言这个要素入手而取得了重要的线索。但是我们并没有把语言作为孤立的识别标准，单独根据语言系属来决定他们的族别。我们并没有因为穿青人说汉语就说他们是汉人，而进一步追问他们尽管在历史上是从邻省进入贵州的移民，在几百年里是否已与其他汉人隔离而形成了单独的民

① 斯大林：《马克思主义和民族问题》，《斯大林全集》第2卷，第294页。
② 斯大林：《民族问题与列宁主义》，《斯大林全集》第11卷，第289页。

族。说同一语言的人分别形成不同民族的例子在世界上是很多的。我们并没有因达斡尔人曾经说蒙古语而认为他们是蒙古人的一部分，也不是仅仅根据他们所说的蒙古语族的语言是一种独立语言而得出他们是单一民族的结论。因为我们认为语言是变动的。说两种不同语言的人可以融合成一个民族，在融合过程中这一个民族可以存在着正在变动中的两种语言。所以我们既需要依靠语言分析但又不能单独依靠语言分析来识别民族。

我们在上述两个例子中都重视民族地区这个要素——民族聚居区的位置和他们同相邻民族的关系。中国民族情况的一个特点就是流动大、分布广；而且常常以大小聚居区交叉杂处。包括汉族聚居区在内，全国县一级的行政单位有70%，其居民包括两个及两个以上民族。因此，在民族识别中对于共同地域方面的研究不能单独从某一民族着眼，而应以某一民族所在地区为范围，进行各民族间关系的历史分析，正如我们在上面两个例子里所做的那样。这里也就牵连到共同经济生活这个要素。在这方面中国民族情况更为复杂。人口众多的汉族散布在全国各地，各少数民族聚居区里几乎都有汉族居民，在那些经济较不发达的民族地区，汉族居民又常是这地区经济的主要联系者。以汉族居民为主的城镇常是这地区的经济中心，这些地区又包括若干不同的民族聚居区在内。看来紧密联系的共同经济生活正是形成近代民族的一个重要动力；在前资本主义时期所形成的民族共同体，这个因素是相对地不发达的。现在我国各民族正在社会主义道路上前进，在民族平等的条件下相互合作，共同地区的经济联系这个要素在今后民族发展上会起什么样的作用，正是值得我们注意研究的课题。

“表现于共同文化上的共同心理素质”，这个民族要素在民族识别工作上是十分重要的。但是必须承认我们对这个特征的理解还不够深刻和全面，因而在我们的工作中也出现过追求各民族的风俗习惯、社会生活方式、宗教仪式上的所谓“特点”，脱离了该民族人民附着于这些“特点”上的民族意识和它们发展的历史条件，简单地把它们用来作为识别的标准，这种做法是不妥当的。

我们认为首先要认清这个要素的核心是民族的共同心理素质。用一句比较容易理解的话来说，是同一民族的人感觉到大家是同属于一个人们共同体的自己人的这种心理。这种心理是客观存在的，而且我们每个人是可以用自己的经验体会到的。这个特征可能比其他的特征在形成和维持民族这个人们共同体上更见得重要。我们在上面已提到过满族的变化。就在我们这几代人中，绝大多数的满人在语言、生活方式上都和汉人相同了，但是依旧认为自己不是汉人而是满人。还可以提到我们在贵州和广西访问时见到的仡佬族。有很多迹象表明他们的祖先曾经是这个地方分布很广的一个相当重要的民族，但是以贵州境内来说，现在他们是人口稀少，居住分散，大多几家几户地居住在一起，混杂在其他民族的聚居区里。他们一般都已分别接受当地民族的语言和生活方式，一眼很难看出他们的民族特点。尽管这样，他们还是自己说是仡佬人，别人也说他们是仡佬人；不同地方的仡佬人见了面还是感觉是同一民族的自己人。类似的例子，程度上有所不同的，还有畲族。畲族长期与汉族杂居，通用汉语汉文，文化生活也深受汉族影响，但是共同的心理维系着他们成为不同于汉族的一个共同体。更值得提到的是分布在整个云贵高原，甚至到东南亚各国的苗族。各地苗族说着不同方言，住在不相连结，甚至相距千里的村里，但是自觉是一个民族的心理十分显著。解放前，特别在清末，苗族起义时，鹅毛信所到之处，千里赴义的苗民经常有几万人，甚至十几万人，共同心理素质在构成民族共同体上的重要性是十分清楚的。

一个民族的共同心理，在不同时间、不同场合，可以有深浅强弱的不同。为了要加强团结，一个民族总是要设法巩固其共同心理。它总是要强调一些有别于其他民族的风俗习惯、生活方式上的特点，赋予强烈的感情，把它升华为代表这民族的标志；还常常把从长期共同生活中创造出来的喜闻乐见的风格，加以渲染宣扬，提高成为民族形式，并且进行艺术加工，使人一望而知这是某某民族的东西，也就是所谓民族风格。这些其实都是民族共同心理的表现，并且起着维持和巩固其成为一体的作用。我们认为，这就是上面所引斯大林的民族定义中关于这个要素上所说“表现于共同文化上”这几个字的意义。

我们的政策一贯强调尊重各民族的风俗习惯，就是因为有许多风俗习惯是被用来表现一个民族的共同心理的。不尊重这些风俗习惯就会被认为是对这些民族的不尊重，影响民族间的团结。风俗习惯和生活方式的改革由本民族自己进行也就不会发生影响民族间的团结问题了。必须指出，一般的风俗习惯不仅不一定牵涉民族的共同心理，而且是常有变动的，我们汉族的妇女时行过满族的旗袍，也时行过俄式的布拉吉，这些显然和民族共同心理素质无关，这些决不能用来作为民族识别的标准。

总之，民族识别这项科学研究工作必须在马列主义理论指导下，结合具体情况，实事求是，对民族要素的各方面综合起来进行历史的分析，摆事实、讲道理，才能有助于各民族人民解决他们究竟属于哪个民族的问题。

四

由于这20多年在党的领导下，许多民族科学工作者的努力，在民族识别的科研工作上已经作出了一定的成绩，并取得了一定的经验。除了下面要提出的一些遗留的问题外，我国民族大家庭的构成基本上是搞清楚了的，各民族的广大人民对此是接受和满意的。

当前我国民族识别工作上的遗留问题，如上所述，包括三个部分：(1) 台湾和西藏东南部尚没有条件进行实地调查的地区的少数民族。(2) 一些尚未作出结论的识别问题。(3) 一些已经识别过而需要重新审定的问题。除第一部分外，所牵涉的人数并不多，总数不过几万人，占少数民族总人口的百分比是很小的。自从粉碎“四人帮”以来，党的民族政策的光辉又照到了少数民族地区，这些至今民族成分不明的少数民族人民纷纷要求早日解决他们的问题。

现在已经提出要求识别的有：四川“平武藏人”；西藏自治区东南部察隅县的僜人及南部定结县及定日县的夏尔巴人；云南省红河哈尼族彝族自治州的苦聪人，以及还有这一带不大为外边人知道的本人、空格、三达、阿克、布夏、布果、岔满、等角、卡志、巴加、结多等人。

此外，在这20多年的民族调查中还发现了一些值得注意的有关民族识别的问题。比如新疆有一些“语言孤岛”，即保持着与周围居民语言不同的民族集团。如和田自称“艾依努”的人，他们操两种语言，他们内部说的语言可能是东伊朗语支中的一种古代语言。还有，阿尔泰地区说图瓦语的“乌梁海人”以及阿克陶县被柯尔克孜人称为“奥依塔克勒克”的人，过去曾被归入维吾尔族，后改属柯尔克孜族，老年人自己称过土尔克曼人，而语言近维吾尔语，又不同于苏联的土库曼人。又比如四川阿坝和甘孜地区的嘉戎“藏族”，他们的语言在结构上和藏语不同而接近于羌语、普米语，有“藏缅语言桥梁”之称；四川木里地区的“藏族”和云南宁浪一带的普米族原本是一族，语言与藏语不同，近于羌语、嘉戎语。跨居四川盐源和云南宁浪两县之泸沽湖两岸自称“纳西”的少数民族，在四川的现被称为蒙古族，在云南的现被称为纳西族，比邻而居，鸡犬相闻，成了两个民族。又比如海南岛自称为“苗族”的人，语言、生活方式不同于其他地区的苗族，而相同于广西自称“金门”的瑶族。由于我国幅员广大，民族众多，这类问题在我们对全国民族情况了解逐步深入的过程中必然会陆续发现的，也正是促进我们调查研究工作的有益课题。

下面我们简单地介绍几个遗留问题作为例子。

一、关于“平武藏人”。在川甘边境，大熊猫的故乡周围，四川平武及甘肃文县境内居住着一种称为“平武藏人”或“白马藏族”的少数民族有几千人。解放前受当地番官、土司、头人的奴役。1935 年，红军长征经过该地；尔后，惨遭国民党的屠杀，仅存 500 余口，隐族埋名，依附于松潘藏族大部落，和附近的其他一些少数民族一起被称为“西番”。解放后，1951 年原川北行署派民族工作队访问该地，听该地区的上层说，这部分少数民族也是藏人，因此暂定名为藏族。1964 年，国庆 15 周年该族的尼苏同志受到毛主席接见，毛主席问她是哪个民族，她激动得说不出话来，别人代答：“是四川白马藏族。”大型彩色纪录片《光辉的节日》有她两个特写镜头。喜讯传遍了尼苏的故乡，欢欣鼓舞之余，对这个族名却发生了怀疑，因为从祖辈传下来的史实和现实情况都说明他们既不同于阿坝州的藏族，又有别于茂汶的羌族。据最近调查，他们自称“贝”，语言和藏语之间的差别超过了藏语各方言之间的差别，在语法范畴及表达语法范畴的手段上有类似于羌、普米等语的地方。他们的宗教信仰也较原始，崇拜日月山川、土坡岩石，而无主神，虽部分地区有喇嘛教的渗透，但不成体系。

从这些事实上不难看到，“平武藏人”在历史上并非藏族的可能性是存在的，但是他们原来究竟是什么民族呢？有些历史学者根据这地区的历史记载认为有可能是古代氐族的后裔。但是魏晋之后的史料缺乏有关这地区氐族的记载，几百年的空白还不易填补。

要解决这个问题需要扩大研究面，把北自甘肃，南到西藏西南的察隅、珞渝这一带地区全面联系起来，分析研究靠近藏族地区这个走廊的历史、地理、语言并和已经陆续暴露出来的民族识别问题结合起来。这个走廊正是汉藏、彝藏接触的边界，在不同历史时期出现过政治上拉锯的局面。而正是这个走廊在历史上是被称为羌、氐、戎等名称的民族活动的地区，并且出现过大小不等、久暂不同的地方政权。现在这个走廊东部已是汉族的聚居区，西部是藏族的聚居区。但是就是在这些藏族聚居区里发现了许多“藏人”所说的语言和现代西藏藏语不完全相同的现象。四川西北部的嘉戎藏语和现代拉萨藏语存在着显著的区别。嘉戎地区向南，在这走廊中有迹象表明还存在着被某一通用语言所淹没而并没有完全消亡的基层语言。这类语言在家庭等亲密的群体里还在使用。中央民族学院曾有一位教授，贡嘎活佛，他的家乡在康定木雅乡，今属沙德区，藏语称该地为mmyak。这地方的人对外一般使用藏语，但在家里还讲一种和藏语不同的土话。这种土话至今未经语言学者深入研究。从这地方的藏语地名上看，值得注意的是它和藏语称西夏的主体民族党项羌的名称相同的，也就是《新唐书·党项传》所说的“弭药”，古音 mjeiak，而党项羌的发祥地有人认为就在今甘孜藏族自治州境内的金沙江与大金川之间。《新唐书》上有：“地乃入吐番，其处者皆为吐番役属，更号弭药。"[1] 那是说，原来住在这地方的党项人一部分北迁后，留下的一部分受到了吐番的统治。现在还保持在这地区的那种"土话"是否和党项羌古语有关系是个值得研究的问题。

从康定向东，在岷江上游是有如孤岛般存在着的，现在已被承认是单一民族的羌族。再向东在涪江上游和嘉陵江上游就是有人要求重新审定族别的"平武藏人"。从康定向南往西，在雅砻江和金沙江之间还有一种过去和"平武藏人"一样被称作"西番"的少数民族。解放后，他们在四川境内的被称为藏族，而在云南境内的则被称为普米族。事实上，四川境内的这部分藏族所说的语言不同于藏语而同于云南的普米语，而普米语又接近于羌语和嘉戎语。从这里向西，越澜沧江到怒江，有现在已承认是单一民族的怒族，但是怒族人说着不同的语言，其中一部分和其西的独龙语相通，都接近于其南的景颇语。景颇语和羌语现在是被认为与彝语平行的藏缅语族中的两个语支。它们之间的历史关系是需要进一步研究的。从怒江西岸越过独龙河和其间的山脉就是居住着需要识别的察隅的僜人。

我们以康定为中心向东和向南大体上划出了一条走廊。把这走廊中一向存在着的语言和历史上的疑难问题，一旦串联起来，有点像下围棋，一子相联，全盘皆活。这条走廊正处在彝藏之间，沉积着许多现在还活着的历史遗留，应当是历史与语言科学的一个宝贵的园地。

二、关于察隅的"僜人"。从怒江往西，越过伯舒拉岭就是西藏自治区东南角的察隅地区。这里住着大约有一两万人的一种少数民族，解放以来被称为"僜人"，他们究竟属于哪个民族，一直是个悬案。

---

① 《新唐书》第221卷上。

察隅地区正处在非法的麦克马洪线的东端，所以僜人的聚居区只有一部分在1950年获得了解放。在察隅县范围之内，1976年的统计共有僜人977人，组成七个生产队，分属四个人民公社。这些公社除了这七个生产队外，都是藏族生产队。

被称为僜人的人中又分两部分，各有自己的语言和名称，而且据说是从不同地区进入察隅的。一部分自称达让，另一部分自称格曼。印度阿萨姆人称前者为“迪加罗”（digaru）。称后者为“米佐”（midzu）。英语统称他们（还包括丹巴江的义都人）作“米什米”（mishmi）。据他们的传说，达让是从察隅之西丹巴江的义都人中分出来的，到这地方已有7至11代。格曼进入较迟，来自缅甸，约9代；在今察隅县内的格曼人少于达让人，成1:3。他们分别使用两种不同的语言，但都与云南的独龙语、景颇语接近，达让人和格曼人则各有自己的语言，但是由于长期杂居，除大家都会说藏语外，格曼人已学会达让话，而且有些格曼儿童已不说格曼语。这两个集团在语言上正在统一起来。

还值得提到的就是据传说察隅地区原来还有一种称为“冏”的人，他们生产先进，所筑的梯田，遗迹尚在，大约在六代前被藏族打败，部分迁走，部分已藏化。这种人究竟属于什么民族现在还不清楚。另外还有一种人，藏族称他们“扎”，他们的语言据说是格曼语加藏语，尚未经语言学者的鉴定，有可能是格曼语的底子杂有藏语。他们的语言现在被说成是土话，表示与藏语不同。他们不信喇嘛教，不和藏人通婚，有送鬼的习俗，但怕受歧视，自认是藏人，或是“讲土话的藏人”，一共有五个村子，约700多人。这种“讲土话的藏人”提示了在更早的时候已有能说和独龙语相近的语言的人，可能就是早期的格曼人，居住在这个地区。

这个地区原本和怒江流域只有一山之隔，而且早在唐代，樊绰的《蛮书》里已提到过有条从云南向西的通道。现在正需要我们识别的居住在察隅和珞渝的许多民族，有可能就是早年从这条通道进入这些地区的说着和今独龙语相近语言的人的后裔。珞渝各民族集团的语言据初步了解不属藏语支而与景颇语支相近。如果联系到上述甘南、川西的一些近于羌语和独龙语的民族集团来看，这一条夹在藏彝之间的走廊，其南端可能一直绕到察隅和珞渝。上面提出族别问题的“平武藏人”和这里所说的“僜人”，可能就是在这走廊中在历史上存在着某种联系，受到藏族、彝族等不同程度的影响的两个民族集团的余留。它们共同向我们民族研究工作者提出了一个新的课题，我们应当进一步搞清楚这整个走廊的民族演变过程。

三、关于云南红河的“苦聪人”。云南是我国民族情况最复杂的地区：单位众多、支系复杂，自称、他称尤其混乱，据1972年《云南少数民族族别称谓简介》确定的21个少数民族的自称有138个，他称有157个。此外还有几十个名称没有经过族别调查，或暂时不能确定族别，共约3万余人，暂称为“人”而不称为“族”。已经在报纸上露面的有“苦聪人”等。

被称为“苦聪人”的少数民族分布在礼社江——元江及把边江——墨江之间的哀牢山区。北从镇源之东、新平之西，南到绿春和靠近中越边境的金平，更向西南到西双版纳的勐腊。金平、绿春、勐腊的苦聪人聚居在深山丛林中，生产较为原始，1971年约有3600人。在北部新平、镇源一带的也有两三千人，生产水平与邻近的彝族、哈尼族相似，过去也被称为“苦聪罗罗”，所以大多已归入彝族之中，不再强调是苦聪人。现在提出族别要求的是金平、勐腊一带生活比较原始的苦聪人。

“苦聪”是汉人对这部分少数民族的称呼。他们之中一部分自称“拉祜”，又分拉祜西（汉称黄拉祜），及拉祜普（汉称白拉祜），另一部分自称“郭抽”（汉称黑拉祜）。

1954年云南民族识别研究总结在墨江哈尼族识别小结的附注中有这样一条：“苦聪有两种：（1）自称‘郭错’，据说近哈尼，（2）自称‘拉父’，据说近‘拉祜’，因材料不足尚待进一步研究。”1955年云南民族识别研究组第二阶段工作报告中把“苦聪”列入了哈尼族系统，并说新平县的苦聪人“不能成为单一民族，他们都是哈尼族的支系”，主要根据是调查组向新平县需要识别的五个单位各收集了837个词，与当地哈尼语作了比较，在610个词中与“苦聪”话相同相近的有363个，占59.51%。

这个结论是不够全面的。第一没有答复1954年调查时提出的两种苦聪人的区别问题，第二没有说明为什么自称“拉祜”的人不归入拉祜族而并入哈尼族。1961年云南大学历史研究所调查了金平县的苦聪人，得出了不同的结论。据1977年的修改稿：“苦聪人分成黄、白、黑三种。黄、白苦聪人都自称拉祜。经过对其语言初步的调查，似属澜沧拉祜语的一个方言。黑苦聪人自称‘哥槎’，其语言亦与拉祜语近似，因此苦聪人似属尚停留在林中的拉祜族的较原始部落。但无论过去和现在都有人主张苦聪人属于哈尼族的一个支系。”

最近云南民族学院语文系的研究报告中说：“黑苦聪与黄苦聪二者语言无大差异，彼此可以互相通话。在语音、语法、词汇方面有着明显的彝语支语言的基本特点……”又从苦聪语与澜沧县拉祜语的比较得出结论：“在基本词汇方面有50%完全相同，30%相近似，完全不同的只有20%；语法方面基本一致，语音方面略有差异。所以金平县苦聪语可以认为属于汉藏语系，藏缅语族，彝语支拉祜语的一个方言。”

在苦聪人族别问题上意见的分歧，可能是由于苦聪人本身客观存在的复杂性。“苦聪”这个族名原是汉族对他们的称呼，他们的自称就不一致。最早说苦聪人中一部分近于哈尼，另一部分近于拉祜，这是值得注意的。问题是在自称“郭抽”的那一部分和自称“拉祜”的那一部分存在着什么区别和有什么联系，把他们合并为“苦聪”有什么根据。还应当看到拉祜人本来存在着不同分支，各分支之间方言的区别相当大。据西方语言学者对靠近我国边界的泰国北部拉祜人的调查，这地区的黄拉祜和黑拉祜方言不同，不能互相通话。苦聪人中的“郭抽”汉称是黑拉祜。所以即使“郭抽”和黄拉祜语言有差别，这种差别也可能是方言的区别。于是引出了拉祜语和哈尼语的区别和联系的问题来了。有人反映云南同一语支的各民族之间语言上的差距可能小于各民族内部方言的差距。这本来是不足为奇的。首先是民族识别并不是单纯地以语言为依据，即以语言本身而言，也不能以其表面形态上的差距决定其亲属关系。语言的谱系分类主要还是要根据语言的历史分析。

拉祜语和哈尼语的分支问题，其实只是彝语支各语言的谱系分类中的一个问题。在云南的民族识别工作中最困难的莫过于彝语支各族的区别。从族名来说，据上引 1972 年的《简介》，彝语支各族的自称有 64 个，他称有 88 个，现在归并成彝、哈尼、傈僳、拉祜、纳西等族。至于他们怎样分离成各单一民族的历史过程，以及包括在这些被认定是单一民族里的许多各有名称的集团之间，在语言上及历史上存在着什么关系——这些都还是需要进一步研究的问题。

至于苦聪人是不是一个单一民族的问题，我们不能只根据语言这个特征来决定。这一点在上面所列举的两个识别例子中已经说明过。苦聪人中那些曾在不同民族的土司下被统治过，社会经济发展又不平衡的各部分间有可能发生分化，部分同化于其他民族，部分又与其他民族结合而形成新的共同体。这些问题只有对这地区作深入全面的历史发展过程的分析才能解决。

民族识别是一项为具体民族工作服务的科研工作。它为决定某些民族集团能否认定为单一民族提供客观依据。但是具体的决定还必须尊重本民族的意愿和照顾到该民族发展上的利益和各民族之间的团结。

在族别问题上，民族的意愿就是指一个民族对于自己究竟是不是汉族或少数民族，是不是一个单一民族的主观愿望的表现。我们在对民族识别作出决定时必须尊重本民族的意愿，主要是从政策方面考虑的。根据民族平等政策，族别问题的解决不能由其他人包办代替，更不能有任何强迫或是勉强，必须最后取决于本民族人民的意愿。但是，由于历史上反动统治长期的民族压迫、歧视造成的各民族的孤立和一个民族中各部分之间的隔阂，加上一些民族的广大群众还没有掌握对本民族历史及语言的科学知识，使得有些民族的人民缺乏充分条件正确地表达自己的民族意愿。在这种情况下，我们一方面必须坚持自愿原则，一方面必须耐心地帮助有关各民族人民及其有代表性人物正确认识他们的历史发展过程，以便他们对自己的族别问题作出正确的决定。根据我们的经验，在进行民族识别的科研工作时应当尽量吸收本民族的代表人物参加，密切联系本民族群众，充分和他们商量和研究，把科研工作和群众性的教育结合起来。

我们已经指出，民族这个人们共同体是在历史过程中形成、变化、消亡的，各民族一直处在分化融合的过程中。当前我们急需处理的一些民族识别上的遗留问题，大多是些“分而未化，融而未合”的疑难问题。在研究方法上必须着重于分析这个比较复杂的分化融合过程，在最后作出族别的决定时尤须考虑到这项决定对这些集团的发展前途是否有利，对于周围各民族的团结是否有利。同时还应当照顾到对类似情况的其他集团会引起的反应。所以，有关各族人民的族别问题，必须严肃认真地实事求是地对待。

总的说来，自从解放以来，在党的领导下，我国在民族方面的科学研究是有成绩的。它的特点是密切地与民族工作的实际需要相结合，在马列主义理论的指导下，运用历史唯物主义的观点与中国具体实际相结合。民族识别的研究不过是其中的一个项目。我国在这方面的科学工作者一面工作，一面学习，正在处理前人所没有处理过的问题。尽管出现过许多错误和缺点，我们的方向是明确的，我们是在以科学工作为人民的革命事业服务。

作者附言：本文是根据1978年9月在全国政协民族组会议上的发言改写的。在准备这次发言时，中央民族学院和中国社会科学院民族研究所许多同志，提供了资料和意见。

1978年9月

迈向人民的人类学*

在这样一个时刻，千里迢迢，远涉重洋来到这北美胜地丹佛，接受应用人类学学会给我今年的马林诺斯基纪念奖，我的心情已经远远超过了寻常的欣慰和感激。这一时刻把我带回到了42年前我和我的这位在我这一生的学术事业上打上了深刻的烙印的老师分手时的情景。他再三叮嘱我，一定要把对中国社会文化的研究继续下去。他对我们中国人民和中国文化怀着深厚的同情和爱慕，具体地表现在他对我们这些中国学生的那种诲人不倦、关怀体贴的教育上。他期望他所创导的社会人类学的研究方法也能在中国的社会科学的园地里做出可能的贡献。可是时至今日，就我来说，岁月飞逝，成绩安在！在这一时刻，要我来接受以纪念他的名义授予我的荣誉，除了深深地感到惭愧之外，我还能说什么呢？更使我不安的是在这位老师的巨星陨落之后不久，世事的变化使我和海外同行长期阻隔。今天又能欢聚一堂实属喜出望外，但试问我能带些什么来奉赠给久别重逢的老友呢？如果

---

* 本文系1980年3月作者在美国丹佛接受应用人类学学会马林诺斯基奖的大会上的讲话。

朋友们容许我冒昧地利用这个讲台来叙一叙我个人这多年来从事社会人类学或社会学这门学科的经历和体会，我将感激你们的宽容，这种私人间的恳谈其目的无非是在疏浚那一度被堵塞的思想渠道，为今后的切磋砥砺扫除一些障碍。但愿别久增情谊，枝异见新妍。

回想起来，我师事马林诺斯基教授为时不久，只有两年，从1936年到1938年。我就教于他的门下并非出于偶然，实有我内在的原因。这些原因中首先可以提到的是我学习社会人类学的动机。我在*Earthbound China*（1944年）一书的导言中有过一段自白。当时作为一个30年代的中国青年，处于民族和国家存亡绝续的关头，很容易意识到个人与社会集体的密切关系，而觉悟到不解决民族和国家的前途问题也就谈不到个人的出路。要在这个史无前例的大变动的时代里心安理得地做一个自认为是有意义的人，当时像我一样的那些青年人，开始认识到必须对我们所生存在其中的中国社会有清楚的理解，因而要求摸索出一条科学地研究中国社会的道路。

今天我一上来就提到我这一生学术活动的出发点可能是恰当的。因为今天聚集在这里的来自世界各地的朋友们，都是矢志于应用人类学这一项学术事业的人。我早年所追求的不就是用社会科学知识来改造人类社会这个目的么？科学必须为人类服务，人类为了生存和繁荣才需要科学。毋需隐瞒或掩盖我们这个实用的立场，问题只是在为谁实用？用来做什么？我们认为：为了人民的利益，为了人类中绝大多数人乃至全人类的共同安全和繁荣，为了满足他们不断增长的物质和精神生活的需要，科学才会在人类的历史上发挥它应有的作用。

抱着这个目的，这些要学到一些能改造社会、为人民服务的有知识的青年人不能满足于当时学校里、课堂上所传授的有关中国社会的书本知识。他们中间有一些人跑出了书斋，甚至抛开了书本，走入农村、城镇等社区去观察和体验现实的社会生活。

社会生活本身归根到底是一切社会知识的来源，这一认识开动了当时的一些青年人的脑筋，开展了当时被称作“社区调查”的这项通过实地观察和体验社会生活来了解中国社会的学术活动。

这种研究中国社会的方法对当时的青年人是有吸引力的。我就是提倡和实行这个研究方法的积极参预者。但是通过实地观察体验得到的许多资料怎样去整理、分析、解释以达到认识中国社会的目的呢？为了解决这些问题，我找到了马林诺斯基教授的门上。在这位老师的指导下，我把去英国前在我家乡一个农村里所记下的调查资料，整理和编写成《中国农民的生活》（1939 年）这本书。这本书是实践上面这段话的一个试验。

我这位老师主张到活生生的人们社会里去研究人类社会，这是很早就闻名于世的。这正是我不远千里求教于他的吸引力。早在 1926 年，他在纪念他的老师弗雷泽的著名的文章《初民心理中的神话》里已经写下这样号召：“我将邀请读者们走出关闭着的理论家的书斋进入人类学开阔的园地里的新鲜空气。”这种人类学开阔的园地里的新鲜空气就来自他自己多年和当地居民生活在一起的大洋洲的一群名叫特罗布里恩德的小岛，一个和我们自己的社会一样充满着悲欢离合、动人心魄的戏剧般的人生的舞台。我并没有问过他，什么动机驱使他背叛了他前辈那种闭门冥索的经院派传统，去开创出一个当时不免令人侧目的非正统的学派。对于像我这样从改造社会出发而追求科学的社会知识的人来说，他的这种主张似乎是不成问题的自明之理。也正是因为这样，长期以来使我对这位老师在人类认识自己的社会生活的自觉上所做出划时代的贡献没有能予以充分的估计。最近，重读他早年的一些著作，才体会到他同当时统治着人类学领域的传统观点决裂是一个多么值得我们后辈敬佩和学习的榜样！这一个决裂，我觉得今天在这里提出来，也是十分有意义的，因为我认为这一突破在根本上为应用人类学破了土、奠了基，使他能够在1938年果断地宣告：“人类学一定要成为一门应用的科学。”

他号召人类学者到过去一直被认为是非我族类的野蛮人的原始社会里去参预他们的生活，进行观察和体验。这不只是人类学研究方法上的创新，更重要的是为历来被侮辱为还不够人的标准的那些“野蛮”、“未开化”的化外之民恢复了人的尊严和地位。在他这枝文质并茂的笔下，又生动又令人信服地使读者理解到了人类的集体生活尽管形式上多种多样，但是根本上存在着一致的共性。当前地球上各地的居民，尽管由于地理与历史条件的差别，经济文化发展的程度有所不同，所采取的生活方式有所殊异，但是他们都是人，都具有人所共有的发明创造的才能，都具有发展进步的资质。他们都是通情达理、有思想、有感情的人。把人和人、民族和民族之间划下具有质的差异的不可逾越的鸿沟，是完全出于一些人的偏见、臆度或别有用心，和客观事实绝不相符，所以是不科学的。不幸的是，过去的人类学的传统中却充满了这一类不科学的偏见，而这些偏见一般又以道貌岸然的学者衣冠为掩饰。与这些不科学的传统相决裂，需要勇气和才能。我感到幸运的是我所师事的这位老师不仅具备了这些条件，而且及身看到，由于他不断的努力，这门曾经为那些屠杀、欺侮、剥削、压迫各殖民地人民的暴主们提供理论根据的人类学开始转变成为一门为建立一个民族平等的世界，为各族人民发展进步而服务的学科。在今天这个应用人类学者的集会上，回溯一下这个学科的历史转折点，也许并不是多余的，尽管新的一代人类学者或者会认为人类社会文化的基本一致性已是自明之理，世界上各民族的共同繁荣是必然要实现的前景。如果真是这样，那么我在这里只需要向他们提醒一下，这种基本认识的确立是得来匪易的。我们不仅要珍惜这些信念，而且要对前人留给我们的遗业做出充分的估价。这正是为了我们自己应当承担起当前历史给我们的任务。也许我们还需要有比前人更大的勇气和才能，才能真正地实现一个能使科学知识完全为人民服务的世界。

我们必须看到，科学本身是一定社会文化的构成部分，它既对社会文化的其他部分发生着推动和限制的作用，而其本身也受到其他部分的推动和限制。研究人的科学，包括人文学科和社会科学，和当时当地的政治、经济等等方面结合得更为密切。所以我们对一位学者的评价决不能忽视他所处的时代和他所在的社会在这时代里所处的地位。我们既要从他的具体处境里去理解他在推进时代前进中所起的作用，而同时又要看到他受到时代所给他的局限性。

我这位老师所处的时代和我们当前所处的时代有相同的地方，也有不同的地方。他是第一次世界大战之后崭露头角的人物，而现在离开第二次世界大战的结束已有 30 多年了，其间已超过半个世纪。当今虽然我们还依然生活在新的世界大战的阴影之下，世界上还存在着各种称霸的强权，大多数民族的人民还在受贫穷和饥饿的折磨，但是第一次世界大战后还作为胜利品来瓜分的殖民地现在在世界地图上并不能再公然出现了。这个变化对我们这门学科不能不说是相当重要的。因此回想起我那位老师当时进行人类学研究的情况，我们也就不应当忘记那时的殖民地制度所给这门学科的烙印。

当时的人类学者总是把自己的研究领域限制在殖民地上的被统治的民族。现在看来这未免是人类学者的自我嘲弄——把自命是研究人的科学贬低为研究“野蛮人”的科学——而在当时，还不过是一代人之前，却是金科玉律。这种传统曾使得我们这位号召走出书斋去研究人的青年也只能走到那些受着异族统治的殖民地上去。更不幸的是在殖民地上被统治的居民的眼中，前来跟他们生活在一起寻根问底地到处观察的外来者和统治他们的人是属同一族类。殖民地制度中统治者和被统治者的关系，白种人和当地居民的关系，给了当时人类学实地调查者难于克服的科学观察上的局限性。调查者与被调查者，或是观察者与被观察者之间既不太可能有推心置腹的相互信任，那就限制了调查到的或观察到的社会事实的真实性和深入性。

尽管很多亲身体验这种局限性的人类学者能以无可奈何的心情来摆脱由此而产生的苦恼，但是这种客观上存在的调查者的环境总是会曲折地反映在调查者内心的感受上。就是以我们这位以善于处理和当地土著居民关系著名的老师来说，在他的著作的字里行间还是不难找到当地居民对他的调查活动的反感。我固然没有向这位老师触及过调查者在调查过程中内心活动的问题，但是当我听到这位老师一再对我说，要珍惜以中国人来研究中国社会这种优越的条件，他甚至采用了“引人嫉妒”这个字眼来表达他的心情时，我有一种直觉的感受——也许是我的过敏——他在科学工作中所遭遇的，在他所处的时代和他所处的地位所难于克服的，存在于调查者与被调查者之间的那一条鸿沟，一直是他内心的苦恼的来源。

我猜测我敬爱的老师的内心活动应当说是不适当和鲁莽的。不同时代的人有不同的苦恼，这是我们共同的体会。我常常喜欢置身于前辈的处境来设想他们所苦恼的隐情，试问：尽管当时有些人类学者已经摆脱了那种高人一等的民族优越的偏见，满怀着对土著民族的同情和善意，他所做的这些民族调查对这些被调查的民族究竟有什么意义呢？究竟这些调查给当地居民会带来什么后果呢？那些把被调查者当作实验室里被观察的对象的人固然可以把这些问题作为自寻烦恼而有意识地抛在脑后，但对一个重视人的尊严的学者来说，应当清楚这些问题所引起的烦恼并非出于自寻，而是来自客观存在的当时当地的社会制度。我有时在读完了我这位老师的著作后，突然会发生这些问题：这些可爱的特罗布里恩德岛民现在怎么样了呢？他们自己有没有读到过这些关于他们社会生活的分析呢？他们读了之后对他们的生活会发生什么想法呢？他们对自己的社会会采取什么行动呢？……我这些遐想带给我的是一种怅惘和失望，因为许多人类学者所关心的似乎只是我们这位老师所写下的关于这些人的文章，而不是这些人的本身。这些活生生的人似乎早已被人类学者所遗忘了，记着的，甚至滔滔不绝地谈论着的，是不是可以说，只是他们留在我这位老师笔下的影子罢了？我有时也不免有一点为我的前辈抱屈。他们辛辛苦苦从当地居民得来的知识却总是难于还到当地居民中去为改善他们的生活服务。我有时也这样想，这种在我看来令人惋惜的情况现在是不是已经改变了呢？在人类学中那种把调查对象视作自然资源一样任意挖掘来为自己谋利的行为确已被现代的人类学者予以正义的抨击，但是产生这种行为的根源，时代的局限，是否已经消除，那却还是个值得我们正视的问题。

我在上面所说的这些话，固然是由于想起了我这位老师而引起的，其实也是反映了自从和他分别以后我自己从事这门学科中所遭遇到的种种矛盾。我尽管怀着改善农民生活的宿愿开始我调查农村的工作，而且正如我老师所羡慕的那样，我在本国进行这种调查，但是我在一段时间里还是受到了当时社会条件的局限。

以我最早的江村调查来说，我是这个县里长大的人，说着当地口音，我的姐姐又多年在村子里教农民育蚕制丝，我和当地居民的关系应当说是不该有什么隔阂的了。但是实际上却并不是这样简单。当时中国社会里存在着利益矛盾的阶级，而那一段时期也正是阶级矛盾日益尖锐的时刻。我自己是这个社会结构里的一个成员，在我自己的观点上以及在和当地居民的社会关系上，也就产生事实上的局限性。这种局限性表现在我对于所要观察的事实和我所接触的人物的优先选择上。尽管事先曾注意要避免主观的偏执，事后检查这种局限性还是存在的。从我亲身的体验中使我不能不猜测到，在殖民地上进行调查工作的白种人所遇到的局限性可能比我在家乡农民中所遇到的还要严重得多。

如果我的话说到这里就结束了，我想我在朋友面前只重复了大家多少已经体验到的矛盾，一种沉重而无可奈何的心情不应当是我和久别的朋友重叙时的气氛。我敢于回忆我前面所讲的那个时代的人类学者遭受的苦恼，那是因为我在和各位分离的期间，还体验到另一种情况，其中有一些经验，我认为可能对解除我上述这些苦恼有所帮助。

接着我要讲的是我在1949年我们中国人民得到解放以后我在学术工作方面的一些经历和体会。人民中国的建立对我们中国人民是一个历史性的巨大变化。这个变化必然影响到我们中国的每一个人和每一件事。我这个人和社会人类学这门学科也发生了很大的变动。当然，过去30年本身是一个不断变动的时期，我个人的遭遇和这门学科的遭遇都发生过很大的曲折和波动。我今天不是来叙述这一段历史，而是想讲一些我在这段经历中所身受的而认为对上面提到的问题有关的体会。这些体会涉及到三个方面：一是我们怎样决定我们调查研究的问题？二是我们这些调查者与被调查者的关系是怎样的？三是调查者对自己调查的后果采取什么态度？

在解放以前，如上所述，推动我去调查研究的是我们国家民族的救亡问题，敌人已经踏上了我们的土地，我们怎么办？我们在寻求国家民族的出路。这也就决定了我们调查研究的题目。人民革命的胜利使我们彻底改变了过去殖民地半殖民地的地位，彻底改变了过去严重地受着外国帝国主义和国内封建阶级的控制的状态。摆在中国人民面前的是一个怎样迅速建成一个社会主义现代化国家的问题。要解决这个问题，需要科学知识。这就给解放以后的中国社会科学指引出了总的方向。

以我个人的经历来说，解放后我就投入有关我国少数民族的研究工作。我们的中国是一个统一的多民族的国家，曾经存在过民族压迫，解放后，各族人民一致要求改变这种不合理的状态，实现民族平等。我们的各级人民代表大会里要有各民族的代表参加，我们的少数民族聚居区要建立民族区域自治。各民族可以使用各自的语言文字，对于各个民族的风俗习惯和宗教信仰也受到合理的尊重……这些是实现民族平等的根本措施。要落实这些措施，许多具体的民族情况必须要搞清楚。比如，中国究竟有哪些民族？各有多少人？分布在什么地方？——这些基本情况，由于长期的民族压迫，在解放初期我们是不清楚的。通过调查搞清楚这些情况的任务就落到了民族研究者的头上。过去学过社会人类学的人参加到这项工作中去是理所当然的。我在进行这项调查工作时的心情确是和过去不同了。因为这项工作的目的性很明确，我明白这项工作的意义，只要我努力工作就有可能实现我一心愿意它实现的事情，所以我的主观愿望和客观要求是一致的。在这种情况之下工作，我必须说，对个人是一种难得的幸福。

我所参预的研究工作是跟少数民族地区人民的要求和政府在民族方面的工作的开展相适应的。各少数民族为了要改变它们历史上遗留下来的落后面貌，发展它们的经济和文化，要求进行必要的社会改革，而这些改革却必须从它们本民族当时的发展阶段出发，由他们本民族人民自愿进行。这里就需要这一种科学研究——如实地分析各民族的社会当时已达到了什么发展阶段，用我们的话来说，就是它们属于哪一种社会形态，是奴隶制还是封建制等等。我们过去在社会人类学里学到的那些有关社会发展的知识在这项研究工作中是很有用处的。当然，我们研究各民族的社会历史，目的是在帮助各民族发展起来，而在研究过程中我们需要比较社会学的知识和社会发展一般规律的理论作为我们分析具体社会的工具，这就是说，我们的理论是和实践相结合的。我们并不是为了解而了解，为提出一些理论而去研究，我们是为了实际的目的，为少数民族进行社会改革提供科学的事实根据和符合少数民族利益的意见。所以这可以说是一种应用的人类学。

应当指出，我们这种科学研究工作虽则是为当时国家的政治工作服务，但是既不是从属于政治工作也不代替政治工作。我们的政治是为广大人民服务的政治，它必须要根据社会经济的客观规律和各个民族的具体情况办事，所以需要科学调查作为依据。科学调查的任务就在于它如实地反映客观事物，它不应当以任何个人的意志为依据。它服从于客观事实的要求而不服从于主观的不符合实际的行政意向。它固然是为政治服务的，但它只提供对客观事物的知识。对解决实际问题作出决定的则是政治工作者，科学工作者不应当也不可能代替政治工作者去为解决实际问题做出决定，科学工作者只为政治工作者提供实际情况和意见。

我们这样的调查研究在根本上改变了调查者和被调查者的关系。实现民族平等和帮助少数民族发展起来，不仅是调查者的目的，也是被调查者的要求。因此我们完全可以把调查的目的公开地告诉被调查者，而且被调查者完全可以懂得和乐于接受这项调查工作。我自己常常想到解放前在农村里调查时遇到的苦恼，那就是被调查者并不真的理解我为什么要去进行调查，这种调查对他们有什么好处，他们可以认为我并无恶意而容忍我向他们寻根问底，但是也不免引起一些人的怀疑和讨厌。由于有过这种经历，解放后，我在少数民族中做调查工作时也就特别感觉到温暖和亲切，像是在亲人中向他们学习一样。这里其实并没有什么窍门，只不过是因为被调查者明白并相信调查者是为他们服务的，是要解决他们自己的问题，实现他们自己的愿望。在这里用调查者和被调查者来区别双方已经是不切合实际了。因为事实上是双方在共同工作，把客观存在的社会现象和问题如实地反映出来，以充实和提高人们对这些社会现象和问题的认识。从这种切身体会中我似乎见到了社会科学的一种新的境界，就是社会科学的调查研究完全可以帮助人类摆脱改造社会的盲目性和被动性，进入科学性和主动性。

当然，在我们实际调查工作中，由于历史上遗留下来的民族隔阂，有时也存在着需要耐心克服的困难，但是这些困难在我们的社会里是可以克服的。调查工作中调查者与被调查者水乳相融的关系是可以建立的，也就是说，我预见到的那种境界是可以实现的。

我们这种调查研究也为调查者带来了一个新的问题，那就是对调查后果的责任感。尽管调查者和被调查者新的关系使调查者可以得到更能确切反映客观社会事实的条件，但是人类对自己社会生活的科学认识实在还是处在开始阶段。以人类对自然的知识来和他对社会的知识相比较，其间的差距是十分明显的。因此在这种水平上一个社会科学工作者要为改造社会的实践服务难免发生力不从心的情况。前辈的人类学家一般不关心他自己的调查对被调查者的影响，因而也不发生对被调查者负责的问题。即使有人注意到这个问题也只是从个人的道德观点着眼的。至于谁运用他调查的材料来做什么事，这些事对被调查者产生什么后果，似乎已超出了学术界考虑的范围了。我们固然可以理解在那种理论和实践、学术和政治互相脱离的社会制度中，追究科学工作者对其工作所引起的社会影响和责任是不现实的。但是在我们这种社会制度中，理论和实践相结合，科学要为政治服务，科学工作者对自己工作的社会后果的估价是必要的。这不仅是个人的道德问题，而且是人民的利害问题，也是社会研究怎样日臻于科学化的问题。只有不断在实践中检查理论的真实性才能不断推进研究工作的科学化和使研究工作成为促进社会发展的动力。

但是也必须说明，我们并不是已经在中国建立起了有系统的应用社会人类学，因为在向这个方向迈进的途中，出现过一些干扰和阻碍。我们的道路是曲折的，特别是在一段时间里，新中国曾出现了逆流，受到封建法西斯主义的“四人帮”的严重破坏。惨痛的经历，给了我们许多值得牢记的反面教育。其中一条就是社会调查的目的一旦脱离了广大人民的利益，而用来为那些反动的掌握了一部分权势的人服务时，调查可以蜕化成逼供，用来打击和株连反对他们的人。这种所谓调查实际上是捏造和虚构，不仅是不科学的，而且是反科学的，结果给国家和民族带来了巨大的灾难。这段历史证明了一个真理，就是科学的、对人民有用的社会调查研究必须符合广大人民的利益；也就是说真正的应用人类学必须是为广大人民利益服务的人类学。这就是我在题目中所说的人民的人类学的涵义。

我是为了纪念我的老师马林诺斯基教授而来到这里和同行们见面的。我们一起在这个时刻回忆了这近半个世纪人类学的发展，不由得我们不对这一位杰出的应用人类学的开路人表示敬爱和感激。他无愧于被推崇为现代人类学的缔造者，在他已经为后辈一致所公认的许多功业里，我个人作为一个曾经体验过半殖民地人民生活的人，特别感激他从科学的实践里确立各民族对自己文化的自尊心和对其他民族文化平等相待的基本准则。对当前世界上各族人民来说，这是相互促进、共同发展的必要前提。

在我和海外的同行们分别的三四十年里，我从正面的和反面的教育里，深刻地体会到当前世界上的各族人民，确实需要真正反映客观事实的社会科学知识来为他们实现一个和平、平等、繁荣的社会而服务，以人类社会文化为其研究对象的人类学者就有责任满足广大人民的这种迫切要求，建立起这样一门为人民服务的人类学。这门学科的目的——请允许我瞩望着不应当太遥远的将来——应当是使广大人民对自己的社会具有充分的知识，能按照客观存在的社会规律来安排他们的集体生活，去实现他们不断发展的主观愿望。这门学科目前还只是一部分学者的奋斗目标。我愿意和在座的许多志同道合的朋友们一起，竭尽我的余生，向建立这一门人民的人类学而迈步前进。

1980年3月

三访江村*

从青年时代踏进这门学科，我就已经向往的荣誉，经过了半个世纪坎坷的道路，到了垂暮之年，突然落到自己身上的时候，欣慰愧赧可能是形容此时内心感受最适当的语词。去年英国皇家人类学会通知我要我在今年冬季到伦敦来接受赫胥黎纪念奖章是完全出乎我意料的。古人云："人贵有自知之明。"以我学术上的成就来说，我决不敢妄想和从这个世纪开始时起接受这奖章的任何一位著名学者相提并论。但是我一想到这个光荣榜上开始列入中国人的姓名时，我感到衷心喜悦。这表明了英国皇家人类学会的学者们怎样重视这门学科。今后的发展将有赖于全世界各国、各民族的学者们的共同努力。我在这个体会的驱策下，欣然就道，来到我的母校伦敦经济政治学院，经过了 35 年，再一次站到这个讲台上来，虽然使我不胜遗憾的是已经不能再见到主持我那次大学演讲的托尼教授（R. H. Tawney）了。

提到汤姆斯·赫胥黎（Thomas H. Huxley），这是我们中国知识界熟悉的名字。早在 1895 年，我出生前的 15 年，他的名著

---

* 本文是作者在英国皇家人类学会 1981 年赫胥黎纪念会上的演讲。

《进化与伦理》（*Evolution and Ethics*）已经由英国海军学校毕业的中国清代学者严复用当时优美的古文翻译出版，书名《天演论》。1976年，又有人改译成当前通行的白话文的版本行世。到今天来说，在中国至少已经有四代人受到这位英国学者的影响了。为纪念他而设的讲座名单上列入中国人的姓名，可以认为是对这位人类学的先驱者在全世界人民思想上所起的促进作用的历史肯定。荣誉属于这位先哲的本人。

坦率地说，使我发愁的倒是我自己能在这个庄严的讲台上讲些什么来报答同人们对我这样殷切的期待？在这里我不能不感谢今天在座的我的老师雷蒙德·弗思爵士（Sir Raymond Firth）。他在今年6月里，遥感到我的困难，伸出了援引的双手。他来信说："我看到你还没有决定在你的赫胥黎讲演里将对我们说些什么……在我心中涌现的各种意见中，有一种也许更突出一些的是讲讲你对开弦弓村1938年以来所发生的变化的看法。"开弦弓村是我在1936年调查过的一个靠近我出生地江苏吴江县的农村，想用它来代表这一类型的农村，我给它一个"学名"叫"江村"。后来我到这个学校来上学，就在马林诺斯基教授（B. Malinowski）的指导下，根据这个农村的调查材料写成论文，1939年出版，书名 *Peasant Life in China*，中文称《江村经济》。

在我收到这位老师的来信之前，我早已有意想在我的余生中写一本书，叙述这个农村的新面貌。今年10月我有机会偕同我在上述书中提到的那位姊姊，现在已经78岁，一起去开弦弓村走了一趟，当然说不上什么实地调查，事实上只可以说是回乡探亲。乡亲们的热情是难于形容的。我完全沉浸在友谊的海洋里。这种感情的余波，也使我忘记了今天我是在一个学术的讲座上。我恳求你们的宽容，让我讲一些只适合于朋友间茶余酒后的谈话，为大家摆一摆这个已经为西方学者熟悉的开弦弓村半个世纪以来的变化、当前的问题和今后的前景。

莫里斯·弗里德曼（Maurice Freedman）教授在生前曾告诫进行微型调查的人类学者，不要以局部概论全体，或是满足于历史的切片，不求来龙去脉。所以我必须首先指出，开弦弓村只是中国几十万个农村中的一个（全国有大约500万个生产队，江村现在包括两个生产队或两个村）。它是中国的农村，所以它具有和其他几十万个农村的共同性，它是几十万个中国农村中的一个，所以它同时具有和其他中国农村不同的特殊性。我认为只要把它在中国农村中所具有的共性和个性实事求是地讲清楚，也就可以避免弗里德曼所指出的错误了。

开弦弓村处于苏杭之间，太湖之滨。古语有言："上有天堂，下有苏杭。"指出了在经济上这是中国的一个富饶地区。不仅因土地肥沃，水源充足，农产较高，而且以农产品为原料的副业和手工业也较为发达。这个特点已有很长的历史，一直维持至今。按1979年全国抽样调查了70万个生产大队，该年个人平均年收入不到100元[①]。而开弦弓村所在的苏州地区1980年个人平均年收入约250元。这地区在经济上占先的地位是明显的。开弦弓村在苏州地区却处于中级，个人平均年收入接近300元，略高于这个地区的平均数。我们抓这个在全国居上游，上游中又居中级的农村进行解剖，就可以和比它好的和比它坏的农村相比较，从而看到当前中国农村经济正在怎样变化，要致富上升应采取什么道路。

用开弦弓村作为一个观察中国农村变化的小窗口有一个好处，就是我们有近50年的比较资料。我本人在1936年夏季搜集过一些基本资料已如上述。1956年5月现在澳大利亚悉尼大学

---

① 《中国农业年鉴》，农业出版社，1980年，第5页及第383页有关数字计算。

任教的威廉·格迪斯（W. R. Geddes）教授访问过这个农村，1963年出版了 *Peasant Life in Communist China*（《共产党领导下的中国农民生活》）一本专刊。我本人在1957年夏季又去重访江村。这次调查的资料在过去动乱时期中已经散失，正在访求中。今年9月，美国马利兰州立大学的南希·冈萨勒斯教授（Nancie Gonzalez）访问了这个农村。我本来打算同她一起去的，因病延期到10月才去成。我的访问时期虽短，但还是搜集了一些基本资料。

开弦弓村在这近半个世纪中所经历的道路基本上是和中国的其他农村一致的，但是也有它的特点。我离开这村子以后两年，1938年日本侵略军占领了这个地区。我在1936年说当时中国的农民问题是个饥饿的问题，在经济方面如果确是如此的话，从1936年到1949年农民的生活不但没有改善而是更为贫困了。当时全村的土地已有56.5%被地主所占有，75%的人家靠租田和借高利贷过日子。水利无人关心，太湖洪水一发，这些滨湖地区立即受灾。农田的粮食产量逐年下降，亩产稻谷大约只有300斤，蚕丝副业几乎停顿，加上苛捐杂税，盗贼横行，真是民不聊生。造成这悲惨局面的根本原因，我在上述书中归结于土地制度和维持这种制度的政治权力。正如格迪斯教授书中所叙述的，1949年的解放，改变了政治权力的性质，1951年的土地改革改变了土地私有制，农民真正成了自己土地的主人，从此中国进入一个新的历史时期。我必须在这里指出，中国人民能取得政治权利和改变土地制度，没有中国共产党的领导是不可能的。

土地改革后，农民在自己的土地上耕种，积极性空前高涨。若以土改完成后的1952年和1949年相比，全国平均粮食生产增长了42.8%，农民购买力提高了一倍。以开弦弓村来说，1936年的粮食亩产量是300斤，1952年据格迪斯教授的数字是500

斤，增加了66%。如格迪斯教授所记下的，这个村子完成了合作化后，粮食产量继续上升，到1955年已达亩产560斤。1956年就是合作化后一年，当时农民给格迪斯教授的预算该年亩产量将达700斤，那就是比合作化前1955年增加28%；比1952年增加42%。这年全国粮食产量比1952年只增加14%[①]，像现在一样，开弦弓村当时在全国范围内是属于上游的。

1958年开弦弓村像中国的其他许多农村一样建立了人民公社。由于当时在生产上提出了过高的指标，经济上搞平调，挫伤了社员的积极性，使生产受到挫折，粮食反而减产，社员收入减少。到1960年加上了若干其他原因，全国陷入困难时期。在最严重的时刻，像开弦弓村这样的农村也发生了人口外流的情况。但是在开弦弓村这种情况扭转得比较快，1962年已经纠正了一些过左的措施，规定了以生产队为核算单位，和实行了计件工分制。同时还开展了农田基本建设：平整土地，开通沟渠；又推广机电排灌，基本上消灭了我在上述书中所描写的那种用人力踏水车的传统方法。从1962年到1966年，全国大动乱开始前的四年中，开弦弓村粮食产量平均递增率是8.25%，又因恢复和发展了蚕桑生产的传统副业，个人平均收入在1966年达到119元。社员们至今把1962年作为生活进入富裕的转折点，他们用最简单的话来表达说："从那年起我们每天吃三顿干饭。""三顿干饭"是说一个壮劳动力一天要吃两市斤粮食。

1966年到1976年，这个全国大动乱时期，农村经济受到的破坏看来并没有城市里所受的那样严重。但是由于强调以粮为纲，集体副业和家庭副业都受到了限制，加上管理上强调统一指挥而不考虑各地区的差别，即所谓"一刀切"，和分配上的平均

① 《中国农业年鉴》，农业出版社，1980年，第34页有关数字计算。

主义，即所谓“吃大锅饭”，农村经济进入了停滞状态。以开弦弓村来说，1966 年到 1978 年的 12 年中，粮食总产平均递增率是 3.95%，不到大动乱前的一半。由于单打一抓粮食，忽视了工、副业生产，与粮食生产上忽视了节约成本开支的重要性，加上人口增长，个人平均年收入一直徘徊在 114 元上下，也就是停在 1966 年的水平上。

这次全国大动乱在农村中的消极影响到 1978 年底才得到全面纠正，中国的农村经济又进入了一个新的发展时期。在我继续讲到这几年在开弦弓村见到新气象和新问题之前，我想插进一段讲一讲影响着农村经济的另一个重要因素，它就是人口问题。

从 1949 年解放以来，中国的经济得到了空前的发展，人民生活得到了显著的改善，而同时人口也有较快的增长。1917 年，中国人口有 4.4 亿，32 年后（1949 年）人口增加了 1 亿，达 5.4 亿。又经过了 32 年，1980 年末估计中国人口已近 10 亿，约占世界人口的 22%，在这段时期里，中国人口增加 81%，每年平均增长 19%。这样多的人口，分布又极不均匀，90% 以上分布在中国的东南半壁，东南一半的人口密度十倍于西北半部，其中长江三角洲和珠江三角洲每平方公里平均有 400 到 500 人，是世界人口最密集地区之一。

开弦弓村就在这人口最密集地区。我在 1939 年得到当时这个村子的人口数字是 1458 人，格迪斯教授得到 1956 年的数字是 1440 人。虽则由于该村行政地区划分略有改变，在比较人口数字时还需要加以校正，但已有的数字可以说明在这一段时间里，开弦弓村在抗战时期可能由于战争的影响人口有所下降。而且解放后在全国人口开始暴涨的最初 8 年（1954 ~ 1957 年全国出现第一次人口高潮，每年平均增长 24%），开弦弓村人口却比较稳定。我至今还没有找到 1957 年到 1965 年这段时期的人口资料，而这正是它的人口开始上升的时节。1966年开弦弓村人口已达到1899人，比1956年增加459人，即31.9%，增加率甚至超过了全国的平均数，出现了人口暴涨。

对于开弦弓村这个特殊现象的解释还有待于今后的研究。但是现在可以提到的是，我在上述书中已经讲过的，这个村子的农民长期以来存在着人口控制的习惯。我在这次访问中曾追问他们为什么后来抛弃了这个习惯而让人口暴涨呢？他们给我的解释首先是政府禁止溺婴，所以儿童多了，后来群众有了节制生育的医学方法之后，儿童还是比较少。这种解释是否可靠还待调查。但是这表明这村的农民并没有改变对人口需要控制的传统观念。

当前开弦弓村的人口2308人，和1936年或1956年相比，只增加约60%，和全国在相同时间里的增加率相比应当说是比较低的。在这个增加率中除了出生数增加外，还有死亡数降低的一方面。这方面在我这次访问中印象很深，不仅是我还能找到许多30年代相识的老乡，而且从人口资料中看到在70岁以上的人数，1936年是17人，而现在却有114人。人民生活水平的提高和医疗卫生事业的改善改变了过去多生多死的控制人口的公式。在早就意识到人口压力的开弦弓村，用科学方法进行的计划生育正符合人民的需要，这使得这村的干部在答复我问到最近落实计划生育政策的情形时，很有把握地说："这在我们这里是没有多大困难的。"人口统计也证实了这一点，自从1977年以后不仅增长率已经降低，而且已出现过负号的年头。

我不敢说在开弦弓村所见到的人口现象在全中国有多大的代表性。从已有的资料看来，开弦弓村的历年人口的变化和中国全部的人口变化二者之间的差距是相当大的。但是即以开弦弓村的情况来看，中国的人口压力已经够严重的了。在一个发展中的国家，从个体经济进入集体经济的过程中由于社会安定，生活有了保障，人口激增如果不及早预防是不容易避免的。

由于人口增长过快，影响了个人平均占有农产品的数量。尽管解放以来，我国农业生产有相当大的增长，它的增长的速度也超过人口增长的速度，但是由于人口毕竟增长得过多，个人平均粮食配额就不容易提高。例如1978年全国粮食总产量达6000多亿斤，比1949年增长了169.2%，但按人口平均，仅增长52%[①]。经过解放以来的30多年到1980年，中国谷类的个人平均配额仅约有580斤。一部分农业落后地区还不能自己解决粮食问题。然而，开弦弓村由于土地相对肥沃，人口相对增加得慢一些，情况就显然不同。1962年已实现了“三餐干饭”，1980年个人平均实际得到的粮食（包括口粮及副业的粮食津贴）已接近1000斤；除了自己充饥之外，已有余粮喂养猪、鸡等家畜，提高家庭收入。从这个小窗户里去看全国形势，且不论人口压力对教育和就业的影响，单是为了解决粮食问题，控制人口的必要性也是很显然的。

然而，无论我们现在采取任何有效办法来控制人口，以全国来说，10亿人口这个数目决不容易在短时期内有所减少。据最乐观的估计，到本世纪末，中国人口将达到12亿。此后，如果政策对头，也许可以开始稳定和下降。现在这10亿人口中有80%住在农村里。因此，我们必须从这个基本事实出发来考虑今后中国社会经济的发展。

回想起我自己对中国农村问题的认识，《江村经济》确是一个重要的起点。在这本书里我注意到中国农村里农业、家庭副业、乡村工业的关系。我的姊姊用了她一生的岁月想从改进农村里的副业和工业，来帮助农民提高他们的生活。1938年我从伦

---

① 《中国农业年鉴》，农业出版社，1980年，第34页有关数字计算。

敦回国，在抗日战争时期，在中国云南省的内地农村进行社会调查，使我进一步看到在一个人口众多、土地有限的国家里，要进一步提高农民的生活水平，重点应当放在发展乡村工业上。我在*Earthbound China*一书里明确地提出了这个见解。1957年我重访江村，看到当时农业上有了发展，我感到高兴，但是为那种忽视副业和没有恢复乡村工业的情况而忧心忡忡。现在，历史的事实已经证明我当时的忧虑并不是没有根据的。

这次短短的几天访问，由于激动人心的巨大进步以及令人陶醉的家乡情谊，使我担心我的观察是否会超越了科学的界限。中国有句谚语："旁观者清"，我高兴地知道在我回乡前大约10天，亲自到开弦弓村观察的冈萨勒斯教授将有机会用她所观察的事实来讲述她的见解。但是我也不愿意错过这个机会，把我在这次访问中得到的一些看法，在这里传达给关心中国农民生活的朋友们。

我在这个讲演开始说明开弦弓村在全国的地位时，已经说过1980年这个农村个人全年平均收入已接近300元，位于全国的前列，大约是全国平均水平的三倍，所以它在中国可以称作属于富裕的一类。但是开弦弓村达到这个水平还只有三年。三年前，1978年个人平均收入还只有114元。为什么在这几年里这个村子的农民会这样富裕了起来呢？

开弦弓村农民收入的增加主要是由于1979年以来贯彻了党的三中全会决定的政策，改变了农村经济的结构。那就是纠正了片面地发展粮食生产，而落实了多种经营的方针，大力发展多种多样的副业，不仅包括已纳入集体经济的养蚕业，而且扩大了各种家庭副业。在我30年代见到的养羊和50年代见到的养兔，现在已成了家家户户经营的副业，并且已是家庭收入的重要部分。以养兔为例，养一只长毛兔，每年可以出售兔毛10元以上。而很多人家养五六只甚至十只以上。全公社一共养兔10万只，一年总收入超过100万元。各种家庭副业合在一起，个人平均收入1980年约120~150元，占个人平均总收入的一半。

开弦弓村有一家，共3人，1980年出售肉猪9头，养羊2只，养兔8只，加上卖给集体的肥料和自留地所种的能出售的油菜籽等等，一年得到1087元，他们从集体劳动工分（包括农业和集体副业）收入660元，每人平均收入是582.3元。这一家在开弦弓村还并不是突出富裕的人家；另一家，共5人，其中4个劳动力，1980年收入2429元，人均485.8元。这家全年日常生活费用是960元，储蓄1469元，预备添盖房屋。

开弦弓村的老乡一致同意，吃和穿，也即是温饱，已经不成问题。现在主要的问题是住，也即是房屋和家具。冈萨勒斯教授能用她在农民家亲自吃过的伙食来说出他们的水平。她会告诉你们所尝到的使她称赞不已的饭菜，并不是特地为她的访问而准备的。她常常在人家家里谈话到了吃饭的时候，主人按当地的习惯一定要留客共餐，那就可以吃到各家日常的饭菜了。

至于穿着，已经超过了保温的要求。对于年轻人来说，时行的式样成了主要的考虑。手表对他们计时的用处可能还不及装饰的功能；上一代的手镯已让位给上海牌的手表了。在这一方面还是让冈萨勒斯教授所摄的相片来替我说话更为生动。

冈萨勒斯教授的相片也会告诉我们，我上述书中所附相片上的一些房屋至今还在，只是陈旧了一些。人口增加60%而房屋的增建却远远落后。该村干部提供我们关于住房的数字从1948年到1980年每人平均增加不到1平方米，全村增建一共不到100间。我参观了一个生产队，10多家，挤在三个大门内，在30年代这里只住三家人。建筑房屋的困难，比如土地少，建筑材料不容易买得到等等，我不在这里多说。要说的是这个村子的老乡手边有钱能想到建筑房屋，还是近几年来的事。建造一间房要1000元，一家至少要三间。在1978年前有多少农民的积蓄能达到3000多元呢？而这几年来，情况变了，农民现金收入多了，一年上千元的储蓄已经不希奇。这些钱怎样花呢？绝大多数的农民的答案是居住更新。

这次访问中特别引起我兴趣的是农村中住房更新的过程一般是通过青年一代结婚的机会进行的。新婚夫妇需要单独的卧室。在房屋紧张的情况下，不是延期结婚，就得把老房间分隔。在开弦弓村老一代中确有一生娶不起老婆的人。这几年农民具备了盖新房屋的经济条件时，凡是有儿子要结婚的就急于要扩建住所。过去一年中，靠河边大约有250户人家的几个生产队一共建造了50间新房子，几乎全是扩建旧宅的性质。因之，这村子房屋的布局更见凌乱。新建房屋内床柜箱桌等等用具也是大多在结婚过程中添置的。从订婚到结婚这段时间里，男女双方的家长忙于张罗。由于开弦弓村是父系父居社会，所以提供房屋是男家的责任。那些无力提供房屋的男方，也有采取入赘方式，住到女方提供的房屋里去。新房内的用具事实上是男女双方合凑的，比例以女方经济水平决定。名义上，男方要给女方一笔礼金，而这一笔礼金实际上是给女方准备嫁妆的津贴。这几年经济好转后，女方提供的嫁妆，一般说来都超过礼金所能购买的东西。我们曾参观过一家新房，凡是女方提供的嫁妆上都挂着一条红色丝绵，所以很容易看出男女双方贡献的比例。在这个新房里，双方的贡献几乎相等。我们得到的解释是这地区女儿少，特别疼爱，所以出嫁时总是要尽力准备一份丰盛的嫁妆。我们当场估计了一下全部用具和衣服的总值大约2000多元。这个数字曾经引起结婚费用太高的批评。过于讲究排场固然不好，但是也应当看到事实上这正是农村里生活资料更新的重要过程。至于为了取得对男女间新的夫妇关系的社会承认而采取宴请亲友的方式，由于传统的好客风尚，有时未免花费得过分一些。

如果容许我过早地做一个估计，这三年来开弦弓村农民收入的增加，其中相当大的一部分是通过结婚的过程而消费在家庭生活的物质更新上的。而这个更新过程又是从进入结婚年龄这一代开始的。就在我们参观的新房隔间是老一代的卧室。在这间卧室里我看到的是我幼时所熟悉的我祖母房里的陈设，我祖母是太平天国时嫁到我家的。我直觉地感到过去农村里生活物质基础更新率是这样缓慢，使两代卧室的对比如此之鲜明。

上面所叙述的这段话，当然还要在今后进一步核实，并用正确的数字来表达，现在还不能说是科学的观察，但是当我向老乡们指出了他们正在进行生活基础的物质更新时，却接触到了一个当前的实际问题。这几年农村经济从复苏到繁荣提出了许多新的问题，其中之一就是用普通的话来说，农民手上的钱怎样花法？从全国来看，每年流入农村的货币达到几百亿元。用什么商品去满足农民的需要呢？因此我们有必要去调查研究农民需要什么，怎样可以去指导他们的正当消费，这里社会主义制度可以发挥它的优越性。

就在我们参观新房的下一天，在一个和本村干部的座谈会上，大家提出了许多问题：怎样有计划地进行农民生活资料更新？怎样通过民主讨论的方式制定各种房屋的结构和布局？怎样根据本村农民的财力，分期分批的按大家同意的规划来有步骤地更新全村的面貌？人民自己的政府才能根据人民的需要来发动集体的智慧和力量来为人民群众办事。在这件事上，大家要我们人类学者帮助他们进行系统的社会学调查。我本人是心甘情愿做这种能直接满足人民需要的人类学工作的。

最后我想讲一讲中国农村中集体经济的发展的前景。自从中国农村建立集体经济以来，它一直是农村经济的主要部分，至今还是这样。1956年正当格迪斯教授去开弦弓村调查时，合作化运动已进入高级社阶段，提高了集体经济的地位。1958年成立人民公社，农村中的个体经济已微不足道。直到1978年开弦弓村和中国的其他农村一样，农民的收入几乎全部依赖集体分配所得，按各人在集体经济中所贡献的劳动折合成工分计算。但是一度在平均主义的左倾思想支配下，农民所得的工分并不能正确反映他所付出的劳动，所以出现了违反社会主义按劳取酬的分配原则的所谓“吃大锅饭”的偏向。在这个时期，作为个体经济的家庭副业受到极大的限制，甚至遭到禁止。1978年才改变了这种抑制农民积极性的错误政策，恢复和发展了农民的家庭副业，因而使农民的收入有了显著的增加。

但是这种承认农民个体经济的作用并不是否定了或削弱了农村的集体经济；相反的，由于农民生活的改善，生产积极性的提高，同时也促进了集体经济的发展。中国的农业和乡村工业主要是属于集体经济的部分，它们的性质一直没有改变。1981年起所实行的责任制也只是在集体经济的基础上根据各地生产技术和群众的觉悟水平，改善经营方式和贯彻按劳分配的原则罢了，并不是经济制度性质的改变。

在这里应当说明的，上面所提到的农民收入中副业部分的增加，并不反映这个农村结构的全部情况。列入农民收入中的副业部分，只是指从个体经济中得到的副业收入，农民从例如开弦弓村的养蚕业等集体副业中所得到的收入是包括集体分配部分之内的。集体经济的总收入中只有一部分按劳分配给个人，还有相当大的一部分作为集体事业的经费、社区公益费用和用于更新、扩展生产的投资以及公共积累等。因此，我们不能直接从农民个人收入中家庭副业和集体分配所得的比例，得出在农村里个体经济和集体经济的比重。当然，总的看来，这三年农民家庭副业收入的增加是可以说明农村经济结构变化的一个方面，那就是个体经济的增长。至于集体经济和个体经济的相对比重，还需要进一步计算。

农村经济结构另一方面的变化是农村集体经济部分本身的结构变化，主要表现在农业比重下降，副业有所增加和工业激增。

开弦弓村自从抗日战争时期起，合作丝厂被毁，桑田被破坏之后，蚕丝业就一蹶不振。一直到1966年才恢复了集体养蚕的副业，使该村每人平均收入突破百元大关。但是农业和副业的比例还是悬殊，1966年是87.8%比11.9%。

1968年开弦弓村开始重建缫丝厂，但是设备和技术由于条件太差还赶不上抗战前的合作丝厂。1975年乡村工业受到重视后才扩充设备和技术。1978年以后逐步发展，现在已成为一个有200多工人的小型现代工厂，而且在出丝率上正在赶上日本的先进水平。1979年开弦弓村开办了两个豆腐坊和一个丝织厂。乡村工业的发展使这个农村的集体经济结构发生了重大变化。以这村南部的那个大队来说，1979年农业收入占50%，副业收入占23%，工业收入占27%；1980年农业占41%，副业占19%，工业占40%。这个结构变化是农、副、工三方面都在增产中发生的。由于发展了乡村工业，这个农村的农民1980年每人平均集体分配达到150元，比1978年前增加约1/3。苏州地区农村中集体经济结构1980年是农业占19.6%，副业占13.2%，工业占67.2%①，所以开弦弓村在这地区乡村工业发展上还是比较落后的。

在开弦弓村所见到的农村经济结构的变化在中国并不是个别

① 《中国农业年鉴》，农业出版社，1980年，第13页。

的特殊现象。即使不能说中国几十万个农村都已发生这样的变化，但是可以说这是中国农村的共同趋势。据了解，到1979年底为止，全国已有98%的人民公社办起了集体企业，包括粮食生产之外的种植业、养殖业和工业。单以社队工业计算，估计产值已占全国工业总产值的9.3%。

现在中国农村经济的发展仍然是不平衡的，穷队和富队之间相差的距离相当大。按人口平均最好的富队已超过千元，而大约还有1/4的队不到50元[①]。分析富队之所以能富，最普遍的原因是开展了副业和工业，凡是单打一种粮食的大多属于穷队。粮食价格过低固然是一个重要原因，而农业产量的提高在像开弦弓村这样的地区已经感到成本太高，以致出现增产不增收的现象。中国粮食产量在过去30年中的不断增长，以占世界7%的耕地，养活世界人口的1/4，可以认为是人类历史的奇迹之一，但是还要继续增长，如果不改变经营方法至少是相当困难的了。开弦弓村在每人平均只有1.1亩水田的面积上，1980年生产1510斤粮食，只留下660斤作自己的口粮，一半以上的产品提供给城市居民消费。这样的负担确实不轻。在耕地面积不能增加，单靠提高单位面积产量的办法来解决供应粮食的任务，就开弦弓村来说可供挖掘的潜力，在近期内似乎已经不大了。要使该村经济继续繁荣起来就只有向副业和工业方向发展了。

开弦弓村副业的前途固然还很开阔，但是凡是要利用农业原料的副业，如猪与家禽的喂养需要粮食，养蚕需要桑叶，都已受到限制，而且这限制也将越来越大。开弦弓村蚕业的复兴和增长主要是由于利用电力排水把原来被水淹的和易潦的土地开辟成肥沃的桑田。比如从丝织厂楼房上一眼就看得到的那片桑田，1936

① 《苏州地区选择适宜本地的生产责任制》，《人民日报》1981年10月22日。

年我初访该村时是一块废地，总面积在百亩以上，现在靠这片桑田养蚕，蚕茧收成每年达到3万斤。但是今天还要增加桑田面积至少将和粮食产量一样困难。

开弦弓村发展副业的前途看来是在尚没有大量利用的湖泊和河流，1936年我见到的渔家现在已集中到太湖边上，和这公社的其他渔民一起组成了专业的渔业生产队。本村作为副业的渔业并没有发展。近年试殖产珠的蛤蚌，已告成功，但尚未推广。因此到目前为止开弦弓村副业增产的幅度并不大。

从农村经济新结构中农、副、工三个方面来看，发展前途最大的显然是工业。乡村工业还可以分为两种，一种是用本地区所产的原料加工制造，例如从养蚕、制丝、织绸、刺绣到制成消费品，直接在市场上销售。这在中国称作“农工商一条龙”。另一种农村工业是为都市里的大工厂制造零件。例如上海有一些缝纫机厂，自行车厂把零件包给社队工厂。现在这种方式的乡村工业还只发生在大城市的附近，而且还只是个开始，但是发展的前途是很大的。由于乡村工业的发展，苏州地区有些突出的农村已经出现农村居民职业结构的重大变化，就是主要从事工业的人口在比例上超过了主要从事农业的人口，或是说在农村里用在工业上的劳动力已超过了用在农业上的劳动力。最高的记录已达到4:1的比例。当然，这种例子的社区还称它为农村显然不太合适了。

我觉得特别兴奋的是在这里看到了我几十年前所想象的目标已在现实中出现，而且为今后中国经济的特点显露了苗头。在人口这样众多的国家，多种多样的企业不应当都集中在少数都市里，而应当尽可能地分散到广大的农村里去，我称之为“工业下乡”。工业下乡同样可以在国家经济结构中增加工业的比重，但是在人口分布上却不致过分集中，甚至可以不产生大量完全脱离农业生产的劳动者。在这个意义上，为具体实现工农结合，或消除工农差距的社会开辟了道路。

雷蒙德爵士为我这次讲演出了这个题目，要我在短短的一个多小时里讲述开弦弓村近半个世纪的变化，我在时间的控制上和内容的选择上，显然都没有能遵守我老师的指示。如果还能给我补救的机会，那将在离开我开始在开弦弓村调查之后的50年，到那时候（1986年）即使我不能再在这个讲台上做一次补充演讲，希望一本《江村经济》的续篇可以在那个时候送到在座的朋友们的手上。我这个希望的根据是我们中国社会科学院的社会学研究所在我出发来伦敦之前已经作出决定，将在开弦弓村建立一个社会调查基地，一个可以进行继续不断地观察的社会科学实验室。如果这个社会调查基地能顺利地建成，通过年轻的研究工作者的集体努力，我相信刚才许下的愿是可以实现的。

我感谢英国皇家人类学会同人们对中国农民的关切，并给我机会就我自己所看到的事实，叙述他们怎样在30年里建成安定、繁荣的社会主义农村。开弦弓村的父老们知道我要来伦敦作这次演讲，特地叮嘱我，把他们向你们的问候亲自带给你们。谨祝我们两国人民的友谊不断增长。

1981年11月18日

小城镇　大问题*

一

今年的春末夏初，我在江苏省吴江县住了一个月，对该县十来个小城镇的历史与现状作了初步探索。此后打算写一篇关于小城镇的类别、层次、兴衰、布局和发展的文章来参加这次小城镇讨论会。然而一回到北京，时间由不得自己支配，这个打算便落了空。因此，这里只能依我的腹稿，谈谈我在吴江调查的感受以及由此联想到的一些问题，只是一个提供讨论的发言。

在说到正题以前，首先说说我对这次讨论会的四点希望，即希望通过讨论取得四个具体结果：一是出版一本研究论文集；二是订出一个今后切实可行的研究规划；三是为今冬全国政协小城镇问题调查组做些准备工作，就是提出一些请他们来调查的问题；四是成立一个推动、协调、交流这个课题研究工作的学术性组织。

这次学术讨论会是今年年初确定的，经过大家的共同努力，

---

* 本文是作者在南京“江苏省城镇研究讨论会”上发言的基础上改写而成。

现在不仅会议如期举行，而且还汇集了几十篇论文。万事开头难，时间只有半年，这样的结果确是来之不易的。我们应当珍惜已经获得的成果，以论文集的形式将迈出的这第一步脚印留下来。

这些论文之所以宝贵，是因为它们都联系小城镇建设的实践，从各个不同的角度去探索小城镇发展中的实际问题。我认为这个研究方向是对头的。我国的社会科学应当在马克思列宁主义、毛泽东思想的指导下，密切结合中国社会的实际进行科学研究，为社会主义现代化建设服务。要贯彻这里所提出的指导思想和达到最终目标并不那么容易。在过去的一段时间里，对于马列主义理论，我们多少学了一些，许多同志也诚心诚意地想把事情办好；但是学习的理论常常不能和实际工作相结合。这就使得我们的认识往往落后于实际，对于具体问题的处理也就提不出实事求是的建议来，难免把以往的经验或是别国的东西硬套照搬，以致花了过多的学费，亏了本，走了不少弯路。

失误使人清醒。现在我们多少懂得了一点小平同志在他的著作里所阐明的理论联系实际、实事求是的科学精神。只有联系实际才能出真知，实事求是才能懂得什么是中国的特点。我们的小城镇研究一开始就摆脱了在概念中兜圈子、从书本到书本的模式，而注重实地调查，力求在对小城镇的实际考察中提高认识。可以说这一课题的研究，在理论联系实际方面有了一个良好的尝试。

以实践为根基的认识自然要具体、充实得多。尽管现有的文章还显得粗糙，分析不够全面，可是写在论文里的事实是客观存在的反映，不是我们从概念里推论出来的，更不是凭主观臆想出来的东西。只要我们能自觉地、不留情面地把其中一切不符合实际的成分筛选掉，那么这些文章就会成为现实小城镇面貌的素描。它是历史的真实记录，过了几十年甚至几百年人们还是要翻看，仍然具有价值。价值就在于它是未来的起步，而今后的变化则是它的延续。我们的一生，人类的一代又一代，对事物的认识总是一步一个脚印地跟着向前走的。我们今天对于小城镇的认识，过些时候回头一看，如能发现它的肤浅和幼稚，那就证明我们的认识有了进步。这不是很好么？不怕起点低，只怕发展慢。

小城镇研究是一个长期的研究课题。它不仅是社会科学范围内国家“六五”规划中的一个重点课题，而且它在“七五”规划中还将继续研究下去。现在我们在苏南所进行的研究只是这个课题的开始。为了使这项研究不断深入和扩大，我们必须考虑下一步究竟应该怎样走，同时对下一年做出具体的计划，并对“七五”规划的远景做一些设想。这是我对这次会议的希望。

进行科学研究最忌讳的毛病是一叶障目，坐井观天。我们应当清醒地看到：我们这一年所进行的小城镇研究无论从深度或广度上看都还很不够。到目前为止，课题组既没有对某一个小城镇作出全面深入的解剖，也没有越出吴江县的范围。这就好比是在显微镜下找到了一个细胞，但尚未看得清楚，更未遑顾及其他类似的细胞。胡耀邦同志视察西北回来，提出要种草种树开发大西北，打开了人们的眼界。在此之前确实很少有人想过还有一个大西北可以开发的问题。可见中国之大，是不容许我们做井底之蛙的。即使以后研究范围扩大到江苏全省，对全国而言，它仍然只是一个点而已。我们要提出江苏在全国、苏州在江苏、吴江在苏州所处的地位的问题，以此来告诫自己不能满足于一孔之见，更不应以点概面。相反，应当指出认识的限度和吴江县小城镇的特殊性和局限性。

然而，管中窥豹之所见的毕竟是豹的一个部分。吴江县小城镇有它的特殊性，但也有中国小城镇的共性。只要我们真正科学地解剖这只麻雀，并摆正点与面的位置，恰当处理两者的关系，那么，在一定程度上点上的调查也能反映全局的基本面貌。吴江县地处全国经济最发达地区之一的苏南，我们以吴江小城镇为调查点进行深入分析，或许是触到了小城镇问题的塔尖。所谓塔尖是指吴江县小城镇建设的今天有可能是其他地区发展的明天；现在在这里出现的问题有可能将来在别的地方也会碰到。假如我们对这些问题的发生、发展有一个科学的认识，那么对不同地区今后的小城镇建设无疑有其指导和参考的意义。当然，我们在开始时必须十分警惕，决不要忘记我们只是在解剖一只麻雀，而一只麻雀是不能代表所有麻雀的。

从事科学研究要有目的性和计划性。要使小城镇研究深入下去，必须订出一个具体计划。我们要把研究重点继续放在原先的调查点上，一方面对已经触及的问题作进一步探讨，要像调节照相机的焦距那样，使其有更清晰的映像；另一方面应检查前期研究中还有哪些缺门，即有哪些问题还没有做调查，要在一个镇上开拓更多的调查项目。与此同时，可以选择几个不同类型的地区开辟新的调查点，以便于作比较分析，并制订必要的研究指标，为从调查点上的定性分析推向面上的定量分析作准备。

事实上，制定研究计划的过程就是明确研究目的和要求的过程，只有研究目的和要求明确了，计划才能订得具体可行。为此，我们这次会议作了新的尝试。与会者有社会学的研究人员，有其他社会科学与自然科学的科研工作者和大专院校的教育工作者，还特别邀请了在小城镇做实际工作的同志和中央有关部门，江苏的省、市、县三级政策研究机构的同志一起来参加讨论。针对同一个研究课题，进行如此广泛的多学科、多系统、多层次的交流和协作，对我来说还是一个新的尝试。但愿我们能创立一条成功的经验，有助于我国学术的发展。

这种广泛的结合至少有两点好处：一是能听到更多的不同见

解，启迪自己的思想。所谓学术讨论，除发表自己的见解外，就是要认真听取别人的意见。我曾在《读书》杂志上写过一篇文章，题目是《我看人看我》，主张我们要认真地看人家怎样看我们所看到的东西。二是使科学研究与实际要求挂起钩来。以往的理论脱离实际，除了个人认识上的原因外，还有社会组织上的原因。由于科研部门与实际工作部门长期缺乏交流，造成知识分子与实际工作者背对着背。前者愿将知识应用于实践，但不知用武之地在哪里；后者希望以科学知识来指导工作，然而不了解所需知识在何方。现在两者都转过背来，面对着面。实际工作者向科研人员质疑、问难、提要求，使科研目的更明确，计划更合理，成果也更富有实际意义。科研人员向实际工作者介绍成果，提供建议，使实践按客观规律进行，工作具有科学基础。

社会主义现代化需要知识，也就是要依据从科学研究取得正确反映实际的知识，去解决社会主义现代化过程中发生的各种问题。要做到这一点，科学研究和建设工作之间必须建立起畅通的渠道，使得社会主义建设中出现的问题能提到科研的项目里，经过科学研究反映出实际情况，再根据政策方针形成解决这些问题的具体建议，由决策机关审核各种建议，联系有关情况，并考虑可行的时机作出实施的决定。这些决定通过行政机构的执行和群众的实践，达到解决问题的目的。但是一项决定是否能达到预期的效果还有待实践的验证，而且旧矛盾的解决又会引起新的矛盾，效果的估计和新问题的产生又将构成新的科研项目。所以科研、咨询、决策和实践四个环节是现代化建设过程中的一个周而复始的循环系统。

我国的决策者是党的领导机构，通过决策体现党的领导。领导的群众路线实际上就是上述建设工作循环系统的根本模式。由于现代化的日益深入，建设规模日益扩大，决策过程更显得需要对情况的了解和对问题的分析，所以提出干部要知识化，也就是要把决策过程放在科学的基础上。所以我在这里把科研和咨询作为这个循环系统中的必要环节，实质上就是体现党的群众路线。

把科研和咨询作为上述系统中的必要环节包含着它们具有和其他有联系的环节相对的独立性。我们党的领导一向遵守实事求是的原则，所以一切政策的制定都要求经过调查研究。毛泽东同志指出："没有调查就没有发言权。"因此各级领导都有专门从事政策研究的机构，这是党的优良传统。但在这方面我们也有反面的教训，那就是在"左"的影响下，特别是在十年动乱期间，这些担负反映实际情况责任的研究机构被视作已定政策的辩护者，甚至看做是主管人员个人意志的吹鼓手，走向了科学的反面。"四人帮"的"内查外调"暴露了它的极端危害性。科学知识必须为政治服务。这里所说的服务绝对有别于"四人帮"时的"梁效"对其主子的"效忠"。科学研究要对客观事实负责，即实事求是。

但是实事求是的科学研究不等于消除了可能的片面性，每一门学科的研究，其片面性都是不可避免的。越是专家，其片面性或许会越大。为了不使决策陷入片面性，在决策和科研之间应当有一个中间环节。这个环节就是综合各个学科对某一事物的认识，进行"会诊"，然后才向决策机构提出若干建议及论证。至于怎样组织这类咨询工作，我们现在还没有经验。我建议不妨做一个试验，由人大代表、政协委员以及其他有关专家对一定的事关重大的建设问题组成咨询小组。这个咨询小组应当联系群众，联系各个学科，发挥其综合性的特点，向党的领导机构提出建议，反映群众的要求和意见，以备党作决策时参考。

在党的领导依据建议、资料制定决策以后，由行政机构付诸实践。政策在实践中起到了什么作用，客观事物发生了哪些变化，这又给研究部门提出了新的课题，于是上述过程又重复进行。实践、科研、咨询和决策四个环节的循环往复体现了“从群众中来，到群众中去”的领导方法。

我们的小城镇研究是一个综合的、长期的科研项目。现在它已经吸引了多学科和多层次的人员。随着时间的推移和研究范围的扩展，将会有来自更多方面的同志参与进来，这就需要有一个相应的机构来加强各方的联系，进行组织和协调。所以我希望在这次会议结束时成立一个关于小城镇研究的学术性团体，把现有有志于此的同志组合起来。

由于我们研究的出发点是在江苏，所以我建议请江苏的同志偏劳，出面来组织这一个团体。至于团体的名称、机构和任务等具体内容，请大家一起来讨论决定。

二

小城镇问题，不是从天上掉下来的，也不是哪一个人想出来的，它是在客观实践的发展中提出来的，问题在于我们是否能认识它。记得 1981 年初我到天津开会，遇见当时在天津市委工作的李定同志，他告诉我，1980 年胡耀邦同志到云南视察，看到保山县板桥公社的小集镇破烂不堪，凄凄凉凉。于是就在同年年底的一次会议上讲到要发展商品经济，小城镇不恢复是不行的。要使农村里的知识分子不到大城市来，不解决小城镇问题就难以做到。如果我们的国家只有大城市、中等城市，没有小城镇，农村里的政治中心、经济中心、文化中心就没有腿。可见中央领导早就看到了小城镇问题的意义，要把小城镇建设成为农村的政治、经济和文化的中心，小城镇建设是发展农村经济、解决人口出路的一个大问题。

可是，据说在传达了耀邦同志上述讲话以后的几个月中，并没有得到该市郊县的积极反应。可见在当时小城镇问题并没有能引起人们足够的重视。许多同志还未认识到小城镇与农村经济之间的关系，还不理解小城镇作为农村政治、经济、文化的中心是怎样的一个概念。这件事表明，在客观事物发展中提出的新问题，要想得到人们的普遍认识并不那么轻而易举。认识过程也有它自身的规律。人们往往要经过自己的直接感受，才能比较深入地认识新事物和新问题。

我十分赞同耀邦同志的上述提法。那是因为我早年在农村调查时就感觉到了有一种比农村社区高一层次的社会实体的存在，这种社会实体是以一批并不从事农业生产劳动的人口为主体组成的社区。无论从地域、人口、经济、环境等因素看，它们都既具有与农村社区相异的特点，又都与周围的农村保持着不可缺少的联系。我们把这样的社会实体用一个普通的名字加以概括，称之为“小城镇”。

任何事物一旦产生了理论概括，便容易使人忽视事物内部之间的性质差异，只从总体概念上去接受这一事物。小城镇也是这样，如果我们从笼统的概念出发，就会把所有的小城镇看成是千篇一律的东西，而忽视各个小城镇的个性和特点。因此，小城镇研究的第一步，应当从调查具体的小城镇入手，对这一总体概念作定性的分析，即对不同的小城镇进行分类。下面我谈一谈在吴江县所看到的五种不同类型的小城镇。

第一种类型的一个镇叫震泽镇。1935 年我从清华研究院毕业取得了公费留学的机会。当时我的导师史禄国教授建议我先在国内做些实地调查后再出国。我听从他的意见，去广西大瑶山进行调查，由于自己的失误，负伤出山，回家乡休养。我的姊姊费达生送我到她正在帮助农民开办生丝精制运销合作社的吴江开弦弓村小住。我就在这一个多月里调查了这个农村。记得有一天我去村里一家很小的店铺买香烟，谁知这小店不卖整包的烟，只能一支支地零卖。店主说若要买整包的烟可去找航船带。这件事引起了我的注意。当时这个村子有三四百户人家，一千多口人，是江南少见的大村子。可是村内只有三四个小商店，商品品种极少，规模小到连香烟也要分拆开来零卖。那时，这个村子里的农民生活并不是完全自给自足的，农民的日常用品从什么地方获得呢？我就带着这个问题去观察店主所说的航船。

其实航船就是普通手摇的有舱的小木船，只因为主要用于人的交通和货物的流通而得名。那时村子里有两条航船。每天早上，在航船摇出村子前，两岸农民们便招呼船老板代为办事。这家提个瓶子托买酱油；那家递上竹篮托他捎回点其他日用物品。船老板一一应接，把空瓶、竹篮放在船上，航船便离村出发了。航船的目的地是离村子有 12 华里的震泽镇。当航船抵震泽时，守候在岸边的商店学徒们一拥而上，抢着来做各种生意。船老板自己便到茶馆落座喝茶。到下午商店学徒们把装着物品的瓶、篮又送回船上，航船便离镇返村。航船就这样每天在震泽与村子之间往返，村子里要去镇上的人都可以搭乘这条船。奇怪的是托捎物品的和搭乘的人都不用付钱。追问船老板的生活来源才知道，原来在春秋两季，村内农户出售蚕丝和粮食都要通过航船卖到震泽镇上去。震泽镇上的丝行和米行在年终时就得给船老板一定的佣金。那些酱园和杂货店逢年逢节也要给船老板一定的报酬。所以船老板的收入是不少的。他是这村农民货物流通的经纪人，是农村经济活动中的重要角色。后来我也“免费”搭乘航船往来震泽，发现震泽镇的市河里停靠的航船有二三百条，据说都是来自镇周围各村。震泽显然是附近这些农村的商品流通中心。

我在这里追述当年的观察，是想说明震泽镇是以农副产品和工业品集散为主要特点的农村经济中心，是一个商品流通的中转站。农民将生产的农副业品出售到震泽，又从震泽买回所需的工业消费品。对于镇周围的农民生活来说，震泽是一个不可缺少的经济中心。而航船主、学徒以及米行、丝行、酱园、杂货店等商店的老板则共同构成一个庞大的商品流通组织。震泽通过航船与其周围一定区域的农村连成了一片。到震泽来的几百条航船有或长或短的航线。这几百条航线的一头都落在震泽镇这一点上，另一头则牵着周围一片农村。当地人把这一片滋养着震泽镇同时又受到震泽镇反哺的农村称之为“乡脚”。没有乡脚，镇的经济就会因营养无源而枯竭；没有镇，乡脚经济也会因流通阻塞而僵死。两者之间的关系好比是细胞核与细胞质，相辅相成，结合成为同一个细胞体。

由此可见，小城镇作为农村经济中心并不是一个空洞的概念，而有其具体的实际内容。在半个世纪前，震泽镇作为商品集散类型的小城镇对我是有吸引力的。但那时我是单枪匹马搞调查研究工作，不能不以村为界，没有能力进入镇的这一层次中去。我只是在村子里遥望到了小城镇，感觉到了小城镇这种社区的存在对于农村所发生的影响。此后，我总希望有一天能进入小城镇做些调查。欲穷千里目，更上一层楼。出乎我的预料，在 1981 年真的有机会实现了这个愿望。

第二种类型的一个镇是盛泽镇。盛泽镇现在是吴江县人口最多、产值最高的一个小城镇。从这个镇出口的丝绸占全国总出口量的 1/10，可见它是一个丝织工业的中心，是具有专门化工业的小城镇。

盛泽镇的历史发展较早，据说它早在明朝就有上万的人口。那么这个镇发展较早的基础是什么？镇上聚居的人口又是以什么为业的呢？我记得小时候去盛泽时，看到有人站在织机上提花，觉得很新奇，留下了深刻的印象。1982 年，再去盛泽时就询问解放前丝织作坊的情况，有人告诉我那时在镇上的作坊为数不多，且都是小规模的，最大的一家也只有 20 部老式织机。但是绸庄、丝行和米行却不少，其中又以绸庄为最。既然镇本身织出的绸并不多，绸庄的绸又从何而来呢？这就使我看到了盛泽与震泽不同的特点。绸庄利用金融力量或信贷关系，首先将农民在家里生产的丝买来，然后又投放给农户在家里织绸。对于专门织绸的农户来说，除了织机和劳力外不再需要其他的投资，每次把织出的绸交给绸庄，按事先的约定取得工钱，同时又领回原料。这样，一个绸庄就可以拥有几十、几百甚至成千的织户。如果绸庄把如此众多的织机集中到镇上来办作坊，那简直是不可想像了。但是绸庄把织机分散在农村的家家户户，本身只掌握着原料和成品的经营，它与织户的关系并不等同于作坊老板和雇工的关系。对像盛泽镇那样早先是以手工业产品的集散为主的经济中心，是很值得进一步研究的。

这里应该注意到农民把丝卖给丝行和将绸交给绸庄之间的区别。前者是农民出售商品，后者是农民完成契约产品领取工价。所以盛泽与震泽之不同在于它主要不是商品流通，而是作为家庭手工业的中心。千家万户的织机是盛泽的乡脚。家庭丝织手工业不仅是盛泽发展的基础，也是所谓天堂的苏杭地区发展的基础。这个传统基础对于我们今天的小城镇建设仍然具有它的意义，因为这个传统在民间已存在近千年。如此悠久的历史使它深入到每一个人，甚至进入遗传基因，成为生物基础。一位外国朋友听我说到苏州姑娘纤巧灵活的手，便提出妇女的这种技能是否可以转向搞电子工业的问题。因为电子工业需要的正是精细准确的动作。外国人都注意到了我们的历史传统，我们自己要是不研究、不利用，那就愧对祖先，是说不过去的。

第三种类型的一个镇是我出生地松陵镇。松陵在解放前后都是吴江县的政治中心，现在吴江县政府就设在松陵镇上。解放以来吴江县其他原有的小镇都处于停滞和萧条状态，惟独松陵是例外，它的人口不但没有减少，而且还比解放初有较大增长。

松陵设县由来已久。封建时代地主统治阶级为防卫农民造反起义，筑起城墙和城门将城内外隔开，在城里连集市买卖也不准做，人们只得在大东门外的盛家库做交易。城里主要是专政中心的衙门和城隍庙这阴阳两大权力机构，人活着时由县衙门管，衙门旁边是监狱和刑场；人死后据说要受城隍庙管，有牛头马面、阴曹地府。城内的住户主要是地主大户和服务于他们的各种小人物。这里的建筑也与其他地方不一样，弄堂狭小，两边是数丈高的风火墙，地主们住在里面，带有统治和防卫的特征，颇有点欧洲中世纪城堡的风格。

第四种类型的一个镇是同里镇。同里是我姐姐的出生地，我家在搬到松陵以前就住在那里。同里距运河边上的松陵只有六公里，离东南自苏州到上海的水路要冲屯村镇五公里半。同里镇本身四面环水，似乎是一片藏于水泽中的岛屿。它的周围地区河塘交叉，漾湖衔接，是典型的湖沼水乡。解放前的同里不通公路，只靠摇小船进出。对于一个不熟悉水道的陌生人来说往往在水面上转悠半天也还会找不到进出之河道。正由于同里处于交通闭塞的地理位置，具有不同于一般的水乡地貌，它就被地主阶级、封建官僚选中作为他们的避难所和安乐窝。解放前这个小镇上集居着大量的地主和退休官僚。据土改时统计，全镇 2000 户人家中有 500 多户地主，占 1/4。地主阶级找到同里这个安全岛，修起了与苏州名园可以媲美的园林，现今正在修复的退思园只是其中之一。有名的评弹珍珠塔的故事据说就发生在这个镇上。同里过去可以说是一个消费、享乐型的小城镇，现在正在改造成为一个水乡景色的游览区，已经成为文化重点保护区之一。

第五种类型的一个镇是平望镇。平望镇地处江浙之间，形成北通苏州、南通杭州的门户，历来是兵家必争之地，因此它屡遭兵燹。自古代的吴越之战，到近代军阀之间的江浙战争，战场都是在平望一带。日本侵华时，它又几乎被夷为平地。近年来平望已成为水陆交通干线的交叉点。历史上有名的大运河经过平望，沟通苏州和杭州。有公路东达上海、南通浙江、西联南京和安徽，成为吴江县内最大的交通枢纽。

平望的地理位置和交通条件使它具有两面性：一方面是易遭战争攻击和破坏，因此在解放前曾经几度由兴而衰，一直未能稳固地发展起来；另一方面由于交通发达，物资流畅，具有发展经济的优越条件，使它常能衰而复兴。解放后，战争的威胁消除了，党的十一届三中全会后，"左"的干扰被排除，便利的交通条件使它争得了成为大城市工业扩散点的地位。据说上海的一些工厂在扩散过程中，开始也找过铜罗等几个小镇，但是最后还是在平望落脚。平望就这样一下子冒了出来，成为近来吴江各镇中发展得最快的小城镇。

必须指出，上面列举的五种不同类型的小城镇，只是小城镇定性分析中分类工作的尝试。分类的对象只限于在吴江县初步走访过的镇，待调查深入后，很可能还有应当提出的另一些类型，比如以渔业为主的社区，尽管人口较少，也可以因它的特点而成为一个类型。至于在吴江县之外，全国各地的小城镇无疑还有许多各有特点的类型，比如以矿区为主的城镇等等。而且有些地方的商品流通还处于形成固定城镇的过程中，只有一些具有日中为市性质的集、墟、场、街等场所。这些都需要进一步调查研究，所以这里所提出的类型是既不完全也不齐备的。

还应说明，提出类型的目的，是为了突出这些城镇的特点，使我们对小城镇的概念不至于停在一般化的笼统概念上，而要注意到各个小城镇的个性和特点，但在突出特点的同时，不应当忽视小城镇所具有的共同性质。小城镇的共同性质，就是上引胡耀邦同志所指出的它是农村的政治、经济和文化的中心。小城镇的分类是以此共同性质为基础而就其不同的侧重点进行的。比如松陵镇固然具有全县政治中心的特点，但同时也是附近农村的经济、文化的中心。震泽镇固然是吴江县西南一片包括若干乡的商品集散中心，但同时也是乡一级的政治、文化中心。而且近年来已成为小型社队工业的中心。盛泽镇固然是当前地方丝绸工业的中心，但同时也是附近农村的政治、经济、文化中心。所以上述某镇具有某种特点，只是指它在小城镇所共有的许多职能中所表现的突出方面。

通过这样的分类，使我们注意到各个城镇有它的特点，而且这些特点是各镇的具体历史形成的，因此在建设这些城镇时不应当一般对待。比如前面说的同里镇，它原来是地主阶级和退休官僚聚居的地方。土改后，它原来的经济基础已被摧毁，要建设这个镇，显然不能走平望的道路，因为它不在交通要道上；也不可能走盛泽的道路，因为它没有传统的工业。但是它却有幽美的园林，有水乡特色的建筑和河道。这是一个前人从经验中选择出来的退休养老的好地方，为什么我们不能把它建设成为一个休养和游览的园林化城镇呢？加拿大有维多利亚城，我们也可以有一个足以同它媲美的同里镇。这就是说，以小城镇的特点来分类，对于我们确定小城镇的发展方向是有用处的。

三

吴江县的小城镇在解放后发生的变化，大体上可以分为前后两个时期，分界线是在70年代初期。70年代以前是小城镇的衰落和萧条时期，在此期间，小城镇逐步失去它赖以生存的基础；到了70年代初期，小城镇有了转机，到了后期，党的十一届三中全会以后才呈现出发展、繁荣的景象。

自50年代到70年代初，吴江小城镇的人口一直处于停滞甚至下降的状态，这与吴江全县人口的迅速增长相比是令人难以置信的。以盛泽镇为例，它还不是人口下降最多的镇，50年代初就有2.2万人。其后20年中人口总数持续下降，近年才有转机，到1981年才达到2.6万人。2.2万的人口基数，如以全国平均的自然增长率来计算，至今应该有4万余人口。所以我一听到这些数字，就说其中“大有文章”。什么文章现在还没有完全搞清楚，正在继续调查研究。这里让我们先看看吴江最南端的铜罗镇的人口变化概况。铜罗在解放前叫严墓，镇的类型与震泽相似，以烧酒和肥猪出名。全镇1952年有2475人，1962年有2488人，1972年是1900人[①]，1982年人口普查时城镇户口人数为2007人，30年来城镇人口下降19%。据初步调查，1951年土改时为了分得土地有60户老家在乡下的小店铺关了门，约150人回乡务农。同年还有一二十名青年参军赴朝，其中只有个别人后来回镇。从1952年到1957年，特别是在1956年的“对私改造”期间，又有约200人离镇外出。这批人大多是做生意的业主和学徒，其中有文化的进入附近大、中城市的国营部门，有技术的则流入上海郊区和浙江的一些县城。据反映，当时他们觉得私人经营生意是一种剥削行为，连在私人店里当工人也不光彩，所以大家要另谋出路。1958年的大办农业和支援农业，以及1963—1964两年的职工下放，镇上又减少了近50户居民。除了上述的

① 1972年人口未统计，这个数字是由前后三年的人口数推算得来的。

人口外流，还有青年学生考入大、中专学校，外省市招工，知识青年上山下乡等也使镇上人口有所减少（其中上山下乡的知识青年绝大部分后来已回镇）。

像铜罗这样的情况，在其他小城镇也程度不同的发生过。人口下降是小城镇衰落的表现之一。那么小城镇衰落的原因何在？其后果又如何呢？

1957年合作化高潮时，我去江村做过一次调查，即所谓“重访江村”。那时农民的生活比解放前有了很大改善，但是传统家庭副业已经衰落。农民对我说：肚子可以吃饱了，就是手头没有现钱。由于执行以粮为纲的方针，其后的近20年只重视粮食生产的发展，农村的商品经济长期没有恢复。直到70年代初期，由于社队工业的兴起才使情况有所改变。党的十一届三中全会后，贯彻了多种经营的方针，农村才开始走上繁荣。1981年我三访江村，老熟人不再发牢骚了。农民同我谈的都是卖兔毛得多少收入，以及要求我帮助社队工厂推售产品一类的话。当时农民不仅能吃上三顿干饭，而且手上也开始有钱买东西了。原因是他们集体的和家庭的副业发展了，而且开办了社队工业。农村里有东西能卖出去，换到钞票，就可以到市场上去买他们生活上需要的用品了。吃饱、穿暖、有钱花是农民生活改善和农村经济繁荣的具体内容。

把这两次在江村看到的情况与铜罗镇的人口变化联系起来，可以看到小城镇衰落的原因和后果。从农村方面看，由于以粮为纲，搞单一经济，取消商品生产，农民不再有商品到镇上来出售，小城镇自然也就失去了作为农副产品集散中心的经济基础。从小城镇方面看，由于提出变消费城为生产城，搞商业国营化，集体和个人的经商受到限制和打击，居民无以为业，不得不到处找活路，小城镇留不住居民，人口下降。总之，由传统的重农轻商思想出发的左倾政策，是造成小城镇衰落的根本原因。小城镇越衰落，作为它的乡脚的附近农村发展农副业商品生产的阻力就越大；反过来，农村商品经济水平愈低，作为其中心的小城镇的衰落就愈发加剧。所以农村与小城镇间经济上的恶性循环是小城镇衰落的必然结果。当然，上述因果关系还有待于用客观事实有系统地全面加以检验。

下面我再谈一点有关商业渠道的问题。解放前，农村和城镇的物资流通除食盐外全由私营的商人经营。解放后实行了统购统销，农村里所生产的粮食、油料、生猪、蚕茧等主要农副产品以及若干种生产资料都纳入了国营的流通渠道。各级行政部门都设立粮食、副食品、进出口贸易等机构，县级成立公司，县以下设所或设站。这样的商业改革使那些没有设置行政机构的小城镇失去了与周围农村的主要联系。但1958年以前，小城镇的商业除了国营这一渠道，还有集体性质的供销社，联营合作商店以及个体户等多种渠道。自从公社化以后一直到“文化大革命”期间，个体商业不断受到打击，连农民提个篮子在镇上卖几只鸡蛋也要作为“资本主义尾巴”割掉。联营的合作商业被“利用、限制、改造”，不能不向国营商业和供销社靠拢，以致有的镇最后只剩下几家供给开水的茶馆和点心店。原先由农民集资起家，属于集体性质的供销社则逐步国营化，变成全民所有制。最后几乎一切商品都按行政区划上拨下调，只在国营商业这一条渠道内流通。

商业渠道的统一国营化，引起了小城镇的巨大变化。凡是设置行政机构的小城镇，都有国营的流通渠道，在收购农副产品和调拨分配农民所需物资上占绝对优势，这就使得作为全县行政领导和物资批转中心的县城松陵镇成了吴江小城镇普遍衰落的一个例外，它的城镇人口因机构增多、干部调入而一度相持不动，后来还略有上升。一些设置公社机构的小城镇在总的衰落趋势中借着国营商业和供销社之力得到挣扎余地，而那些没有设置行政机构的小城镇受到被淘汰的压力就相当严重。在庙港公社的区域里原先还有陆港、更漤港和罗港等几个小镇，解放前它们和庙港一样都是太湖东南岸边商业性的渔港。据说陆港商业全盛时有50户人家做生意，集镇规模虽不及庙港，但它的乡脚范围与庙港相当，也有五六华里地。更漤港更小一些，只有近20个“连家店”①。解放后，庙港镇先后设置区政府和公社机构，陆港、更漤港变成庙港下属的乡和大队，只有基层政权组织而无相应的一套行政机构。从1956年开始，这两个小镇的商业逐步被庙港吞并，商业人员大都进入公社的商业机构。到“文化大革命”后期，更漤港集镇完全被吃掉，人去集空，只留下冷落的石板街和残破的店铺门面，退化为农村的居民点。陆港商业虽然也被蚕食去大部分，但它地处庙港与七都两个公社交接处，原属于陆港乡脚的村子离公社较远，主要是凭借了这一优越的地理位置，镇上留下了两个商业门市部和一家茶馆，三十几名商业人员在那里顽强地撑住着小集镇的地位。

从全县范围来看，没有设置行政机构的小城镇大多数被吞掉了，像陆港那样已吞未咽下的是极少数。这个吞并过程值得进一步记录下来加以分析。

用行政渠道来控制商品的流通，势必造成农民买难卖难的困境，而商业本身在经营上也容易滋长官商作风。据农民反映，收购农产品的机关要货时急如星火，不要时弃如敝帚。比如兔毛，去年由于某种原因价格大跌，养兔的农民叫苦连天，也不明白为什么同样的兔毛一下子就不值钱了。小城镇和农村里原有众多的流通渠道已变成了单轨，适应不了这几年来农村发展商品经济的

① 解放前农村小集镇的店铺中有一种前门开店，后屋住家属的叫做连家店。

新形势，实际上已成了农村经济继续发展的障碍。

商业国营化的过程是在“化消费城为生产城”的政策下进行的。这一政策对于我国的城市建设固然有其积极作用，但由于当时对消费和生产这两个概念的涵义没有搞清楚，以致我们对小城镇性质的认识发生了偏差。在我国旧的传统思想中，消费不是一件好事情，它是指不事生产，靠着人家吃吃花花，实际就是指剥削享受。而在小农经济的眼光里，生产是指有实物收获的劳动，不包括商品的流通。这样我们一方面把小城镇的商品流通职能排斥在生产范围之外，归入消费中去。另一方面把地主官僚对农民和雇工的剥削和挥霍看成所有小城镇惟一的基本性质。以后又进而把做生意、消费、剥削这些概念都画上等号。表现出来的是逐步限制、打击小城镇的个体和集体商业，这就大大削弱了小城镇作为农村地区商品集散中心的地位。然而城乡的工农业产品不能不流通，而流通总得有渠道。在集体、个体等贸易渠道全都被堵死的情况下，供销社非走向国营化不可，国营商业就不能不包揽一切。但是，国营商业固然可以用行政手段把物品流通包下来，却包不下小城镇上原有的经商劳动者，于是小城镇居民中很多人无以为业，纷纷找出路。其中最有办法的人挤入了上海、苏州等大、中城市；稍次的进入当地的国营企事业；没有办法的也不让在镇上吃“闲饭”，一批批地被动员下放到农村。最后那些病残体弱、无法下乡的人留了下来，依靠社会福利型的小手工业生产维持生活。这一过程在铜罗镇的人口变化中看得很清楚。它表明在经济基础动摇以后，小城镇作为人口的蓄水池也就干涸了。无以为业的人口是留蓄不住的，不能不向大城市和农村两面泄放，小城镇本身日渐萧条冷落。

这里需要补充说明三点情况：第一点是在这一时期小城镇衰落的总趋势中，吴江县也有新兴的例子。苑坪和金家坝这两个公社集镇就是由村上升形成的，它们都是设立新的公社行政机构产生的结果。第二点是从50年代后期起，吴江的县办工业有较大的发展，例如盛泽镇上的丝绸工业从作坊手工业、机器工业，一直到专业化的若干道工序配合的现代丝绸工业。但是这些县属工业在经济、管理等方面都隶属于县的工业部门，它与小城镇可以说没有多少实际联系。第三点是有少数小城镇的衰落是由于自然灾害、地理发生显著变化等多种因素引起的。如松陵西南五公里处的南厍，以前是吴江西北部地区出入太湖的主要港口镇，每天有三四百条渔船和捞水草的农家船停靠南厍，商业兴旺。1949年太湖发大水，南厍的店铺被洪水席卷。公社化以后围湖造田，南厍失去濒临太湖的港口地位，再加上行政设置的变化，南厍集镇也就退化消失了。

四

由于看到小城镇周围农村生产的单一化和镇本身商品流通职能的丧失导致小城镇的衰落，在1981年又看到农民家庭副业的兴旺和听说那几年吴江小城镇建设也在繁荣起来的情况，我曾产生过一种错觉，以为是农副业商品生产的发展促使了小城镇的复苏。后来经过实地调查，才发现，吴江小城镇兴盛的主要和直接的原因是社队工业的迅速发展，而不能说是多种经营、商品流通的结果。

以与上海郊区接壤的莘塔公社集镇为例，在1975年以前，莘塔公社的农业经济路子越走越窄，农业只是种粮食，副业只是养猪，农民收入常年在150元上下徘徊。从公社镇来看，不用说新的基建，就连原有民用建筑的维修也缺乏资金来源。居民住宅日渐破败，危险房屋越来越多。镇区内两条宽只有3米的过街楼式的沿河小街狭小敝陋。自 1975 年以来，该镇面貌大变。现在已盖起许多新的厂房、居民职工住宅和一座能容纳 1000 多人的电影院，马路宽达 18 米的新街区颇有现代气派。这些基建的总投资共达 356.8 万元，其中有 258.1 万元来自莘塔 13 家社办工厂上缴给公社的利润，占总投资的 72% 以上。

莘塔的社办工厂只有原公社农具厂（现为油泵厂）一家是在“大跃进”年代办起来的，其他的工厂都是在 1975 年前后创办的。据 1982 年资料，这些社办厂中，年总产值超过百万元的有油泵厂、灯泡厂和客车厂三家。若把全社的队办企业也统计在内，社队工业共有 57 个企业，务工社员 2098 人，占全公社劳动力的 17%。全年总产值 1026 万元，利润 66 万元，其中上缴给国家的所得税 12 万元。以务工社员工资和参加年终分配利润这两项计算，全公社 2 万余人人均工业收入为 49 元，占年人均总收入的 15%。

从农副工三业产值结构和分配结构来看，莘塔公社总产值中农业占 33%，副业占 13%，工业为 54%。在社员人均分配水平 327 元中，农业收入为 190 元，工业收入为 49 元，社员家庭副业收入是 88 元①。

这一例子告诉我们，莘塔在 70 年代中期开办社队工业以后，改变了农村一段时期以粮为纲，单一经济的局面。社队工业的发展为镇的基本建设提供了主要的资金来源，增加了农民的年终收入，而且吸收了接近 1/5 的农村劳动力。

从莘塔看到的基本情况在吴江县乃至整个苏南地区是普遍存在的。各个公社在介绍社队工业的好处时，都集中在吸收劳力、增加收入和发展公社集镇建设这三个方面。为什么苏南地区的社

① 社员家庭副业是根据供销社收购系统的数据所作的测算。

队工业在70年代能得以发展，遍地开花呢？对此不能不从该地区的历史传统和特定的社会条件去考察。

苏南地区的历史传统可以概括为人多地少、农工相辅。苏南、江浙一带，人口稠密，经济发达已有悠久的历史，人称"上有天堂，下有苏杭"。人口密度越大，人均耕地必然减少，所以在农业社会里，在一定的范围内，人口密度与经济发展水平是相矛盾的。然而我们的祖先却闯出了一条路子，使人口稠密与经济发达巧妙地结合在一起，那就是男耕女织，相辅相成。这种农业与手工业的结合一直持续了几千年。我30年代在江村调查时还曾看到农户的收入是工农相辅，一半对一半。人多地少，要富起来，不能完全靠种庄稼，在粮食作物之外要种植其他经济作物，并从事农产品加工性的家庭手工业。这就是农工相辅这一历史传统的本质。这个道理在现代人眼里看来很简单，可古人开出这条路子时的艰辛是今世无法想象的，而这条路子作为一个根基开出新的花来也是古人始所未料的。因此，依我看来，现在所谓离土不离乡的遍地开花的社队小工业，就植根于农工相辅的历史传统。地少人多，农工相辅是社队工业发展的内因。

在这几年的农村调查中，凡是所接触到的基层干部，只要一谈到人口，都说有一股压力压得他们喘不过气来。当解放初期出生的那批人在60年代中期进入劳动年龄时，农村就开始出现窝工现象。此后劳动力增长的速度逐年上升，年工分量猛涨起来，而同期粮食产量的增长却越来越少，到1970年前后平均亩产显示出已达到极限时的起伏波动。这时农村已不是一般的窝工，而是由于劳力的剩余，农民开始在那里抢工分了。我曾请一位县委书记算了一笔账，假定现有的劳动生产率不提高，现有的粮食产量不降低，全县可以有多少剩余劳动力？他的计算结果是在1/3到一半之间。如此大量的剩余劳动力是一股无法长期压抑下去的力量，一旦有了某种条件，它就会冲出来解放自己。正如当地同志所说的那样，办社队工业是“逼上梁山”，是将压力化为动力。

人多地少只是一股内在的动力，农工相辅的实现还需有外在因素的触发。社队工业兴起的外在因素就是“文化大革命”这一特定的社会条件。十年动乱，全国遭劫难。然而在吴江、在苏南的农村在一定意义上却可以说因祸得福。社队工业正在这时狭处逢生，发展了起来，所以有人说社队工业这是“乱世出英雄”。对此我起初颇觉意外，后来听了一些社队工厂的开办发展史，才了解到大城市里动刀动枪地打派仗，干部、知识青年下放插队这两件使城里人或许到现在还要做噩梦的事情，从另一面来看，却成了农村小型工业兴起的必不可少的条件。

办工业需要原料、劳力、资金、设备、技术和产品市场。农村有足够的剩余劳动力，这是没有问题的。那么其他几个条件，社队工业是怎样解决的呢？

铜罗镇有一家生产化工产品的工厂可以说真正是白手起家的。1968 年，一个城市青年插队到吴江的一个公社。这个青年的父亲在化工企业工作，他打听到某一化工产品因为派性纠葛而濒于停产，而这一产品又是另一个企业的必需品。于是他就帮助这个公社与需要这一产品的企业挂上钩，这一企业把原料、技术、设备，甚至一部分资金全都包了下来。就这样，农民便在几亩地上办起了化工厂。类似这家工厂的例子比比皆是。因此社队工厂的同志说，那时的办厂条件多数是大中城市主动送下来的。

大中城市为什么要主动送下条件让社队办厂呢？道理很简单，“文化大革命”中城市里的大、中企业有不少在打派仗，搞停工闹革命，没有稳定的局面自然不可能进行正常的生产。但社会生活不能没有商品。尤其是一些外贸产品的生产还得完成计划。而相比之下，农村的局面要比城市稳定。于是城市里不能生产，就转移到乡下去。那么由谁来牵线转移？从吴江的实际情况来看，主要是那些家在农村的退休工人以及下乡的知识青年和干部。尽管目的各不相同，但他们实际上却成了城乡经济的中介人，做了一件自己不一定意识到其意义的事。社队工业就是在社会需要大于社会生产，农村局势相对稳定，而且在城市与农村之间有了中介人作联系的条件下产生出来的。等到十年内乱结束，苏南的社队工业已渡过了最关键的初创时期，进入了它的发展阶段。

工业发展不同于农业，它必须要有一个集中的地方。这个地点一要交通便利；二是对来自各个村庄的务工社员来说地理位置适中。这两个要求使社队工业找到了处于衰落的原有小城镇。在吴江县可以看到，凡是公社集镇都是社队工厂最集中的地方。在县属镇，由于镇、社体制分设，社队工业不能侵犯镇区，于是就傍着老镇，在外围形成一个社队工业区。

在这里我们应当注意到在吴江县的七个县属镇内，还存在着另外两种工业，一种是县属工业（包括全民或集体），另一种是镇办工业。县属工业的发展较早，一般是在五六十年代开办的。它对保住小城镇一部分人口和为附近农民提供就业机会是起了作用的，而且近年来这部分工业也出现了新飞跃。然而县属工业与它所在的镇之间没有发生经济上的联系，它只对国家和县交纳税收和上缴利润。所谓镇办工业在 1966 年以前大都属于社会福利型的集体小手工业组织，实际上是残留在镇上的剩余劳力进行的生产自救。由于在“文化大革命”期间各级行政需要自找财源，搞“分灶吃饭”，灶灶要自己生火，所以镇这一级也得找各种门路办工厂。于是镇办工业就在集体手工业基础上与社队工业同时发展起来，现在也达到相当的规模。

到“文化大革命”后期，从县、镇到公社、大队，各级都在那里积极办工业。甚至连学校也要办工业。震泽中学是江苏有名的重点中学，出了人才。这份功劳部分要归到六神丸的瓶塞子，这不是虚言。不搞生产瓶塞的校办工厂，这个中学的校长就难以当家。学校的设备，教师的宿舍，学生的伙食补贴，都要向校长伸手，校长又到哪儿去要呢？培养我们子弟的教育经费如此不足，要由学校自己办工业来弥补。我听了以后总觉得心中有一股压抑。由此我也明白了为什么从社主任、镇长到县长对办工业这样积极。1973 年以前吴江县解放 30 年只铺了 3 公里的县级公路，10 年铺 1 公里。没有其他渠道找经费搞建设，它怎能不办工业！尽管当时条条框框还很多，但各级自有办法，各显神通争财源。社队工业如同鸭子凫水，下面已经动了起来。等到三中全会解开了捆住的手脚，社队工业和其他各级小工业就如雨后春笋一下子生长了起来，蓬蓬勃勃地向前发展。

由此看来，苏南这些年来小城镇的复苏和繁荣，是小型工业，特别是社队工业带动的结果。而集体商业的经济活动却还没有真正活起来。我们从事科学研究，不能笼统地说什么小城镇繁荣发展了，而要看小城镇里繁荣发展的是什么东西；它的这种发展又给小城镇与农村之间的联系带来哪些新情况、新问题。所以我想从上述的变化出发回到点与面的关系上，提出一些值得研究的问题，谈一谈对小城镇现有工业、商业、服务业的认识，来共同探讨怎样才能使小城镇真正成为农村的政治、经济、文化的中心这个基本问题。

五

党的十一届三中全会以来，通过调整改革，大中城市的工业生产逐步走上了正轨。在这种形势下，人们对社队工业有两种估计：一种看法是社队工业发展是钻了城市工业停滞的空子，所以城市工业的发展严重威胁着社队工业的生存，前途并不乐观。另一种看法认为城市工业与社队工业不但不相克而且是相辅相成，因此对社队工业的前途不必悲观。这两种估计提出了一个共同的问题，怎样认识、处理城市工业与社队工业之间的关系。这是一个在发展中提出来的课题，我们应当用发展的眼光去深入全面地做研究。

目前社队工业的确存在不少问题，而对这些问题起制约作用的关键是社队工业生产不稳定。我所见的不少工厂很多是两三年换一块厂牌，一两年转一个产品。这样做固然有作为新厂可以免税的奥秘在内，但根本上还是缺乏稳定性。

我们不能满足于市场调节稳定性差这种回答，而应当从社队工业的实践中，去解决在社会主义条件下的市场调节怎样能够达到企业稳步发展的问题。首先不能一般化地对待社队工业，而应当从具体事实出发去分析社队工业里不同的类型。下面先列举一些我们见到的不同类型的社队办的工厂。

吴江县社队工业里有不少是丝织厂。办丝织厂抓住了当地农村具有丝绸手工业传统的特点，而且它作为劳动密集型工业，利润较高。按理说这种工厂是应该稳定的。然而绝大多数社队丝织厂的原料不是蚕丝，而是化学纤维。在70年代，化纤产品是热门货，只要能生产不愁无销路。但随着大城市化纤工业的发展和人们对衣着需求的改变，这两年来吴江县社队丝织厂的产品市场离本地越来越远，采购员采取了你占城市我下乡，你在平原我上山的办法，一直把产品销往福建山区、安徽、青海等地。尽管如此，产品的库存积压还是有相当数量，去年化纤织品降价，损失不小。

庙港有一家蔬菜加工厂是在1980年创办起来的，共有30余名固定工人，生产各种酱菜，主要是小黄瓜和大头菜。这个厂的原料都是本公社农民自己种的，1982年它向全公社收购蔬菜总值达110万元，增加了农民的收入。工厂本身利润最高达15万元。它的产品有半成品和成品两类，半成品销往山西，成品除当地自销外还销往上海、苏州和由外贸出口远销南洋各地。

平望现在有上海缝纫机三厂的一个分厂，它是1981年6月由上海缝纫机三厂和吴江县农机厂联合投资、共同筹建的。总厂与分厂两家联合生产蜜蜂牌家用缝纫机。分厂虽不是社队工厂，但它一方面为总厂提供一部分机头零件并组装一些整机；另一方面则与梅堰、震泽、金家坝的几家社办厂协作为上海总厂及其本身生产机架铸件和台板。这几家社办厂的原材料由上海供应，产品归上海接受，按照总厂的计划组织生产。分厂的原料也来自上海，技术由上海派人指导。分厂所获利润和超产的部分，与总厂对半分成。

上面三种社队工厂有可能是吴江现有社队工业的三种基本类型。第一类是原料和市场都不在当地农村，只是利用当地劳力的工业。在目前社队工业技术水平还较低、品种式样受到资金匮乏制约、商情信息基本上还靠当面碰头交流的条件下，这类社队工业忽起忽落不能稳定是必然的。第二类是原料来自当地农村，市场也比较可靠的工业。这类工业实际上是当地农副产品的延伸工业，农副产品与工业原料衔接起来，是社队工业中最稳定的一类。第三类工业的原料来源和第一类相同，并不是本地自产，但由大工厂供应，市场也是大工厂承包，性质上它是城市大工业的扩散，相当于大工厂的一个附属车间，所以它只要能维持住与大工厂的关系也是相当稳定的。

从吴江全县来看，第一类工厂占绝大多数，第二类工厂是少数，第三类工厂只有几家。因而从总体来看，全县社队工厂还是处于不稳定阶段。

对社队工业作出上述分类，是为了说明在基本上属于市场调节的情况下发展社队工业，必须根据农村地区的特点去确定能够发挥自己优势的工业方向，才能保持稳定性。因此我认为应当把工业的重心转移到第二类上去，要大力发展食品工业和具有地方特色的轻纺工业或手工业。这是基于我对社队工业应当握有原料和市场的主动权才能稳步发展的认识。当然哪些原料适宜由社队工业去加工，它掌握主动权的比例应多大等问题，尚需进一步具体化。但农村工业的原料与农副产品衔接起来，进行劳动密集型的工业生产，以地方特色拓宽国内与国际市场，这些无疑是社队工业选择发展方向时应该遵循的普遍原则。第一类工业在特定的历史条件下是送上门来的，而现在却要到处磕头找原料和市场。这说明它作为农村工业的先导任务已经完成。这类工业将来是否会有新的出路，那要看整个国家工业怎样打破大而全、小而全的工业体系以后才能预测。第三类工业看来是有前途的。从世界范围看，大城市工业扩散是一个趋势。大城市人口密集、土地贵、工资高、污染严重等，已使它的工厂不能再继续发展下去。资本主义国家的工业已向郊区和附近农村扩散，现在甚至扩散到第三世界的国家中去了。这种工业扩散曾引起严重的污染扩散的后果。但是我们社会主义国家对这种恶果是可以避免的。我曾说过，我们应当提倡“大鱼帮小鱼，小鱼帮虾米”，要求大、中城市的工业帮助、促进农村社队工业的发展，社队工业也可以帮助更小集体工业的发展。最近我看到江都宜陵的一份调查报告，里面说是那地方有个社队办的蜂乳加工厂，把装蜂乳的玻璃管、包装盒等分到各个生产队去制造，使得这个公社的许多生产队都得到好处。这不是“小鱼帮了虾米”么？所以工业要打破大而全、小而全，要一层一层地扩散下去。但是大、中企业不应当把污染也扩散给还不怎么懂得污染为害的农民，而是把就业机会和工业利润扩散出去，这样它自己可以集中精力提高产品质量和经营方式以增加本身利润。这正是我国社会主义制度优越性的体现。

工业要打破大而全，不仅是形式问题。工业规模越大，越能趋向合理化，这是别国的经验。我们不该不假思索地把它硬搬过来。我们首先要考虑到怎样在发展工业中解决广大农村中居民的生活问题，而不应重复西方资本主义国家工业发展、农村破产的老路。其次，要考虑到我们的企业经营管理方式必须适合我国当前的国情。毋庸讳言，我们对大企业的经营管理还缺乏经验，以致一些大的国营企业不能赚钱甚至长期亏损。现在有的社队工业想稍稍扩大点规模，结果他们自己说是“骑上了马背下不来”。因此，我认为应当注意研究社队工业的规模和适应当前农民水平的经营管理方式，在这个基础上，通过实践培养出一批能管理工业生产的基层干部，为我国工业进一步大发展创造人的条件。

社队工业具有顽强的生命力。有个队办工业赔了钱，我问他们怎么办？回答是赔钱还得搞，这是因为工厂看来是赔了钱，但是生产队每一家都有人在厂里做工，挣得工资，所以不允许关厂，而宁可少拿一点工资。我因而想到这些社队工业很有点像是传统家庭手工业的扩大和集体化。家庭手工业是不计工资、只算收入的。所以从社队工业来说是赔了些钱，但如果把工人们的工资算进去，对全生产队的农民来说，还是增加了收入。赔钱还要办下去，体现了社队工业的坚韧性和顽强的生命力。这种坚韧性来自传统，来自人多地少的现实。这种顽强的生命力使它在不稳定中要坚持生存下去。

赔钱还要办；一家出一个工人，机会均等；凡此种种，看起来都与现代工业的讲求效率、利润，择优挑选人员等经营原则相背离。要实现工业现代化，这些是应当改进的。但是这些是具体存在的现象，自有它发生的社会原因。人多地少和工农相辅的基本情况不改变，这种现象也不易改变。我们应当因势利导，转变它的落后性为开创新工业服务。日本企业家引为自豪的所谓Z式管理，无非是利用传统的“我照顾你一辈子，你得终生为我服务”的从属关系作为经营管理中发挥劳动积极性的有效方式。而我们农村中人际关系的传统要广泛深刻得多。当然其间良莠不齐，应该对它们加以分析和考察，作出区别，弄清哪些东西可以利用和利用到什么程度。我们不应以虚无主义的态度看过去。要真正懂得中国的特点，并根据这些特点搞社会主义现代化，就要研究可以生长出新东西来的旧事物，甚至要用旧形式来发展新事物，最终使旧的转化为新的。

社队工业的发展使一部分农民转化为工人，县办和镇办工业的发展也招收了相当数量的农民工。这就是说现在已经有不少农民到小城镇里来了。据调查，这五六年来，小城镇的实际聚居人口与户口在册的人口相比，普遍增加了1/3。因此，人口普查所得的小城镇人口与实际情形差得很远。这些农民工到了镇上与镇上工人一样干活，甚至那些条件最差、最累、最重的活往往是由他们来承担，他们实际上是工人阶级队伍中的新成员。然而镇上的户籍里没有他们的名，不能吃商品粮，不能调整工资，不能参加工会，其中的党员还不能在工厂里过组织生活。这批人数目相当大，据不完全统计，1982年江苏全省的务工社员人数达到527万人。而全省城镇户口的劳动力总数只有606万人。换句话说，在大中城市及小城镇从事各种非农业工作的人数中，农民工与城镇户口的工人在数量上已相当相近。农民工挑着小城镇工业1/3的担子，但现在还没有能列入工人阶级的队伍，享受工人的权利。我们必须正视这一现实，有责任把这一事实反映出来。应当深入考察这批人走出村子到小城镇上做工的全过程，研究他们的社会地位和生活、工作、思想感情。这是中国工业史上未曾出现过的新情况。他们在我国现阶段的工业发展中将起什么作用？这是一个大问题。

我国的商品粮不足，或许还有别的原因，在50年代不得不划分城镇户口和农村户口。可是后来当城镇户口和铁饭碗结成一体，这两种户口的差异就大大超出了划分时的原意，出现了许多新问题。譬如明明是工人，却偏要给戴上一个帽子叫做农民工。农民的孩子拿到大学的入学通知书，家长要请客、放鞭炮庆祝。大城市里的青年不愿考重点院校，高考分数逐年下降。这些现象，大家熟视无睹，习以为常。也就不会去考虑农民工的称呼，农村青年上大学要请客、放鞭炮等的意义究竟是什么呢？据我看来，这些现象的发生不能不归根到户籍制度里存在着的已经和当前新局面不相适应的成分。

在当前的情况下，不仅吃商品粮的城镇居民在群众眼中比农民工高一等，就是在农民工和务农社员之间也有高下之别。据说一些村里的姑娘当上了农民工，她们的婚姻就发生困难。她们不可能嫁给被称为“街上人”的有城镇户口的男青年，因为她们的户口还在农村，她们在别人看来还是乡下姑娘。据说娶乡下姑娘最怕的是生了孩子也成了乡下人。可是这些姑娘们觉得自己已经不完全是乡下人了，她们也不大愿意再嫁给她们认为的乡下人。务农的男青年自己也觉得配不上这些姑娘，不敢高攀。这就产生了一个新的社会问题，有不少悲欢离合的故事。

在实地调查中，时时可以觉察到有一股不可遏止的力量在驱使那些基层干部不能不开动脑筋朝前赶。我也受到一些感染，提出上述几个问题作深入研究的引子。我似乎感到自己盼了数十年之久的东西就在眼前，农村真正的工业化、现代化正在社会主义条件下出现，然而自己对其中许多有着深刻历史的现象还未能透彻地理解，还需继续观察。

江苏其他地区的条件有什么不同，他们是不是也走苏南社队工业的路子？全国农村社会经济发展的步子怎么走法？它从苏南的经验中能得到些什么？这些问题一个接一个地在我心里盘算，希望今后的研究能向这些方面开展。

吴江的社队工业走过了十几个年头，党的十一届三中全会后的迅速发展也有五年了，其间有成功的经验，也有失败的教训。现在应是加以回顾总结的时候了。我们应当对社队工业的多样性和复杂性进行客观全面的分析，对社队工业中发生的问题作出科学的说明。

六

小城镇作为商品的集散中心，它的商品流通与农村的经济发展之间具有互为前提、相互作用的关系。现在主要的问题是要搞清楚商品的流通环节和开通商品的流通渠道。

商品的流通环节，是指商品从生产者那里出来到达消费者手上，中间所经历的步骤。比如某一工业产品由上海的工厂生产后运往苏州；苏州的物资部门将它分配给吴江县；吴江的商业机构再把它分拨到各公社；公社供销社又把它批发给集体商业，最后由门市部出售到农民手中。商品就是这样经历了五个非直接消费的部门一步步地转运给消费者农民。这每一次转手都是商品流通的环节。同样，农副业生产的商品也要经过若干环节作相反方向的流通。这里我们首先要了解的是目前商品流通要经过哪几个环节，以及各个具体环节对于商品流通究竟起什么作用。

让我们撇开大、中城市，先取出从小城镇到农村这一段来作考察。从这一段商品流通环节的具体分析，就可以看到小城镇之间还有大小不同、层次高低之别。

前述的类型分析表明小城镇对农村的主要作用可以因类型不同而有所侧重。然而即使是同类型的小城镇，对周围农村所发生的作用也不是等量齐观的。例如同是作为农副产品集散中心的小城镇，震泽的乡脚大，庙港的乡脚就小得多。因此，由小城镇作用影响范围的大小，反映出一个有系统的高低不同的层次来。

城镇层次的划分，过去大多以人口数量的多少为标准。然而小城镇商业作用的层次分析，单以人口为指标是不够的。因为人口大体上相同的城镇，在商品流通环节中所处的地位却可以不同。在目前我国商品流通的过程中，行政的因素特别重要。许多不同等级的行政性的商业机构决定了商品流通的环节。所以我们不妨首先从城镇的行政地位入手来观察商品流通的过程。

吴江县的小城镇依据行政地位，可以分为三层五级：第一层是县属镇，在吴江人称七大镇。这一层小城镇的共同特点是具有镇和公社双重商业机构。县属镇又分两个级别，第一级是县城松陵，它有县、镇、社三重商业机构。第二级是震泽、盛泽、平望、同里、芦墟和黎里等6个非县城的县属镇。第二层是有公社商业机构的公社镇（或称为乡镇），吴江的16个公社镇也分为两个级别。第三级是商业人口接近于县属镇的八坼、铜罗和横扇，当地叫做三小镇。这三小镇除公社商业机构外，还有若干县属商业机构的派出部门，其管理范围越出本公社。第四级是设置有公社商业机构的庙港、七都、莘塔、金家坝等13个镇。第三层是大队镇（或称村镇），这一层镇在区域上都属某一大队范围，在行政上并不附设商业管理机构。它不同于有下伸店和双代店[①]的大队中心

① 业务属供销社系统的大队代购代销店叫做双代店。

村，区别在于有商店、服务业和集市贸易的聚合和有经常性的商业管理人员。第三层不再分级。在吴江县共有如前面所说的陆港等12个村镇①。

由此可见，商业流通的环节实际是以一层层的行政级别为依据的。那么商品是怎样在这些环节上运行的呢？实际情况要比工业品通过高层次到低层次再到农村，农副产品又反向运行的理论分析要复杂得多。

例如开弦弓村有一家下伸商店，这个店销售量最大的是火柴、糖果、香烟、酒、酱油、盐一类的商品。店里还有三只铝锅，据商店工作人员说它们在货架上放了整整一年。难道是开弦弓村人不用铝锅？不是。农民说买一只锅子要用几年，总得挑个好的，但这里只有三只，没法挑选。所以买铝锅之类的物品他们就要上震泽或庙港。村里的青年男女结婚时新房里所需要的一些用品还要到上海、苏州去买。开弦弓是一个村落，不是村镇。但从这里可以看出普通农村里农民生活各种必需品是分别由不同层次的城镇供应的。这里就体现了小城镇作为商业中心的层次来。一般情况下，农民生活中食用的如油、盐、酱、醋等一次性消费品，基本上可以在村镇得到满足。村镇商业的门市部一般不到10个，销售范围大都是在1公里以内。农民的生活日用的如热水瓶、脸盆等低档耐用的消费品，基本上是从乡镇或县属镇得到满足的。乡镇内同类商品一般都是独家经营的，花色品种与数量均较少，它们的商业门市部在10至50个之间，销售范围在3公里左右。县属镇内同类商品则有两个或两个以上的门市部销售，花色品种与数量比乡镇多，选择的余地增加。它们的商业门市部

---

①　据乡村建设局调查统计。

在50至100个之间，销售范围在5公里上下[①]。

小城镇的层次是层层包含的。这就是说，高层次的小城镇的销售范围不仅包含低层次的小城镇及其销售范围，而且高层次的小城镇自身也具有属于低层次小城镇的销售范围。例如假定庙港、七都、八都等乡镇和这些公社的农村都到震泽来买铝锅，那么对铝锅这一商品来说，震泽镇铝锅的销售范围就包含了以震泽为中心的所有乡镇及乡镇的销售范围。但震泽不只是卖铝锅，它同时也卖油、盐、酱、醋。就这些商品的销售来说，震泽镇的范围与陆港这些村镇的范围相差无几，都限于附近约1公里范围内的居民。商品的销售范围实际上就是吴江民间所说的“乡脚”。乡脚并不是以镇为中心的一个清晰的圆周，每一种商品都有各自的乡脚，所以一个小城镇的乡脚由许多半径不等的同心圆组成。小城镇层次的划分实际上决定于它们乡脚的大小。

小城镇层次分析应当深入到满足农民各种生活需要的功利评估。所谓功利评估，是指农民对购买何种商品、花多少时间、付多少成本的计算和均衡。功利评估的原则是以最少时间、最低成本去取得最满意的商品。小城镇的商业层次应当根据这样的研究结果来布局。我不知道现在的商业部门有没有一本在哪个环节该储备什么样的商品和每种商品要储备多少的账。如果没有这本账，就会产生有些环节上应该具备的商品无货供应，而在另一些环节上不该储备的商品又被囤积的不合理现象。例如我在广西大瑶山的新华书店买到一本《陆游年谱》，对我来说当然是求之不得，但在瑶山的书店里摆上这类书籍，恐怕是很少有机会被人赏识，难以遇上知音。

流通环节的合理化是商品流通的必要条件，道理是显见的，

---

① 商业门市部数与销售范围都是吴江县各层小城镇的平均数。

但做到合理化却需要作细致的研究。

疏通商品流通渠道是一件更大的事。党的十一届三中全会以来，小城镇上行政化的单轨渠道发生的问题我们还不怎么清楚。我只是了解到集市贸易在吴江已经恢复起来，农民挑担上街，商贩摆了摊子，到处很热闹。松陵镇还为这样的集市搭了个玻璃瓦棚，使买卖人群不致淋雨，做了一件好事。虽然在集市贸易中有价格管理等许多问题存在，但我看主要的问题是为什么吴江县小城镇的集市贸易还只是停留在农民提上一篮鸡蛋在集市上等上半天的原始状态，而不是像北京北大附近中关村一带那样只用短短的一年多时间，便从日中为市的个体经商变成一排排集体合作的商店？

听说供销社也正在进行改革。对此我得首先说明自己是外行，又没有进行实地调查，目前还只能作为一个旁观者说几句。从客观形势上看，现在要供销社重新回到合作性质上去恐怕不那么容易，要国营商业把已经经营的那些项目让出来恐怕也有难处。据说前两年小镇上供销社和集体商业从体制上划清了。然而所谓的集体商业，其实还是供销社批发给它商品让它出售的国营附属机构。不客气一点说，那是换一把勺子去舀大锅里的汤。

那么小城镇集体合作形式的流通渠道怎样才能真正建立、发展起来呢？前些时松陵镇的同志写信给我，要我帮助他们买一部卡车，用它把凤尾菇运销到苏州市场上去。买汽车我当然是毫无办法，但这封信使我受到了启发。1981 年我把澳大利亚一位朋友送给我的平菇的菌种带回了家乡。1982 年吴江县农技所和松陵镇的同志试种成功并作小规模推广，有的同志还给它起了一个优雅的名字叫凤尾菇。经化验这种蘑菇不仅食用价值高，而且体积大，产量高，每斤以七分钱的成本能卖得六七角钱，它还能立体柱形栽培，适宜作为农村家庭副业。可是在农村里初步推广后，县城内的市场太小，苏州和上海却很欢迎这种食品，于是运销的问题就发生了。所以他们要我设法买卡车。这封信给我的第一个启发是新商品要走新的商业渠道。既然原有的商品走集体形式的流通渠道困难重重，新的商品或许就比较容易创出新的方式来。我们应当支持奖励生产者自己组织起来作集体流通的新的尝试，一切好的形式都是从尝试中出现的。我们要积极发展小城镇，就要从一切方面用各种方法去尝试新的发展。

由此我想到应该进一步研究农村产品商品化的问题。凤尾菇产量大了就想到自己要买汽车运销。那是商品产量的提高促使他们想到的，如果农村除社队工业外的商品生产还不足以满足附近几个小城镇居民的需要，那么手拎肩挑的集市贸易渠道就完全可以承担流通任务，自然不必也不会有更上一层楼的要求。然而1982年江村杀兔吃肉的事实又说明，农村经济商品化的水平必须有新的立足于国内市场的流通渠道才能巩固和提高，如果一味把身子靠在洋人的背上过日子，人家动一动小拇指，我们就要跌筋斗。所以我希望有同志能从对农村经济商品化的现状出发，深入探讨小城镇商业流通渠道与农村商品化程度之间的相互关系。

我从这些事实又引出一个看法，小城镇商业的发展之所以没有社队工业的发展快，原因是受到原有商业渠道压抑的农村商品经济对小城镇的冲击力还不够强。一旦这种冲击力强大起来，包揽式的流通渠道就非得改革不可。现在农村经济尚处于生产责任制的低级阶段，商品生产的程度还不够高。要突破当前的局面，还有待于多种经营专业责任制的发展。看来从以家庭生产为单位的责任制到集体专业化生产的责任制，是当前农村生产力继续提高的必由之路。从整个苏南地区来说，集体专业化生产的责任制形式已经在某些方面出现。所以小城镇建设应当清楚地认识到客观的发展会带来的结果，以新的流通渠道的尝试和开辟，去自觉地适应、促进这一具有光明前途的新事物的发展。

七

小城镇怎样成为农村的服务中心、文化中心和教育中心，对此我只能谈谈自己的一些想法。

我四访江村时，听说在影片《少林寺》上映期间，浙江的南浔镇先贴出这部新片预告。震泽镇的电影院获悉这一消息后，赶紧抢先租到这部片子赶在南浔之前放映。这部片子在当时吸引了周围四面八方的农民。他们摇着船、带着孩子来镇上看电影。《少林寺》放映一周，卖座率始终不衰，使影院收入了1万元。农民上街看电影总得吃点面条、点心，还要往家捎回些东西。结果这7天内全镇商业的营业额增加了6万元。这件事在我看来是镇作为农村中心的生动例证。假如这种现象是经常性的，震泽岂不就是一个农村的娱乐中心和商业中心了么！

这件事说明小城镇的服务业是蕴有巨大潜力的。不是农民没有对现代社会生活的需求，而是我们不懂得农民的需求，致使小城镇上的服务项目、服务水平和服务质量远跟不上客观的形势。

为农村妇女烫发是现在小城镇的一个服务项目。1981年我三访江村时，很少见到有姑娘烫发。到四访、五访时，烫发的女青年逐渐多了起来。今年六访时看到，不论是社队厂的青年女工或是在田里干活的姑娘，头发几乎都弯曲起来，甚至连十二三岁还在上学的小女孩子也烫了发。据说她们大多数是到庙港和震泽的理发店里去烫发的，每次两元。每逢过年过节理发店日夜开业。在这件事情上庙港和震泽已成为农村姑娘的服务中心，而且为我们提供了测量这两个中心服务区域，即城镇乡脚的一个指标。但是农村姑娘烫发的风气完全是自发的。我们对电视机的下乡引起了什么后果可以说很不清楚。这些看来都是小事情，意义却十分深远的问题，需要我们严肃地进行科学的研究。

再说小城镇上的茶馆，过去这是附近农村的社会信息交流中心，城里的、镇上的、村里的信息都在茶馆里汇集，并散播到附近农村里去。它是民间相互咨询的服务场所，里面有社会新闻、有生产技术问题、有做媒等丰富的内容。现在民间的信息交流、咨询服务是否还在茶馆进行，还是另有场所和其他途径？在农业生产责任制和农副工综合发展的新情况下，农民到底有什么新的服务要求，怎样去满足他们的要求？这些都是迫切需要加以研究的课题。

在文化方面，除了电影院对农民开放外，镇本身现在很少有什么文化设施。青年们一般不上茶馆，又几乎没有文娱、体育等活动，连找对象在镇上也没有谈话的场所。去年松陵镇修了一座小公园，除了供人憩息，还有一些石条凳可坐，使农村青年男女进城来可以有个谈恋爱的地方。听说还有人反对，说是有伤风化。其实这并不是一个小问题。我看现在存在着严重的地缘、业缘内婚现象。青年男女没有正常的社交活动，不熟悉居住和工作范围以外的人，不得不在同村、同厂、同机关内部找对象，以致选择的圈子越兜越小。据说在一些交通闭塞的山村里，低能儿越来越多，原因很可能就是长期的近缘婚姻。所以扩大青年的社交范围对于反对父母之命、媒妁之言的封建包办婚姻，对于改变近缘婚姻是有积极意义的。男女青年有正常的社交活动，可以自己见面谈恋爱，这是一种文化中心的出现。文化中心不是一句空话，建设社会主义精神文明也不是空洞的口号。真正的中心作用是要使农民到小城镇来接头，在这里解决实际问题，满足农民的需要。也就是人与人要在这里碰头，物与物要在这里运转，信息要在这里交流。苏南、吴江这一发达地区的小城镇到底为农民做了多少事情？很值得我们去看一看、想一想。

在教育方面，使我最痛心的事是江苏的文盲率要比全国的平均数高，吴江更是高中之高。按理说，一个地区经济水平是与文化程度成正比的，实际上现在反过来了。其中的规律性值得深入研究。可我想提一个倒过来的问题：为什么要识字？不识字又怎样？如果不识字照样生活，收入还比识字的高，那就发生了为什么要识字的问题了。

这次我在太湖边上的庙港渔村里散步，我问了几个年龄不同的居民识字不识字，他们都对我摇摇头。年纪大的都是有经验的渔民，年轻的孩子们正跟着父兄们学打鱼。据说他们近年来的收入比农民高得多。我和他们的谈话中使我悟出他们不识字的道理来。这些都是多年甚至世代在太湖上捕捞的渔民。捕捞是搜集自然产物的生产方式，由来已久，说是原始经济也未始不可。这种生产方式需要有这一地区自然地理的丰富知识。在太湖里打鱼，就得充分掌握太湖的气候、风浪和鱼源。这是他们生活所依赖的知识。这些知识都并不靠文字来传递，而是口口相传并在实践里体验来的。要做成一个能靠捕鱼为业的太湖里的渔民，就必须从小就跟着父兄在船上生活。试问他们为什么要在学校里花费多少年学会几千个方块字呢？年轻时进学校而不去跟父兄一起经风浪，到头来恐怕会在打鱼时被风浪淹死在水里。但是如果要提高渔业的生产力，改捕捞为饲养，就是用人工去经营鱼塘以得高产，情况也就完全改变了。饲养员需要知道温度、湿度、水里含氧的成分等等所谓“科学知识”，这种知识不懂文字是得不到的。从太湖上的“浪里白条”变成鱼塘的饲育员，是从原始采集阶段的生产方式发展成饲育阶段的生产方式，也就是从不需要文字到离不开文字的发展过程。如果现在庙港的渔民安于在太湖里乘风破浪地以捕捞为业，那么我看文盲是扫不完的。我从太湖边上散步回来，对扫盲问题的认识似乎又深了一步。我们读社会发展史应当要用它来理解当前的实际问题：生产力不发展，教育普及不了。从这个角度去研究当前农村的教育问题，也会看到目前农村生产力的迅速发展不仅提出了普及教育的要求，也提供了普及教育的可能性。怎样才能满足农民对教育的需要呢？那就有赖于我们提供怎样的教育内容了。因此怎样把小城镇建成农村的文化教育中心，对我们来说应当是一个重要的新课题。

八

我的发言应当结束了，在末尾我想附带提出一个名词问题。我素来不主张在名词上浪费笔墨的，但是也不能不注意到名副其实的必要。“小城镇”这个名词最近大家已经习惯了，但是否还可以多考虑一下？用这个名词来指作为农村中心的社区是否妥当？我们的字典里对城、镇、集、墟、街、场、村等名词都有一定的释义，我在这里不再重复。但必须指出，当前各种社区需要划分出一条城和乡的界线，各层的社区用哪些名词来表达最为妥当还是个值得考虑的问题。

如果把“城镇”这个名词用来指作为农村中心的社区，从字义上看，它似乎应当属于城的一方，而实际却是乡的中心。为了避免这种因望文生义而可能产生的误解，不如称这种社区为“集镇”。我们知道有不少经济不太发达的地区，还没有形成固定的商业和文化中心，而停留在“日中为市”的定期赶集形式。津浦铁路进入安徽境内就有很多车站至今保留着某某集的地名。这些集所起的作用，程度上虽有区别，性质上是和吴江所见到的许多“小城镇”相同的。把这些集称作“小城镇”总不免有点牵强。所以我想不如把在吴江所见到的“小城镇”和这些集归在一起而称它们作“集镇”。

当然“小城镇”应当划归在城、乡的哪一边，还是一个可以研究讨论的问题。把它说成城乡的纽带，只说明了它的作用，而没有表明它是一个具体的社区。我主张把农村的中心归到乡的一边。但也可以考虑在城乡之间另立一格，称之为镇。麻烦的是汉字不习惯用单音节名词。镇字旁还得加个字，要加就不能再用城或乡，所以还是可以考虑称为“集镇”。

还要提到的是群众语言中有传统的分层模式，那就是“城里人”、“街上人”、“乡下人”。这种分层至今还有现实的社会意义，含有高低之别。上面提到过在婚姻上乡下人不敢高攀城里人的事就是一个例子。而我们所提到的吴江县的“小城镇”中在群众语言中却包含了三个层次。作为吴江县行政中心的松陵镇的居民过去被称作“城里人”。松陵镇过去也确有城墙，解放后才拆除。其他的镇上的居民在群众语言里都不称“城里人”，而称“街上人”。但是像庙港一样的公社镇，过去并不是基层行政中心，只是沿太湖的港口之一，像是一个较大的村子，所以它的居民够不上称“街上人”，还是“乡下人”。有人看到在现在所谓“小城镇”里还存在着和群众语言相适应的层次，所以主张用“城镇”、“乡镇”、“村镇”来区别。“城镇”指松陵一样的大镇，即县属镇；“乡镇”指公社一级，也是体制改变后乡政府所在地的镇；其下则是“村镇”。这种意见值得考虑。我在这里只是提出来供大家讨论。我们的调查研究越深入，对我们用以识别事物的概念也会越来越细密，也会要求我们所用的名词更加确当切实。现在一般应用的名词都有待我们进一步去研究讨论。

今天我的讲话里还是用“小城镇”这个名词，因为我们的讨论会的名称就这样用的，不能因为我个人不成熟的意见就加以改动。这也说明了这些概念和这些名词都有其社会的根源和作用。即使改动也要有个过程。我个人的意见也会改变，一门科学在初创时期总是这样的。

最后，预祝这次讨论会开得成功。

1983 年 9 月 20 日

瑶山调查五十年*

我自1935年偕同前妻王同惠初访广西大瑶山以来，已经过去了整整半个世纪。这50年来，我从一个学习人类学的学生到带领几个中年学者三访瑶山，今昔对照，感慰良深。旧地重游，所见变化之大，可以说是换了人间。

瑶族在旧中国是一个被歧视的少数民族，在很早的年代里就被撵入了南岭山脉的高寒山区。据说，他们的祖先在两千多年前的秦汉时代还定居在长江中游的洞庭湖一带的平原上，但是这个具有强烈反抗压迫传统的民族，拒绝反动统治者强加于他们的徭役，宁愿进入深山老林，靠双手开辟自己的家园，保卫自主的生活。有人以最早见于汉文《梁书》里的“莫徭”（不服徭役的意思），作为这个说法的佐证——尽管史学家对此不尽同意，但是瑶族不断受到历代反动统治者所实行的民族压迫政策的摧残而被撵入高寒山区，确是事实。

广西东部的大瑶山，处于柳江和桂江之间大约有2300多平方公里的高山区，海拔最高达1900多公尺。四围是平原或丘陵

---

* 本文是作者在香港召开的“第一届瑶族研究国际研讨会”上的论文。

地带，山区边缘皆为几百公尺的陡坡悬崖。1935 年我在清华大学研究院毕业后，接受导师史禄国教授的意见，在出国留学之前，先到国内少数民族地区进行一次实地调查。当年秋季我偕同前妻王同惠一同进入广西大瑶山。我们的分工是：我主要测量瑶山居民的体质，她做社会调查。

当时的大瑶山里，老林密箐，羊肠小径，野草蔓生，道路不辨。我们从 10 月 18 日开始进入瑶山工作，到 12 月 16 日从花蓝瑶地区转移到坳瑶地区的旅途中迷失了方向。我不慎误踏猎人设下的陷阱，腿背受伤，王同惠下山呼援，天黑路险，溺水丧生。二人同行，一死一伤。后来我虽获救出山，这次调查却并未完成。我在养伤期间把前妻所遗材料略作整理，编成《花蓝瑶社会组织》，而我的体质测量资料后来全部遗失在昆明。因此，我一直遗憾在心，觉得是一件此生不能还清的欠账。

新中国成立后，世世代代居住在被蔑视为化外之区的大瑶山里受尽民族压迫的瑶族人民，于 1952 年建立了金秀瑶族自治县。这是中国各族人民在中国共产党领导下获得解放后，最早实行民族区域自治的地方之一。瑶族人民再也不受民族压迫之苦，获得了当家做主的民族平等权利。

1979 年 10 月，我趁参加祝贺广西壮族自治区成立 20 周年之便，重访了阔别 43 年的大瑶山。这里是我重新进行民族实地调查的起点，也是日夜令人魂梦神牵之处。当时虽然经过十年动乱，在林粮矛盾中，森林生态遭到破坏，但正在落实“以林为主”的政策，瑶山充满了希望。随着生产责任制的落实，瑶族人民张开了发展科学技术和开展山区林副土特产这双翅膀，向着民族繁荣、山区兴旺飞翔。

此后，我又带了几位中年瑶族研究者二上瑶山，在那里进一步了解了大瑶山瑶族的情况，支持那些比我年轻的学者深入山村，从宏观和微观两方面进行研究，并期望从这种研究中，能对我们整个中国民族大家庭，尤其是对研究全世界人口最大的民族——汉族的形成问题有所启发。

瑶族分布得既广又散，他们内部在语言、社会组织、风俗习惯、宗教信仰，甚至服装上都存在着显著的区别。根据这些区别，人们用各种不同的名称来称呼他们。其名称在全国多至几十种。如广西都安有自称“布努”的瑶族，汉族人称他们作“背篓瑶”；广西南丹有自称“瑙格劳”的瑶族，汉人称他们作“白裤瑶”，仅广西大瑶山的瑶族就有五种不同的自称，汉族人也用了五个名称分别称呼他们，即：茶山瑶、花蓝瑶、坳瑶、盘瑶和山子瑶。他们的汉名除了坳瑶外都不是自称的音译，比如茶山瑶自称是“拉加”，花蓝瑶自称是“炯奈”，盘瑶自称是“勉”，山子瑶自称是“金迪门”，坳瑶则自称“坳标”。他们尽管有不同的自称与服饰，语言也各不相同，但是都共同承认是一个民族——瑶族。而在他们的自称中却都不加“瑶”字，不说“拉加瑶”、“炯奈瑶”等，却承认“拉加”、“炯奈”都是瑶。由此可见，瑶这个族名很可能是汉人对他们的称谓，在大瑶山，也是对这五个不同自称的人所形成的共同体的称谓。

30年代我初到大瑶山时，由于缺乏语言学的训练，没有从语言学的角度来研究这五种不同自称的人们的关系，而简单地把他们看成是大瑶山瑶族的五个支系。所谓“支系”的意思是从一个根本上分出来的枝条。80年代我和学过语言学的同志们一起去调查，他们熟悉过去几年来语言学者对于这五种不同自称的瑶人的语言所作的研究。根据这些研究我才知道居住在大瑶山里的瑶族在语言上并不是统一的，而可以分成勉语、布努语、拉加语三种。它们虽然都属汉藏语系，但不能说是一个语言的不同方言。勉语属苗瑶语族瑶语支；布努语属苗瑶语族苗语支，接近苗语；拉加语属壮侗语族侗水语支，接近侗语和壮语。换一句话说，茶山瑶的话近侗、壮语；盘瑶、山子瑶和坳瑶的话属瑶语；花蓝瑶的话接近苗语。

这些瑶族集团之间的关系在过去也是相当复杂的。在大瑶山的这五种不同自称的瑶民中，茶山瑶、坳瑶、花蓝瑶分别占有一部分山岭，包括土地、森林、飞鸟和河水，所以他们又统称为山主瑶，或又因为他们的男子过去都留长发，在头顶上梳一个发髻，所以又有“长毛瑶”之称。这三个集团的瑶民住在沿河较平的坝子里，以耕种水稻为主，因此他们可以世世代代定居在一个地方，用土木结构建筑经久的房屋，聚居成比较密集的村寨。而每个村寨大多有十几户人家。盘瑶和山子瑶则不占有瑶山里的土地，他们在过去只能向早已定居在这里的山主瑶，讨山地经营以刀耕火种为主的原始农业。每年须向山主瑶交租和服劳役。在刀耕火种的农业中，他们每过几年就要抛荒另开新地，不能定居，必须经常迁徙，所以，只能住在简陋的竹棚里。因此这两个集团的瑶族被统称为山子瑶或过山瑶，表示他们既没有土地又是居住不定的瑶民。过山瑶在严重的剥削下，生活贫困。我初访瑶山时，曾在冷冲住过他们的竹棚，晚上寒风透过竹墙缝寒气袭人。而很多家庭难得有一床完整的棉被，成人连衣裤都不全，他们吃的也是苞米和野菜。

从语言上看，这五种不同自称的瑶人可能有不同的来源。或者说，他们很可能原来不是一个民族的人，进入大瑶山之后，在这个封闭的环境里，共同忍受着封建王朝的民族压迫。共同的命运、密切的经济关系，使他们凝聚成为一个民族共同体。根据对全国瑶族的研究，我们知道讲拉加话的茶山瑶，只在大瑶山所独有，他们人数不多，在全国瑶族总人口中所占比例很小。讲布努话的花蓝瑶，他们的语言和都安等地的讲布努话的背篓瑶等比较接近，属于苗语支，虽然有一定数量的人口，但在全国瑶族总人口中所占的比例并不是最大。而讲瑶语的盘瑶、山子瑶和坳瑶，他们与其他各地讲瑶语支语言的盘古瑶、顶板瑶、八排瑶等相近，也有共同起源于槃瓠的民族起源传说，他们的话属于瑶语支，其人口总数在全国瑶族总人口中所占比重是最大的。由此可以知道，讲瑶语的盘瑶等集团，很可能是瑶族中的基本成分，如同汇入大河的各条支流一样，他们是瑶族这条大河中的主流，是其中源远流长的一支。说他们是基本成分，是因为他们在游动过程中，不断吸收了其他游散的民族成分，构成其瑶族共同体。

大瑶山瑶族五个集团迁入瑶山的时间和路线，也是各不相同的。从盘瑶、山子瑶没有土地的事实来说，可以设想当他们迁入大瑶山时，山里的可耕地已经有人占据，而占有土地的茶山瑶、花蓝瑶和坳瑶应当比没有土地的盘瑶和山子瑶早入山区。但盘瑶的传说却与此相反，他们认为自己是先进入瑶山的集团，只是由于游耕生活才没有牢固地占有山地。由此可见，在入山先后的问题上，各集团是各持己见的。从入山路线看，可以说是来自四面八方。据说茶山瑶是从广东经广西梧州，取道藤县、平南进山的，但也有说是从湖南取道浔州、贵县、象州入山的。盘瑶是在湖南被打散后进广西入山的。山子瑶是从广东进广西由平南入山。坳瑶从贵州进广西，经百色、南宁然后入山。

这些在不同时间、由不同路线进入大瑶山的各瑶族集团，他们彼此是不相混同的。但从姓氏来看，其中既有不同于别集团的姓，也有相同于别集团的姓，如都有槃瓠传说并讲瑶语的盘瑶和山子瑶，有盘、黄、赵、冯、李、邓六个相同的大姓，但也有许多相互不同的姓。像盘瑶的包、周、胡、唐、雷，在山子瑶中没有；山子瑶的蒋、卢、陈、谭、覃、郑、莫、冼、刘，在盘瑶中没有。同讲瑶语的坳瑶中有盘、赵二姓，没有其他四姓。而说壮、侗语的茶山瑶里却有莫、刘二姓。花蓝瑶中有冯姓。各个集团又都有别的集团所没有的姓，比如茶山瑶的陶、金、龚、田、龙；盘瑶的唐、雷；山子瑶的卢、陈、谭、覃、郑、冼；坳瑶的罗、苏；花蓝瑶的侯、相等。如果同姓之间有相同来源的话，则各集团之间在历史上就可能有相互渗透的部分。

值得指出的是，大瑶山在明代基本上属于大藤峡的范围，从15世纪初到16世纪30年代，这里曾爆发过延续100多年的反抗斗争。据《明史纪事本末》载，“中产瑶人，蓝、胡、侯、盘四姓为渠魁”。明朝统治者曾调动几十万军队，先后三次对瑶民进行屠杀。使四大姓的瑶民，死的死、逃的逃，有的隐姓埋名难于查找。但是这四大姓中的盘姓，在现在的盘瑶、山子瑶、坳瑶中却普遍存在，蓝、胡、侯三姓在花蓝瑶中也还存在。30年代我初入瑶山的第一站花蓝瑶的王桑村，就是一个胡姓村落；后来在六巷住在一个叫蓝济君的花蓝瑶家里。明代大藤峡瑶民的四大姓，在现今大瑶山的一些瑶族集团中还能见到，由此表明，早在明代，这里说瑶语的盘瑶和说苗语的花蓝瑶都已经被统称为瑶族了。在长达四五百年的时间里，说不同语言的集团，陆续进入瑶山，由于共同的利益，团结起来保卫这个山区，汉人就把他们统称为瑶族，终于形成了现代的讲不同语言、有不同服饰、在习俗上也有一定差异的，由几个集团形成的叫做瑶族的统一体。为此，我们不能简单地用语言一致的标准来进行民族识别。但我们也不能说大瑶山的瑶族不是一个民族的共同体，尽管它是由五个来源不同的集团所组成，而且还讲着分属三种语支的五种语言。于是这里便产生了诸多值得在理论上进一步探讨的问题；即什么是形成一个民族的凝聚力？民族共同意识是怎样产生的，它又是怎样起变化的？一个民族的共同体在语言、风俗习惯、经济方式等方面能承担多大的差别？为什么一个原本聚居在一起的民族能长期被分隔在不同地区而仍然保持其共同意识？依然保持其成为一个民族共同体？一个民族又怎样能在不同条件下吸收其他民族成分，不断壮大自己的共同体？又怎样会使原有的民族成分被吸收到其他民族中去？这些问题的提出将为我们今后的民族研究工作开辟出广阔的园地。

从宏观来说，中华民族在几千年来，的确呈现着一幅规模宏大、成分复杂、既有融合又有分化的历史长卷。中国各民族所在的地域，大体可以分成北部草原地区、东北角的高山森林区、西南角的青藏高原，曾被拉铁摩尔所称的“内部边疆”，即我所说的藏彝走廊，然后是云贵高原、南岭走廊、沿海地区和岛屿及中原地区。这是全国这个棋盘的格局，我们必须从这个棋盘上的演变来看各民族的过去和现在。从我国有文字记载的历史时期来看，各族人民流动的总趋势是北方民族的南下或西进，中原民族的向南，沿海民族的入海或南北分移，向南移的又向西越出现在的国境。我国人口最多的民族——汉族就是在这种迁徙变动中，逐渐融合许多古代民族而逐渐形成的。从金、元时代逐渐把中原地区的人称为汉人以来，汉作为民族名称使用了至少已有1000年的历史（在此以前，曾被称作“唐人”）。但是这个包括了历史上的许多民族成分的汉族，究竟是在怎样的情况下、由多少集团凝聚而成的具体经过和具体情况，我们却不甚了然。要对这10亿人口的来龙去脉作一个详细的调查，是一件很不容易的事情。

对中华民族又分又合的历史过程，我们不可能作具体的观察，许多关键性问题只能通过文字记录、遗留的文物，以及现存的风俗、习惯、信仰等去推考。但是如果从微型的具体实况来观察各民族间又分又合的关系，那就可以丰富我们对中华民族形成和变化过程的理解，充实我们对民族问题的理论认识。从大瑶山瑶族的研究中，是不是也可以得到启发，从中找出一些规律性的东西来。从这个角度看，大瑶山是研究这个问题的一个良好园地。我们今后的民族研究，既要有微型的调查，也要有宏观的总结。宏观和微观又是相对而言的。就大瑶山一个地区来说，它在当地是一个宏观的研究，而瑶山中一个村寨、一个集团的调查则是它的微型研究。而对整个瑶族或汉族，或中华民族来说，这是一个更大程度的宏观研究，而大瑶山地区的研究就成为它的局部，是一个更大的宏观研究中的微型调查。

关于微型研究，过去我曾经作过一些。30 年代时初访瑶山的成果《花蓝瑶社会组织》，以及后来的《江村经济》、《禄村农田》等都是例子。但是总的来说，在民族研究中这种微型的研究做得还很不够。我曾经在中央民族学院民族研究所的一次报告中说过：“‘微’是指深入到生活的实际，而不是泛泛地、一般化地叙述，要做到有地点、有时间、有人、有行为、有感情、有思想，这样才能说是‘直接的观察’。‘型’是把一个‘麻雀’作为一个类型的代表，解剖得清清楚楚，五脏六腑，如何活动作全面说明；而且要把这个‘麻雀’的特点讲出来，它和别的‘麻雀’有何不同、为何不同等等。这样的‘微型’研究是民族研究的基础，通过比较不同的‘型’，就能逐步形成全面的宏观的认识。”通过对大瑶山瑶族的调查研究，我想汉族也一定有一个自己的基本成分，也就是原来居住在中原地区，以黄河为自己的摇篮所哺育出来的那些人，也就是所谓“黄帝”的子孙。但是在漫长的历史里，它不仅包容了“炎帝”的子孙在内，而且还在一个长期封闭的封建国度里，又吸收了附近高原、山区、草原、沙漠上的各个集团或其中的一部分，也羼入了不少古代的少数民族，终于形成为一个复杂的民族共同体、一个人口众多的泱泱大族。正如周恩来总理1957年8月4日在青岛民族工作座谈会上所说的一样：“我国历史的发展，使我们的民族大家庭形成许多民族杂居的状态。由于我国各民族交叉的时代很多，互相影响就很多，甚至于互相同化也很多。汉族所以人数这样多，就是因为它吸收了别的民族。”这是我从事大瑶山瑶族调查研究以来所提供的一个看法。当然还有许多工作需要大家来做。其中包括我在前面提出的，要开展从北部草原地区、东北角高山森林地区……直到沿海地区、中原地区等等地区的宏观与微型相结合的深入调查研究，然后在这样的基础上、在更大的宏观角度上予以分析和总结。科学的发展和客观实际的要求，将迟早会使我们走上这一步。目前我国西南地区已开展了六江流域的调查，贵州地区开展了六山六水的调查，都是一些很好的开端。

这50年中，从我们只有两个青年人跋涉于荒山野岭，初访大瑶山以来，到现在已形成一支相当广大的队伍。从国内到国外，从亚洲到欧美，都有不少学者从事着瑶族的调查研究。我们知道，全世界各地的瑶族的祖先，都是从中国迁出去的，直到今天，瑶族人口的大多数也居住在中国境内，因此说，我们对瑶族的调查研究负有更大的任务。我们欢迎各国学者之间的文化交流、共同协作、增进友谊。也希望能从近年来的大瑶山调查开始，发展成为以南岭山脉的民族走廊为主的综合性调查。这里面有作为山居民族的瑶族的各方面问题；有瑶族和跟他接近的苗族与畲族的关系问题，这并不仅仅是历史上的渊源问题，也是对相类似的山居民族的比较问题。包括了苗、瑶、畲族与壮族、侗族、布依族以及土家族等在历史上的关系问题，它们之间的互相影响与有什么差异的问题，以及长期历史上汉族在这个地区的作用问题，汉族与上述各少数民族之间的关系问题等等。南岭山脉的民族走廊研究好了，不仅有助于上述各民族历史的研究，而且也可以大大丰富中国通史的内容，有助于我们对当前各民族情况的深刻了解。

50年在人类历史上只不过是短暂的一瞬，在瑶山研究方面，我们走过了艰难曲折的坎坷路程。我期望在未来的50年里，瑶族研究有一个新的更大的发展，并相信他们的路程也许会比我们坦荡一些，但是永远不要忘记在攀登科学高峰时，仍然需要那种勇敢的不畏艰辛的刻苦精神。

1986年5月

江村五十年

50年前的夏季，我在家乡江苏省吴江县的一个农村里度假。利用这段时间，我进行了一次短期调查，后来根据这次调查写成了一本书叫《江村经济》。江村就是我替这个村子起的学名。最近几年我又多次去江村访问，可以说亲眼看到了这个村子在半个世纪里的变化。变化之大可以称得上“飞跃”二字。

江村坐落在太湖东岸，地处长江三角洲，属民间传统谚语“上有天堂，下有苏杭”的地区。土地肥沃，气候温和，适宜于高产的水稻种植。在以农立国的时代它在经济上的确比国内其他地区较为发达；加上沟渠纵横，交通方便，市集兴旺，不愧是个富庶之区。

但是在这个世纪的30年代，我初访江村时，这个被誉为人间的天堂已经名不副实。它和当时全国的农村一样，大多数农民劳动终日，不得温饱。所以我在那本《江村经济》的结束语里不得不惊呼：“饥饿是中国农村的结症。”历史事实明白显示，即使像江村那样天赋独厚的农村，在当时的封建制度下，经济是发展不起来的，何况近百年帝国主义的压迫，中国农民的日子到这时候已经陷入贫困的深渊了。

过去太平盛世时这个地区人民生活究竟怎样，现在已无可考。但分析50年前抗日战争前夕的江村经济，还可以看到这个地区人多地少、农工相辅的特点。当时人均耕地面积仅约一亩，如果只靠这块地上所能长出的粮食过日子，吃饱已经很困难了，谈不到富裕。但是这地区农民懂得发展多种多样的副业，特别是家庭手工业。江村长期以来家家户户养蚕缫丝，形成了以家庭为基础的男耕女织的经济结构。这个结构使得这个地区不仅是鱼米之乡，而且是丝绸之府。它之所以有天堂之称未始不是从这种结构赢得的美誉。

江村近百年来的历史，和中国的其他农村一样，是一部衰落的悲惨记录。江村衰落的起点就在于家庭手工业的破产。农民重要的收入来源一旦断绝，穷困迫使他们出卖土地，跌入封建剥削的陷阱。30年代江村这一地区土地权迅速集中到地主手上，使农村经济走向崩溃。这种悲惨状态在日本帝国主义占领及其后国民党反动派的统治时期一直在恶性发展。

40年代末人民革命的胜利，推翻了压在中国人民身上的三座大山，接着的土地改革，使全国人民获得了他们耕地的所有权，“土地回了家”。农民生产积极性促进了农业的大发展。解放初江村水稻的亩产量平均只有330斤，5年后增至510斤。

为了农业进一步发展，单单解决土地所有权的问题是不够的。所以土改之后不久就开始合作化，由农民自愿把各自所有土地合并集体经营。这是符合农业发展规律的，合作化后粮食产量继续上升。这是农村经济发展关键性的一步。

但另一方面，我在1957年重访江村时已看到和粮食增产的同时，却忽视了农村家庭副业和手工业在农村经济中的重要性，不仅没有注意发展，甚至加以限制。以致农民除了生产粮食和国家收购的农产品外，只能从事一些自给性副业的生产活动。农民的饥饿问题固然解决了，其他的生活需要却不容易得到满足。农民还是富不起来。

农业合作化后不久很快地实行了公社制度，原来属于农民私有的土地收归集体所有，在农业经营规模上大大地扩张，同一公社的人在集体公有的土地上和统一指挥下进行劳动，公社社员按劳动工分分配集体所得。经过一段实验，才把经营单位加以缩小，实行了队为基础的三级所有制。农业上扩大经营规模在经济上有它积极的一面，比如水利建设，农业机械化和电气化等都促进了农业生产。但是另一方面，当时所实行的集体管理制度却发生了吃大锅饭和瞎指挥的作风，打击了农民的生产积极性，制约了农业的继续发展。更由于农村副业和农村集体工业的受到歧视，农民收入徘徊不前。以江村来说，70 年代人均收入长期停留在 100 元上下。

70 年代使农村经济停滞不前的另一个重要因素是人口的暴增。从解放时到 70 年代末，江村人口增加了 80%。这样就使有限的农业增长很快地被新增加的人口所分掉。人口的压力迫使农民千方百计寻觅生产之道。就在这时候，城市工业在“十年动乱”中很多“停产闹革命”。但市场上的需求依然存在，农村的剩余劳力和城市里下放的技工结合起来，利用这机会在江村所在的长江三角洲一带首先兴办了当时所谓“社队企业”，就是由公社或生产队所办的小型集体工业。

1978 年中共十一届三中全会后决定了农村经济体制改革，在农村里实行生产责任制，在坚持土地公有制的基础上，由家庭承包土地进行生产，生产所得除规定纳税和上缴集体的部分外，全归各家所得。这是土地改革之后，第二次解放了农民的生产力。江村的粮食亩产量又稳步上升，达到了 1200 斤。

生产责任制的实行使长期被大锅饭掩盖的剩余劳力暴露了出

来。每家人都明白自己承包的土地需要多少劳力，几乎没有多少例外地发现自己家里人手太多，土地吸收不了，因此积极主动地去开辟“活路”，这就给已经创建的“社队企业”以向前发展的推动力。这时“社队企业”已改称“乡镇企业”，取得了合法地位，并受到国家的支持和鼓励。农业和工业在这一带农村里并肩发展，出现了史无前例的繁荣景象。江村农民人均收入在80年代里，每年以近百元的增加上升，到1984年已经达到601元。江村所在的吴江县工农业总产值该年已达17亿元。它在江苏省还是处于中间水平，该省各县中工农业总产值超过20亿元的已有五个县（市）。

江村经济的飞跃发展中，值得我们注意的是经济结构发生了显著的变化：农业和工业在总产值中的比例换了位置。70年代初期还是农大于工，大致是7:3，到了80年代中期倒了过来，农小于工，大致是3:7。这个变化并不是出于农业的萎缩，而是农工并肩上升的，只是工业增长的更快，大约以年增长30%的速度在发展，农业赶不上，因而相形见绌了。所以江村农民的日益富裕起来，主要是靠了他们办了自己的工业。

乡镇企业是农民为了增加收入在自己乡村里办起来的工业。他们节衣缩食，积累资金；购买机器，因陋就简地开工生产；和城市里的技工结合，引进技术；吸收家属，从事劳动。年复一年地积累资金，逐步更新，到现在包括江村在内的许多乡村已建立起很像样的现代化小工厂。这完全是农业里生产出来的工业。它回过头来补贴农业，用盈利去兴建水利，办为农业服务的机耕队，还要为乡村修桥铺路，兴办各种公益事业。把长江三角洲的农村原有的面貌完全翻了一新。

将来的历史学者也许会指出发展乡镇企业这一条工业化的道路确实是具有中国特点的创造。它是从农民的草根上长出来的工业，不像早年西方工业化那样曾引起工农矛盾和城乡矛盾。相反地在中国这一条工业化的道路上见到的是工农相辅、城乡协作。农民自己办的工业不仅富裕了千家万户，而且促进了小城镇的发展，使从农业里释放出来的劳力在工业里变成了巨大的生产力，而且截留了大量人口，使他们不向大中城市集中，正在形成中国人口分布的新格局。

历史巨轮还在继续向前运转。上面所叙述的江村过去50年中我所见到的变化，只是更大更富有意义的变化的前奏。冬天已经结束，春天降临人间，整个中国人民正在向繁荣富强的目标前进，江村只不过是千万个农村中的一个标本。虽然有它的个性和特点，但它是和其他农村一起在同一个大势中推进的。在这里见到的种种也反映了中国千万个农村的共相。我们正在以无比热情，追踪观察这个标本，并力求能如实地记录下它在历史长河中留下的波信。

1986年6月13日

全国一盘棋

——从沿海到边区的考察

中央沿海发展战略提出后，东、西部发展的关系就成为一个很重要的问题。

从种桑养蚕业北上谈起

东部地区这一年半来变化很快。以江苏为例，我们曾经把江苏省分为苏南、苏中、苏北三个发展程度不同的地区。我们看过“苏南模式”，也看到了苏北发展中的一些问题，但是对苏南、苏北的关系问题却谈得不够。其实，苏南、苏北的关系最近也发生了很多变化。就拿“丝绸之乡”的江南来讲，近来这里的丝绸工业大呼原料紧缺，埋怨苏北不肯出卖蚕茧。这种类似“羊毛大战”对原料的争夺，反映了地区之间关系的变化。过去苏南自己种桑养蚕，原料自给。这几年，桑蚕跨过长江在苏北安家落户，苏北的桑蚕产量已经超过苏南。苏北、苏南有了更密切的经济联系。

桑蚕北上，是商品经济规律的必然结果，像世界经济产业结构目前发生的变化一样。产业结构的调整和转移主要有两种方式：一种是通过人口转移来实现。表现为人口向城市的大量集中，工业在城市高度聚集，如当前的墨西哥城、新加坡等。中国的上海也发生过这种现象。另一种是通过工业转移来实现。表现为劳动密集型的产业向外扩散，苏南的乡镇企业的兴起就是这种扩散的结果。由于商品经济的规律，苏南农民不愿意再种桑养蚕。这就促使种桑养蚕向经济相对落后的苏北转移，当然，目前这种产业转移程度还很低。

我们在小城镇研究中，曾经提出“离土不离乡”的概念，这是根据当时的经济发展情况提出来的。现在随着经济发展的变化，我们认为农民“乡”、“土”都可能离。前提有两个，一是农业规模经营，二是社会保险制度。我在苏南进行了规模农业的研究，一般认为，一个农村劳力如果有产前、产中和产后的社会化服务，又能利用机械耕种，经营 10～20 亩土地，收入就可以等于务工的劳力。另一方面，土地对于农民长期起着社会保险的作用了。但是，在新的社会保险体系建立之前，农民轻易不肯放弃土地。

苏南要上新台阶，出路仍在乡镇企业的深化发展。苏南的丝绸工业不仅要有丝织，而且要有印染，进而发展成衣生产。这几年成衣时装发展很快。过去认为时装表演是有伤风化的事，现在虽然开禁了，但苏南目前仍以初级产品生产为多，以成衣为最终产品的比例还很小。只要苏南乡镇企业向技术密集型方向发展，种桑养蚕等劳动密集型的北上就不可避免；苏北完全有可能成为新的桑蚕基地。这个例子说明了这样一个道理，国际、国内经济产业结构的变化和转移，完全不是人为设计安排所引起的，而是商品经济规律的必然结果。对商品经济规律，我们只能努力去认识它、尊重它，而不是想当然地人为干扰它。在这个基础上，我们才能处理好各种关系。

中部地区也是如此，湖南具有一定的代表性。东部沿海地区的变化直接冲击着中部地区，形成一个“次沿海地区”。湖南和广东交界的湘南，目前就成了一个弹性过渡地带。例如广东市场需要大量生猪，湘粤边界的几个县就兴起了“养猪热”。目前广东和湖南形成了一个“接力赛”的有趣现象。湖南的生猪卖到广东供广东人消费；广东人的生猪卖给香港出口创汇，因为广东养的是香港市场所需要的“瘦肉型”猪。

广东接受香港的经济辐射，并向内地传递。例如广东的来料加工企业中有很多工人是湖南人。这些工人之中有的成为继续扩散的媒介。目前这种“接力赛”和梯度扩散还在由沿海向内地进行着，过了韶关就直接进入湖南。但是我们应该清醒地认识到，这种扩散不是无限制的，它是由商品经济规律决定的，也是由国际市场的变化情况所决定的。广东吹来的“南国风”，也受香港经济繁荣与否的影响；而香港的经济又受世界经济起伏的影响。而面对瞬息万变的国际市场，我们又缺少经验，外贸体制还很不适应。因此，我们的“大进大出”还是攥在别人的手里的“大进大出”。这是目前外向型经济发展中最大的问题，比如，我们还没有自己的面对世界市场的信息中心，信息中心在香港，在日本。我们只能通过别人的信息中心得到订货单。这种被动的情况不是短时期能够解决的，只能在实践中不断提高自己的对国际市场的适应能力，同时还要始终保持清醒的头脑，努力削弱对外的依赖性，才能减少大起大落的损失。

西部地区的发展同样应该尊重商品经济规律，而我们对商品经济规律的认识还很不够，跟不上事物的发展变化。西部的路子还在探索之中。

市场导向与经济运行的启动

现在首先应该解决经济发展的启动问题。我常比喻，一个地区的经济运行要有一个“发动机”。这个“发动机”的功能就是启动整个地区的经济发展。西部地区现在出现了“富饶的贫穷”现象，资源丰富，但经济落后。西部的企业如果搞得好，可以带动资源开发，带动当地各业发展，形成良性循环；搞不好就会成为沙漠中的“孤岛”，与周围社会自我隔绝。这个“发动机”的启动关键在哪里？我认为是市场导向的确立。沿海地区“外向型”经济体现了国际市场导向，但是也不能忽视国内市场导向，这就是我常说的“两个市场，左右开弓”。

在甘肃临夏，我提出“以商带工”的启动战略。我在那儿考察时，发现了一支农民流通部队——“倒蛋部队”。他们在农村收购大量鸡蛋，用自行车运往兰州出售，搞活了流通，促进了生产。我认为西部各地都要有这么一支“倒蛋部队”，由这种贩运队伍引火启动整个地区的经济运行。我进一步考察了这个地区回族的历史，提出发挥回民善于经商的优势，搞活区域经济。这个地区商品经济的发展，产生了更大区域联合的趋势，需要更大的商品经济发展的基础，甘肃、青海、宁夏三省（区）的协作应运而生。这个“协作区”在历史上就属一个经济地带。以河西走廊为主的黄河1000公里流域，善于经商的回族就在这个地带长期生活。现在我们把这1000公里黄河连起来看，提出建立12个大型水电站，以解决这个地带的能源问题。由水电产生能源；能源推动矿山资源开发。通过资源开发带动这个“协作区”3000万人民的致富，从而促使整个区域的商品经济的良性循环。这个经济启动的结果，将形成西北地区一个经济发展中心。

这个经济中心的恢复和发展，更长远的意义就是重开向西的“丝绸之路”，打开西部国际市场。从某种意义上来说，西部国际市场比东部国际市场更有潜力。东进的外向型经济发展，势必受到日本和亚洲“四小龙”这道屏障的阻遏，而西进中亚、西亚和中东地区，我们却具有一定的优势。充分发挥回族的民族优势，提供伊斯兰国家所需要的各种生活用品（包括热水瓶、毛巾等在内），我们完全可能建立一个很大的西部国外市场。这方面，苏联正在同我们赛跑。总之，外向型经济不是单一的，同样要发挥各民族的优势去开辟国际市场。

市场导向，国际市场亟待开发这是没有异议的，但是目前国内市场的潜力远远没有发挥，特别是国内农村这个大市场。这几年全国各地农民的收入都有所增加。1980 年前，全国大部分地区的农民收入在 100 元以下，而现在的贫困线已提高到 200 元。全国虽然还有 6000 万人口在这条线以下，但绝大部分地区农民的收入都超过 400 元，有些地区发展更快。例如湖南沅江县 1986 年一年农民通过苎麻种植就有 2 亿元的收入。这些钱是怎么花的？苏南农村是通过集体积累发展了乡镇企业，这笔钱转化成工业积累。但是大多数地区的农民拿这些钱盖房子，或吃掉了，没有转化成生产力。

农民手中的钱主要有两条出路，一个是生产性，另一个是生活性。农民刚刚从自然经济里出来进入商品经济的环境之中，出现了许多奇奇怪怪的现象，包括农民生活消费的奇异现象。我们参观沅江农民的新房子，房间里几乎看不到任何配套家具用品，但是很多农民却买了收录机、电视机甚至高级音响设备。这些电器给农民多少益处，很难说清楚。很多地方现在还没通电，或电力不足，农民看电视，不是图像不清，就是老看“再见”（因电停止）。有些地方的农民用洗衣机装稻谷。尽管如此，农民还是大买家用电器。可见，我们对于农民手中的钱，既不重视，也不注意引导。

农村大市场包括两个部分，一个是农民需要的生产资料，另一个是农民需要的生活资料。现在农民有钱想买化肥、农药等生产资料，但买不到。这怎么能使农民手中的钱转化为生产资金？农民新房里没有合适的生活用品配套，这怎么能合理地引导农民用手中的钱去改善生活？

总之，对于农民手中的钱，农村这个大市场，我们应该给予充分重视。商品经济的发展不仅要有国际市场导向，而且应有国内市场，特别是农村这个大市场的导向。

扩散效应与东西联营

我以为西部各地区的经济发展都要以内外市场为导向，但各地又要因地制宜，选择自己的启动模式。例如，甘、青、宁“三省协作区”就是以“能源先行”为启动模式的。总之，经济运行急需启动，而启动方式又要因地制宜，切忌“一刀切”。根据西部地区的具体情况，我主要谈一下与启动西部地区经济有关的两个问题，一个是发挥国营及军工企业的作用；二是发挥“东西联营”的作用。

国营和军工企业，也就是我们常说的“三线”企业，是西部地区的技术堡垒。30 年来，国家花了上千亿元的投资在西部地区兴建了这批企业。这批企业在计划经济僵化的体制中，不讲效益，不计成本，大部分亏损由国家补偿。特别是这些企业自建社会，自成体系，与周围社会几乎隔绝，没有形成带动周围地区经济发展的强大力量。例如包钢，企业办社会，包袱越背越重；而自己生产的钢材全部外运，包钢所在的内蒙古所需钢材却要到外地去采购运进，形成所谓“飞地现象”。

这些年来，这些国营和军工企业有了一些变化，但是远远没有发挥它的能量。国营和军工企业最大的优势是它的技术优势。兰州、西安等地中级职称以上的知识分子所占比例比上海还高，西部很多企业的技术优势和设备优势在全国也处领先地位。我一直在考虑，这些企业如何能把自己的技术优势扩散出去，在周围地区产生扩散效应（或外部效应）的问题。

这种扩散可以分两步走。第一步是品种变型，即“军转民、重带轻”，把过去计划经济中的部分军品生产转为商品经济中的民品生产。把“包销经济”转为市场经济。让重工业带动轻工业，让全民所有制扶助集体所有制，让大企业结合中小企业。这种变型符合中央有关企业改革的精神。第二步是地区扩散，品种变型后，国营大企业和军工企业为周围地区的横向联合打下了基础，大企业的技术优势和地方的资源优势、劳动力优势结合起来，将会产生综合效益。发挥国营和军工企业的优势，启动西部地区的经济运行，是一种重要的启动模式。

我一直主张“东西合作，互惠互利”。内蒙古的呼伦贝尔盟近几年经济发展很快，牧业从粗放改为舍养，农业从乱垦改为机械化规模经营。但是那里的森林资源没有很好的利用，浪费很大。我在那里做了“红娘”，介绍他们与江苏联营。江苏派人帮助建立木材加工厂；内蒙古用木材换人才，换技术。通过这种东西联营，在西部建立少数民族自己的工业基础，这是一种“国内补偿贸易”的形式。我在满洲里市也做了“红娘”，让江苏和他们联营外贸出口，组织货源出口苏联，进而换汇进口“以东支西，以西资东”，在国内“大进大出”。

“地区间的合作”是多方面的，内蒙古既然可以和江苏合作，当然更可以和东北三省合作联营，使各地的优势通过合作得到优化。总之，加强地区间的合作，形成合成优势，是西部地区经济发展的又一个重要的启动形式。

事实上，这一年半来东西部都发生了很大的变化，如何正确处理东西部地区不平衡的关系，促进东西部地区的协调发展，正是目前亟待解决的问题。大家都清楚，全国东部、中部、西部三大经济地带发展是很不平衡的，东西部反差尤其强烈。世界上有“南北问题”，中国有“东西问题”。从发展观来讲，绝对平衡发展是不可能的，但“平均主义”也不能促进社会经济的发展。

中国的发展，从地区来讲是一个先发展和后发展的问题，从个人来讲是一个先富后富的问题。“共同富裕，协调发展”，这一指导思想我们不能动摇。我常说，中国不是“大鱼吃小鱼”，而是“大鱼帮小鱼”。那么怎么帮？我认为主要有两条：一是国家支持，二是自己走路。赵紫阳同志说过：对东部地区，我们给政策；对西部少数民族地区，我们不仅给政策，而且要给切实的帮助。这说明发展西部地区，国家的参与是必要的，但是最根本的发展动力来自当地的人民群众。国家支持的目的就是帮助西部少数民族站起来走自己发展的路。我一直呼吁发挥各民族的优势，用自己的腿走自己的路。例如藏族，他们比其他民族更适应青藏高原的高寒气候和低气压。又如黎族，他们在海南岛则有经营热带植物的传统和经验。我们只有帮助少数民族在自己的经济基础上站起来，才能避免少数民族名存实亡的后果，才能使我们的国家真正成为一个民族大家庭，各民族才能在这个大家庭中共同繁荣。

东西部协调发展的关键是深化改革。例如我们在西北地区筹建一个亚麻厂，几年不能上马，这个“发动机”一直启动不了。为什么？因为它只走上层路线，被层层的机构所羁绊。所以眼睛不能光向上，而且也要向下，上下结合才有活路。再如，青海对羊毛原料进行地区封锁，不许外流。因为青海的羊毛纺织厂需要原料，而当地政府靠这些羊毛纺织厂能得到巨额税利。这些税利是在压低羊毛收购价，低成本的前提下挣得的。“羊毛大战”使羊毛外流，政府通过行政手段设卡堵截，结果出现了牧民用游击战来保护这支“倒蛋部队”，羊毛仍然出去，堵卡的行政队伍也难免腐化。真正的解决办法不是维持原料低成本，而是提高企业的经济效益。为什么别人可以用较高成本的羊毛原料生产仍有利润，而青海却不行？所以，改革才能开放；开放才能改革。这里归结到一点，就是要遵循商品经济规律办事，在改革中找出路，求发展。

1988 年 5 月 9 日

中华民族的多元一体格局

我想以这次香港中文大学邀请我发表Tanner讲演的机会，提出我多年来常在探索中的关于中华民族多元一体格局的问题向各位学者请教。请容许我坦率地说，我对这个格局的认识是不够成熟的，所以这篇讲演只能说是我对这问题研究的起点，并没有构成一个完整的见解。

为了避免对一些根本概念作冗长的说明，我将把中华民族这个词用来指现在中国疆域里具有民族认同的11亿人民。它所包括的50多个民族单位是多元，中华民族是一体，它们虽则都称“民族”，但层次不同。我用国家疆域来做中华民族的范围并不是很恰当的，因为国家和民族是两个不同的又有联系的概念。我这样划定是出于方便和避免牵涉到现实的政治争论。同时从宏观上看，这两个范围基本上或大体上可以说是一致的。

中华民族作为一个自觉的民族实体，是近百年来中国和西方列强对抗中出现的，但作为一个自在的民族实体则是几千年的历史过程所形成的。我这篇论文将回溯中华民族多元一体格局的形成过程。它的主流是由许许多多分散孤立存在的民族单位，经过接触、混杂、联结和融合，同时也有分裂和消亡，形成一个你来我去、我来你去，我中有你、你中有我，而又各具个性的多元统一体。这也许是世界各地民族形成的共同过程。中华民族这个多元一体格局的形成还有它的特色：在相当早的时期，距今3000年前，在黄河中游出现了一个由若干民族集团汇集和逐步融合的核心，被称为华夏，像滚雪球一般地越滚越大，把周围的异族吸收进入了这个核心。它在拥有黄河和长江中下游的东亚平原之后，被其他民族称为汉族。汉族继续不断吸收其他民族的成分而日益壮大，而且渗入了其他民族的聚居区，构成起着凝聚和联系作用的网络，奠定了以这个疆域内许多民族联合成的不可分割的统一体的基础，成为一个自在的民族实体，经过民族自觉而称为中华民族。

这是一幅丰富多彩的历史长卷，有时空两个坐标，用文字来叙述时有时难于兼顾，所以在地域上不免有顾此失彼、方位错乱，时间上不免有前后交差、顺序倒置的缺点。让这篇论文作为我在这个学术领域里的一次大胆的尝试吧。

一　中华民族的生存空间

任何民族的生息繁殖都有其具体的生存空间。中华民族的家园坐落在亚洲东部，西起帕米尔高原，东到太平洋西岸诸岛，北有广漠，东南是海，西南是山的这一片广阔的大陆上。这片大陆四周有自然屏障，内部有结构完整的体系，形成一个地理单元。这个地区在古代居民的概念里是人类得以生息的、惟一的一块土地，因而称之为天下，又以为四面环海所以称四海之内。这种概念固然已经过时，但是不会过时的却是这一片地理上自成单元的土地一直是中华民族的生存空间。

民族格局似乎总是反映着地理的生态结构，中华民族不是例外。他们所聚居的这片大地是一块从西向东倾侧的斜坡，高度逐级下降。西部是海拔4000米以上的号称世界屋脊的青藏高原，东接横断山脉，地势下降到海拔1000~2000米的云贵高原、黄土高原和内蒙古高原，其间有塔里木及四川等盆地。再往东是海拔千米以下的丘陵地带和海拔200米以下的平原。

东西落差如此显著的三级梯阶，南北跨度又达30个纬度，温度和湿度的差距自然形成了不同的生态环境，给人文发展以严峻的桎梏和丰润的机会。中华民族就是在这个自然框架里形成的。

二　多元的起源

生存在这片土地上的人最早的情况是怎样的？这个问题涉及到了中华民族的来源。任何民族都有一套关于民族来源的说法，而这套说法又常是用来支持民族认同的感情，因而和历史上存在的客观事实可以出现差错。关于中华民族的起源过去长期存在着多元论和一元论、本土说和外来说的争论，直到本世纪50年代，特别是70年代以来，由于中国考古学的发展，我们才有条件对中华民族的早期历史作出比较科学的认识。

在中华大地上已陆续发现了人类从直立人（猿人）、早期智人（古人）、晚期智人（新人）各进化阶段的人体化石，可以建立较完整的序列。说明了中国这片大陆应是人类起源的中心之一。

这些时代的人体化石又分布极广，年代最早的元谋人（距今约170万年）是在云南发现的。其他猿人的化石已在陕西蓝田县、北京周口店、湖北郧县及郧西县、安徽和县有所发现。生活在10万~4万年以前的古人化石，已在陕西大荔县、山西襄汾县丁村、山西阳高县许家窑、辽宁营口金牛山、湖北长阳县、安徽巢县及广东曲江县马坝等处发现。生活在距今4万～1万年以前的新人化石已在北京周口店山顶洞、山西朔县峙峪、内蒙古乌审旗、辽宁建平县、吉林延边州安图县、黑龙江哈尔滨市、广西柳江县、贵州兴义县、云南丽江县、台湾台南县左镇有所发现。我列举这许多地名目的是要指出在人类进入文化初期，中华大地上北到黑龙江，西南到云南，东到台湾都已有早期人类的活动，他们并留下了石器。很难想象在这种原始时代，分居在四面八方的人是出于同一来源，而且可以肯定的是，这些长期分隔在各地的人群必须各自发展他们的文化以适应如此不同的自然环境。这些实物证据可以否定有关中华民族起源的一元论和外来说，而肯定多元论和本土说。

即使以上的论断还不够有说服力的话，考古学上有关新石器时代的丰富资料更有力地表明中华大地上当时已出现地方性的多种文化区。如果我们认为同一民族集团的人大体上总得有一定的文化上的一致性，那么我们可以推定早在公元前6000年前，中华大地上已存在了分别聚居在不同地区的许多集团。新石器时期各地不同的文化区可以作为我们认识中华民族多元一体格局的起点。

三　新石器文化多元交融和汇集

近年来，我国各省区发现新石器文化遗址总共有7000多处，年代从公元前6000年起延续到公元前2000年。根据考古学界的整理和研究，对各地文化区的内涵、演进、交融和汇集，已有比较明确的轮廓，尽管有不少专题还有争论。我在这里不可能详细介绍这方面的研究成果，只能就中原地区的有关资料择要一述。

新石器时期黄河中游和下游存在东西相对的两个文化区：

黄河中游新石器文化的序列是前仰韶文化（公元前6000～前5400年）—仰韶文化（公元前5000～前3000年）—河南龙山文化（公元前2900～前2000年）。继河南龙山文化的可能是夏文化。因仰韶文化以彩绘陶器著名，曾被称为彩陶文化。仰韶文化分布以渭、汾、洛诸黄河支流域的中原地区为中心，北达长城沿线，南抵湖北西北部，东至河南东部，西达甘青接壤地区。但在河南龙山文化兴起前它在黄河中游地区已经衰落了。

黄河下游则另有一序列的文化和黄河中游的文化不同。它们是青莲岗文化（公元前5400～前4000年）—大汶口文化（公元前4300～前2500年）—山东龙山文化（公元前2500～前2000年）—岳石文化（公元前1900～前1500年）。继岳石文化的可能是商文化。龙山文化以光亮黑陶著名，曾被称为黑陶文化。

公元前3000年当仰韶文化在黄河中游地区突然衰落时，黄河下游的文化即向西扩张，继仰韶文化出现的是河南龙山文化。虽则考古学者认为河南和山东的龙山文化具有地区性的区别，但中游地区在文化上受到下游文化的汇聚和交融是明显的。

长江中下游在新石器时代同样存在着相对的两个文化区。长江下游的文化区是以太湖平原为中心，南达杭州湾，西至苏皖接壤地区。其文化序列大体是河姆渡文化（公元前5000～前4400年）—马家浜·崧泽文化（公元前4300～前3300年）—良渚文化（公元前3300～前2200年）。良渚文化大体和河南龙山文化年代相当，文化特征也与山东龙山文化有密切的联系。

长江中游新石器文化以江汉平原为中心，南包洞庭湖平原，西尽三峡，北抵河南南部，其文化序列分歧意见较多，大体上是大溪文化（公元前4400～前3300年）—屈家岭文化（公元前3000～前2000年）—青龙泉文化（公元前2400年），因其受中原龙山文化的影响亦称湖北龙山文化。长江中游和下游相同的是在后期原有文化都各自受黄河下游龙山文化的渗入，而处于劣势地位。

关于新石器时代北方的燕辽文化区，黄河上游文化区及华南文化区留待下面讲到这些地区时再说。

上面所述新石器时代中原两河流域中下游这个在生态条件上基本一致的地区的考古发现，已可以说明中华民族的先人在文明曙光时期，从公元前5000～前2000年之间的3000年中还是分散聚居在各地区，分别创造他们具有特色的文化。这是中华民族格局中多元的起点。

在这多元格局中，同时也在接触中出现了竞争机制，相互吸收比自己优秀的文化而不失其原有的个性。例如，在黄河中游兴起的仰韶文化，曾一度向西渗入黄河上游的文化区，但当其接触到了比它优秀的黄河下游山东龙山文化，就出现了取代仰韶文化的河南龙山文化。考古学者在龙山文化前加上各个地方的名称表示它们依然是从当地原有文化中生长出来的，实际上说明了当时各族团间文化交流的过程，从多元之上增加了一体的格局。

四　凝聚核心汉族的出现

中国最早的文字史料现在可以确认的是商代的甲骨文，而相传由孔子编选的《尚书》还记载一些夏商文件和上古传说。早年的史书中，把上古史编成三皇五帝的历史系统。这些文字史料已有部分可以和考古资料相印证，使我们对新石器时代末期到铜器时代的历史能有较可靠的知识，特别是80年代初期发掘的河南登封王城岗夏代遗址一般认为即是夏王朝初期的“阳城”遗址，夏代历史已从神话传说的迷雾中得以落实。商代历史有甲骨文为据，周代历史有钟鼎文为据，相应的后世的文字记载都可得而考。而夏、商、周三代正是汉族前身华夏这个民族集团从多元形成一体的历史过程。

河南夏代“阳城”遗址所发现的文物显示了它是继承了新石器时代河南龙山文化发展到了铜器时代。从黄河中下游遗留的文物中也可以看到这些地区都早已发展了农业生产，这和夏禹治水的传说（河南龙山文化的中晚期）可以联系起来，表明了这地区早期居民当时生产力的发达水平。我们还记得河南的龙山文化正是在仰韶文化的基础上吸收了山东的龙山文化而兴起的。所以可以说华夏文化就是以黄河中下游不同文化的结合而开始的。

传说的历史中在禹之前还有尧、舜和神话性的始祖黄帝。留下的传说大多是关于他们向四周被称为蛮夷戎狄的族团的征伐。黄帝曾击败过蚩尤和炎帝，地点据说都在今河北省境内。据《史记》所载，舜又把反对他的氏族部落放逐到蛮夷戎狄中去改变后者的风俗，也可以说就是中原居民和文化的扩张。到禹时，如《左传》所载：“禹会诸侯于涂山，执玉帛者万国。”《禹贡》将这时的地域总称为“九州”，大体包括了黄河中下游和长江下游的地区，奠定了日益壮大的华夏族的核心。

继夏而兴起的是商。商原是东夷之人，而且是游牧起家的。后来迁泰山，再向西到达河南东部，发展了农业，使用畜力耕种。农、牧结合的经济使它强大起来，起初臣属于夏，后来取得了统治九州的权力，建立商朝，分全国为中东南西北五土。《诗经·商颂》有：“邦畿千里，维民所止，肇域彼四海。”商代疆域包括今河南、山东、河北、辽宁、山西、陕西、安徽以及江苏、浙江的一部分，可能还有江西、湖南及内蒙古的某些地方。

继商的是周。周人来自西方，传说的始祖是姜嫄，有人认为即西戎的一部分羌人，最初活动在渭水上游，受商封称周。它继承了商的天下，又把势力扩大到长江中游。《诗经·北山》称："溥天之下，莫非王土，率土之滨，莫非王臣。"它实行宗法制度，分封宗室，控制所属地方；推行井田，改进农业，提高生产力。西周时松散联盟性质的统一体维持了约300年，后来列国诸侯割据兼并，进入东周的春秋战国时代。这时的统一体之内，各地区的文化还是保持着它们的特点。直到战国时期，荀子还说："居楚而楚，居越而越，居夏而夏。"夏是指中原一带的一个核心，不论哪个地方的人，到了越就得从越，到了楚就得从楚，可见楚和越和夏还有明显的差别。

无可否认的是，在春秋战国的500多年里，各地人口的流动，各族文化的交流，各国的互相争雄，出现了中国历史上的一个文化高峰。这500年也是汉族作为一个民族实体的育成时期，到秦灭六国，统一天下，而告一段落。

汉作为一个族名是汉代和其后中原的人和四周外族人接触中产生的。民族名称的一般规律是从"他称"转为"自称"。生活在一个共同社区之内的人，如果不和外界接触不会自觉地认同。民族是一个具有共同生活方式的人们共同体，必须和"非我族类"的外人接触才发生民族的认同，也就是所谓民族意识，所以有一个从自在到自觉的过程。秦人或汉人自认为秦人或汉人都是出于别人对他们称作秦人或汉人。必须指出，民族的得名必须先有民族实体的存在，并不是得了名才成为一个民族实体的。

汉族这个名称不能早于汉代，但其形成则必须早于汉代。有人说：汉人成为族称起于南北朝初期，可能是符合事实的，因为魏晋之后正是北方诸族纷纷入主中原的十六国分裂时期，也正是汉人和非汉诸族接触和混杂的时候。汉人这个名称也成了当时流行的指中原原有居民的称呼了。

当时中原原有的居民在外来的人看来是一种"族类"而以

同一名称来相呼，说明了这时候汉人已经事实上形成了一个民族实体。上面从华夏人开始所追溯的2000多年的历史正是这个民族诞生前的孕育过程。

汉族的形成是中华民族形成中的一个重要阶段，在多元一体的格局中产生了一个凝聚的核心。

五　地区性的多元统一

秦始皇结束战国时代地方割据的局面在中国历史上是一件划时代的大事，因为从此统一的格局成了历史的主流。当然所统一的范围在秦代还只限于中原，就是黄河长江中下游的平原农业地区，而且这个统一的格局也是经过长时期逐步形成的。在春秋战国时代各地方的经济都有所发展，他们修筑道路，发展贸易。战国时的列国通过争雄称霸已把中原这片土地四通八达地基本上构成了一个整体。秦始皇在这基础上做了几件重要的事，就是车同轨，书同文，立郡县和确立度量衡的标准，在经济、政治和文化上为统一体立下制度化的规范。

车同轨和度量衡的标准化是经济统一的必要措施。传统的方块字采用视觉符号把语和文分离，书同文就是把各国的通用符号统一于一个标准，也就是把信息系统统一了起来，在多元语言上罩上一种统一的共同文字。这个信息工具至今还具有生命力。废封建、立郡县，建立了中央集权的政体，这个政体延续至今已有2000多年的历史。关于中原地区的统一我不再多说。在这里要指出的，这只是形成中华民族多元一体格局的又一步。第一步是华夏族团的形成，第二步是汉族的形成，也可以说是从华夏核心扩大而成汉族核心。

我说秦代的统一还只是中华民族这个民族实体形成的一个步

骤，因为当时秦所统一的只是中原地区，在中华民族的生存空间里只占一小部分，在三级地形中只是海拔最低的一级，而且还不是全部。中原的周围还有许多不同的族团也正在逐步分区域地向由分而合的统一路上迈进。让我先讲北方的情况。

到目前为止，我国考古学的工作主要还是集中在中原地区，因此我们对中原周围地区的上古历史相对地说还是知道得很少。陈连开教授提出过一个值得重视的观点，我的另一位同事谷苞教授经过几十年在西北的实地考察，也提出了同一观点，他们都认为和秦汉时代中原地区实现统一的同时，北方游牧区也出现了在匈奴人统治下的大一统局面。他们更指出，南北两个统一体的汇合才是中华民族作为一个民族实体进一步的完成。我同意这个观点。

南北两大区域的分别统一是有其生态上的基础的。首先统一的中原地区是黄河长江中下游的平原地区，从新石器时代起就发生了农业文化。黄河中下游的新石器遗址中已找到粟的遗存，长江中下游的新石器遗址中已找到稻的遗存。从夏代以降修水利是统治者的主要工作，说明了灌溉在农业上的重要地位。小农经济一直到目前还是汉族的生活基础，至今还没有摆脱汉族传说性的祖先神农氏的阴影。

这一片平原上的宜耕土地在北方却与蒙古高原的草地和戈壁相接，在西方却与黄土高原和青藏高原相连。这些高原除了一部分黄土地带和一些盆地外都不宜耕种，而适于牧业。农业和牧业的区别各自发生了相适应的文化，这是中原和北方分别成为两个统一体的自然条件。

划分农、牧两区的地理界线大体上就是从战国时开始建筑直到现在还存在的长城。这条战国秦汉时开始修成的长城是农业民族用来抵御畜牧民族入侵的防线。农民占于守势而牧民处于攻势。这也是决定于两种经济的不同性质。农业是离不开土地的，特别是发展了灌溉农业，水利的建设更加强了农民不能抛井离乡的粘着性。农民人口增长则开荒辟地，以一点为中心逐步扩大，由家而乡，紧紧牢守故土，难得背离，除非天灾人祸才发生远距离移动。

牧业则相反。在游牧经济中，牲口靠在地面上自然生长的草得到食料，牲口在草地上移动，牧民靠牲口得到皮、毛、肉、乳等生活资料，就得跟牲口在草地上移动，此即所谓“逐水草而居”。当然游牧经济里牲口和人的移动也是有规律的，但一般牧民不能长期在一个地方定居，必须随着季节的变化，在广阔的草原上转移。牧民有马匹做行动的工具，所以他们的行动也比较迅速，集散也比较容易。一旦逢遭灾荒，北方草原上的牧民就会成群结队，南下就食农区。当双方的经济和人口发展到一定程度，农、牧矛盾就会尖锐起来，牧民成为当时生活在农区的人的严重威胁。对这种威胁，个体小农是无法抗拒的，于是不能不依附于可以保卫他们的武力，以及可以动员和组织集体力量来建筑防御工程的权力。这也是促成中央集权政体的一个历史因素。长城表现了这一个历史过程。

牧区经济的发展同样需要有权力来调处牧场的矛盾，需要能组织武力进行自卫或外出夺取粮食、财物和人口。我们对于北方草原上民族的早期历史知道得很少。当在汉代的史书中看到有关匈奴人较详细的记载时，他们已经是北方的强大力量，拥有长城之外东起大兴安岭，西到祁连山和天山这广大地区，就是这里所说北方的统一体。到汉初已形成“南有大汉，北有强胡”的局面。

实际的历史过程不可能这样简单。考古学者从30年代起已陆续在长城外的内蒙古赤峰（昭乌达盟）发现了新石器时代的红山文化，这地区的先民已过着以定居农业为主，兼有畜牧渔猎的经济生活，近年又发现了距今5000年前的祭坛和“女神庙”，出土的玉器与殷商玉器同出一系。铜器的发现更使我们感到对东北地区早期文化的认识不足，而且正是这个东北平原和大兴安岭及燕山山脉接触地带，在中国历史上孕育了许多后来入主中原的民族。关于这方面的情况，下面再提。

中原和北方两大区域的并峙，实际上并非对立，尽管历史里记载着连续不断的所谓劫掠和战争。这些固然是事实，但不见于记载的经济性相互依存的交流和交易却是更重要的一面。

把游牧民族看成可以单独靠牧业生存的观点是不全面的。牧民并不是单纯以乳肉为食，以毛皮为衣。由于他们在游牧经济中不能定居，他们所需的粮食、纺织品、金属工具和茶及酒等饮料，除了他们在大小绿洲里建立一些农业基地和手工业据点外，主要是取给于农区。一个渠道是由中原政权的馈赠与互市，另一个渠道是民间贸易。

贸易是双方面的，互通有无。农区在耕种及运输上需要大量的畜力，军队里需要马匹，这些绝不能由农区自给。同时农民也需牛羊肉食和皮毛原料。在农区对牧区的供应中，丝织物和茶常是重要项目。因而后来把农牧区之间的贸易简称为“马绢互市”和“茶马贸易”。在北方牧区的战国后期及汉代墓葬中，发现很多来自中原地区的产品，甚至钱币。

在日益密切的相互依存和往来接触中，靠近农区的那一部分匈奴牧民于公元1世纪已逐步和附近的汉族农民杂居混合，进入半农半牧的经济。公元前1世纪中叶这些匈奴人在汉武帝的强大压力下南北分裂后被称为南匈奴的，他们后来并没有跟北匈奴远走中亚，而留原地，即今内蒙古境内，并且逐渐进入关内和汉人杂居混合。

在战国到秦这一段历史时期里，农、牧两大统一体之争留下了长城这一道巨大的工程，这是表示了早期牧攻农守的形势。但是当农业地区出现的统一体壮大后，从汉武帝开始就采取了反守为攻的战略。这个战略上的改变导致了汉族向西的大扩张，就是在甘肃西部设置河西四郡：敦煌、酒泉、武威、张掖，移入 28 万人，主要是汉族。

河西四郡是黄土高原通向天山南北的走廊。这个地区的平原地带降水量是很少的。但是祁连山山区降水量较多，而且有积雪融化下流，供水较足可以灌溉农田。这是汉族能大量移入开荒种田的经济基础。这条走廊原来是乌孙和月氏的牧场，匈奴把他们赶走后占领其地，并和羌人联合起来，在西方包围了汉族。汉武帝于公元前 122 年迫降该地区的匈奴，置四郡移汉人实边，把这个包围圈打出了一个缺口，即所谓“隔绝羌胡”。这条走廊也给汉代开辟西域铺下通道。后来汉代又利用这条通道，联合天山以南盆地里的被匈奴欺压掠夺的农业小国和被匈奴放逐到中亚的乌孙，形成了对匈奴的反包围，并且击败匈奴。

从蒙古高原经天山北路直到中亚细亚是一片大草原，这对游牧民族来说是可以驰骋无阻的广场。游骑飘忽，有来有去，牧场的争持，你占我走，你走我占，所以这个地区的民族是时聚时散的。哪个部落强大了就统治其他部落，而且以其名称这广大草原上的牧民。所以在史书上所见的是一连串在北方草原上兴起的族名：匈奴之后有鲜卑、柔然、突厥、铁勒、回鹘等等。他们有时占领整个大草原，有时只占其中的一部分，最后是蒙古人，其势力直达西亚。

曾在这片草原上崛起的民族，许多还有其后裔留在这个地区，但又多和其他民族结合，其杂其混、其分其合，构成很复杂的历史过程，我们在此毋庸细述。大体上说，新疆现有民族中有五个少数民族所说的语言属于突厥语族。他们是维吾尔、哈萨克、乌孜别克、塔塔尔、柯尔克孜。他们都是早期就在这片大草原上活动过的民族的后裔。

六　中原地区民族大混杂、大融合

汉族形成之后就成为了一个具有凝聚力的核心，开始向四周围的各族辐射，把他们吸收成汉族的一部分。紧接汉魏在西晋末年黄河流域及巴蜀盆地出现了“十六国”，实际上有 20 多个地方政权，大多是非汉民族建立的。在这大约一个半世纪（公元 304～439 年）里正是这个地区民族大杂居、大融合的一个比较明显的时期，是汉族从多元形成一体的一幕台前的表演，而这场表演的准备时期早在汉代开始，匈奴人的“归附”即是其中的一幕。

在这些地方政权中，匈奴人建立的有 3 个，氐人建立的有 4 个，羯人建立的有 1 个，鲜卑人建立的有 7 个，羌人建立的有 1 个，汉人建立的有 3 个。它们所占的地区遍及今陕西、山西、河北、河南、甘肃、宁夏及四川、山东、江苏、安徽、辽宁、青海、内蒙古等省区的一部分。实际上是中原地区的全部都曾波及。

北方及西方非汉民族在上述地区建立地方政权表明有大量的非汉人进入了这个地区，由于混而未合，所以这时“汉”作为民族标记的名称也就流行，而且由于汉人的政治地位较低，“汉人”也成为带有歧视的称呼，但是进入华北地区的非汉人，一旦改牧为农，经济实力最终还是要在社会地位上起作用。在这个时期就开始有关于“胡人改汉姓”的记载，到了统一华北的北魏还发生了改复姓为单姓的诏命，也就是要胡人改从汉姓。有人统计《魏书》“官氏表”中126个胡姓中已有60个不见于官书。杂居民族间的通婚相当普遍，甚至发生在社会上层。非汉族的政治地位又不易持久，你上我下，我去你来，结果都分别吸收在汉人之中。汉族的壮大并不是单纯靠人口的自然增长，更重要的是靠吸收进入农业地区的非汉人，所以说是像滚雪球那样越滚越大。

经过南北朝的分裂局面，更扩大了的中原地区重又在隋、唐两代统一了起来。唐代的统治阶级中就有不少是各族的混血。建国时，汉化鲜卑贵族的支持起了举足轻重的作用，因之他们在统治集团中一直处于重要地位。有人统计，唐朝宰相369人中，胡人出身的有36人，占1/10。《唐书》还特辟专章为番将立传。沙陀人在唐末颇为跋扈，在继唐而起的五代中后唐、后晋、后汉三朝都是沙陀人建立的，以中兴唐朝出名的庄宗本身就是出自沙陀人。所以有唐一代名义上是汉族统治，实际上是各族参与的政权。从唐到宋之间的近500年的时间里，中原地区实际上是一个以汉族为核心的民族熔炉。许多非汉族被当地汉人所融合而成为汉人。当然融合的过程是复杂的，但结果许多历史有记载的如鲜卑、氐、羯等族名逐渐在现实生活中消失了。

唐代不能不说是中华文化的一个高峰。它的特色也许就是在它的开放性和开拓性。这和民族成分的大混杂和大融合是密切相关的。

七 北方民族不断给汉族输入新的血液

如果北宋可以说经过了五代的分裂局面，中原又恢复了统一，它的力量究竟是微弱的。它的北方，今内蒙古巴林左旗，在公元916年兴起了一个强大的民族契丹，作为中国的一个王朝称辽，它的疆域从黑龙江出海口到今蒙古人民共和国中部，南面从今天津，经河北霸县到山西雁门关一线与北宋对峙。统治了210年才为另一北方民族女真所灭。发源于白山黑水的女真人，公元1115年立国称金。1125年灭辽，接着灭北宋，先后在今北京和开封建都，疆域包括辽的故土并向西扩张到陕西、甘肃与西夏接界，向南扩张达秦岭和淮河与南宋接界。宋只有300年的历史，这期间给中原北部这个地区混杂居住的许多民族成分有一个消化和融合的阶段，并为汉族向南扩张积聚了力量。这是后话。

这里应当讲一讲大兴安岭以东的松辽平原。这个平原和广大草原之间当时存在着一个大兴安岭的屏障，广阔的森林可能挡住了游牧民族的东进。看来有一些游牧民族可以溯源于这个森林里的狩猎民族。

最近我到大兴安岭林区实地观察，在呼盟阿里河镇西北10公里见到林区里的一个山洞，称嘎仙洞，洞里还保留着公元443年北魏太武帝拓跋焘遣使树立的用以纪念他祖先的石刻祝文。这表明鲜卑族早期曾居住在大兴安岭的森林里。鲜卑族后来从山区西南迁到呼伦池的草原上，然后继续向西南迁，徙居阴山河套之间，形成鲜卑拓跋部，其中一部分进入青海，大部分则在4世纪初活动在今内蒙古和山西大同地区。公元386年建立魏国，439年统一中原北部地区。

建辽国的契丹人原是活动在辽河上游的游牧民族，曾臣服于唐，916年阿保机称帝。建国前后都有大批汉人迁入，农业和手工业得到发展，但被金灭后，契丹人多与汉人及女真人相融合。

建立金国的女真人也是在松辽平原上兴起的，他们走上与契丹人由弱到强，由强而亡的同样道路。当他们占有中原北部地区后，曾把所征服的地区的居民用汉人、燕人、南人等名称和女真人相区别，但是后来也有许多女真人开始改用汉姓，见于《金史》记载的有31姓，而且他们的改姓并非出于诏令，而是民间的自愿。尽管改用汉姓并不表示他们已完全成了汉人，只能表明他们已不再抗拒汉化了。

不论是契丹人还是女真人，尽管在中原北部政治上取得优势，但都没有统一中国。北方民族囊括中国全部版图成为统一的政权是从蒙古人建立的元朝开始。其后还有女真人的后裔满人建立的清朝。元朝统治了97年（公元1271～1368年），清朝统治了近260年（公元1644～1911年）。蒙古人和满人是非汉民族，而且至今还是有人口百万以上的少数民族，但是在他们的统治时代，汉族还是在壮大，当他们的王朝灭亡后，大量的蒙古人和满人融合在汉族之中。

元代蒙古人统治下的人分四等：蒙古、色目、汉人和南人。这时的女真人、契丹人、高丽人都被包括在汉人之中，与汉人的待遇是一致的。又据《元史》记载："女直（即女真）、契丹同汉人。若女直、契丹生西北不通汉语者，同蒙古人；女直（其下当遗"契丹"二字）生长汉地，同汉人。"[①] 看来女真人和契丹人中已有分化，或融合于汉族，或融合于蒙古族。元代把汉族分化为汉人和南人两类，以宋、金疆域为边界。凡是先被蒙古人征服的原属金的区域里的汉人仍称汉人，后来征服了南宋，曾属南宋的人称南人或宋人、新附人或蛮子。看来其中也包括长江以南的各非汉民族。这样也加强了这些非汉民族和汉族的融合。

继蒙古人之后统治中国的是汉族，称明朝，初期曾下令恢复"唐代衣冠"，禁止胡服胡语胡姓。用行政命令来改变民族风俗习惯和语言都是徒劳的。据《明实录》引用公元1442年的一奏折中有当时"鞑装"盛过唐服的话。但是民间交流却起作用。

① 《元史·世祖》纪十。

明末清初的顾炎武在他的《日知录》里关于当时民族混杂的情况曾说："华宗上姓与毡裘之种相乱，惜乎当日之君子徒诵'以夏变夷'之言，而无类族辨物之道。"又说："今代山东氏族其出于金、元之裔者多矣。"这表明在当时的社会上层各族间的通婚已经通行，而且大量的汉化了。

蒙古人融合于汉族的具体例子见于梁漱溟先生最近出版的《问答录》。他说："我家祖先与元朝皇帝同宗室，姓'也先贴木耳'，蒙古族。元亡，末代皇帝顺帝携皇室亲属逃回北方，即现在的蒙古，而我们这一家未走，留在河南汝阳，改汉姓梁……说到种族血统，自元亡以后经过明、清两代，历时五百余年，不但旁人早不晓得我们是蒙古族，即自家人如不是有家谱记载也无从知道了。但几百年来与汉族通婚，不断融合两种不同的血统，自然是具有中间的气质的。"① 在看到这段话之前，我从来不知道梁先生的祖先是蒙古人，他并没有报过蒙古族，而安于自认及被认为汉族，但是有意思的是他这500年前的血统渊源还看成是他的"中间气质"的根源。可见民族意识是很深的。解放之后，原来已报汉族而后来改报蒙古族的人数还是不少的。

这里可以提一下，由于蒙古人先统一了北方地区，后来才西征中亚，然后回师从甘肃，经四川，入云南，沿长江而下，灭亡南宋。在这一场战争中却在中华民族的格局中增添了一个重要的少数民族，即回族。1982年普查人数达722万，在少数民族中仅次于壮族，而且是其中分布最广的民族。主要聚居于宁夏和甘肃，并在青海、河南、山东、云南等省及全国各大城市有大小不等的聚居区。

大约在7世纪中叶，从海路有大批阿拉伯和波斯的穆斯林商

① 《问答录》，第2页。

人在广州、泉州、杭州、扬州等沿海商埠定居，当时称番客。13世纪初叶蒙古人西征，中亚信仰伊斯兰教各国被征服后，大批商人、工匠签发为远征军，称“探马赤军”，后随军进入中国征伐南宋，其中有汉人称他们为“回回军”的。回族就是在番客和回回军基础上大量和汉族通婚后，形成包括所有在中国各省信仰伊斯兰教的人。除了随蒙古军队在大城市落户的中亚商人和工匠外，还有大量中亚军人分驻各防区，主要在甘肃、云南，奉命屯垦，“上马则备战斗，下马则屯聚牧养”①，定居了下来，他们在元代列入色目人中享有较高的政治和社会地位。明代他们在政府和军队中还保持了较高地位。其时在甘青宁一带人口众多，曾有“回七汉三”的说法。在云南大理一带其人数也很多。但由于后来清代的民族仇杀使西北和云南的回族人口大为减少。

由于这个民族具有商业传统，早在唐代丝绸之路上的来往商人，番客就占重要地位。回族形成后，在黄土高原上，北和蒙古、西和青藏牧区接壤地区，即甘青宁黄河上游走廊地带，依靠农牧产品贸易，即所谓“茶马贸易”，善于从商的回族得以发展，所以现在最大的回族聚居区还是在宁夏回族自治区和甘肃的临夏回族自治州。

回族现在通用汉语。海上和从中亚移入的穆斯林什么时候和怎样失去他们原来的语言已经难说。有人认为商人和军队中妇女较稀少，所以为了繁衍种族，势必和当地妇女通婚，由母传子，改变了民族语言。经商也应当是他们必须掌握当地语言的一个原因，何况回回一般是小聚居、大分散的格局和汉人杂居。在语言和生活各方面和汉族趋同是很自然的社会结果。但是他们坚持伊斯兰教信仰，用以在汉族的汪洋大海中保持和加强自己的民族意

① 《元史·兵志》。

识。他们一般的习惯是回族可以娶汉族妇女，嫁后须信仰伊斯兰教。回族妇女不嫁汉人，除非汉人改信伊斯兰教，成为回族成员。

清代满族并没有轶出过去进入中原的北方民族的老路。这是大家记忆犹新的历史，可以不必在此多说。我在解放前的确没有听到过语言学家罗常培、文学家老舍是满族，他们都是在解放之后才公开他们的民族成分的。当然，我们这些汉人和他们相处时并不会感到我们之间有什么民族差别。在没有公开他们的民族成分之前，他们都知道自己是满族。这又说明了在一体的格局中多元性还是顽强地存在。

北方诸非汉民族在历史长河里一次又一次大规模地进入中原农业地区而不断地为汉族输入了新的血液，使汉族壮大起来，同时又为后来的中华民族增加了新的多元因素。这些对中华民族多元一体格局的形成都起了重要的作用。我在本文中只能作出上面简单的叙述，指出它的梗概而已。

八 汉族同样充实了其他民族

在我国古代民族中，除了月氏、乌孙、匈奴、突厥等民族的大部或部分迁居他国外，绝大多数的民族都长期在中华大地上居住，他们之间的交流和融合是经常的。上节里我着重讲了在不同时期汉族曾融合进了为数众多的其他民族成分。在这一节里，我要略述汉族融合到其他民族里去的情况。

汉族被融合入其他民族主要有两种情况：一种是被迫的，有如被匈奴、西羌、突厥掳掠去的，有如被中原统治者派遣去边区屯垦的士兵、贫民或罪犯；另一种是由于天灾人祸自愿流亡去的。这两种人为数都很多，有人估计“匈奴有奴隶约30万，约占匈奴人口的1/7或1/5”[①]，有人估计“匈奴有奴隶50多万，占匈奴人口的1/3”[②]，这些奴隶主要是汉人，也有西胡、丁零等族。永初三年（公元109年）南匈奴曾一次“还所钞汉民男女及羌所掠转买入匈奴中者合万余人”[③]。

西汉时，侯应曾列举十条理由反对罢边塞、毁长城，其中的第七条是：“边人奴婢愁苦，欲亡者多……时有亡出塞者。”可见当时时有汉人自愿逃亡匈奴游牧区。东汉末年，仅逃亡到乌桓地区的汉人就有10万多户。西晋亡后，中原板荡，汉族人民逃亡辽西、河西、西域和南方的人很多。据《晋书·慕容廆传》：“时二京倾覆，幽冀沦陷，廆刑政修明，虚怀引纳，流亡士庶众多襁负归之。廆乃立郡以统流人，冀州人为冀阳郡，豫州人为周郡，青州人为营丘郡，并州人为唐国郡。”流人之多可以想见。

移入其他民族地区的汉人很多就和当地民族通婚，并且为了适应当地社会生活和自然环境，也会在生活方式、风俗习惯等方面发生改变，过若干代后，就融合于当地民族了，比如，在公元399年在吐鲁番盆地及邻近地区建立的麴氏高昌国原是一个以汉人为主体建立的国家。这些汉人是汉魏屯田士兵和晋代逃亡到这地区的人的后裔。正是《魏书·高昌传》所说的“彼之氓庶，是汉魏遗黎，自晋化不纲，因难播越，世积已久”。当时这个高昌国的人胡化已深，如《北史·西域传·高昌传》所说：“服饰，丈夫以胡法，妇人裙襦，头上作髻。其风俗政令与华夏略同……文字亦同华夏，兼同胡书，有《毛诗》、《论语》、《孝经》……虽习诵之，而皆为胡语。”麴氏高昌国存在了141年，

① 《匈奴史论文选集》，第12、10页。

② 同上。

③ 《后汉书·南匈奴传》。

曾先后臣属于北方游牧民族柔然、高车及突厥。公元640年为唐朝所征服，设西州。公元866年回鹘占领西州，从此长期受回鹘统治，当地汉人的后裔就融合于维吾尔族了。同时生活在天山以南各个绿洲操焉耆—龟兹语（吐火罗语）和于阗语的属于印欧语系诸民族也先后融合于维吾尔族。

又比如：在战国时，楚国的庄跻曾率数千农民迁居于云南滇池地区，自称滇王。其后，汉晋时期均曾派汉人进入云南，但明朝以前迁入云南的汉人大都融合于当地各民族了。迁居于大理洱海地区的汉人成了白族中的一个重要部分。

我们过去对于历史上民族之间互相渗透和融合研究得不够，特别是对汉人融合于其他民族的事实注意不够，因而很容易得到一种片面性的印象，似乎汉族较杂而其他民族较纯。其实所有的民族都是不断有人被其他民族所吸收，同时也不断吸收其他民族的人。至于有人认为经济文化水平较低的民族必然会融合于经济文化较高的民族，也是有片面性的，因为历史上确有经济文化水平较高的汉人融合于四周的其他经济文化较低的民族。民族间相互渗透和融合过程还是应当实事求是地进行具体分析。我在这里特地加上这一节，目的就是要指出，在看到汉族在形成和发展过程中大量吸收了其他各民族的成分时，不应忽视汉族也不断给其他民族输出新的血液。从生物基础，或所谓“血统”上讲，可以说中华民族这个一体中经常在发生混合、交杂的作用，没有哪一个民族在血统上可说是“纯种”。

九　汉族的南向扩展

早在春秋战国时代，作为汉族前身的华夏族，其势力已经东到海滨，南及长江中下游，西抵黄土高原。这个核心的扩展对周围的其他民族，即当时所谓夷蛮戎狄，采取了两种策略，一是包进来“以夏变夷”，一是逐出去，赶到更远的地方。匈奴分南北两部，北匈奴走了，南匈奴同化了，是具体的例子。北匈奴沿着直通中亚和东欧的大草原走出了后来中华民族的范围，其他民族能走出这个范围的不多。很可能早期居住在山东半岛上的“东夷”，有部分渡海出走，或绕道东北进入今朝鲜半岛和日本群岛。但绝大多数的非汉民族不受融合的只有走到汉族不愿去居住的地方，大多是不宜耕种的草原和山区。有些一直坚持到今天，在中华民族的一体中保留了他们的民族特点，构成多元的格局。

这个过程如果要作历史的回顾，一直可以推到三皇五帝的传说时代。被认为是汉族祖先的黄帝，就曾在黄河北岸和炎帝和蚩尤作过战。炎帝后来被加入了汉族祖先之列，所以现在通常认为中华民族是“炎黄子孙”。蚩尤在传说中却一直被排斥在“非我族类”之中。但是他所率领的“三苗”却还有人望名构史地和现在的苗族联系了起来。这固然是牵强的推测，但蚩尤之后有一部分被留在汉族之外却可能是事实。

从考古的资料来说，如上所述，长江中下游的新石器时代和黄河中下游一样存在着东西不同的文化区。从山东中南部到徐淮平原的青莲岗—大汶口文化（公元前5300~前2400年）是有近3000年历史的相当发达的农业文化，这使人联系到史书上所称的东夷。在东夷中无疑还包含着不同的族团。东夷是殷商的先人，当他们被西方来的羌人之后的周人击败后，一部分和周人一起融合进入了华夏族团，也有一部分是被驱逐出走他方。这一部分中可能有上面说到过出海的和绕道东北去朝鲜半岛和日本群岛的人，但大部分却走向南方。

我这个假说的根据是我在30年代对朝鲜族人体类型的分析。在我的硕士论文里，我曾在朝鲜人体质资料中看到有大量和江苏沿海居民相同的 B 型，即圆头体矮的类型。这种类型又见于广西大瑶山瑶人的体质测量资料中。如果这些资料的分析是可信的话，就容易作出把这两个地方的人在历史上联系起来的推想。由于我自己的体质类型分析的研究工作中断已久，资料又都遗失，只能凭记忆作出上述的提示[①]。

我这种推论受到我的一位老师潘光旦教授的支持。他根据文字史料和在福建畲民地区的实地观察，曾提出过一种见解，凭我的记忆简述如下：

我们可以从徐、舒、畲一系列的地名和族名中推想出一条民族迁移的路线。很可能在春秋战国时代的东夷中靠西南的一支的族名就是徐。他们生活在黄河和淮河之间，现在还留下徐州这个地名。据《新中国的考古发现和研究》徐国在西周时期曾是一个较强的国家，春秋时仍然不衰，公元前 512 年被楚灭亡。近年在江西西北部接连出土春秋中期徐国铜器，应该不是偶然，或许与徐人的迁徙有关[②]。从这一时期的文献中可以看到这块地区被居民称作舒。潘先生认为畲字和徐是同音，徐人和舒人可能即是畲人的先人。他又以瑶畲都有盘瓠传说，这个传说联系到了徐偃王的记载，认为过山榜有它的历史根据，只是后来加以神话化罢了。这一批人，后来向长江流域移动，进入南岭山脉的那一部分可能就是瑶。从南岭山脉向东，在江西、福建、浙江的山区里和汉族结合的那一部分可能是畲，另外有一部分曾定居在洞庭湖的一带，后来进入湘西和贵州山区的可能就是苗。潘先生把苗和瑶联系了起来，是因为他们在语言上同属一个系统，称苗瑶语族，

---

① 关于瑶族的体质及推论，作者已有修正和补充，见《费孝通文集》第 13 卷，《从史禄国老师学体质人类学》。

② 《新中国的考古发现和研究》，第 317 页。

表明他们可能是从一个来源分化出来的。

如果东夷中靠西的那部分经过2000年的流动，现在还留着一些后裔，保留了他们的民族特点，成为瑶、苗和畲，那么东夷中靠东的那一部分又怎样了呢？这一部分可能联系上苏北青莲岗文化直到长江下游的河姆渡－良渚文化，也就是春秋战国时期吴、越人的活动地区。这地区在三国时期经常使得统治这地区的孙氏政权头痛的是山区里到处都有的越人。这些不能不使我联想到这一系列新石器时代的文化就是吴越文化的底子。

浙江南部直到广东沿海考古资料还不够完整。但是广东石硖文化的发现，使考古学者得出一种见解，它和赣江流域、长江中下游甚至远达山东沿海等地诸原始文化，不断发生直接、间接的交往和相互影响，并且越到后来联系越广越远，而断定这沿海地区始终是紧密相联的①。这些线索使我产生一种设想，这种相联不仅是民族间的交往，而且有相近的种类的底子，就是说，从山东到广东的整个沿海地带曾经是古代越人或粤人活动的区域。三国时吴国有山越，其先浙南有瓯越，福建有闽越，广东在汉代建有南越（粤）国，其西到广西还有骆越，都以越或粤名其人，可以认为是一个系统的人。

许多民族学者把古代的越人联系到现在分布在西南各省壮侗语族民族，直到东南亚，如广西的壮族，贵州的布依族、侗族、水族，云南的傣族。如果这个历史联系是可信的话，则可以把他们联上历史上沿海的越人。现在沿海的越人已经都融合成了汉族，而这个越人系统至今还保住了西南一隅，主要居住在山区的盆地里从事农业，这些地区的山腰和山上却住有苗瑶和其他山地小民族。这样一个分布颇广，人数又众的越人系统究竟怎样形成

① 《新中国的考古发现和研究》，第166页。

的历史，我们还没有具体材料来予以说明。

以上是长江下游、沿海和带到一点西南边境上的情况。现在让我们看一看长江中游的情况。

从新石器时代江汉平原的大溪—屈家岭—青龙泉文化之后，从地区上说，接下去就是楚文化了。春秋战国时代的楚国还保留着相当强烈的地方色彩。著名的屈原《楚辞》还是“书楚语，作楚声，记楚地，名楚物”。楚在中原人眼中还是南蛮，连楚建国后五代孙熊渠自己还说：“我蛮夷也，不与中国之号谥。”在楚国统治下有许多小邦，有人计算达60个之多，也就是说它曾是一个与中原华夏并峙的多元统一体。它的地域很广。《淮南子》里有言：“昔者楚人地南卷沅湘，北绕颍泗，西包巴蜀，东裹郯邳，颍汝以为洫，江汉以为池……中分天下。”楚还派人西进云南，占有滇池地区。

楚是一个农业经济发达，文化高超的国家。但是秦灭楚后，楚汉相争事实上还是存在，项羽是在四面楚歌之中，无面目见江东父老而自杀的。楚汉合并在统一体中也是经过一个相当长的过程的。

早在秦代，汉人已越南岭进入珠江流域，广西桂林还有秦渠留做见证。但是汉族文化越岭入粤尚在汉代，当时的南越王事实上还是一个强大的地方政权。但是南岭山脉以南地区要成为以汉人为主的聚居区，还需要近千年的时间。从海南岛的民族结构可以看得到这地区的历史层积。最早在该岛居住的是黎人，语言属壮侗语系，自成一语支，表示和同一语族的其他语支早已分开。由此可以推测在沿海还是越人居住的时代，有一部分已越海居住到了这岛上。继着黎人迁入的是另一部分说壮侗语系的人定居在海岛北部，称临高人，语言和今壮人相同，至今自认是汉人。其后，大约在明代，又有说瑶语的人移入，他们被人称为苗人，至今也自称苗人。按我上述的推测，他们是向南走得最远的瑶人了。其后到了宋元才有大量汉人移入，主要是住在该岛的沿海地区。

十 中国西部的民族流动

让我们回到中华大地的西部，至今是少数民族聚居的地方，即黄土高原、青藏高原和云贵高原，加上天山南北的新疆。这个广大地区考古资料比中原及沿海地区为少，远古的历史还不太清楚。但是已经知道的是在中国找到最早的猿人遗骨化石是在云贵高原（云南元谋县），加上上面已说过的旧石器及新石器的遗留，可以断定在这些西部高原上很早已有人类居住。

从史书的文字记载中，早期在中原之西居住的人统称戎。贴近中原，今宁夏、甘肃这一条黄河上游的走廊地带，正处在农业和牧业两大地区的中间，这里的早期居民称作羌人，牧羊人的意思。羌人可能是中原的人对西方牧民的统称，包括上百个部落，还有许多不同的名称，古书上羌氐常常连称。它们是否同一来源也难确定，可能在语言上属于同一系统。《后汉书》说他们是“出自三苗”，就是被黄帝从华北逐去西北的这些部落。商代甲骨文中有羌字，当时活动在今甘肃、陕西一带。羌人和周人部落有姻亲关系，所以周人自谓出于姜嫄。在周代统治集团中羌人占重要地位，后来成为华夏族的重要组成部分。

从历史上看，作为一个保持着民族特点的集团来说，羌人和中原一直维持着密切关系，是甘陕一带戎夏之间的强大集团。其中党项羌在公元1038～1227年间曾建立过西夏国，最盛时包括今宁夏、陕北和甘肃、青海、内蒙古的一部分，与辽、金先后成为与宋代鼎峙的地方政权，从事农牧业，有自己的类似汉文的方块文字。自从西夏政权被蒙古人击溃后，羌人的下落在汉文的史料中就不常出现了。可能大多数已和当地汉人及其他民族融合。至今仍自认是羌人的有约100万人（1964年普查时只有约50万人），聚居在四川北部，有一个羌族自治县。

羌人在中华民族形成过程中起的作用似乎和汉人刚好相反。汉族是以接纳为主而日益壮大的，羌族却以供应为主，壮大了别的民族。很多民族包括汉族在内从羌人中得到血液。

让我从西端的藏族说起。据汉文史籍记载，藏族属于两汉时西羌人的一支。西藏有“发羌”，发古音读bod，即今藏族自称。发羌是当时青藏高原上许多部落之一，而且和甘青诸羌人部落有来往。藏语族有三个语支，即藏语、嘉戎语、门巴语。有些语言学者把羌语、普米语、珞巴语都归入藏语支，也有把嘉戎语归入羌语支。一说西夏语实际是嘉戎语，即羌语。这说明在藏语和羌语间存在着密切关系。嘉戎语主要分布在四川的阿坝藏族自治州，说嘉戎语的人都被认为是藏族。

藏语本身还分三种差距较大的方言：卫藏方言主要分布在西藏自治区大部分地方；康方言主要分布在四川的甘孜、云南的迪庆及青海的玉树等藏族自治州；安多方言分布在甘肃的甘南、青海的一些藏族自治州。藏语的复杂性反映了这个民族的多元格局。即使不把羌人作为藏族的主要来源，羌人在藏族形成过程中的重要作用也是无可怀疑的。

藏族在历史上是一个强大的民族，它不仅统一过青藏高原，而且北面到达帕米尔高原，占领过新疆南部，东面到达过唐代的首都长安和四川的成都平原，南面的滇北和当时的南诏国对峙。在他们的强大时期，当地各族人民受到他们的控制。这些人也就被称为藏人。现在阿坝地区还有一种被称为“黑番人”，有些学者认为他们是古代氐人的后裔。在六江流域的走廊里还发现出门说藏语，回家说另一种语言的藏人。这些显而易见的是融而未合的例子。

如果语言的系统能给我们一些民族间历史关系的线索，汉语和藏语的近亲关系也支持了我在上面所提到的羌人是汉藏之间的联结环节的假设。从这个线索再推一步，我们又看到了和藏语近亲的彝语。而彝语的来源有许多学者也认为是羌语。胡庆钧教授在《中国大百科全书》彝族条目里是这样说的："约在4000～5000年以前，羌人早期南下支系与当地土著部落融合为僰（濮）。僰系'羌之别种'……公元4世纪初，羌人无弋爰剑之后自甘、宁、青一带河湟地区南下，到岷山以东，至金沙江畔，发展为武都、广汉、越巂诸羌……是羌人南下的较晚支系。"

彝族在1982年人口普查时有545万人，如果加上彝语系统的哈尼、纳西、傈僳、拉祜、基诺等族，将有755万人。在少数民族中仅次于壮族，超过了回族。彝族所居住的横断山脉，山谷纵横，构成无数被高山阻隔的小区域，其间交通不便，实际上属于同一族类的许多小集团，分别各自有他们的自称，也被他族看成不同的民族单位。现在说彝语的人已被认为是属于不同名称的五个民族。即是包括在彝族范围之内的人，也还有诺苏、纳苏、罗武、米撒泼、撒尼、阿西等不同自称。

当蒙古军队进攻南宋，道出四川、云南、贵州时，彝语系统的各集团大多联合起来进行抵抗，出现了一个统一的名称：罗罗。这个名称在民间一直沿用到解放时。但因为被认为是一种歧视的辱称所以被废止了，而采用彝这个名称。

彝族在云贵高原长期在各地掌握过地方权力。元明两代均利用彝族本族的统治者作为臣属于中央政权的土司，是一种间接统治的方式。清代通过"改土归流"，进行直接统治，部分交通方便的地区，由于大量的汉人移入，在公元1746年有人记载在东川、乌蒙等地已经是“汉土民夷，比屋而居……与内地气象无异”。

彝族的社会发展是很不平衡的，即使在解放前夕，在城镇上还自认是彝族的社会上层和汉人往来中表面上已辨不出有什么差别，而且在地方政治和经济上还掌握着实权。但在偏僻的山区如四川的凉山，却还保持着其特有的奴隶制度，并成为独立的“小王国”，不受区外权力的控制。

从客观上看，云贵高原的民族格局中实际上存在着六种民族集团。一是在南部及西南边境上多属壮侗语族的民族，主要是傣族。他们是早就住在这地方的土著，还是由东方沿海地区移入这山区的人，现在还难说。二是从北方迁入的彝语系统的民族。三是早在这地区居住的土著民族。按考古学上的遗留来看，这是一块人类的发源地，不大能想象没有遗留人种。但是现存的知识，还不能明确他们和现在的民族有什么关系。但可能大多已淘汰，或是和外来的移民同化了。有人认为现有的仡佬族和仫佬族，散居于贵州、广西一带，系旧称僚人的后裔，可能是这地区较早的居民。四是早在春秋战国时代已开始从中原来的移民，见之于历史的最早有楚国的庄跻带兵进入滇池地区。到汉代从四川进入云贵高原的交通已经开辟，《史记》的作者司马迁就到过云南，滇池附近还发现了汉代的金印。明代及以后大批汉人移入云贵各省是有史可稽的。五是以上各种人的混血。白族可能是其中之一。六是一些跨境的说南亚语系的民族，如佤、德昂、布朗等族，很可能是从境外移入的。

为了提供西南部分更完整的面貌，还得简单说一说处在青藏高原、黄土高原及云贵高原之间的那个四川盆地。这个盆地适于农业，很早就有蜀人和巴人在此生息。根据现有的历史知识说，早在商代的甲骨文中已见到“蜀”字，那是四川盆地的古国。

在周人伐商的战争中已有蜀人的参预。蜀人主要活动地区在四川西部。建立过地方政权，后来被秦所灭，而且据说置蜀郡后中原有大量移民入蜀，蜀人也就并入了汉族。

巴人的来源历史上没有明确记载，传说是廪君之后，起源于“武落钟离山”，有人考证在今湖北境内。他们的活动地区是在四川东部、陕西南部、湖北和湖南西部。西周初期在汉水流域建立巴国，被秦灭后，巴人作为一个民族集团也就湮没无闻了。50年代潘光旦教授考察湘西土家族，认为是巴人的后裔。土家族在中华人民共和国初期，并没有被列入少数民族中，因为当时被认为是汉族的一部分。他们在生活和语言上和汉人已极相近。但是自从承认他们是一个民族单位后，湘、鄂、黔接壤地区很多过去自报汉族的，申请改正为土家族。1964 年人口普查时自报土家族的只有 52 万人，1982 年普查时达 280 万人，在 18 年中增长了五倍。这说明有许多已长期被吸收入汉族中的非汉民族，在意识上还留有融而未合的痕迹。

十一　中华民族格局形成的几个特点

以上我把中华民族多元一体格局形成的过程择要勾画出一个草图。中华民族的近百年和西方列强的对抗中成为自觉的民族实体，但是作为一个自在的民族实体是经过上述的历史过程逐步形成的。说到这里，我可以把从这个格局里看到的几个应注意的特点简述如下：

（一）中华民族多元一体格局存在着一个凝聚的核心。它在文明曙光时期，即从新石器时期发展到青铜器时期，已经在黄河中游形成它的前身华夏族团，在夏、商、周三代从东方和西方吸收新的成分，经春秋战国的逐步融合，到秦统一了黄河和长江两大流域的平原地带。汉继秦业，在多元的基础上统一成为汉族。汉族的名称一般认为到其后的南北朝时期才流行。经过2000多年的时间向西方扩展，融合了众多其他民族的人，到目前人数已超过9.34亿（1982年），占中华民族总人口的93.3%。其他55个少数民族人口总数是6720万，占6.7%。

汉族主要聚居在农业地区，除了西北和西南外，可以说凡是宜耕的平原几乎全是汉族的聚居区。同时在少数民族地区的交通要道和商业据点一般都有汉人长期定居。这样汉人就大量深入到少数民族聚居地区，形成一个点线结合，东密西疏的网络，这个网络正是多元一体格局的骨架。

（二）同时值得重视的是，少数民族聚居地区占全国面积一半以上，主要是高原、山地和草场，所以少数民族中有很大一部分人从事牧业和汉族主要从事农业形成不同的经济类型。中国的五大牧区均在少数民族地区，从事游牧业的人都是少数民族。

我们所谓少数民族聚居地区这个概念是指有少数民族聚居在内的地区，所以并不排斥有汉族居住在内，甚至在人数上可以占多数。少数民族占当地人口10%以上的有8个省（区）：内蒙古（15.5%）、贵州（26%）、云南（31.7%）、宁夏（31.9%）、广西（38.3%）、青海（39.4%）、新疆（59.6%）、西藏（95.1%），其中占一半以上的只有两个民族自治区。在这些地区，有些是汉族的大小聚居区和少数民族的聚居区马赛克式地穿插分布；有些是汉人占谷地，少数民族占山地；有些是汉人占集镇，少数民族占村寨；在少数民族的村寨里也常有杂居在内的汉户。所以要在县一级的区域里，除了西藏和新疆外，找到一个纯粹是少数民族的聚居区是很不容易的，即在乡一级的区域里也不是常见的。在这种杂居得很密的情形下，汉族固然也有被当地民族吸收的，但主要还是汉族依靠这深入到各少数民族地区的这个队伍，发挥它的凝聚力，巩固了各民族的团结，形成一体。

（三）从语言上说，只有个别民族，如回族，已经用汉语作为自己民族的共同语言外，少数民族可以说都有自己的语言。有些民族，如满族，在日常生活中还经常用满语通话的已经很少，认得满文的普通老百姓则更少了，他们都用汉语汉文来表达自己的思想，杰出的，有我在上面提到的语言学家罗常培和文学家老舍。还有些民族自称有自己的民族语言，但经研究其实已经使用汉语方言，如畲族。有自己语言的民族中有 10 个民族有自己的文字，但群众里用文字的则只有几个民族，如藏文、蒙文、维文、傣文、朝鲜文等，有些虽有文字，但识字的人很少。少数民族中和汉人接触多的大多已学会汉语。我 50 年代初到广西和贵州访问少数民族时，当地各族的男子大多能和我用当地汉语方言通话。但是他们和同族的人通话时则用自己的语言。80 年代我去内蒙古访问，就遇到有不会汉语的蒙族，也有不会蒙语只会汉语的蒙族。在不同少数民族间通话的媒介也多种多样，有以汉语交谈，有各用自己语言交谈，也有用对方的语言交谈，也有用当地通用的某一种少数民族语言交谈。这方面还缺乏具体的调查，但一般来说，汉语已逐渐成为共同的通用语言。解放后，人民政府的政策是各民族都有使用自己语言文字的权利，并列入宪法。

（四）导致民族融合的具体条件是复杂的。看来主要是出于社会和经济的需要，虽则政治的原因也不应当忽视。即在几十年前的民国时代，在贵州还发生强迫苗族改装剪发的事，但是这种直接政治干预的效果是不大也不好的，因为政治上的歧视、压迫反而会增加被歧视被压迫的人的反抗心理和民族意识，拉开民族之间的距离。从历史上看，历代王朝，甚至地方政权，都有一套对付民族关系的观念和政策。固然有些少数民族统治者，如北魏的鲜卑族，入主了汉族地区后奖励和甚至用行政手段命令他们自己的民族和汉族同化，但大多数的少数民族王朝是力求压低汉族的地位和保持其民族的特点。结果都显然和他们的愿望相反。政治的优势并不就是民族在社会上和经济上的优势。满族是最近也是最明显的例子。

在历史上，秦以后中国在政治上统一的时期占2/3，分裂的时期占1/3，但是从民族这方面说，汉族在整个过程中像雪球一样越滚越大，而且在国家分裂时期也总是民族间进行杂居、混合和融化的时期，不断给汉族以新的血液而壮大起来。

如果要寻找一个汉族凝聚力的来源，我认为汉族的农业经济是一个主要因素。看来任何一个游牧民族只要进入平原，落入精耕细作的农业社会里，迟早就会服服帖帖地、主动地融入汉族之中。

重复提一下，现在那些少数民族聚居的地方，大都是汉人不习惯的高原和看不上眼的草原、山沟和干旱地区，以及一时达不到的遥远的地方，也就是“以农为本”的汉族不能发挥他们优势的地区。这些地区只要汉族停留在农业时代对他们是不发生吸引力的。在农业上具备发展机会的地方，汉族几乎大都占有了，甚至到后来还要去开垦那些不适宜农业的草原，以致破坏牧场，引起农牧矛盾和民族矛盾。这一切能不能作为农业经济是汉族得到壮大的主要条件的根据呢？看来正是汉族的两腿已深深地插入了泥土，当时代改变，人类已进入工业文明的时候，汉族要从泥土里拔出这两条腿也就显然十分吃力了。

（五）组成中华民族的成员是众多的，所以说它是个多元的结构。成员之间大小悬殊，汉族经过2000年的壮大，已经有9.34亿人，是当今世界上人数最多的民族。其他55个民族人口总共6720万人，其中还包括“未识别”的大约80万人，所以把他们称作少数民族。其中超过100万人口的一共15个民族，最大的是壮族（1300万人），人数不到100万而超过50万人口的有3个民族，人数在50万以下10万以上的有10个，10万以下1万以上的有15个，1万以下5000以上的有1个，5000以下的有7个，其中在2000人以下的有3个，人数最少的是珞巴族（1066人）。高山族因缺乏台湾部分的统计，没有列入计算。

各民族人口从1964年普查到1982年普查均有增长，少数民族总人口增长68.42%，平均年增长率2.9%，高于汉族（分别为43.82%及2.0%）。增长最多的是土家族，18年中增长4.4倍。这很明显，并不是出于自然增长，而是由于在这几十年中大批以前报作汉族的改报了土家族。这种情形，在其他少数民族同样发生。汉族原是有许多非汉民族融合进来的。如果推溯其祖先所属的民族来规定自己的民族，那就可以有大量人口从汉族中划出去。当然问题是在怎样来规定“所属民族”的标准了。

同样的难题出现在所谓“未识别”的民族，意思是这些人的民族成分还不明确。这类人总数约有80万。其中包括两类，一类是不能确定是汉人或不是汉人；一类是他们属于哪个少数民族没有确定。这种辨别工作我们称为“民族识别”。这并不是指个人而言，而是指：一些集团自称不是汉族，但是历史资料证明是早期移入偏僻地区的汉人，因种种原因不愿归入汉族。又有一些集团是从某些非汉族中分裂出来，不愿接受原来民族的名称。这些人就归入“未识别民族”的总类里。这说明，民族并不是长期稳定的人们共同体，而是在历史过程中经常有变动的民族实体。在这里我不能从理论上多加发挥了。

（六）中华民族成为一体的过程是逐步完成的。看来先是各地区分别有它的凝聚中心，而各自形成了初级的统一体。比如在新石器时期在黄河中下游都有不同的文化区，这些文化区逐步融合出现汉族的前身华夏的初级统一体，当时长城外牧区还是一个以匈奴为主的统一体和华夏及后来的汉族相对峙。经过多次北方民族进入中原地区及中原地区的汉族向四方扩散，才逐步汇合了长城内外的农牧两大统一体。又经过各民族流动、混杂、分合的过程，汉族形成了特大的核心，但还是主要聚居在平原和盆地等适宜发展农业的地区。同时，汉族通过屯垦移民和通商在各非汉民族地区形成一个点线结合的网络，把东亚这一片土地上的各民族串联在一起，形成了中华民族自在的民族实体，并取得大一统的格局。这个自在的民族实体在共同抵抗西方列强的压力下形成了一个休戚与共的自觉的民族实体。这个实体的格局是包含着多元的统一体，所以中华民族还包含着50多个民族。虽则中华民族和它所包含的50多个民族都称为“民族”，但在层次上是不同的。而且在所有承认的50多个民族中，很多本身还各自包含更低一层次的“民族集团”。所以可以说，在中华民族的统一体之中存在着多层次的多元格局。各个层次的多元关系又存在着分分合合的动态和分而未裂、融而未合的多种情状。这就提供了民族学研究者富有吸引力的研究对象和课题。

十二　瞻望前途

放眼未来，中华民族的格局会不会变？它的内涵会不会变？这些问题只能作猜测性的推想。

首先应当指出，中华民族在进入21世纪以前已产生了两个重大的质变。第一，过去几千年来的民族不平等的关系已经不仅在法律上予以否定，而且事实上也作出了重大的改变。自从1949年新中国成立以后，民族平等已成为了根本性的政策，而且明确地写入了宪法。为实现民族平等制定了民族区域自治法。凡是少数民族聚居的地方都实行区域自治，建立自治地方的自治机关，由各少数民族自己管理自己的事务。少数民族的语言和风俗习惯要受到其他民族的尊重，改革与否由各族人民自己决定。少数民族由于历史原因一般说来经济文化过去缺乏发展的条件，所以国家制定一系列对少数民族的优惠政策。这些政策的落实，使很多过去隐瞒自己民族成分的人敢于和乐于公开要求承认他们是少数民族了。

第二，中国开始走上工业化和现代化的道路。开放和改革成了基本国策，闭关锁国的局面已一去不能复返，从“以农立国”转变到工业化的过程中，对各民族的发展提出了新的问题。如果我以上的叙述和分析是符合历史事实的话，依靠农业上的优势而得到壮大起来的汉族首先遭到了必须改变经济结构的挑战。在他们聚居的地方原本多是在适宜于发展农业的地区，这些地区工业所需的原料是比较贫乏的，而过去对汉族缺乏吸引力，一向是少数民族聚居的地方却正是工业原料丰富的地区。同时，工业的发展需要科技和文化知识，而在这方面少数民族一般说来低于汉人的水平。要由少数民族自己利用本地区的资源去发展本地区的工业是有很大困难的。这些具体情况会怎样影响民族的格局呢?

如果我们要坚持在中华民族里各民族平等和共同繁荣的原则，那就必须有民族间互助团结的具体措施。这正是我们当前必须探索的课题。

如果我们放任各民族在不同的起点上自由竞争，结果是可以预见到的，那就是水平较低的民族走上淘汰、灭亡的道路，也就是说多元一体中的多元一方面会逐步萎缩。我们是反对走这条路的，所以正在依“先进帮后进”的原则办事，先进的民族从经济、文化各方面支持各后进的民族的发展。国家对少数民族地区不仅给优惠政策，而且要给切实的帮助，现在我们正在这样做。

第三，还可以提出一个问题：少数民族的现代化是否意味着更大程度的汉化？如果是这样，各民族共同繁荣是否指向更大的趋同，而同样削弱多元一体格局中多元这一头呢？这固然是存在的一种可能性，但是，我是这样想的：一个社会越是富裕，这个社会里的成员发展其个性的机会也越多；相反，一个社会越是贫困，其成员可以选择的生存方式也越有限。如果这个规律同样可以用到民族领域里的话，经济越发展，亦即越是现代化，各民族间凭各自的优势去发展民族特点的机会也越大。在工业化的过程中，各民族人民生活中共同的东西必然会越来越多，比如为了信息的交流，必须有共同的通用语言，但这并不妨碍各民族用自己的语言文字发展有自己民族风格的文学。通用的语言可以帮助各民族间的互相学习、互相影响而促进自己文学的发展。又比如，各民族都有其相适应的生态条件。藏族能在海拔很高的高原劳动和生活，他们就可以发挥这项特点成为发展这地区的主力，并通过和其他地区的其他民族互通有无来提高各民族的经济水平。我想到这些情况，使我相信只要我们能及早注意这个问题，我们是有办法迎接这个挑战的。在现代化的过程中，通过发挥各民族团结互助的精神达到共同繁荣的目的，继续在多元一体的格局中发展到更高的层次。在这层次里，用个比喻来说，中华民族将是一个百花争艳的大园圃。我愿意用这个前景鼓励自己和结束这篇论文。

参考书目

1. 中国社会科学院考古研究所：《新中国的考古发现和研究》，文物出版社 1984 年版。

2. 陈连开：《关于中华民族的含义和起源的初步探讨》，《民族论坛》1987 年第 3 期；《中华新石器文化的多元区域性发展及其汇聚与辐射》，《北方民族》1988 年第 1 期；《我国少数民族对祖国历史的贡献》，北京书目文献出版社 1983 年版。

3. 徐杰舜：《汉民族历史和文化新探》，广西人民出版社 1985 年版。

4. 贾敬颜：《汉人考》，《中国社会科学》1985 年第 6 期。

5. 谷苞：《论正确阐明古代匈奴游牧社会的历史地位》，《民族学研究》1985 年第 3 期；《论中华民族的共同性》，《新疆社会科学》1985 年第 6 期；《再论中华民族的共同性》，《新疆社会科学》1986 年第 1 期；《论西汉政府设置河西四郡的历史意义》，《新疆社会科学》1984 年第 2 期。

6. 国家民委民族问题五种丛书编委会《中国少数民族》编写组：《中国少数民族》，人民出版社 1981 年版。

7. 国家民委财经司：《民族工作统计提要（1949～1986）》，1987 年。

8.《中国大百科全书·民族卷》，中国大百科全书出版社 1986 年版。

9. 费孝通：《民族研究文集》，民族出版社 1988 年版。

1988 年 8 月 22 日

四年思路回顾

1984年七八月间，我参加中国民主同盟中央组织的“暑期多学科学术讲座”，对我过去的社会学调查作了一番回顾，一共十讲。后来以《社会调查自白》为书名出版，又收入《边区开发与社会调查》这本文集里。时间过得真快，转眼又是四年多了。1989年新春，我应日本友人鹤见和子教授之约写这《自白》的续篇，追述这四年来我在社会学研究中思路上的开拓，以参加中日两国学者合编的一本有关农村和小城镇研究的文集。

一

我早期社会调查的对象是中国农村。30年代我所调查的只是一个坐落在太湖边上约360户的小村子，我称它作“江村”。以这个小村子做窗口，我想去观察中国农民社会生活各方面的基本情况。尽管当时的农村在社会生活上自给自足的程度很高，但是它决不是一个和四周脱离的封闭社区。它在各方面都和外界有联系，特别在经济上依靠着附近那个农产品和工业品交流的集镇。我在江村调查时虽已明白这个情况，并已看到城乡联系的重要性，但限于时间和条件，我的实地观察还只能自限于这个小小村子，没有跟踪寻源到集镇。直到80年代初我恢复了学术工作后才有机会走出农村，进入集镇，把我的研究领域逐步扩大。

由于我是从农村出发去研究集镇的，因而我的着眼点一开始并没有限于集镇本身，而首先把它看做是城乡的结合部。从这个角度我提出“类别、层次、兴衰、分布、发展”的10字研究课目。我还是主张采取实地观察，“解剖麻雀”，由点及面，从定性到定量的研究方法。这次调查不像50年前那样单枪匹马地一切都由个人操作，而组成了一个可以实行分工合作、集体讨论的研究队伍。我们先从江村所在地的吴江县的各集镇调查起。根据各集镇功能上的特点分出了五种不同类型。又从商品流通及行政系统上分出三层五级。然后注意到它们的分布的兴衰过程，最后探索农村经济发展的模式。

80年代初期，正是中国各地小城镇开始复兴的时刻。我们注意到吴江县的这些集镇人口无不在迅速增加。追究过去，了解到它们都曾在50年代进入过一个衰落时期，人口下降；70年代后期陷入谷底，出现了冷冷清清的局面。嗣后前前后后出现了生机。当我们去调查时，这些集镇的面貌正在发生明显的变化，出现了欣欣向荣的势头。

各地方的集镇怎么会兴旺起来的呢？这个问题吸引我们注意到当时正在有如异军突起般发展着的乡镇企业，当时因为这些是公社和生产队所办的工业，所以一般都称作“社队工业”。集镇是社办工厂集中的地方。这时集镇上新办的工厂纷纷到农村里去吸引农民出来当工人，集镇的人口也就多起来了。工业带来了繁荣，集镇上新的建筑一座座盖了起来，面貌大变。农村里也由于生产大队或生产队办了工厂，收入增加了，农民生活改善了。这种令人兴奋的景象，很自然地吸住了我们的研究兴趣。

这里也不应当忽略我私人的因素。我30年代调查江村的兴趣是被当时该村举办的生丝产销合作社引起来的。我在江村调查里得出了“人多地少，工农相辅”这个对当地农村经济结构的概括。从此也得出了发展农村工业是提高农民生活水平的必由之路的观点。这种观点我又在30年代后期和40年代初期的云南内地农村调查里得到支持。时隔30年，事实证明我早年的主张并没有错。我对此自然十分激动。这股出自内心的动力很容易把我推向这个研究课题。

回顾从1982年到1984年这三年，我的调查活动几乎全部放在江苏境内，从吴江一个县开始，扩大到包括吴江县在内的苏南四市（苏州、无锡、常州、南通），接着从北向南，访问了苏北四市（徐州、连云港、盐城、淮阴）；再从南京沿江而下，访问了苏中三市（南京、镇江、扬州）。这样，对江苏这个沿海省份有了一个比较全面的概观。在这三年的调查里，我看到当时江苏各地的发展是快的，但也不是平衡的。而且可以看出经济水平由北而南逐步提高的趋向，并可以用各个地区总产值中的工农比例在数量上表示出来。北部经济发展水平较低地区的工农比例是“工三农七”；逐步向南，经济水平逐步提高，工农比例也随着发生变化，工升农降。接近长江北岸，工农比例持平；过江偏东，已达到“工七农三”；靠近上海一些乡村，当时已出现“工九农一”的比例。综合这些情况来看，发展乡村工业确是农村经济由贫致富的有效途径。这对我这三年的思路有深刻的影响，表现在我这个时期发表的《小城镇四记》（《小城镇　大问题》、《小城镇——苏北初探》、《小城镇　新开拓》、《小城镇　再探索》）里。

1984年我结束了对江苏的初步调查后，除了继续在江苏各地跟踪观察外，我的研究重点跳出了江苏。一路是沿海南下，经浙江、福建到两广；一路是进入边区，从东北过内蒙古入甘肃、青海，并访问了新疆和宁夏。此外还在沿海和边区之间中部地区的河南、湖南和陕西了解一些情况。到1988年底的足足四年多里，我东西穿梭，南北奔走，使我的思路得以开拓和提高。真觉得行万里路胜读万卷书。接触不同的人和事才能有所比较。有比较认识才能深入。我在这调查过程里，也不断把所见的情况和苏南比较，因而对"苏南模式"有了较深入的认识，突破了原来的一些观点。下面我将择要一述我的思路。

二

"苏南模式"这个词是我在1983年所写的《小城镇 再探索》中提出的。那时我刚从苏北四市调查回来，感觉到苏南这个地区在农村经济发展上自成一格，可以称为一个"模式"。至于其特点是什么，和其他地区有什么不同等等，在我的认识上还不很明确，所以也没有具体的交代明白。

由于当时我对"经济发展模式"这个概念不明确，甚至还认为其他农村在今后会走上苏南一样的路子，所以"模式"一词包含了"模范"的意思，甚至带着"样板"的味道。这是不正确的。其实苏南农村由于其特有的历史和地理条件，它们在发展过程中既有和其他农村相同之处，又有其独具的特色。把它看成一种模式主要是在显示它的特点，不同于其他地区的个性。模式在概念上应当和样板区别清楚，不然会带来不良的后果。因为今后中国农村的发展，应当避免强制不同条件的农村仿效一个样板。"文革"期间的"学大寨"是一个不应当忘记的教训。1986年当我在温州看到了和苏南不同的另一种在农村里发展工业的路子时，就警觉到我所提出的"苏南模式"的概念不够明确，而且带有成为“样板”的危险性，所以着重提出“因地制宜，多种模式”的主张。

我所说的“模式”是指在一定地区一定历史条件下具有特色的经济发展过程。苏南和温州是两个地区，具有相同和相异的历史条件，而在经济发展上走出了两条不同的路子。我们这些研究工作者有责任把这两条路子有什么不同，为什么不同，作出具体分析。分析的结果可以突出各自的个性，称之为不同模式。下面可以简单的以苏南模式和温州模式的比较来作说明。

这两个地方有相同的背景。自从50年代后期都实行了公社制度和“以粮为纲”的政策。这是全国农村基本一致的历史事实。这两个地方都是地处沿海，人口密集。人多地少是它们的共相。但是两地的历史条件却有区别，苏南历史上是个农村手工业发达的地方，以“工农相辅”来维持农民生活的。即在计划经济下还曾有过一段时期为了外贸的需要，维持了一定限度的传统家庭副业。温州则是个侨乡。这地方的农民一向到海外去经营小商业，用侨汇补贴家用，解放后，国门封锁，外出受阻，逼得人口大量到全国各地去卖工卖艺度日。两地的传统因而相异。同样在人口压力日益增长下，苏南农民抓住“文革”时期大中城市工业停顿、大量技工回乡的机遇，在原有“工农相辅”的传统下，由公社和生产队办起了小型工业。农业体制改革中农村里的大量剩余劳动力解放了出来，吸收进了社队工厂。这就是我在80年代初期看到的情形。温州没有办工业的传统，也不靠近工业城市，没有发展社队工业的条件。在“文革”期间大量外流的人口分布在全国各地，起初是卖工卖艺并偷偷地按他们经商的传统本领在地区间进行贩运。1984年改革的政策承认了长途贩运的合法化。这一大批流动的人口摇身一变竟成了一支公开的流通大军，在国内开辟了大市场。就是这支流通大军回乡来分别开办家庭工厂，制造小商品以供应已开辟的市场，在短短的两年里在温州一市出现了有名的十大小商品市场。两个地方由贫致富是一致的，但是境遇不同，所走的路子也不同。结果两地的经济结构也各有特色。

先说苏南模式。苏南模式的初期是社队工业。社队工业产生在农业体制改革之前。当时这种社队工业究竟是什么性质的企业呢？这些小型工厂实际上是公社或生产队经济结构中的一部分，由公社的书记或生产队长领导和管理。这种工厂里的工人是从本社或本队的社员家中招收的，记工分不拿工资。工厂的利润到年终结算，除了一部分作为公社或生产队的财政和公益开支外，归入生产队的工分基金，平均分配给社员。这种工厂如果有利可图，上级政府还可以上调作为自己一级政府的企业。

当时牌子最硬的是国营企业，属全民所有制，有属中央各部管的，有属省、市管的。县办企业有的还够不上称地方国营，就称作“大集体”，于是就把公社或生产队办的企业称作小集体。我当时也跟着把社队企业视作集体所有制的企业。新生事物的称呼难免含糊不清。事实上苏南的乡镇企业初期是公社体制胎生的产物，它应当说是社队所有制，所以最初都叫它社队工业。

在苏南，公社体制改革后，农工分了手。农业经营承包到户，而社队办的企业却没有分，照原样办下去。公社名称改成了乡，生产队改成了村，社队企业的名称也得改。一般称作乡镇企业。这些乡镇企业还是由乡长或村长领导和管理。一直到现在一些村办企业，还是由村长说了话才算数。在这个变动中，由于取消了工分制，工厂不能不按工人发工资了。但是一般工资还不是直接发给工人本人，而发给工人的家长。后来加发奖金时，在厂的工人才真正有现钱分到手上。我曾把这种在改革中常见的情况比喻作蝌蚪变青蛙的过程，脱掉尾巴要有一个过程。到目前苏南的乡镇企业里还可以看到公社制留下的尾巴：乡办企业利润归乡政府支配，村办企业的利润归村里支配；管理上还是乡长和村长掌权。实事求是地说，我想这种乡镇企业可以称作地方干部经营的社区所有制。社区是指一定地区里共同生活的人。社区所有制是指名义上所有权是属于这个乡或这个村全体居民的，而事实上由于利润由管理这个社区的行政机构所支配，所以性质和“地方国营”相类似，它跟国营企业不同只是一是全民所有，一是乡村居民所有。在当前阶段不论是全民所有或乡村居民所有，实际管理权都握在各级行政领导手上，政企还没有分。

这一点说明白后，苏南模式就可以和温州模式在所有制上作出区别了。温州当然也有和苏南类似的乡镇企业，但是主要是家庭企业，就是所谓个体户，属个体所有制。严格说，如果个体的意思是指个人，温州街上的作坊也并不真是个人所有的，而是家庭所有的。家庭里有不少成员，而且通常并不限于直系亲属组成。许多是已婚的兄弟甚至亲亲戚戚合组成的家庭作坊。如果我们仔细观察，各人的责任和收入都有事实上的规定，有时甚至可以说是股份制的雏形。但是通常我们却说这是“个体所有制”或私有制。

当我在温州调查的时候，这些家庭作坊已出现“走向联合”的趋势。我用“联合”一词，是为了避免用那个可能会引起心有余悸的人反感的“合作”这个词。其实在外文里称“联合”不如称“合作”为确切。不同的个体企业联合起来按“合作社”的原则来经营，这是一种合作性质的集体所有制。这种合作组织常是以“亲戚”或街坊关系组成的作坊，也可以说是家庭所有制顺理成章的发展。在这里我们可以体会到个体所有制和集体所有制只在概念上可以有严格的界限，这种界限在现实中是相当含糊的。家庭企业和各级政府所办的企业基本的不同是在一般所谓官民之别。

如果允许我在这一点上再作一些发挥，我想说在苏南模式中的社区所有制在一定意义上也是家庭所有制的发展。公社和生产队一般都认为是社会主义时期的新事物。在历史过程中确是应当这样认定的。但是如果再一想，为什么公社这个制度能这样容易为中国农民所接受，而且运行了20多年？过去很少人敢于提出这个问题，但是我想是值得加以思索的。在生产队的具体运作中，我看到了传统大家庭的影子。一大二公，何尝不是大家庭甚至推而广之到一个家庭的指导思想？家长做主，统一指挥，有福同享，有难同当，又岂不是一个家庭或家族的根本组织原则么？从这个角度看去，社队企业的发生，它的经营方式，招工和分配原则，无处不能从传统的大家庭模式里找到对应。社队企业是社队的副业。我并不想贬低新生事物新的一面，只是想指出新生事物似乎都不能和传统模式相脱节，而且常常是脱胎于传统模式的。我指出这一点体会，很可能和鹤见和子教授的“内发型的发展论”有相通之处。对中国社会的发展，从乡土社会发展到工业化后的现代社会，这条道路上传统文化会起什么作用，消极的和积极的两个方面，都值得我们平心静气地加以分析和评估。要能做到这一点，我们不宜从概念到概念地作理论上的纠缠，而应当从活生生的一个个人的具体生活、思想和精神状态中去观察和体会，以求得深刻的理解。

三

沿海各省这10年里农村的发展，总的说来都是走兴办小型工业的路子，但各有各的办法。办法之所以不同都和各地特有的具体条件相关，真是“八仙过海，各显神通”。其中最引人注目的就是我上述的苏南模式和温州模式。可是在最近三四年里，珠江三角洲又出现一种和上述两种模式不同的发展路子，不妨称之为珠江模式。我对这个模式虽则还没有深入调查研究，但这个模式对我的思路却起了有力的冲击和推动。

我到广州附近的东莞去访问是在1988年底。但是在和这个发展模式接触之前，1985年我在访问香港时已有所感觉。我在访问回来所写的《港行漫笔》中有这样一段话："从观塘的蜂窝厂家出来之后，我突然产生一个奇特的念头：如果我有孙悟空的本领，真想一口气把这密密麻麻挤在多层大厦里的许多工厂，吹散到内地广大的农村去。那么，这些蜂窝厂家不就成了无数的乡镇企业了么？我们除了无需建筑多层工业大厦之外，香港的小型工业在经营上确实是我们乡镇企业的一个范本。这范本里写着乡镇企业下一个发展阶段的文章。"

香港原来是个国际港口，在过去20年里利用大陆上移入的劳动力和世界各地的原材料和市场发展了多种多样劳动密集型的小型工业。这些小型工业在我去访问时已有4.7万家，一家工厂是一个核算单位，职工达85.5万人，平均一家只有20人。这些工厂都挤在多层大厦里，一层楼里可以有好几家小工厂。一个老板可以有好几家以至几十家工厂，所以我称之为"蜂窝厂家"。当时就想大陆上的乡镇企业如果能像香港这样办，原料、市场两头在外，农村里的劳动力加上先进技术和管理，不是可以又跨上一层台阶了么？

我当时只想摇身一变，变成个孙悟空，把香港工业大厦里的蜂窝厂家一口气吹到大陆上去。没有定下神来再思考一下，怎样吹起这阵风来。时过三年到东莞一看，我那时的奇特之感却已成了事实。是哪一阵风把这些小工厂从香港吹来的呢？并不是真的出了个孙悟空，而是香港和大陆两地工资和地价的差额所构成的哪一个气流，当隔着两地的政治屏风一撤走，不可避免的刮起了这阵经济风，在短短的两年里，珠江三角洲大大变了样。香港工业正在扩散。

我去访问东莞是应一位亲戚之邀去参加他办的一个成衣工厂的开张典礼。这个厂就设在东莞专为外资办厂的工业区里，从签约到开工只有半年。这位亲戚原来就在香港观塘办有一个成衣工厂，我访问香港时曾去参观过，也就是我发生奇特念头的地方。事情是够巧的，也因之对我思路的启发特别强烈。

更有意思的是就在当天，我在香港的报纸上看到一条报道。说是香港有一家工厂的职工静坐在厂房里不让老板把机器运走。至于这个老板为什么要搬走机器，把机器搬到哪里去，报道里没有说明，只说是这个工厂的职工怕失业，反对把机器搬走。我那位亲戚在香港的工厂并没有关闭，但他和我说，香港工人的工资一个月要 3000 港币，而在东莞只要 300 元人民币。他加了一句说，大概相差十倍。这是风源。这阵风会不会把他在香港的厂刮走，我不敢预料。香港怎么变，我们暂时可不管，值得我们注意的是这阵港风在大陆上吹起的变化。1988 年大陆上的沿海发展政策就是这阵港风吹来的。大出大进，两头在外，三来一补，外向型企业，外贸权下放等等，已变成了经济改革中的流行名词，我已应接不暇。

从香港吹来的这阵风，也唤起了我的记忆。我记起了前几年我曾请那位亲戚到吴江去参观，目的是想在江苏和香港之间搭座桥。我建议他在我们家乡开个分厂。他看我的面子，把办厂计划都搞了出来，可是快要签约前，他的几个合伙的朋友却退缩了，原因是吴江离香港太远，能不能按期交货没有把握。失信事小，赔钱事大。我的面子毕竟大不过经济规律，这个项目吹了。不料事过几年，原来可能在吴江见到的这个工厂却在东莞出现了。这件事实说明了人情世界已经过时，面临的是个我还不熟悉的、也不习惯的由经济规律决定的社会经济秩序，一个韦伯所阐述的理性世界。珠江模式的出现看来谁也挡不住的。

令人深思的是上述三种模式的差别。如果我们可以说苏南模式多少带着浓厚“内发型”的意味，珠江模式应当可以说是“外向型”了。当然苏南模式中也包括接受从上海这个大城市扩散出来的技术和信息，但是在程度上和珠江模式相比却大有区别。我所看到的这种珠江模式的主要特点是不仅两头在外，而且可说主体也部分在外，因为掌握着经营管理权的并没有脱离它原来的中心，而且利润主要部分是吸收到外在的中心里去的。苏南模式是当地农民利用城市的协力自己创造出来的企业，而珠江模式则是外地企业在当地农村自愿接受的条件下输入的企业。在所有制上苏南模式可说是社区所有制，而珠江模式是什么所有制，我还说不清。它们在发展我国农村经济上都起着重大的作用；今后怎样发展下去，二者是否还会发生新的区别，还是留待以后进行了深入的调查后再说吧。这里我只记下一些初步接触时，思想上所发生的一些启示。

四

自从我接触到了“珠江模式”后，我对发展模式的概念又有了深化，在多少带着一种静态意味的“因地制宜，多种模式”上加了个“随势应变，不失时机”的动态观点。

我在比较苏南和温州这两个模式时，已注意到前者背靠上海这个大城市和苏、锡、常、通四个中等城市。而温州却背山面海，是个被备战形势封闭的港口，没有大中城市可以依靠。这个区别可能是这两种发展模式分道扬镳的起点。当我接触到珠江模式时，心里不得不想到它和苏南模式之间的区别是不是出于各自的靠山不同，一是上海，一是香港？上海在抗战前原本是个仅次于日本东京的东亚大港。那时香港只是国际航运线上的一个船只靠岸、加水、加煤的码头，在这里上下的旅客和装卸的货物是有限的。当时中国的南大门还是在广州，所以广州的市面比香港更为繁荣。自从新中国成立，大门紧闭，对外实际上只留了香港这一个借道的出口，香港却因此发迹了。

香港在近10多年来简直是像张开了满帆，在顺风中破浪前进。香港现在的大亨们有多少不是这些年头靠地价上涨而发起来的？香港已成了个东亚可以和东京并立的现代化国际商业和金融中心了。近年来又发展了近5万家工厂。看来香港的工业基本上和温州模式一样是由商业带出来的，相同的是都属小型制造业，不同的是温州的市场在国内而香港却面向世界，小巫见大巫。珠江模式是抓住了香港和内地工资差和地价差，不失时机地兴起的，是香港经济的扩散。

苏南靠近上海。而上海，30年来已是个封闭性的工业城市。上海的工业主要是按计划经济经营的国营企业。国营企业原材料供应和产品分配都由国家包办，自身不会发生向外扩散的作用。上海的经济扩散力因此不能和香港相比。长江三角洲在这方面比珠江三角洲也就相形见绌。如果不是“文革”把上海这种封闭状态打开了一点缺口，在“停产闹革命”中大批老技工回乡，苏南当时的“社队工业”，看起来也成不了“异军”而突然兴起的。

近年来在改革开放政策下苏南企业才逐步靠上这个比较开放的大城市。后来居上的昆山县乡镇企业在近两年里的发展，就是例证。苏南乡村企业要进一步发展还得紧靠上海这样的工商业中心。但是上海却比不上香港，因为它自身还需要转轨，而转轨不是容易的。何况现代世界经济中心已经不以工业为主，而是以信息为主了。上海要恢复它原来的国际地位，要补的课是十分艰巨的。上海发展得慢，扩散力量小，它对苏南的带动作用现在还是有限的，这匹老马已拉不动更远的车了。在苏北就能见到上海力所不及的情况。

香港在经济扩散上有多大能耐呢？我带了这个问题前年到了海南岛，去年去广州西北的梅县，最近又去了广西的桂东。我看到的是这股港风正在吹向珠江三角洲的外围。翻开地图来一看就可以明白：从香港这个中心向大陆扩散，像波浪般形成了若干层次的同心的环形地带。第一环是深圳和珠海，这些地方现已成立了经济特区。再向里，第二环是广州附近的东莞、中山、顺德、南海这四个县。它们已被称为突飞猛进的“四小龙”。以年纪论，还不出两三岁，它们都是两年前广东列入沿海开发区之后兴起的。香港的这阵风已经吹进了第二环，但是会不会吹遍全省呢？我的看法：继续扩大是可以肯定的，至于扩大得多快和多大，看来并不决定于香港的实力，而决定于我们的政策和投资条件。香港是个国际金融市场，资金是唤之即来，挥之即去的，其来其去决定于利润的高低和风险的大小。如果我们国内安定，开放政策不发生变动，最后限制这阵港风的将是具体的投资环境，其中水电和交通是决定性的条件。这个机遇能否抓得住，那要看我们自己是否有随势应变的能力了。

我在广东的梅县和广西的玉林及梧州都已微微地感到这阵扑面而来的港风。梅县在粤东山区，过去是早年从中原移来的被称作“客家”人的中心。由于土地贫瘠，很多人不得不出海谋生，所以成了有名的侨乡。客家人爱乡观念很强，过去是用侨汇来接济留在故乡的亲人，现在很积极地想投资开发家乡的山区。但是，由于地处偏僻，离开广州、厦门和汕头都有相当距离，他们心有余而条件不够。去年集资开辟广州到梅县的航空交通，极力争取香港工业的扩散。但到目前为止，这里还只能说是香港工业扩散区的西部边缘。

香港工业如果会进一步扩散，看来从广州沿西江西去较为便利。从梧州出发的轮船，顺西江东下，当天可以过广州到香港，而且梧州正在积极筹建机场。在接受投资条件上比梅县为优越。后来我听说港风已吹到了处在广州和梧州之间的肇庆市。可惜我交臂错失了去现场参观的机会。无论怎样，西江可能具有迎接香港工业扩散的有利条件。但目前看来还没有形成第三个环形地带。

五

上节所讲到围绕香港这个中心的三个环形地带只是从香港工业扩散的角度来说的。如果进一步分析这些地带的产业结构，还有各自的特点和相互的关系。目前这个地区各种产业正在发生地域性的分化。我们已看到的是香港把许多劳动密集型的工厂或车间向珠江三角洲转移，因而引起了珠江三角洲原来用在农业上的劳力和土地在向这些新兴工业转移。同时也引起了珠江三角洲附近地区农村的变化。由经济中心向四周的辐射，像波浪形地一层层扩大，已到了广东的邻省，构成了我们的研究新课题。

1988 年底我曾从广西的南宁，经玉林、梧州北上，从恭城入南岭山脉，穿过湖南、粤北回到广州。这个地区正处在上述工业扩散区的外围，看到了不少值得注意的变化，使我感觉到这里正在形成一个为香港和珠江三角洲这个经济中心服务的农副产品的供应地带，将发生特具一格的发展模式。先说几件启发我这个想法的经过。

当我坐的车离开南宁不久，公路旁有一个很惹眼的新建的村子，村子四周丘陵两侧全是成片的菠萝田。同行的人告诉我这是个安置从高山上迁移下来的瑶胞的村子。自从引进了菠萝这项“一村一品”的拳头产品，现在这里瑶胞平均收入正在逐年上升，目前每人已超过500多元。我追问之下，知道了这里培植的菠萝产量高、质量好，而且近年来发展了商品经济，打开了销路，供不应求。最近又发展了加工工业，生产便于运输的菠萝罐头和菠萝饮料，大量供应香港。这番话不仅打破了瑶胞不愿下山定居的传说，而且显示了只要沟通香港这个市场，像南宁这样的地方都能大量培植经济作物了。

我带着这个印象到了玉林。在席间尝到了这里著名的三黄肉鸡。主人又告诉我，这几年来农村家家户户饲养这种肉鸡，每天有汽船拖着一串串装满了肉鸡的木船运往香港。香港人就爱吃玉林的肉鸡，一年要收购500万只。这番话使我回忆起四年前在苏北考察时看到的“百万雄鸡下江南”，长江北岸里下河地区近年来盛产的粮食，农民自己吃不完，发展了饲养业，为上海居民提供肉鸡，每天成百上千辆自行车载着鸡笼向上海进发，形成奇观。

我从广西恭城出境进入湖南，在江永县边境下车休息。一望公路旁全是橘林，村里有一家瑶胞正在办喜事。主人对我这个不速之客分外殷勤，而且告诉我，他们全靠引进了夏橙，这个村子的瑶胞已经全成万元户了。夏橙是一种在树上挂果长到一年的橙子，在夏季收获。它不仅质量优良，而且赶在秋橘的前面，市场畅销。近年来几乎全部被香港商人包下了，有多少要多少，价钱又高。不到四五年，这个穷山沟里的瑶村，家家户户住上了砖房。

我在南岭山脉里，一路上就看到了一旦抓住供应城市市场的机遇，大搞对路的种植和养殖业，不消几年就脱贫致富了。这个规律是很容易明白的。香港和随着兴起的深圳、珠海，以及珠江三角洲新兴的“小龙”，有近千万人口已完全脱离了农业，他们日常所需的粮食和副食品均需市场供应。这个市场随着工商业的发展正在迅速扩大。珠江三角洲原来是供应广州和香港的粮食和副食品基地，现在发展了工业，农田面积每年缩小，农业劳动力逐步减少。而且依靠市场供应粮食和副食品的人数大增。这种产业结构的改变，给外围地区提供了机遇。正和每个都市近郊都有个蔬菜供应区一样，这样一个大香港经济区必须有一个庞大的粮食及副食品基地为它服务。这个以种植和养殖为主的供应地带的位置，将按它和经济中心区的交通条件来决定，而且将随着经济中心区的扩大而向外延伸，现在正在由珠江三角洲沿西江和北江延伸出去，前哨已达到粤北和桂东地区。对桂东和粤北来说就应当不失时机地改变自己的产业结构，向生产瓜果、蔬菜、禽蛋、肉乳发展，充分发挥它作为经济中心区的副食品供应基地的作用。

我带着这个想法，进入湘南的南岭山脉。这是瑶族的主要聚居区。瑶族分布在山地居住，所谓“无山没有瑶”。但是出于我意外的是在江永县看到在都庞岭和萌渚岭之间，沿公路有大片的荒地，据说有几万亩之多。联系到南宁附近种菠萝而定居下来的瑶村，不由得我不产生让瑶胞下山来开辟这片平地的设想。如果这片大荒地变成了良田，不就成了珠江三角洲工业发展区的供应基地么?

瑶族是善于农耕的民族，他们在上千年前就住在像我在江永看到的千家峒那样四围高山的小盆地里，过着“有良田、美池、桑竹之属，阡陌交通，鸡犬相闻”的生活。30年代我自己在广西金秀瑶山里，曾尝到过平生最可口的粳米。这是说在农业技术上，瑶族同胞是有基础的。还必须看到这个山区由于地形的落差大，有充分发展水电资源的条件。现在广西的恭城县已经是农村电气化的先进县。如果能利用潇水上游的水和电，建设水库和灌渠，发展水电，这个地区无疑可以开辟成粮油禽畜的农业基地。

我穿过湘南一角进入广东，在这个有近百万瑶族聚居的南岭山脉里，遍山林木，正适宜于培植果树；上面所提到的夏橙就是一例。而且有山必有水，山谷里都有培植蔬菜的坡地。我在日本东京附近山区曾参观过他们培植山地蔬菜的作业，这种蔬菜在欧美称没有污染的自然食品，价高而畅销。这段山区里，公路业已修通，今年底从连南到广州走高级公路只有四小时路程。具备了这样的交通运输条件，成为香港和珠江三角洲的供应基地应当是可以实现的前景。

我看中这条南岭走廊，不仅是从经济发展的规律着眼，而且是从民族政策出发的。这里如能建立起一个美丽富裕的瑶族自治地方，正可以为体现我们这个多民族国家里民族平等团结，共同繁荣的政策树立一个可供世界各地旅游者参观的例证。

要实现经济中心区外围的供应地带，由于地域广阔，必然会越出现有省区的行政界限，政策上不加以调整，就会出现困难。前年我去湖南访问时，就知道当时广东和香港对粮食和副食的需要大、价格高，湖南的郴州地区的粮食和生猪大量外流，提高了当地的米价和肉价，甚至外流人口的增加引起了湘南各县农业劳动力不足，怨言很多，去年因湖南粮食歉收，这些问题更为严重，导致湖南用行政手段封锁粮食输出。但是行政手段每每挡不住价格差的冲击力，徒然增加了边境上的纠纷。这里可以看到随势应变的必要，政策必须灵活，才能不失时机。广东由于吸收香港的工业扩散开辟为开放省，那是随势应变的例子，结果出现了珠江三角洲的“四小虎”。广东的经济发展就会辐射到靠近广东的几省的边缘地区，也必须及时制定配套政策，才能转变消极影响为积极影响。这是客观规律决定的事，迟做不如早做。

被省、区行政界线分割的这条南岭山脉，地形、生态甚至民族构成，基本上是一致的，在经济发展上又是处境相同、休戚相关，所以我认为首先应进行密切合作，为将来联合发展的前景做出准备。

以上是我在沿海诸省调查中的思想活动的缩写，下面继续讲我的边区调查。

六

1984 年我扩大研究范围，除沿海诸省外，还包括了西北边区，主要是内蒙古、宁夏、甘肃和青海，两个民族自治区和两个省。在过去四年里，我在开发边区这个课题里开始着重做了农牧结合和城乡结合这两个题目，进而产生了“全国一盘棋”的观点，被我国的东西差距和民族差距吸引了我的研究兴趣。

西北边区的一个特点就是它拥有广阔的牧区。我国牧区草原一共约 43 亿亩，占国土面积约 1/3，主要就在西北边区。历来牧业是这个地区的经济基础，而且具有极大的潜力。从事牧业的又都是少数民族，从发展少数民族经济的角度看去，牧业的现代化更有重要的意义。因此我认为要研究边区开发问题，应当从牧区入手。

早在 1956 年我曾去过一趟内蒙古东北角的呼伦贝尔盟。当时这地方的牧业还保持着传统的游牧方式，就是牲畜在草原上自己找草吃，一块地方能吃的草不够了，就换一块地方，不断移动。冬季另有避寒的草场。所以牲畜并不能长期住定在一个地方，牧民跟着牲畜移动，也不能有固定的房屋，更不能有固定的村落，呼伦贝尔是内蒙古有名的草原，牧业比较发达，50年代又在苏联的协助下，建立了现代化的奶粉厂和屠宰厂。这是我初次和牧区接触，印象很深。

以整个内蒙古来说，牧业是当地蒙族及其他少数民族的主要传统经济基础，但是它的南部与汉族杂居地区，引进了农业，草原在退化，牧业也在衰落。这里存在着农牧矛盾，同时也正是过去发生民族矛盾的地带。因此我这次打算从农牧交错的地区入手去研究该地区社会经济发展问题。我选择了现称赤峰市的昭乌达盟为观察的对象。

从赤峰的历史上我们发现这个地区曾是个农牧和民族拉锯的地带。从考古学者发掘到的古代遗物来看，有理由相信在春秋战国之前这里曾经有过较发达的农业文化，但是后来被北方的游牧民族所占领，农业荒废，成了林草丰美的牧业地区。它地处燕秦长城和明长城之间，留下了南方农业民族逐步南迁的记号。这里即在宋代，还有“平地松林”之称，并不是一片荒凉的草原。自从18世纪初，清朝允许汉人出关之后，200年来，赤峰成了蒙汉杂居的地区，也是农牧并存的经济。

农业和牧业原本都是从采集经济里发展出来的，一是驯养了牲畜，一是培植了农作物。不同民族因自然条件的差别，因地制宜地分别以农或以牧为主导生产方式。但事实上没有一个民族的农业或牧业能成为单一性的经济。农民需要肉食和畜力，牧民需要粮食和日用品，所以农牧总是相互补充的。农业和牧业在一定条件下才发生矛盾，那就是粗放型的农业向牧区扩张，破坏了牧民生存空间的草原。

赤峰西拉木伦河流域广大的草原就是一例。在清末开始有汉人移入这个地区，到民国初年军阀割据时，当时盘踞在这里的军队，强占了这片草原，招募关内农民进行开垦。当时的所谓开垦实质是一种广种薄收的对土地的掠夺。开垦几年，地力耗尽，就丢荒另开。这片被丢的土地不久就沙化，严重的寸草不生，成为流沙，进一步侵入附近的草场，形成难以抗拒的破坏力量。同时人口增加，建屋、取暖和起炊，都需要木材。由于只砍不植，年久日长，原来森林茂密的草原，到近几十年已成了一片树木稀少的旷地。森林破坏，引起水土流失，加速了沙化。西拉木伦河和老哈河所形成的三角地带的草原一半已经沙化，赤峰市的其他地方情况更为严重。这是粗放农业和自然牧业碰在一起所发生的“农牧矛盾”。从外地进入开垦的人都是在本乡不能谋生，在这里又受到军阀苛刻剥削的穷苦农民，但因为他们是汉人，而牧民是蒙古人，因而农牧矛盾转化成了民族矛盾。

上述民族矛盾从50年代起，在实行民族平等团结的政策下是结束了。但是滥砍、滥牧、滥垦、滥采等破坏森林和牧场的现象并没有根本扭转。我在访问赤峰的旅程中，才初次看到沙化了的草场和移动中的沙丘，深刻地意识到如果要开发边区首先必须用大力来恢复自然生态平衡，治沙、防风、种草、种树是最基本和最迫切的措施。

解放以来30多年，在恢复自然生态平衡上是做出了成绩的。但至今还是属于小面积的实验性质，只能说在扭转生态恶化上已找到了有效办法。但科研成绩要成为一个个地区成龙配套的治理方案，还有待创造各种必要的条件才能实现。

从已有的种种实验中，我得到了启发，认识到开发边区必须走以牧为主、农牧结合的道路。在像内蒙古那样广阔的草原上，如果能大力发展现代化的牧业，在国民经济中的贡献是难以估计的。要认识到这一点首先须破除汉族传统的“以农为本”的狭隘观点。历史上的汉人确是个墨守神农氏传统的民族，每到一地就想法开垦种植。要知道粮食只是人类得到营养的一种来源，肉类不一定是“副食品”，也可以成为主食的。如果占有国土 1/3 的草原能充分利用，成为全国人民肉食供应基地，就可以减少对粮食的需求，而使农业地区的土地能从粮食的压力下解放出来，向培植经济作物转移。在宏观上去看，这是一项提高国民生产力的大战略。

在内蒙古一样的有牧业传统的草原，要提高畜产量，看来必须逐步改变让牲畜自己在草地上找草吃，人跟着牲畜移动的原始性游牧方式，而把牲畜固定在一定的地方，由人去找适合牲畜生长的饲料来喂它们。简单说是由放牧改变成饲育。

我在赤峰的巴彦他拉看到过去因开垦而破坏的草场已开辟成牧草生产基地，每年提供大量牧草给其他地方去饲养牲畜。又在黑塔子听到“退农还牧”的计划。他们打算建立奶牛基地，把原来开垦成的农田改种牲畜的饲料，做到一头母牛有“一亩青贮、一亩草料”。我在这里得到了“发展为牧业服务的农业”的概念，用来说明“农牧结合”的具体内容。

我又去参观了韩丁创建的接受联合国援助的翁牛特旗示范牧场。这个牧场利用现代化机耕设备种植青饲料，为各地送来的牲畜催肥，然后外运出售。这是一种放牧和舍饲相接力的方式。放牧的牲畜长到一定阶段，送到这个“催肥工厂”里实行舍饲。看来这是牧业改革的一个重要试验。

现在国内的牧场一般发生了草场退化的现象，主要是出于超载的原因。一块土地上的草是有定量的，如果供应过多的牲畜，必然会影响到次年的草产量，年复一年草场就退化了。现在通行的对策是设置“草库伦”，就是用铁丝把一块草场围起来，防止牲畜进入；使草场有休息生长的时机。如果再加上放牧和舍饲接力的方式，草原超载的问题是可以解决的。这就是说，把一段时间里供应牲畜饲料的负担，由草场转移到“催肥工厂”，由这工厂的精耕青饲料去饲育牲畜，使草场有休养生息的机会，不致退化。

我后来到甘肃临夏去调查，看到了当地传统里就有和联合国协助的示范牧场一样的放牧和舍饲接力方式。临夏靠近青海的牧区。每年秋末从青海有大批羊群赶到临夏来出卖给临夏的农民。临夏的农民种玉米作青饲料，分别在自己家里喂养买来的架子羊，喂肥了，趁古尔邦节出售给当地回民。这不就是放牧和舍饲的接力方式么？

从接力方式再进一步就是结合方式。我去年又去访问呼伦贝尔，看到了30多年来的变化。我在上面说过，50年代在海拉尔建立了一个现代化的奶粉厂。当时为收买牧民的牛奶发生过许多困难，原因是牧民住处分散，厂方要用卡车到各个蒙古包去收奶，费时费力。而且当时还没有冷冻车，如果卡车在草原上抛了锚，一车的奶就坏了。这次我去访问时，却看到了牛奶业的发展已推动了牧业的改革。

我去参观了几个定居的牧民点。他们所有的牲畜已改以舍饲为主，只在附近地区放牧做补充。他们用拖拉机到远处收割草料回来喂养圈在住所旁的牲畜。他们许多家聚居在一处，所以奶粉厂收购就方便了。同时这些定居的牧民已开始在奶粉厂的协助下，开办小型的自负盈亏的加工车间。他们从培养草料实行舍饲，已发展到自己建厂进行原料加工。这些定居的牧民由于有了聚居的村落，村落里有公共的社会化的服务事业，包括小学和医院。这里看到了牧业改革带来牧区的新气象。这也许是牧区通往现代化的一条有效道路。在这里，我看到了少数民族发展的前途，开拓了我的思路。

七

内蒙古幅员辽阔，经济上地区差别很大，概括地说是东林、西铁、南农、北牧。我在赤峰着重了解农牧的情况。接着，1985年到包头，想继续了解西铁的情况。如果说赤峰调查看到了该地自然生态的失调，在包头的初步调查却看到了过去在边区建设的大工业所产生的人文生态的失调。人文生态是指一个社区的人口和社会生产结构各因素间存在着适当的配合以达到不断再生产的体系。人文生态失调是指这种配合体系中出了问题，劳动生产率日益下降，以致原有生产结构不能维持人口的正常生活和繁殖。在整个西北边区，人文生态失调和自然生态失调同样值得注意。

我们都明白西北边区在经济发展上现在是落后于沿海地区，而且这个差距还在扩大。但是说来不大能令人相信的是，自从新中国成立以来，从50年代到80年代的30年中，国家工业建设的重点曾经放在中部和西部之间的走廊地带，从内蒙古经陕西、甘肃到四川，投资达3700亿元。在我们这样一个工业不发达的国家，这个数目是不算小的。用这笔钱建成了九条铁路和几千个大中型国营企业。但是这几千个大中型企业，却并没有成为这个地区社会经济发展的启动力。至今西北地区的人民生活还停留在人均年收入400元以下的水平，“老少边”地区还有几千万人在贫困线以下生活。这是为什么呢？

我从这几年的实地观察中才了解到西北地区的工业建设，可以分两个时期：最初是第一个五年计划里苏联协助的建设项目，我在上面提到呼伦贝尔的屠宰场和奶粉厂即属此类。这类项目大多是大型的国营企业，并以重工业为主，有些就建设在西部和北部的少数民族地区。当时还希望通过这批重点项目的建设在开发这些地区资源的同时，使少数民族的社会经济得到发展。接着，60年代起由于备战需要，国家工业建设还是集中在西北地区，并采取了“散、山、洞”的方针，就是把工厂分散到山区，机器放在山洞里。这些工厂一般称之为“三线建设”，主要是国营的军工企业。不论早期或后期这些工厂都不是在当地社会经济的基础上生长出来的，而是从上而下，由外投入的。

我们如果从社会学的角度去看这些企业，就能见到它们的特点，首先是“企业办社会”。也可以说是“社企不分”。企业的从业人员和他们的家属组成了一个在社会生活各方面力求自给自足，对外很少联系的封闭性社区。这在少数民族地区更为突出。这些人员绝大多数是从外地招集来的，他们和当地居民原来不存在社会关系。他们的生活需要，又是大多由企业负责调运供应。所以企业不仅要管理工厂里的生产，还要管从业人员的生活，从吃到住，从壮到幼，从生到死，企业都得管。

这种国营企业又都是直属于中央或省的政府部门，它们按所属上级调拨的原材料，指定的计划进行生产，产品上缴并由上级分配。这叫产品经济不是商品经济。它们和所在地的基层地方政府没有从属关系，当地基层政府管不着它们。具体情况当然要复杂得多，基本上这种企业是个独立于当地基层行政系统之外的“小王国”，因而时常发生“条条和块块”的矛盾。企业的上级政府部门又都是专业性的经济部门，它们也管不了各企业从业人员复杂的社会生活，于是产生了“企业办社会”的结果。一个厂长同时是一个“市长”。这种社企不分的封闭社区，人文生态关系就容易失调。让我举个具体的例子来说明这种现象，那就是1985年我去调查的内蒙古包头钢铁厂。

包头在解放前是一个人口不到7万的“水旱码头”，黄河上游牧区产品的集散地。1953年在苏联帮助下，我们国家在这里建立了一个大型的钢铁联合企业，简称“包钢”。它利用包头附近白云鄂博的铁矿，生产钢铁，供应国家的需要。接着国家又在包头兴办了三个重工业性质的大中型企业。这些企业的成员，从工程师、管理人员和技术工人，甚至到一般工人，很少原来是包头地方的居民。30 年里包头市人口已经达到 157 万，其中在这几个企业为中心的市区约有 80 万人，形成了蒙古草原上解放后出现的一个新兴城市。

当初建厂时为了争取时间，所以定下了“先生产、后生活”的原则。在设计这些企业时，对从业人员的生活设施并没有预先打在规划之中。比如开工之后才发现工人大多是外地来的青年男子，他们在当地解决不了婚姻问题，于是不得不办一个纺织厂，在内地招收女工。男女结了婚就要生孩子，于是这些企业又要为孩子办托儿所，办幼儿园。孩子长大了，又要办小学、中学。1985 年包钢所提供的教育经费达 400 万元。办了学校还不够。中学毕业生只有少数能到内地去升大学。于是约在 70 年代就已发生了青年就业问题。这些待业青年要企业自己“消化”。包钢不仅要包“钢”，而且还要包人。

包钢自从中苏关系发生变化后，这几十年是在艰苦中维持下来的。它们的物质条件还是 50 年代的，但是人文条件却不同了，单以人口来说已经翻了几番。现在已是个有几十万人的社区，而这个社区并没有和当地的社区融合，还是“两张皮”贴不拢。50 年代的生产力却要背上 80 年代的社会包袱。即以“消化”这些待业青年来说，他们先是采取“顶替”的办法。工人的人数是有限额的，编制由上级规定，企业本身无权增减。他们只能让老工人退休，由他们自己的儿子来填补，这叫“顶替”。“顶替”显而易见不是个好办法，因为这等于是用“生手”去代替“老手”，必然影响生产效率。而且顶替也解决不了每年要增长的待业队伍。于是不得不又采用了编外增员的办法，把这些青年作为“集体工”即临时工，分到各车间去做工。各车间人员太多时，只能另辟规划外的车间，巧立名目，扩大人员。于是出现了“大集体”、“二集体”、“三集体”各个层次的附属体。形式尽管不同，都是为了“消化”这个封闭性社区里的一代代增长的劳动力。这些“集体”都依附着这个大企业，是断不了奶的孩子。总之，这个企业像个大家庭，不得不一代一代地养活不断增长的子子孙孙。而这个大家庭却并不是个不断生长中的母体，而是个生产力受限制的封闭社区，所以不可避免地进入了恶性循环，包袱越来越重，母体越来越弱，这就是我说的人文生态失调现象。

80 年代，又出现另一种使母体亏耗的情况。这些像包钢这样的企业，过去历年是亏损的，靠国家补贴维持，原因且不去说它，结果是技术人员的实际收入和社会福利很难提高。到了 80 年代，沿海各省乡镇企业发展的很快，由于缺乏技术人员，愿出重价招聘。结果在西北这些老大的国营企业里舒展不开手脚，待遇又微薄的技术人员就像春江水发大批东流。这等于是企业里的水土流失，又成了一种严重的人文生态失调现象。

人文生态失调形成了对企业的压力，这些企业不得不进行改革以求生存。首先是以开放代替封闭。在社会方面说，就是企业的小社区和所在地的大社区这两张皮，必须贴在一起，向社企分离的目标迈进。第一步是大企业以它技术管理的优势去协助当地政府办各种企业，增加当地政府的财政力量，使其有能力接管大企业过去所包下的种种社会服务工作，为大企业卸下包袱。这也就是使这些大企业开放出来促进广大地区的经济发展。大企业的开放不但发生了西北工业化的启动作用，而且也是自己解放自己的惟一办法。对地区经济和企业本身是两利的。这个改革过程已经开始，但是必须根据具体情形采取不同形式进行。应当承认这并不是一个轻易的过程，也为我们的社会调查提出了一个值得研究的课题。

我在包头看到的问题，实际是西北地区共同的问题。这促使我1988年去西安和宝鸡访问时特别注意了解“三线”企业的情况。“三线企业”就是上边所说的分散在山区，把机器装在山洞里的那些军工企业。自从政府进行经济体制改革以来，这些原来不计盈亏，不愁市场的国营企业，就面临一种没有经历过的要自负盈亏的新情况。它们必须转型以求适应。适应之道主要是以开放代替封闭，从产品经济走向商品经济。

国营大企业和远近乡镇企业联合起来是开放代替封闭的一个路子。我在宝鸡看到了许多具体例子。联合的方式是多种多样的，值得注意的是在西北地区国营大企业所含蓄的巨大科技潜力，形成了发展乡镇企业的启动力。我曾经在前面讲过，苏南模式的启动力得之于公社时期乡村的农业积累和“文革”时期的技工回乡，温州模式的启动力是得之于劳动输出所形成的国内流通网络和商业积累，珠江模式的启动力是得之于香港和内地工资差和地价差所造成的港风登陆。那么“三线地区”社会经济发展的启动力是否可以说应当着眼于20年来国家在这地区投入的巨额资金和集中的大量科技人才上去寻找呢？关键是怎样使已经存储在西北的巨大经济能量释放出来，使其成为西北这个多民族地区共同发展的推动力。这个问题开拓了我在西北的研究思路。

八

怎样缩短、消除西部与东部之间在社会经济上的差距的问题，把我带向西北去进行观察和思考。1984年我除了去内蒙古调查外，还去访问了甘肃的定西地区。从那年起，我连续三年到定西追踪观察。我挑这个地点去调查的原因在于它是扶贫工作的重点区之一。历史上就有“陇中之苦甲天下”，定西就在陇中的中心。

陇中高寒干旱，水土流失，生态恶化，三年两荒。每逢灾年，这里的居民能走的就外出打工、讨饭，留下来的挖草根当柴烧，爬几十里山路去背水喝，靠救济粮糊口，长期以来摆脱不了半饥饿状态。

我下乡进行家访时初次看到老百姓家里的水窖，一家人一年用水就靠这窖里储存的雨水。一个窖大约有几十立方米的容量。一家有两窖水的就算是当地的富户。天旱窖竭就得远出背水，否则就住不下去。近年来在严重时得用汽车送水来救济。这种苦景对我这个在水乡长大的人来说是无法想象的。

干旱原来是自然现象。定西地区年降雨量只有480毫米，如果植被丰满，蓄得住雨水，还是能经营农牧生产的。不幸的是在相当长的历史时期里，生态平衡业已破坏。许多地方不仅树木伐光，甚至草根都被挖尽，成了赤地千里，一片黄土。再经雨后激流冲刷，条条沟壑把大地割裂成高坡深谷。远远望去活像是剥光了皮，赤裸裸地撅起背脊的大爬虫，令人恶心难受。定西这样地方的居民就在这些山沟里过生活。靠近河流的还能种一些水浇地，面积很有限。大多是靠雨水长庄稼的梯田和坡地。据估计这地区无灾之年亩产在100公斤以上的农田，只占耕地面积的1/3。本地所产粮食不能养活本地的人口。

定西这样的地区如果坚持粮食自给，必然会进一步破坏自然生态平衡，导致灾难。从自然条件来说，大部分不宜种粮的土地却可以种草。只有发挥该地种草的优势去恢复生态平衡，所以从1983年提出了种草种树的政策方针后，加上一连三年雨水好，定西大力发展了畜牧业，使这地方有了脱贫的起色。

三次访问定西，我一直被“怎样脱贫”这个问题占住了心思。我深切感到逢灾放赈的办法是不能解决根本问题的，所以一再呼吁扶贫工作要改变“输血”为“造血”的方针，就是说要扶助贫困地区恢复生态平衡，自力更生地建立有发展前途的经济基础。但是怎样才能建立起造血机能呢？我开始时总是鼓励定西发展乡镇企业，但是在这个既缺资金，又少企业传统的地区，即便办了一些工厂，也难于发育扩散。在这里我才认识到经济发展中启动作用的重要性，也因而使我回头分析沿海各种模式不同的启动机遇和凭借的力量。怎样启动贫困地区的发展，成了我极想探索的问题。

1986 年我有机会去河南东部商丘地区的民权县访问。自从黄河改道后，给这个地区留下一片贫瘠的沙土。民国初年连年的天灾人祸不断地逼使这个地区民不聊生，解放后还得靠救济过日子。到了 60 年代，当地干部惨淡经营，绿化了黄河故道，使这片土地恢复了活力。70 年代农民发现这里的沙土适宜种葡萄。葡萄是一种高价的经济作物，很快在农村里推广开了。但是经济作物必须有市场作依托。葡萄熟后，保鲜期很短。在交通不便的商丘一带，不久就发生了大批葡萄运不出去而烂掉的情况，农民连成本都收不回来。这时，当地政府做了件好事，集资办了一个葡萄酒厂。为了易于在短期间收购葡萄及时榨成果汁，贮存起来供应酒厂酿造，各乡不久又建立了自办的加工车间，兴起了乡村企业。当我去访问时，已经形成了一个从果农、乡办加工厂、县办酒厂一条龙的生产线，使几万户农民可以安心种葡萄。酿造出的民权葡萄酒成了名牌商品。从户、乡到县，各个层次都得到了相当优裕的收入，把这个穷乡变成了殷实地区。这次访问给我启发很大，因为这不就是穷乡怎样造血脱贫的现实经验么？

那年我再去定西时就了解到这地方盛产亚麻，他们种亚麻是为了麻籽可以榨油，留下麻秆却用来当燃料烧掉。我碰巧见到一位麻纺专家，知道用亚麻的纤维纺织的技术问题在近10年来已经解决，国际市场上需求比苎麻更旺，而且麻纺的前景也比较乐观。我立即想到如果能按民权模式在定西办麻纺厂，不就可以使现在当燃料烧掉的麻秆得到了利用？计算一下，每个种麻的农户每年可以增加几十元的收入。这不是一个千家万户可以脱贫的路子么？

在一个刚刚基本上解决了温饱问题的地区，民间没有能力积累足够的资金来兴办乡镇企业。地方政府同样缺乏这种能力。过去西北地区实际上是个向外地工业提供原材料的基地。在计划经济下，原材料的价格偏低，和外地输入的工业品之间存在着相当大的剪刀差。这种差额一向是用中央补贴的办法来弥补的，而事实上财政补贴只够用来维持行政机构的开支。西北地区的工业历来是依靠国家投资，地方的乡镇企业沾不上边。资金不足显然是西北地区社会经济发展的一大困难。其次，还缺乏一个有辐射力的工商业中心能为民间的企业提供技术力量。现有的技术还封闭在大中型的国营企业里，要经过一个相当复杂的过程才能开放出来。

面对西北地区广大城乡发展上所遇到的困难，我不由得不联系到沿海地区的情况。一相对照，就不难看到双方正可以互补短长。东部沿海地区的乡镇企业经10多年的发展，原材料和能源越来越跟不上，成了进一步前进的瓶颈。西北的资源如果能开发出来，正可满足东部的需要。如果能动用东部的资金和技术来开发西北资源，在互惠互利的原则下应当是可以两厢情愿，共同合作的。我看到了这一种可能，所以提出了“以东支西，以西资东，互惠互利，共同繁荣”的说法。“支”是指资金、技术上的支持，“资”是指原材料和能源的供应。

这个思路使我产生“全国一盘棋”的观点，1988年我提出“黄河上游多民族开发区的设想”是从这个观点中发展出来的。

九

我在内蒙古和大西北进行的社会调查，使我感觉到沿海和内地，特别是和边区的不平衡发展会给我国现代化的进程带来越来越多的困难。从全国一盘棋的观点看来，我们有必要重视这个有关大局的东西差距。同时也想把我从50年代中叶起中断的民族研究工作在大西北调查中继续下去。

中国的少数民族大部分聚居在中国的西部。西部和东部的差距包含着民族的差距。西部的发展战略中必须考虑到民族因素：一方面要动员这地区少数民族参预这地区的开发事业，另一方面要通过这地区的经济开发使这地区的少数民族发展成为现代民族。这个观点在过去实际上常被忽视，以致“三线”建设只在西部增添了一些“新兴城市”，而没有使西部人民的生活有显著的提高。不少在少数民族地区兴建的大型国营企业根本没有考虑到和当地少数民族的联系，甚至眼中只有这地方的资源，而忘记了还有生活在这地方的人。我看到这些现象，心里总是觉得十分难过，认为这是过去政策上的失误。

为这种失误辩解的人说，少数民族缺乏现代科技知识，没有力量自己来开发本地区的资源，而且他们现有的生活习惯，也不适宜于现代工矿企业里的生活，不是不让他们参预而是他们参预不进来。我在呼伦贝尔访问伊敏煤矿附近的蒙族聚居点时也听说，这个煤矿曾按政策招收过附近一部分蒙古族居民进矿山做工人，但是不久几乎全部告退了。这些从小骑着马在广阔草原上放牧的小伙子，不愿意钻到地下去挖煤，请他们做职员则文化程度又不够。我相信这些都是事实，但是并不应当以此来否定少数民族参预西部地区现代化建设的重要性，只是提出了怎样才能把西部的少数民族吸收进开发西部的事业里去的问题。同时也说明了像伊敏煤矿那样想直接把牧民一下子变成工人是做不到的。应当怎样办呢？对少数民族的发展问题还值得我们深入思考。

我在甘肃临夏回族自治州的调查中得到了一些启发。要促进少数民族的现代化，看来必须从它们所有的民族特点出发，循序渐进地向前发展才能见效。我这点认识的形成经过是这样的：我在从广河县通往临夏市的公路上，一路停车访问了近10家新兴的富户。我一家家访问他们怎样脱贫致富的。其中绝大多数是这几年到青藏高原牧区贩运起家的。例如有一家筹得了一小笔款子，去市集上买了几张羊皮，回来把羊皮缝成袍子。坐公共汽车去四川的甘孜藏区，把羊皮袍卖给藏民，得到了比成本高好几倍的利益。赚了钱再买羊皮，制成袍子去藏区出售。就这样“滚雪球”不到两年，已经有力量造了一座楼房。一家人男女老少共同操作，俨然是一个小作坊。还有些人家租车贩运啤酒到拉萨出卖，赚了钱自己买辆卡车往返拉萨做买卖。他们告诉我，一辆卡车跑一趟拉萨，昼夜开车，5天可以打个来回，净挣5000元。我在1987年第三次访问临夏时，据说这个地区已有上千辆卡车奔驰在青海和西藏的公路上。有几个原来很破烂的穷村，已焕然一新。这样快的脱贫致富，给我极深的印象。

我这天访问的近10家新兴户，一问竟全是回族。沿着这个线索，我发现了回族善于经商的特点。我又把这个特点联系上了回族的历史，找到了这个民族特点的历史根源。回族所信奉的伊斯兰教起源于阿拉伯，扩散到西亚和中亚。早年通过“丝绸之路”和海道有不少信伊斯兰教的阿拉伯和中亚商人进入中国。

他们被称为“番客”，一部分就定居在沿海和西部商路上的城市里，到了13世纪，蒙古人入侵中亚，掳掠了大批信伊斯兰教的商人和工匠编入军队，为他们做后勤工作。后来蒙古人带了这些人回师中国，灭了南宋，建立元朝。这些人的子孙就留在各地，和早先来的番客结合而成回族。从这个民族的形成中可以看到他们的祖先不仅信伊斯兰教而且是有经商传统的人。他们在和汉族接触中虽则部分已接受了农业生活，但在不同程度上还是保留了善于经商的特点，直至今日。

回族的经商传统可以用来说明他们分散聚居在全国各大城市里的原因。但是为什么他们最大的聚居区却落在黄河上游的宁夏和临夏呢？这个问题的提出使我注意到了这个地区在经济地理上的地位。它们正处在广大牧区和中原农区的交接地带。

这条农牧贸易走廊正是回族可以发挥其特点的用武之地。这可能是上述问题的答案。临夏旧称河州，历代是一个农牧贸易的内陆商埠。它是丝绸之路上的一站，宋代是茶马司的所在地。从临夏目前商业比较发达上使我联想到了沿海的温州，因而说“东有温州，西有河州”。当然两地是有区别的。但是它们近几年都是自发地从参预商品流通而致富的。温州走在前面，已经“以商带工”，形成了众多的家庭作坊式的乡村工业。临夏还正在扩大流通网。直到去年我再去访问时，才看到有不少小型工业正在起步建厂，有可能走上温州这个模式而发展起来。临夏这个标本给我的启发主要是在进一步认识到少数民族的发展必须抓住它们的特点作为起点。在牧区则要像上面已提到的海拉尔附近的牧民那样，从改良牧业出发，使放牧和舍饲结合，并进而利用畜产品作原料发展加工工业。我认为这个原则同样适用于林区和农区。

在内蒙古呼伦贝尔大兴安岭的林区里，我看到一个反证的例子。大兴安岭原始森林里原来住着以狩猎为生的鄂伦春族，解放前只有几千人。解放后，由于开发林业，外来的人口大量涌入林区，几千人的小镇在原来荒凉的森林里一个个建立起来。鄂伦春人的生活环境起了变化。按民族政策的规定成立了鄂伦春自治旗，国家拨款为他们建立了新村。这几千人改变了过去狩猎为生的经济，而在不同的名目下，从小到老得到国家的津贴。他们的生活是有保障的。但是失去了传统的生产手段后，他们没有能找到靠自己劳动来从事生产的新路子。结果是物质生活的保障反而引起了精神生活的衰颓。因此，我建议及早发挥他们饲养驯鹿的传统本领，帮助他们在林区里建立新的养鹿场，让他们自食其力，发展起来，不然，这个几千人的小民族的前途是十分可虑的。大兴安岭里的鄂伦春族给了我一个和临夏回族的强烈对比，无疑深刻影响了我的思路，能不能这样概括地说：一个民族的发展主要靠善于发挥自己的传统优势，利用一切可以利用的外在条件，提高自身的社会生产力和发挥自身的精神文化。

临夏商业的繁荣不仅给我提供一个怎样利用传统优势来脱贫致富的例子，而且也使我看到这是个促进青藏高原现代化的重要环节。我在上节提到了黄河上游多民族开发区的设想。这个开发区包括从青海的龙羊峡至内蒙古的托克托段黄河上游沿岸地区，正处在西藏、新疆和内蒙古、宁夏四个民族自治区的中心。这个中心地区可以利用黄河上游的落差，建立一系列的水电站。再利用这巨大的能源，开发黄河两岸的矿产。制成的原材料，不仅可以支援沿海工业地区，而且可以用来发展西部地区的中小型加工企业，分散在各乡各村，使千家万户都富裕起来。

这个中心地区工业的发展需要广大市场。这个市场首先应当是西部的牧区，也就是三面围绕着这中心的四大少数民族自治区。西部牧区的发展成为广阔的市场正是这个多民族开发区能繁荣起来的一个重要条件。我们有条件可以利用这条介于牧区和农区之间的走廊地带，发展畜产品和工业品之间的贸易。过去曾在这里进行过的“茶马贸易”只是用有限的农产品去向牧区交换畜产品，规模是有限的。如果多民族开发区建成了工业基地，就可以用加工后的生活日用品和发展牧业所需的生产资料去向牧区交换畜产品，从而促进牧业生产，把国土1/3的广大草原的巨大潜力发挥出来。这并不是个主观的空想，因为在目前临夏的回族商人已经自发地进行这项探索活动。他们已成了沟通这地区的工业和少数民族的牧业的前哨队伍。

中国西部的牧区直到目前基本上还是停止在封闭的自给经济水平上。牧业的现代化必须从封闭的经济改革成开放的经济。商品流通是促成这种改革的基本力量。只有把牧民喜爱的日用品运到牧区，才能使他们乐于把畜养的牲口拿出来进行交换。这就是牧业的商品化。牧民所饲育的牲口变成了供应市场的商品时，牧业在技术上也会顺利地走上改革的道路。牧业的发展不仅为工业中心提供了毛、皮、奶等畜产原材料，而且为工业中心开辟了广大的市场。这正是我心目中发展西部民族地区的前景。面对这个前景，我们作为研究工作者，看到了许多富有意义的课题正在等待我们去钻研，心情难免有些紧迫。

写到这里，思绪万千，回顾到此告一段落。

1989年4月14日

后　记

因有波兰之行，匆匆把“回顾”打住。这篇文章从春节写起，写到清明过后，经常受到公务私事不断的打扰。上面的九段，没有一段一气呵成。在我一生中这是罕见的。无可自宥，只能默认岁月催人老。

东欧归来，重读“回顾”，总觉得这篇拖拉积续的文章，像一条画龙未成的长蛇，甚至结尾都没有。但既不愿重写，又不忍撕掉。只能说，各言尔志，本无定型，诚而已矣。加此后记又未免为蛇添足。

我一向认为一个人的思想总是对当时当地社会的一种反映。具体的社会有如如来佛的手掌，谁也跳不出去。各人的反映可以千姿百态，但总是为他的处境所局限。至于反映得有多么宽广，有多么大深度，那又是被各人社会经历所决定。超过了这个界线就不免志大才疏，忘乎所以。各人的成就应当归根于社会的投入和个人天资的吸收能力。评人论己看来应以这点认识出发。

上面的“九段”文章，实在是想向读者交代我这四年思想活动的线索。这四年我陆续在各种刊物上发表了不少文章，我曾说这是一生中第二个旺季。把这些文章综合一下，前后连贯起来，多少可以看出我这一段时期思想活动的取向。知我者当然愿意我这样梳理一番的。

我一路回忆搜索这个思路，自己也清醒不少。反省至少可能起自觉的作用。我重读这九段“回顾”，似乎又呼吸到了这四年农村中欣欣向荣的气氛。这气氛不仅感染了我的笔调，也浸润了我这一段垂老的生命，我相信后来的人会对这四年中国农村的发展作出公正的评定。我身在庐山自不可能见其全貌。这四年对我个人来说，应当肯定说是一生中兴奋点最高的四年。我之所以兴奋，是在于看到了个人的思想不仅可以反映社会现实，也能对社会改革发生推动作用。我的热情是来自我所接触到的群众。广大农民所初步释放出来的巨大生产力和所表示出来的激烈的要求，构成了推动中国80年代大变革的动力。我见到的不过是这股巨流里的一些小小浪花，所能反映出来的也只是其中很小的一个局部。但也得承认，不论怎样小，怎样局限，总是属于这股巨流的一部分，因为没有这一滴一滴的水，也形不成巨浪的。从毫末辨流向是应当可以做到的。

人总是人，要能恰如其分地看清楚自己在社会中的地位，更能利用这个地位去拓大自己的视野，提高自己的境界是不容易的。我自知远没有做到这一步，只能说梦寐以求的是这种自觉。我像其他人一样，所具有做学术研究工作的条件都跟着个人的经历，处在不断的变化之中。30 年代我住在江村，尽管时间不长，但能随意穿门串户，老中青少见面即能交谈诉说。这种我认为最有利于社会研究的条件，得之既非偶然，一去也难以再返。我以后 50 年的经历使我和周围社会环境的关系逐步发生了各方面的变化。

年龄是不饶人的，此其一。当年我徒步往来于崇山峻岭之间，只要深睡一晚，第二天又是精力充沛可以跋山涉水了。现在呢，连上两层楼还会喘气。50 年不能说长，体力却判若两人。

社会地位也变化多端。早年那种自由自在的学生身份已捡不回来了。解放后，上山下乡都得有任务，言行都有框框，而且终于由于思想出了格而打入了另册。另册者在社会中被孤立之谓也。60 年代后期更下沉一个梯阶，生活和工作失去自由有 10 多年之久。到 80 年代初才正式“改正”，重新列入社会正册，恢复了我正常的社会生活，解除了孤立。那时我已年届七十。

当时我在一次会议上公开表白“我手上只有 10 块钱了，我不能随意花掉”。意思是我自己估计如果一切正常，我能从事学术研究工作的时间至多也不会超过 10 年。这 10 年可珍贵的时间一点一刻都必须充分利用，才有可能夺回我失去的 20 年。时光易过，言犹在耳，匆匆又过 8 个年头，再有半年我就进入 80 岁了。在口袋里的钱即将用尽之际，回头看看这八块半钱怎样花的，得到了多少收益，可以说是及时的和必要的。这是我写此《自白》续篇的用意所在。

现在要说的，我这段时间里固然得到了正常的社会生活，但在恢复了社会地位之后，却没有在“另册”里那样孤独和清闲的条件了。接二连三地多种多样的公务加到我的身上，其中有些是和我为学的宗旨相符的，更多的社会活动却超出了这个范围。那就是说我此生已经不太多的时间，能用在我学术工作上的却越来越少得令人寒心。而且近年来由于我所担负的社会公职，也使我日益脱离群众。尽管我这几年中至少有一半时间在各地访问，但被“名位”所累，已无法进行30年代学生时期那样的实地调查了。这个损失，也不能全归咎于客观因素，主观方面也存在着满足于粗枝大叶的毛病。而且读书不勤，不求甚解，特别是20年来由于怕留“罪证”的余悸，失掉了及时作笔记的习惯。加上年老易忘，以致我思想的投入不足，累积费劲，只能靠老本过日子，智力难免枯涸。这是恢复工作后，未能突破我30年代达到的水平的主要主观原因。

在中国复兴社会学是我这10年中的一个自觉的任务。在这方面，在主观上我是尽了力的。但是一门学科可以挥之即去，毁于一旦，要重建时却不能呼之即来。重建就又得造砖造瓦，从头做起。我这10年，特别是最近的6年，深刻体会到精神文明的建设不是设立一些学校或研究所等教育科研机构就能成事的。设立机构固然必要，这些机构里必须要具有科学头脑的人，实事求是地进行细致艰苦的脑力劳动，才能积累起精神文明实质。我自己如果不能率先做出学术成果，又怎能谈得到重建社会学这门学科呢？

凭我这点认识，我是这样做了，以身作则，带头下乡，足足花去了我这八年半岁月中最大部分的时间和精力。正如我在《社会调查自白》和这篇《四年思路回顾》中所表明的，我取得的科学成果很不结实。如果能说我这点心血没有白费的话，我只在这门学科的建设中做了一些开路和破题的工作。我在客观和主观的种种限制下，尽力之所及为研究我国城乡社会发展勾画出一些素描和草图。并跟着实际的发展不断提出一些问题，开辟一些值得研究的园地。这些也就是在上面九段里所叙述的内容。说这是科学成就，可能夸大了一些，最多能说是一些科学的探索。说是社会学的内容，我想是可以的。因为我所认识的社会学范围比较广泛，一切企图对社会现象进行理解的探索都可以包括在内。同时，应当提请注意：社会学本身远比我这一生中所探索的范围为广阔，我决无用我自己研究的范围来作社会学界限之意，社会学研究的方法也是八仙过海大可各显神通。我这一生所采用的只是其中之一，而且又限于学力和社会的条件，并没有能够充分发挥这种方法的长处。

人生有限，社会绵绵，后浪推前浪。但愿新的一代早日成长，后继有人。

1989 年 5 月 6 日于陇海路旅次

人的研究在中国
——缺席的对话

80 岁可能是一条年龄界限，跨过了这条线，一个人会觉得心情上轻松、自由些，因为余下的岁月已不大可能改变这一生已铸下的功过了。他可以有平静的心情来检视过去在人生道上留下的步步脚印了。我感谢中根千枝教授和乔健教授给我这个机会，出了一个题目《人的研究在中国——个人的经历》，要我在他们为祝贺我 80 诞辰召开的“东亚社会研究”讨论会上作一次发言。这个题目的意思是要我回顾一下，我在人类学这门学科里做了些什么。当然我的工作能否代表中国的人类学界，那是很难说的。但我既然是中国人，我在这门学科里所做的工作无可否认是人类学在中国的表现。而且我的工作至少也反映了我同时代的学术方向。

但是这个题目从何答起呢？这很为难了我。

当我正在考虑这个问题时，乔健教授给我寄来了一本书：Sir Edmund Leach 写的 *Social Anthropology*（1982）。Sir Edmund 是我在 LSE 上学时的老同学。我们的友谊也并没有因几度隔绝而冲淡。1981 年访英时，我还跟他一起在 Cambridge 他的书斋里纵谈了一天，没有想到这是我们相叙的最后一次。当我们同窗的时候，在我们讨论班上，他是个雄辩出众的青年。他那种爽直、明快、尖锐的词锋给我留下了难忘的印象。这次在捧读这一本可能是他最后的著作时，我立刻感到他那可爱的性格至老未衰，可惜的是这样的英才未获长寿。

读完了他这本书，我顿觉写这篇发言有门了。这是因为他在这本书里评论了其中有我一份的中国几个人类学者的著作时，提出了两个问题，启发了我的反思。

他提出的两个问题是：

一是像中国人类学者那样，以自己的社会为研究对象是否可取？

二是在中国这样广大的国家，个别社区的微型研究能否概括中国国情？

Edmund对这两个问题都抱否定的态度。先以第一个问题说，他尽管承认人类学者不妨研究自己的社会，而且有些中国人类学者就是这样做了。但是他态度鲜明地说："无疑的，这种样式的实地研究，对没有经验者我是不会推荐的。"他接着列举了四本从1934年到1949年以英文出版的中国人类学者的著作，并一一加以尖刻的评论。在他看来，其中除了一本，可巧是我的*Peasant Life in China*（《中国农民的生活》，即《江村经济》），在一定程度上（up to a point），研究自己的社会看来是有好处的，其他三本都被他作为这种研究方法不足取的例证。失败的原因他认为可能是出于"他们的眼光看来已被私人而不是公众的经验所产生的偏见所歪曲了"。

Edmund对人类学者研究自己社会的那种他自认是"我的消极态度"，跟我们共同的老师B. Malinowski恰恰是个鲜明的对照。后者在我那本*Peasant Life in China*（1939）的序言里说："如果自我认识是最难获得的，那么无疑的，研究自己人民的人类学是实地调查工作者最艰巨的，但也是最有价值的成就。”

两人都用了“无疑的”那种坚决的口吻说出了相反的态度。前者认为中国人研究中国社会是不足取的，很少成功的。而后者却满腔热情推荐这种方法，认为在人类学这门学科里这是“标志着一个新的发展”。

Edmund 的态度和论调是不足为奇的。熟悉他的人都会赞赏他这种不与人苟同，特别是对他的师友不轻易附和的为学作风。今天，我在这里重提这个不同见解的对比，而且参预了议论，使我的心情又回到了 LSE 二楼 Malinowski 的 Seminar Room。辩论出自意见的不一致，结果也许并不一定导致认同，但至少可以使双方都看清楚意见不同的来源，而达到相互的认可。使我懊丧的是今天 Edmund 已无法到场。我相信如果他在场的话，必然会报我以会心的微笑。他很可能同意我至少会明白我的看法，就是我们的分歧归根到底是出于我们并不都是英国人，包括 Malinowski 在内。我们各自的文化传统带来了“偏见”或更正确些应说是“成见”。这些“成见”有其文化根源，也就是说产生于 Edmund 所说的公众的经验。在这点上我和 Edmund 还是不一致的，因为他认为中国人类学者没有把他们的研究工作做好是由于私人经验所产生的偏见。他所谓公众经验，在我的理解中，就是指民族的历史传统和当前处境。

我并不明白为什么 Edmund 放弃他成为一个工程师的前程而闯入人类学这个园地的。我自己知道我为什么要学人类学，入学的动机可能是我们两人同在一个学术领域分道扬镳的根源。我原本是想学医的，但是后来放弃了成为一个医生的前途。因为，那是我自觉的认识到“为万民造福”比“为个人治病”更有意义。可见我的选择是出于一种价值判断。

个人的价值判断离不开他所属的文化和所属的时代。我是出生于20世纪初期的中国人，正是生逢社会的剧变，国家危急之际。从我的这种价值判断出发，我之所以弃医学人类学是可以为朋友们所理解的。我学人类学，简单地说，是想学习到一些认识中国社会的观点和方法，用我所得到的知识去推动中国社会的进步，所以是有所为而为的。如果真如 Edmund 所说中国人研究中国社会是不足取的，就是说，学了人类学也不能使我了解中国的话，我就不会投入人类学这门学科了，即使投入了，也早已改行了。

我从来没有隐讳过我选择人类学的动机。Malinowski 已经在上述那篇序言里替我说明，我为什么闯入人类学里来的。正因为他同情我，他写下了一句用意深长的话："人类学，至少对我来说，是对我们过分标准化的文化的一种罗曼蒂克式的逃避。"这不能只看成是自嘲之语。他在用沉痛心情谴责当代西方人类学者那种内心的无可奈何之情。

我不敢冒昧地把 Edmund 也包括在这一类西方人类学者之列，但令人深思的是他在这本学术自述式的书里却根本否定了人类学是一门科学。他说："社会人类学并不是一门自然科学意义上的科学，也不应当以此为目的。如果要说它是什么，其实不过是艺术的一种形式。"这句话的涵义，各人可以有不同的理解，我却联系上了 Malinowski 上面所说的那句话，他的意思可以理解为，在西方人类学门内至少有一些学者把它作为表演才华的戏台，或是更平易一些，是一种智力的操练或游戏，或竟是生活中的消遣。我本人对这些动机并无反感。在一个生活富裕，又是竞争激烈的社会里，当个人谋生之道和社会地位已经有了保证之后，以人类学来消磨时间或表现才能，确是不失为一种悠悠自得的人生。可惜的是，我自己明白，我没有条件这样来对待这门学科，事实上也走不上这条路子；即便走上了，也不会觉得愉快的。

Edmund 锋利的思路又发现了个使像我这种中国人类学者为难的题目，就是上面提出的第二个问题：个别社区的微型调查能使你认识中国的全貌么？

这个问题的矛头直指我的要害，因为如果我学人类学的志愿是了解中国，最终目的是改造中国，我们采取在个别小社区里进行深入的微型观察和调查的方法，果真能达到这个目的么？个别入手果真能获得概括性的了解么？

Edmund 对这个问题仍然是否定的、消极的。他在第一个问题上是放过了我，我感谢他还说了些好评，但在第二个问题上却想逮住我了。他用了回护我的口吻来表达他不相信我这样做能“了解中国”的。他说：“费虽称他那本书为《中国农民的生活》，他并不冒称他所描述的社会体系是整个国家的典型。”又说：“这种研究并不或不应当自称是任何个别事物的典型。这样做的兴趣是在它的本身。”

Edmund 对我的回护我是应当领情的。但是他的意见我只能接受一半。我确是没有意思想把那个调查过的江村作为整个中国所有千千万万的农村的典型；也没有表示过，研究了这个农村就能全面了解中国国情。这本书的英文书名是出版社给我加上的。它原本是我的博士论文，题目是 *Kaihsienkung*：*Economic Life of a Chinese Village*（《开弦弓：一个中国农村的经济生活》），而且英文的扉页上还印着“江村经济”四个字。当这本书翻译成中文时并没有用“中国农民的生活”而还是“江村经济”。Edmund 是知道这经过的。

我也同意，解剖一个农村本身是有意义的，所以是有趣的。但我必须老实说，我的旨趣并不仅限于了解这个农村。我确有了解中国全部农民生活，甚至整个中国人民生活的雄心。调查江村这个小村子只是我整个旅程的开端。因此如果 Edmund 看法是正确的，就是从个别不能概括众多，那么我是走入了死胡同了。所以我必须正视 Edmund 所指出的问题，并在实践中证明他的看法是似是而非的。从个别出发是可以接近整体的。

这个问题在我写完《江村经济》时已经意识到，而且国内不少评论也集中在这个问题上。我对此心中是有答案的。我这样想：把一个农村看做是全国农村的典型，用它来代表所有的中国农村，那是错误的。但是把一个农村看成是一切都与众不同，自成一格的独秀，sui generis，也是不对的。

也许是受了我早年所学的动物学和解剖学的影响，我对客观事物存有类型（type）的概念。一切事物都在一定条件下存在，如果条件相同就会发生相同的事物。相同条件形成的相同事物就是一个类型。同一个类型里的个别事物并不是完全一样的，类型不是个别的众多重复，因为条件不可能完全一致的。我所说的类型只是指主要条件相同所形成基本相同的各个体。

以江村来说，它是一个具有一定条件的中国农村。中国各地的农村在地理和人文各方面的条件是不同的，所以江村不能作为中国农村的典型，也就是说，不能用江村看到的社会体系等情况硬套到其他中国的农村去。但同时应当承认，它是个农村而不是牧业社区，它是中国农村，而不是别国的农村。我们这样说时，其实已经出现了类型的概念了。所以我在这里和 Edmund 辩论的焦点并不是江村能不能代表中国所有农村，而是江村能不能在某些方面代表一些中国的农村。那就是说形成江村的条件是否还形成了其他一些农村，这些农村能不能构成一个类型？

如果承认中国存在着江村这种的农村类型，接着可问，还有其他哪些类型？如果我们用比较方法把中国农村的各种类型一个一个地描述出来，那就不需要把千千万万个农村一一地加以观察而接近于了解中国所有的农村了。请注意上面我多次用了“逐步”和“接近”两个词。通过类型比较法是有可能从个别逐步接近整体的。Edmund 喜欢用数学概念来表述事物，我这里所说的“接近”也就是微积分里的基本概念。

用实践的经过来说容易讲得明白些。1938 年我从英伦回国，也正是我校读完 *Peasant Life in China* 一书的清样之后，抵达中国抗战时大后方的云南昆明。我只休息了两个星期就下乡去调查昆明附近禄丰县的一个农村，我把它称作禄村。禄村和江村所有条件不同，江村是在沿海传统经济比较发达的地区，是个具有传统家庭手工业又从上海传来的现代工商业较深影响的农村。禄村是个远离现代工商业中心的内地农村，这个农村的农民几乎全部依赖农田上的收入来得到生活的。江村和禄村具有不同的条件，给了我实践类型比较研究的机会。云南的内地农村具备的条件还是有所不同。我们沿着滇池转，发现了三个不同类型，禄村之外还有易村和玉村。我们把这三种类型的比较在 1941 年用英文写成了一个简略的英文论文，称作 *Three Types of Village in Interior China*（《中国内地农村的三个类型》），由当时的太平洋学会印发。这里我们就用了 types 这个字在论文的题目里了。云南三村的详细的情况，1943 年我在美国写成了 *Earthbound China* 一书（中文本《云南三村》尚在印刷中）。这本书在我看来在人类学方法上是和《江村经济》相衔接的，是类型比较法的实验。但在西方并没有受到像《江村经济》那样的重视，看来这并不是西方人类学者所感兴趣的方法，因而也没有引起 Edmund 的注意。也许这时西方的人类学者已把我看成是一匹不受学术领域中各科边界约束、四处乱闯的野马了。

这匹野马，写完了 *Earthbound China* 有 30 年没有在人类学界出现。我上面所说的逐步接近的诺言也难以为继了。但是当我在年过七十之后，重新回到早日驰骋的领域时，我还是坚持了原来“逐步接近”的方针，不仅在江村追踪调查，了解它在这半个世纪里的变动，而且把研究对象从农村提高了一个层次，进入了小城镇的范围。

当然老马也只有老方法。我把类型比较法从农村用进了小城镇。先在我家乡的几个小城镇开始，逐步进入长江三角洲的四个经济比较发达的市，两年后又扩大到江苏全省。第四年我就闯出省界，分两个方向前进：一是沿海从江苏到浙江，经福建到广东的珠江三角洲，再进而接触到广西的西部。另一路是进入边区，从黑龙江到内蒙古、宁夏、甘肃和青海。其间又去过中国中部的河南、湖南、陕西。中国的沿海、中部和西部在最近八年里我大体上都访问过了。

这样的年纪和这样广阔的“田野”，原来在江村那样的微型调查我本人是做不到了。幸亏我这段时期并不像过去那样只能单枪匹马地上阵，现在已有个小小的队伍，由一些青年学者边学边工作，在各个据点进行直接的观察。我们由于和当地政府工作人员密切合作，也有条件用问卷的方法，由点及面的做广泛的数量调查。更由于有了计算机的帮助，大量统计资料能够比较快地整理出来，江苏全省小城镇的抽样普查就是一个尝试。这使我们更能接近于对中国全貌的了解。

由于我自己意识到这一生中能利用来做研究工作的时间愈来愈短愈少，我不能不多看些地方。所以我的习惯是每走一个地方就把我的感受写下，仔细的调查研究留待别人去做。我称之为开路破题的工作。我写下的这一类的文章是不少的。其中一部分早期的作品已经由芝加哥大学出版社汇集了一本 *Rural Development in China*，去年（1989）出版，不能直接阅读中文的朋友，可以从中看到一些例子。

我想用我本人的经历，正如本文题目所要求我的，来答复Edmund向我们中国人类学者提出的问题。我可以告慰于关心我的朋友们的是，我幸而在晚年能得到这10年可宝贵的机会来继续我的初志。当然，我并不敢说对中国的国情已有多大的了解，但比50年前是了解得多了一点。更使我高兴的是40年代根据我所调查的资料和从而所得出的认识和形成的对农村发展的见解，到了80年代逐步地经过实践的考验，已证明不少是符合实际的。这也使我更相信认真的以人类学方法去认识中国能有助于中国的发展。人类学是可以成为一门实用的科学的。

我很羡慕Edmund有深湛的哲学修养和优异的学术环境。我知道，像我这种务实的人对他提出的问题所作的答复是不容易说服他的。但是我认真地想一想，我这种在Edmund看来也许是过于天真庸俗的性格并不是偶然产生的，也不是我个人的特点，或是产生于私人经验的偏见，其中不可能不存在中国知识分子的传统烙印。随手我可举出两条：一是“天下兴亡，匹夫有责”，二是“学以致用”。这两条很可以总结我自己为学的根本态度。

想不到2000多年前的孔老夫子对我这一代人还会有这样深的影响。孔老夫子还不是主张少在看不到摸不着的玄理上去费脑筋？他周游列国还不是为了寻觅有用于社会的机会？务实的精神潜移默化，渗入学术领域，结果使像我这样的人，毫不自觉这是古老的传统，而投身入现代的学科里，形成了为了解中国和推动中国进步为目的的中国式应用人类学。在一定意义上说，这种学派的形成并不是出于任何个人的创见，很可以说是历史传统和当代形势结合的产物。

我和Edmund意见的分歧，对一个有人类学修养的人是完全能理解的。这里不存在谁是谁非的问题，而是属于不同传统和处境的问题。我们不仅能相互容忍而且能相互赞赏。我们不妨各美自美，还可以美人之美。这是人类学者的应有共识。

不幸的是人类学在现代世界上还是少数人的珍品，远不是普遍人的常识。可是在这个各种文化中塑造出来具有不同人生态度和价值观念的人们，由于科技的急速发展，已经生活在一个你离不开我，我离不开你的小小寰宇之上了。他们带着思想上一直到行为上多种多样的生活方式进入共同生活，怎样能和平共处确是已成为一个必须重视的大问题了。由于文化的隔阂而引起的矛盾会威胁人们的共同生存。从这个角度去看我这次和 Edmund 的缺席对话，其意义也许不只限于我们少数不同国籍的人类学者的共同兴趣，而可以联系到今后世界人类怎样进入 21 世纪的问题。

我虽然已经年过八十，对今后人类的关心看来并不是杞人忧天。人类学者是否有责任在建立文化容忍的精神方面做出一些贡献？谢谢今天的各位朋友，让我们一起为人类学的不断前进做出努力。

1990 年 7 月 25 日

重访云南三村

1938—1942 年，抗战初、中期，我和张之毅同志在云南滇池周围调查了三个农村。这三个农村当时分别属于三个县：禄丰、易门、玉溪，因此我们分别称它们为禄村、易村、玉村。在商务印书馆出版的土纸本，有我的《禄村农田》和张之毅的《易村手工业》。张之毅的《玉村农业和商业》只有油印本。1943 年我初访美国，在访问期间把这几篇论文编译成 *Earthbound China*（美国芝加哥大学出版社 1945 年版）一书。1987 年张之毅同志去世后，由我汇编成《云南三村》一书，已由天津人民出版社出版（1990 年）。

《云南三村》编成后，我常想去云南追踪调查。估计所需时间较长，不易安排。直到今年 5 月底 6 月初，硬抽出了 20 天去云南和三村打了个照面。这样匆促的走马看花，谈不上调查研究。到了昆明才知道禄丰县现隶楚雄彝族自治州，易村已划归禄丰，而且楚雄州的研究机关从 1983 年起已有钱成润、史岳灵、杜晋宏三位同志在禄村和易村进行了追踪调查，调查结果部分已在 1984 年《彝族文化》发表。他们听说我要重访三村，特地赶来做我的向导。本文中所引用有关 40 年代后的资料除这次访问所取得的之外都是由他们提供的。不敢掠美，深表感激。有了他们的帮助，使我对禄村和易村半个世纪里的变化有了一些概括的认识，对当前的发展情况易于体会。

至于玉村，由于张之毅同志业已去世，我又记不起该村原来的名称，只能在玉溪郊区按我记得的方向找了一个乡进行访问。玉溪农村变化太大，旧的面貌几乎全都改观了。在当地问了一些老乡，都已不记得我们50年前来调查的这回事了。

下面把我这次重访三村作一简单的报道。

一

50年前我们去云南三村调查的目的是想了解当时受现代工商业城市经济影响较浅的内地农村的社会经济结构，进而研究怎样提高内地农民的生活。

云南三村代表抗战前云南东部滇池周围坝子里三种不同模式的农村，给了我们比较研究的根据。

禄村给我们提供了一个农业之外，副业很少，根本没有手工业的自给自足的农村模式。它的特色是众多人口挤在狭小的坝子里，用着简单的技术，靠农业的生产维持生计。

内地这样的农村和沿海较发达地区的农村一样是人多地少。当时禄村有122户，611人，人均占有耕地1.5亩。因为处在坝子中心，全部是保水田，可种水稻和蚕豆两熟，人均粮1233斤。如果分配均匀，全村人口可以解决温饱问题。但是禄村各户占有土地差别很大，无田和少田（6亩以下）户占66%，他们所有农田只占全部农田的1/4。这部分贫困户只有靠租田或卖工活命。依靠卖工维持生活的有250人，约占全村劳动力的60%。占有较多土地的男人自己不劳动，住在村子里指挥雇佣劳动，经营农事。我们称这种人为雇工自营的小土地所有者。

禄村这种情形和我1936年在江苏太湖附近调查的江村是不同的。江村靠近上海和苏州这样的大中城市，又有发达的传统手工业，在早年原是比较富裕的。但当时由于所产蚕丝丢失了国际市场，传统手工业一蹶不振，农民收入陡降，先是受高利贷的盘剥，最终出卖土地，成为佃户。这里放债和买田的人大多住在城镇上，所以对农村来说发生了土地权外流的现象。这里的土地所有者既不劳动，又不经营农事，根本不住在村里，所以我们称他们为“不在田地主”或“离地地主”。禄村和江村当时虽同属封建体制，但形式是不同的。

当我们把禄村和江村对比时，发生了一个问题：内地有没有手工业比较发达的农村，它们的情况又是怎样的？带着这个问题，我们从禄丰城骑马走了6天，在易门县境内的绿叶江畔找到了一个传统手工业比较发达的村子，我们叫它易村，张之毅同志住下进行了调查。这个村子就在江边上，绿叶江两岸长满了茂密的竹林。用竹子做原料，这个村子发展了两种手工业，一是编织篾器，一是制造土纸。

易村同样是人口密集的村子。全村有57户，236人，212亩耕地，人均9分。一眼看去，易村比禄村更穷。几乎有2/3的人家耕种小块土地不足养家，需靠编篾器补贴。另外1/3的人家靠了土纸制造生活较好，其中少数积累了资金，在附近彝族地区买地收租。

在易村我们看到了两种不同的手工业。一种是贫穷户利用多余劳动力编织篾器借以贴补生活的副业。这种副业并不需要投资，江边可以自植竹林作为原料，工具也较简单，一把劈削竹子的扁刀就足够了。门前空场就是工作场所。技术是祖上传下的，一般人通过实习，不难熟练。产品是农家的日用品，箩箩筐筐类别也不多。因之这种副业性质的手工业比较普遍。

另一种手工业是制造土纸，实质是作坊工业。产品要经过一定的制作过程，先把竹子劈细，经过几番泡、晒之后碾成纸浆，然后用竹帘舀成湿纸，在灶壁上烘干。这套制造过程，除了舀纸和烘纸需要专门技术外，一般都无需特殊训练。但是需要一套泡井、烘灶等作坊设备。还要一笔资金：原料要购买，设备要建造，还要出工资请有技术的工人来劳动。据估计在当时建造一个纸坊的设备要 1000 多元，维持一个作坊全年开工的流动资金需 5000 多元，利润是 8.8 分。坊主一般按自己有多少资本造多少纸，闲下的作坊出租给别人去利用。易村一共有九个纸坊，没有一个是全年开工的。租坊造纸的户数每年不同，1939 年有 10 户。这项手工业虽则规模不大，但已经属资本主义性质，只是在经营上还带着封建关系的尾巴，如亲戚关系、师徒关系等等。

引起我们注意的是，易村的作坊工业所集中的资本并不像江村一样引起土地权的集中，原因是全村一姓，户户都是宗亲，土地流动受到封建关系的约束。坊主挣得了钱自己消费不完，不能向村内买地，只有向附近彝族村子买地出租。对本村来说土地权没有向外流动，而是外村土地向内集中。结果却在村里出现了地主兼资本家的人物。

张之毅同志接着去跟踪农村发展的轨迹，更上一个层次，从易门来到玉溪。玉溪在当时已经是云南的一个工商业中心。它是滇缅交通大道上马帮运输的大站，而且在抗战时期发展了木机纺织的工业。他在玉溪市镇的附近找到一个受这类市镇影响较深的农村，用来与禄村、易村相比较。

玉村基本上还是以农业为主，家家户户种水稻。但已产生一部分菜农，种植蔬菜供应市镇。同时家家户户的妇女几乎都参预纺织，成为重要的家庭副业。木制织机是自备的，向玉溪的布商赊棉纱在家织布，然后用布换纱，差值就是她们的工资。在工农相辅这一点上和江村类似，但是经营方式各异。

在玉村还看到一种独特情况，就是有一些通过运输而起家致富的人家。当时内地的马帮中混杂着不少贩运鸦片的走私贩子。玉村处在马帮运输大站的附近，产生了一些从这种非法活动中暴发的人家。他们中大多发了财就从玉村搬到市镇上去住，把土地租给本村的人经营，本人脱离了土地也脱离了农村，是一种“离地地主”，但为数不多。

以上简单地回顾了一下云南三村 50 年前的基本情况，为我们观察它们在这半个世纪里的变化准备一点背景资料。

二

上面所述有关云南三村抗战初、中期的一些情况是根据我们自己的调查摘录的。1942 年调查结束后，我们并没有机会去追踪观察。下面要继续叙述的是根据上述钱、史、杜三位同志提供的他们在 1983 年调查的资料。由于他们的调查只限于现属楚雄州境内的禄村和易村，没有到过玉村，所以我们对于玉村在这段期间的情形并没有可据的资料，只能留待以后补写。

从我们调查时到解放后实行土改这段时期，即 1942—1952 年这 10 年里，禄村和易村已发生了很大的变化。先说禄村。由于抗战和内战期间的通货膨胀、苛捐杂税和政治上的腐败，农民的生活日益贫困。贫穷的农民开始把土地卖给城镇里的富户。到 1950 年全村耕地已有 20% 属于“外籍地主”（即不住在本村的地主）所有。禄村过去这种“雇工自营”的特点逐渐丧失，而走上了和江村一般土地外流的道路。据土改时县委工作组调查，地主（不包括外籍地主）占人口的 11.5%，占土地的 51%。贫农占人口的38%，只占土地的1.8%。村内贫富分化已十分严重。土改时清算的一家恶霸地主每年吸食鸦片折合64800斤大米。

跟着农民贫困到来的是农业萎缩。粮食产量在这10年里下降了30%。在这期间，耕地面积只增加18%，而人口却增加44.5%。吸鸦片的人也成倍增长，据估计解放时全村已有2/5的人吸毒。禄村衰败的景象是很显然的。

禄村是1951年解放的。经过清匪反霸，减租退押，1952年作为全县试点，进行土改，结束了封建土地所有制。土改中农民都分到了土地，人均1.8亩。农民的生产积极性空前提高。1953年粮食总产量比1949年增产83%。1954年实行合作化，1958年成立人民公社。由于人民公社制不够完善，吃大锅饭，搞大呼隆，大大挫伤了农民的积极性，生产大幅度下降。1958年粮食总产比1953年下降35%。其后经过多次反复，到1978年才恢复到1939年我们调查时的水平，但仍低于1953年的纪录，等到1980年实行了家庭承包生产责任制，农业徘徊不前的状况才扭转过来。1982年粮食产量才比1978年增长14%，人均占有粮食超过千斤。

禄村地处坝子中心，农业得天独厚。但是耕地有限，人口不断增长，70年代末全村已超过1000人，80年代后期达到了1200人。单靠农业禄村是富不起来的。抗战初期全村农业之外的收入不及农业收入的1/10。解放后由于公路建设，运盐的路线有了改变，处在原来运输线上的禄村，依靠运输的服务业，如马店等，已无法继续。“文革”时期原来赶小街做小买卖的人也被视作资本主义尾巴而停业，副业只剩下一些自给性的饲养，如养猪和鸡。

人多地少的农村怎样利用农业里的剩余劳动力来从事生产，

一直是个严重的问题。禄村在70年代“文革”后期已经不得不以集体名义在劳动输出和兴建如小砖瓦窑等建材企业上谋出路。据1978年估计，非农的集体收入占总收入的23.4%，家庭副业占15.4%，比40年前略有增长。

80年代初公社制改革后，禄村的经济结构发生了较大的变化。1982年全村工副业收入占总收入的48.5%，比1978年增加了10%。1983年全村有130人参加了五个自愿组合的基建队。这对禄村来说是一件大事。当时全村一共有477个劳动力，而全村耕地只需要270个劳动力就足够经营了。多余的200多个劳动力中竟有130人进入了劳动输出的队伍。原因是清楚的：80年代初正是小城镇高速发展的开始，大搞基本建设扩大了对建筑材料和基建劳动的需求。这两项都不需大量投资和复杂的技术，因此缺乏资金积累的农村也有条件提供砖瓦和建筑工人。禄村靠近禄丰县城的金山镇，近水楼台，抓住了这个机会。

30年代我们已看到像禄村一样的封闭经济中劳动力过剩的基本情况。公社制度并没有解决这个问题，它不过以吃大锅饭的方式把这种现象掩盖了起来。土地承包到了家庭，各家各户都自觉地要为剩余的劳动力找出路了。这是80年代农村经济发展的一个内在的动力。禄村大量劳动力被吸收到建筑队去，充分表明这个动力所起的作用。

农村经济结构也开始解冻。除了劳动输出外，留在村里的人也在农业之外寻找各式各样的活路。村子里工副业很快发展了起来。1982年，除了原来的马匹运输、修理打铁、编织等之外，开始有加工豆腐、米线、卷粉、冰棍等家庭作坊和饭店、小百货店、冷饮店等服务业。总计一共有51人参加16种行业，加上其他从事家庭副业的共有171人，占劳动力的35.8%。这样成长起来的专业户和重点户，逐步改变了禄村几乎全部生活取自农业的传统特点。

禄村居民的生活相应地有了改善。1978 年全村还有 49 个人不敷出的“超支户”，约占全村 20%。四年后除了一个懒散的人之外，再没有人家叫不够吃的了。这四年总收入增长 26%，人均从 204 元增加到 333 元。温饱问题基本解决。家家户户有了自来水。全村 246 户中有 99 台缝纫机，150 辆自行车，138 部收音机，8 台电视机。

我们这次重访禄村特别想了解 1982 年以后的情况。由于时间短只能听村里负责人的汇报。从产业结构上说，农业和工副业的比例：1978 年是 7:3，1985 年是 5.5:4.5，1989 年是 4:6。这些数字都没有经过考核，但也能帮助我们看到最近 10 年里禄村有较大发展的轮廓。

禄村经济的发展现场也是容易看到的。50 年前我们从禄丰县城到禄村去要走近一里的石板道，道的两边全是稻田。路上行人少，人们还常劝我们晚上不要单独进城。现在禄丰县城已改称金山镇，镇上几乎全是新建的房屋，而且扩大了很多，和禄村村口连上了。这大批的建筑也具体告诉了我们禄村为什么有 100 多人在这几年里变成了建筑工人。

但是走进禄村，除了石板路变成了水泥路，沿路有自来水管外，基本面貌却改变不大。大部分弄巷门面还是旧时相识。我可以找到调查时寄居的房屋。主人是早去世了，第五代的孩子都已经出生。但我到堂屋里一看，还是当年本色，甚至还认得我当年的铺位。不同的是当时的院子在我印象中还要宽敞得多。在这半个世纪里，已增建了几间小屋，空地就见得狭小了。出门来在街头转角上，一位老人还高兴地向我说，当时他还是个孩子，就在这里带我去找那位吹洞经的人。所以我的印象，禄村的外貌改变得不大。村子里新造的房子还不多。但当我闯进当年的中药铺里，才看见室内已经刷新。主人招待我坐沙发，房角里还有电视机。

由于老乡听说我提倡乡镇企业，所以兴冲冲地邀我去参观他们引以为骄傲的塑料厂。厂在村西的边缘上，新造了厂房，厂中场地上堆满了各处购来的破烂塑料。一看就知道这是个塑料再生厂，把废品加工制成各种用具，也能翻造农用薄膜。我看了有点面熟，想起了1984年在江苏淮阴市的耿车乡曾经看到过这种厂，而耿车的厂后来听说已发展相当大，成了苏北的一个废品利用业中心，相当有名。我因而想到这两个地方确有相同之处。它们都是从农业单一经济开始走上工业化最初的一步。它们都是从成本便宜的废品入手。从塑料鞋底做起，翻造出多种农民需要的日用品。既有原料又有市场，初生的企业容易站住脚。计算一下时间，苏北先于云南大约有五六年。这也给我找到了一个比较两地农村发展时差的指标。

第二天我把兴办这个塑料厂的农村企业家请了来面谈。他是我初次调查禄村时寄寓主人的侄孙。名字叫王兴国，现在有30多岁。初中毕业后在禄村种田。全家12口人，6个劳动力。1979年一次即向国家出售大米6000斤。一连三年，成为有名的大户，同时也积累了1万多元。他有了这点本钱，在村子里把多余的劳动力组织成基建队，到金山镇上去承包建筑，营业相当顺利。基建队后来发展到100多人，他说他原来不懂建筑，通过在实际工作中学习，后来已能设计、施工，盖四层的楼房。他是个自学成才的人物。

基建队按劳动时间和强度发放工资。结余多了，他想如果分给大家，不是一下花完了么，不如用这笔钱组织一次外出参观，开开眼界。后来，他自己买回了一套制造冰棒的设备，在村口另建新屋，办起了一个冷饮店。他和妻子一起在晚上制造冰棒，第二天一早分发给小贩，到附近几个学校门口出售。这个厂由他的妻子经营，每年收入在万元以上。随后他自己找到了昆明塑料厂里的熟人，挂上了钩，购备机器，又开办了这个塑料厂，营业额一年有几十万元。

经过近10年的锻炼，他已经由一个农民变成了一个脱离农业的企业家。由于他新造的住宅里有烤箱、洗衣机等10多部“机器”，在禄村被称作“十机部长”，在农民里成了个惹眼的人物。因之他的心情不得安宁，既有扩大企业之心，又怕政策不稳。他出名之后就和父亲分了家，怕有一天倒算，拖累家人。又把基建队让给弟弟去经营，自己搞塑料厂。去年他看到金山镇处在川滇铁路和滇缅公路交叉点上，商业相当繁荣，所以又在镇上租房子办了个旅馆。他确有眼光，有魄力，既精于计算，又懂得拉拢关系，是个企业家人才。但是心头的矛盾至今未消。在和我谈话时，还是一再表示愿意把塑料厂归村里集体经营，他可以做个经理，不要当老板。他又说，他一家的生活有一个冰棒厂就够维持，其余的都愿意归公。这可能是农民企业家在发展初期多少带点普遍性的思想状态。实际上是表明他们对私人企业还是新手，社会四周的气氛还对走这条路子有怀疑。何况禄村基层干部又缺乏这类人才，集体企业没有发展起来。他这样的人是太突出了。

像王兴国这样的尖子在禄村是仅有的，但这10年家庭工副业在禄村普遍地有了发展，全村的总收入据报1982年是18万元，1985年是37万元，1989年是123万元，如果化成可比价值，5年里翻了一番以上是可信的。至于集体企业还有待创办，与苏南的江村相比时差总在10年以上。

三

我到了禄丰就提出要到已划归禄丰境内的易村去，而且钱、史、杜三位同志1983年已找到我们调查过的村子，进行了调查，1985年发表了调查报告。但是问题是易村还没有通公路，离村最近的公路有3公里的山路，我这年纪已经不容易步行这点路程了，可是我还是在想办法，想亲自去看一看。到了我们打算起程的前几天，下了大雨。这3公里山路对我成了难于克服的障碍了。于是经过商量，我只能坐车到附近的一个名叫川街的小镇。同时到易村去请了几位认识我的老人在川街面谈，算是了却一番心意，连登门拜望也做不到了。

幸亏有钱、史、杜三位同志陪同前去，通过他们，易村在40年代初期到80年代初期的40年变化大体上可以了解到一些。下面主要是根据他们提供的资料写的。

在这40年里，易村在经济上的变化是一部有反复的历史，钱、史、杜三位同志归结为“三起三落”。我在上面所叙述的40年代初的情况在易村说是第一个兴盛时期。当时易村的土纸运销到姚安、楚雄、禄丰一带的街子上，在村子里出现了不少赖以发财的作坊主人，土改时划出的地主和富农即有14户，约占全村户数的30%，他们都是和纸坊工业有联系的。

第一次衰落是出于自然灾害。1942年发生了霍乱，几个月间死亡相藉，人口减少了。1939年有54户、236人，经过10年，到1950年解放初，还只有48户、241人。在这段时期里土地和竹林维持原状，土纸作坊还有所增加。所谓衰落，主要是指人口减少和劳动力不足。土改时土地重行分配。易村地主在村内的土地原来就不多，但他们占有大量村外土地，约占所有土地的2/3。所以土改时由于地少人多，把8户地主54人迁到外村，余下的人平均分得1.3亩。在农民生产积极性提高的情况下，大约人均收粮600多斤，口粮可以自给。土纸和织篾器等工副业没有受到影响。农业加上工副业使易村发展成了当时的富裕村。易村老人说，就数这两年好过。

1958 年成立人民公社，村外抽调了四五十人到易村来“发展”编织业，吃住在易村，实际上增加了人口。而这些新手根本不懂得手艺，所编成的篾器质量下降，影响了销路。到了大跃进中，为了“放卫星”乱编乱织，又滥砍竹子，糟蹋原料。半年多时间砍掉易村五六年所需的竹料，而所编的篾器根本销不出去，废品堆积成山。易村篾器中最著名也最值钱的海簸，因为要推行打谷机，上边命令禁止使用，因而停止生产。这样易村经济进入了第二个衰落期。

1962 年，中央政策改变后，易村分为两个生产队，生产得到了恢复。由于农村解散了集体食堂，家家户户都要补充厨房用品，篾器畅销。海簸的禁令也取消了，市集上大受欢迎，价格从 30 元涨到 70 元。易村为此组织了三四十人专业从事篾器生产，质量有所提高，评比中名列第一。在调整生产过程中，许多乡村的土纸作坊停了业。1960—1964 年土纸供不应求，价格也高涨。易村留下的两个土纸坊没有停，得到了好处。这是易村经济第三个兴盛期。1964 年人口 63 户、246 人，人均产粮 500 斤，收入 132 元，全村工副业收入占全部收入的 61.9%，超过了农业。这是自从公社化以来经济收入最好的一年。

好景不长，70 年代初开始“以粮为纲”，退回到单一经济的路上，像易村这样靠工副业支持的经济受到的影响特别严重，因而又进入衰落期。1980 年易村落实联产承包责任制，只把田地包到了户，没有把竹林同时包到户。群众贪图当前的利益，趁着还姓公不姓包的时候，一窝蜂地去砍竹子。会编篾器的砍了编篾器卖，不会编的抬了竹子到川街市上去卖，卖不掉用来编篱笆拦鸡和猪，甚至堆在门前当柴烧。男女老少齐动手，在一个多月里，祖上多年留下的竹林，连根都挖了起来。等到干部腾出手来干预时，易村原来在绿叶江两岸密密的竹林，所剩无几。竹林事实上是易村几度衰落后得以恢复的命根子，这是他们手工业的原料基地。这一下子摧毁掉，影响就深远了。土纸作坊从此倒闭，直到现在没有恢复。有编织技艺的老手只能到街子上去买原料编篾器，成本高了，挣不了多少钱。有些只能到有竹林的村子里去帮别人编篾器。这时后悔已来不及，要重新长出茂密的竹林来不是短时间办得到的。

我这次由于年迈天雨，到了川街再前进不了，没有能亲自去看一看易村当前的面貌。几位老人赶来川街和我会面，旧话讲得多，新话讲得少。据他们告诉我，易村人口现在是 69 户、333 人。人口比 1984 年的 331 人只多 2 人，原因不清。

我问他们，现在易村比我们当年去调查时有什么变化。他们想了一会儿，回答说河边的“天车”已经没有了。天车是他们用来向河里提水灌溉的用竹木做成的大飞轮水车。红色的河水，碧绿的竹林，加上几十个圆形的天车确是当年我们觉得十分动人的易村风情。大约在 10 年前，易村通了电，已可以用抽水机提水，天车被淘汰了。

我问他们的生活，他们起先都说靠党的政策好，现在已经好多了。接着说大约还有不到十几家人，温饱问题还没有解决。十几家就占了全村的 1/7。从这几个老人的衣着上看，我感到这些人生活变化不大。我回到北京后，这几位老人中有一位还来信要我帮助他申请政府补助，大概就属于这十几家贫困户。

因为我记得我们去调查时，他们村子里住得很挤，所以问他们现在怎么样了。他们说，最近 10 年来有 30 户人家盖了新房，大小有 70 多间。即是说，这村子里有大约超过一半人家居住的条件已有所改善。

谈起他们有什么要求时，他们说他们村里的小学房子已列入危房，所以现在只能在私人房屋里临时上课，希望能早些修盖新校舍。

听来，易村的农业有了发展，特别是这几年培植了烟草，卖得起价钱。但是绿叶江水质污染，本地的秧苗栽不活，要到外地去背秧苗回来栽种，有时要栽2—3次才活，玉米也很难出芽；因而要求修一个水库。更严重的是竹林似乎还没有恢复，土纸作坊至今没有重办，编织业还停留在当年的水平。经常编织的只有20多人，而所编织的还是老产品，技术没有变化。加上交通条件改进不大，公路至今没有通到村里。这是发展的主要障碍。

短短的半天相聚，对易村只有一些间接的印象。像易村这样的偏僻山村，在发挥它有竹林特产的优势时，农民曾经有过比较好的日子。后来由于种种历史原因，他们的原料基地被摧毁了，赖以提高生活的工副业恢复不易。单靠土地显然是不容易使这样的村子富起来的。

易村父老的热情是感动人的。这几位老人在当年还是青少年，他们至今还记得我们当时在村子里的活动。有一位说，我曾给他一些“洋糖”，到家里还挨了父亲一顿骂，说“洋糖”是吃不得的。这样偏僻的一个小山村，半世纪后已经能利用水泵进行灌溉，有电灯照明，从这样的起点看，不能不说是有了极大的进步了。但和外界相比，未免差距拉大了。

四

云南三村由于所处的条件不同，显出了发展上的差距。易村最偏僻，至今未通公路，在曲折的发展过程中斫伤了自己的命根子，丧失了原料基地，不仅没有在原来工副业的基础上向前迈进，在和其他农村对比下是落后了。禄村在这几十年里，虽则同样也丧失了一些原来的优势，如由于公路运输的发展，失去了成为运盐驿站的地位，但是它适应得较快，依托金山镇的发展，大量劳动力通过组成基建队而得到了利用，积累了资金和培养了人才，开始向个体办的小型加工业迈进，虽则还属于创办阶段，但毕竟已经起步。

变化得最大的是玉村。我这次去访问没有能找到原来调查的村子，固然主要是因为我自己当时没有亲自去实地调查过，现在又忘记了这个村子的名称，而当时深入调查的张之毅同志不幸已经去世；但是从当地附近的许多村子里已经没有人再记得我们那次调查这一点上看，也能意味到这地区农村的变化。它和禄村、易村显然不同，在禄村和易村我们都见到熟人，村子里的群众也大多记得我们的名字。玉溪却没有遇到这种人的机会了。玉溪这个地区变化太大，它四周的农村连古老的房屋留下来的已经极少。外貌变了，人也不同了。用我的话来说，“乡土气息”已经大大的冲淡了。50 年前的旧事，在滚滚的时流里已留不下多大印象了。

玉溪现在是全国卷烟业的中心之一。玉溪卷烟厂出产的红塔山牌香烟在国内名牌中居于前列。全市工农业总产值 49. 1 亿元，其中工业产值 37. 2 亿元（卷烟 23. 9 亿元）。工农业比例是8:2。这在云南是突出的，在全国内地也是少有的。

玉溪市工业迅速成长必然影响到四周的农村。以农业说，烤烟成了重要的经济作物，1989 年市郊农村产量已达 5636 万公斤，比 1980 年增加 5 倍。大工业的兴起还带动了乡镇企业的兴起。我们参观了一个制造水松纸的工厂。水松纸用来包在纸烟的过滤嘴上，是直接为卷烟厂配套的产品。1989 年玉溪全市乡镇企业产值 6. 97 亿元，如果把卷烟厂除外，占全市工业产值的一半。这些乡镇企业分布在玉溪市四周的农村里，正在改变农村的面貌。农村里从事工业的人有15.3万人。农民人均收入937元，比1980年增加3.5倍。

从我们所举的这些数字足以看到这10年里玉溪农村变化之大。可惜我们访问的时间太短，又没有找到原来调查过的村子。我对玉村的变化不能多说了，只希望今后还有机会在玉溪市和它周围的农村里做一次调查，比较深入地了解内地工业的发展对农村的影响。现在我只能提出这个课题，即使我此生得不到这个调查的机会，相信会后继有人的。

1990年8月16日

中国城乡发展的道路

——我一生的研究课题

70年代末80年代初，中国农村改革以农村家庭联产承包责任制为突破口迅速推向全国，接着促使部分地区乡镇企业异军突起，现在乡镇企业已经成为全国农村经济的一大支柱，在我国整个国民经济中也是一支不可忽视的重要力量，而被认为是“达到小康水平的必由之路”。中国城乡发展已找到一条有自己特色的道路，全国农民绝大多数已经脱贫，走向较高的生活水平。

近10年多来乡镇企业一直是我的一个重要的研究对象，并且有一个很长的背景，可说是我学术生涯中的一个主要部分，今天请允许我借此机会谈谈我这项研究的经过。

我最早到中国农村进行实地调查研究是在1936年。那是我从瑶山调查受伤以后，回家乡养病时，在吴江县庙港乡开弦弓村开始的。我所以选择开弦弓村，是接受家姐费达生的建议，她在这村里帮助农民办了一个生丝精制运销合作社，那是我国农民自己办的最早的乡镇企业之一。它引起了我的研究兴趣。那时我住在合作社的工厂里，看到农民在机器上缫丝，就想到这不是现代工业进入了农村么？我心里十分激动。我在该村调查了一个多月，便起程赴英国留学，在去伦敦的船上，把开弦弓村调查的资料整理成篇，并为该村提了个学名叫“江村”。

我在伦敦经济学院人类学系攻读博士学位时，根据这项调查材料撰写了论文。在这期间我的导师马林诺斯基正在研究文化的变迁问题，他十分重视农业社会转向工业社会的过程。我在他的指导下以“江村”为具体实例，描述了现代文化进入传统农村文化的过程。他在这篇论文出版时写的序言中说：对社会的改革“如果要组织有效果的行动并达到预期的目的，必须对社会制度的功能进行细致分析，而且要同它们意欲满足的需要结合起来分析，也要同它们的运转所依赖的其他制度联系起来分析，以达到对情况适当的阐述。这就是社会科学者的工作，所以社会科学应该在指导文化变迁中起指导的作用”。他认为有关蚕丝业的那章是最成功的一章，“它介绍了家庭企业如何有计划地变革成为合作工厂，以适应现代形势的需要。它证明，社会学需要研究社会工程的有关实际问题”。他对我在这些方面的鼓励对我后来的研究工作起了重要的指导作用。

人类学的发展到30年代，已碰到了研究文化变迁，变化接触的现象和现代文化的传播问题。我在留英之前，已经和燕京大学社会学系的一辈学生，在吴文藻先生的启发下，开始探索用实地观察的研究方法去认识中国社会，如杨庆堃的《山东邹平的贸易系统》，徐雍舜的《河北农村社区的诉讼》，林耀华的《福州的族村》，廖泰初的《动变中的中国农村教育》，李有义的《山西的土地制度》，黄石的《河北农民的风俗》，郑安仑的《福建和海外地区移民的关系问题》等等。所以马林诺斯基说，“中国社会学界已独立自发地组织起一场对文化变迁的应用人类学的真正问题进行学术上的攻关。这一学术攻关表达了我梦寐以求的愿望”。马氏所支持的用现在的语言来说就是“理论联系实际的研究为社会改革服务”。这个方针可以说一直贯彻在我一生的学术工作之中没有动摇过。

我们当时已经注意到中国农民在现代文化传播接触中，已无法维持原有的生活方式，出现了种种问题，主要的是农民的生活日益贫困。我在《江村经济》的结论里说：“中国农村的基本问题，简单地说，就是农民的收入降低到不足以维持最低生活水平所需的程度。中国农村真正的问题是农民的饥饿问题。”而穷困的根源一是土地制度的不合理，其出路是改革土地制度。其次是人口的不断增长。要在土地有限的农村里维持这么多人口，一方面必须控制人口的继续增长，另一方面是要为充分利用农村里的劳动力从事各式各样的生产活动。可是当时的环境，一方面受到传统土地制度的束缚，另一方面又有外来势力和西方新技术的竞争，中国农民陷入极其贫困的境地。这种历史的现实促使我生发了尽力使中国农民脱贫致富的使命感，也为我后来一生“志在富民”扎下根子。

由于在实地观察江村时，看到了一个以合作为原则来发展小型工厂的实验，引起了我极大的兴趣。我认为这是个在发展农村经济上具有重要意义的实验。这就是当时我对乡镇企业最初的接触和理解，简单地说，我从开弦弓村实地调查中，明确地感觉到农村需要现代工业。可是，我并没有注意到这个合作工厂建立和存在，有其特殊的条件，就是它有家姐费达生所在女子蚕业学校技术推广部的支持，引进了科学技术和工厂管理，并帮助培养人才和组织生产。这是当时一般农村不可能都具有的条件。更重要的是我没有注意到当时在国民党统治下，在土地制度没有改变，在商品生产上国外有强大的竞争力，这些实验固然取得了成绩，但由于客观条件不具备，这个小小的实验改变不了整个地区的农村面貌。

1938年，我在伦敦经济学院毕业后，怀着继续研究中国农村的愿望，暑假即急忙回国。但是我的家乡已经被日本军队占领，江村的小型丝厂已经夷为平地。我只能进入抗战后方的昆明。在昆明云南大学在吴文藻先生的支持下建立了一个小小的研究中心，继续进行云南省的内地农村调查。内地农村调查使我们进一步看到在一个人口众多，土地有限的国家里，要进一步提高农民的生活水平，重点应当放在发展乡村工业上。我在介绍云南农村调查的 *Earthbound China* 一书中，再一次更明确地提出了这个见解。现在回头来看，我的这项改变农民穷困的见解，尽管是从实际调查中得来的结论，但从整个局面来说，其实还是书生论政，纸上空谈。这也使得我抛弃了不问政治的态度，而投身于当时的民主运动。从此我的学术研究工作也和广义的政治分不开了。我当时提倡的“实用社会学或人类学”，其实也就是中国传统的学以致用，政学不分的。

到全国解放后，在50年代初的三年国民经济恢复时期，我国农村成功地实现土地改革和农业恢复的目标。第一个五年计划时期，又使农业得以顺利发展，并且引导农民走上合作化道路。但是那时没有发展农村小型工业的政策。由于苏联模式的影响，在“以粮为纲”的口号指导下，农村主要是去搞粮食来支持城市发展大工业。

1957年我重访江村，看到当时农业上有了发展，粮食增产了，我感到高兴，但是为那种忽视副业和没有恢复乡村工业的情况忧心忡忡。农民自己有了土地使用权，但手中无钱，市镇上商品交换日益萧条，小城镇也萎缩了。针对这种情况我认为农村里应当提倡恢复副业和发展小型工业。我在《重访江村》一文中是这样说：“农业显著地增产是不是提高了农民的收入呢？为什么农业增产了60%，而还有人感觉到日子没有以前好过呢？问题出在没有发展副业上。”同时，我重新提出了“乡土工业”问题，讲到村子里办小工厂的好处。但是这种主张与当时的政策相抵触，不但没有被接受，在“反右”时还受到了批判。

直到70年代，这种限制农村单纯搞粮食生产的政策受到了事实的挑战。这项严重的挑战来自人口的不断加速增长。单纯依靠种植粮食的低收入，使广大农民在那不断增长的人口面前无法维持他们已有的生活水平。解放时我国人口5.4亿，经过32年到1980年已接近10亿，增加了81%，每年平均增长19%，1978年全国粮食比1949年固然增长了169.2%，但按人口平均仅增长了52%，经过解放以来30多年，到1980年中国谷类的个人平均配额仅有580斤。以这一个仅够糊口的粮食来维持农民全部的生活费是远远不够的，何况各地区的产量不平衡，绝大部分地区的农民所得低于平均数，因而贫困重又成了农村的主要问题。这种严重的处境曾在60年代发生了全国性的“困难年”，饿死的农民上千上万，接着是“文革”时期，全国经济到了崩溃的边缘。我在这20多年中由于我的言论和当时的政策相抵触，被划为“右派”，失去了继续实地研究工作的条件。

80年代初，我的社会和政治地位恢复了，社会学也恢复了，于是又重新开始我的农村调查研究工作。1981年我三访江村。那时江村个人全年平均收入已接近300元，位于全国的前列，大约是全国平均水平的三倍。而三年前，即1978年江村个人平均收入还只有114元，为什么在短短的三年里这个村子农民会这样快的富裕起来？我看到家庭副业恢复了，集体小工厂办起来了。从农村经济新结构中农、副、工三方面来看，发展前途最大的显然是工业。

使我特别兴奋的是在这里看到了我几十年前所想象的目标已在现实中出现，而且为今后中国经济的特点显露了苗头。在人口这样众多的国家，多种多样的企业不应当集中在少数都市里，应当尽可能分散到广大的农村里去，我称之为“工业下乡”。工业下乡同样可以在国家经济结构中增加工业的比重，但是在人口分布上却不致过分集中，甚至可以不产生大量脱离农业生产的劳动者。在这个意义上，为具体实现工农结合，消除工农差距的社会开辟了道路。《三访江村》是我在英国的老师 R. Firth 为我去伦敦接受“赫胥黎奖章”作演讲出的题目，他建议我讲讲江村在半个世纪里的变化，这次演讲也决定了我其后 10 年研究课题，中国城乡发展的道路。

1982 年以后，我的研究领域逐步扩大，首先是从农村到集镇。提高了一个层次。由于我是从农村出发去研究集镇的，因而我的着眼点一开始并没有限于集镇本身，而首先把它看做是城乡的结合部，称之为小城镇，并提出了对小城镇“类别、层次、兴衰、分布、发展”的 10 字研究课目。我研究的地域也从家乡的一个村，扩大到包括七大镇、十几个小镇的吴江县。我把单枪匹马的个人研究改变为组织队伍的集体研究，打下以后建设研究中心的基础。

80 年代初期已是中国各地小城镇复兴的时刻，我注意到家乡吴江县各个集镇上的人口无不在迅速增加，追究过去，了解到它们都曾在 50 年代进入过一个衰落时期，人口下降，70 年代后期陷入谷底，出现冷冷清清的局面。嗣后前前后后出现了生机，当我们 1981 年去调查时，这些集镇的面貌正在发生明显的变化，出现了欣欣向荣的势头。

这些集镇怎么会兴旺起来的呢？这个问题吸引了我，我注意到当时正在有如异军突起的发展着的乡镇企业，因为这些是公社和生产队所办的工业，所以一般都称作“社队工业”。集镇是社办工厂集中的地方。这时集镇上新办的工厂纷纷到农村里去吸引农民出来当工人，集镇的人口也就多起来了。工业带来了繁荣，集镇上新的建筑一座座盖了起来，面貌大变。农村里也由于生产大队或生产队办了工厂，收入增加了，农民生活改善了。

这里特别要提出的是人口问题。70 年代中期中国人口压力越来越大，虽然提出了人口控制的号召，但已出生的人口已相当多。由于严格控制城乡人口迁移，用行政手段划清城乡户口，农村户口不能向城里迁移，于是农村中“隐藏”着大量的剩余劳动力。城乡户口的隔离迫使农民另找出路。

这条出路就是人口不走向城市集中而把工业拉进农村，使农村里的剩余的农业劳动力可以向自办的工业转移。通过农村工业化来改善农村经济状况，以提高农民生活，这应当说是中国农民逼上梁山，自己闯出来的一条生路。

正是那时客观上存在了发展农村工业的具体条件，一方面“文革”失败，政策改变了。公社制取消后，农民可以在粮食生产之外，生产其他的产品，副业、工业都产生了。另一方面在“文革”中一批大城市的技工和知识分子下乡，提供了兴办工业必需的知识和技术。在这些条件下，江苏省主要是苏南于 1984 年形成了兴办乡镇工业的高潮。

值得特别注意的是，由于这些乡镇工业办得好，因而富裕起来的乡村，农副业收入所占的比例不断降低，而在绝对数字上却相应地增长，增长速度也较工业不发达的乡村为快。这个事实应当大书特书，因为它向人们展示出我们中国在发展经济道路上的一种崭新的特点：中国社会的工业化是在农业繁荣的基础上发生、发展的，而且又促进了农业的繁荣和发展，走上现代化的道路。

这个特点的重要意义是要和西方早年工业化历史相对照就容易看清楚了。欧洲工业化初期，在集中于都市里的机器工业兴起的同时，农村都濒于破产，农民失去土地，不得不背井离乡涌进城市，充当新兴工业的劳动后备军。西方国家现代工业的成长是以农村的萧条和崩溃为代价的。这是西方工业化的道路。在当前历史条件下，中国是决没有可能走这条道路的。不能想象上亿的农民，拥入城市来发展工业。中国要工业化只能走一条迥然不同的道路。农民在农业繁荣的基础上，以巨大的热情兴办集体所有制的乡镇工业。这种乡镇工业以巩固、促进和辅助农业经济为前提，农、副、工齐头并进，协调发展，开创了农村繁荣兴盛的新局面。这种工业化的道路，从具体历史发展来看，并不是从理论上推论出来的结果，而是农民群众在实际生活中自己的创造。

从实际出发进行研究来促进实际的发展是我行之有效的工作方针。工业下乡，发展乡镇企业都不是我的创造，而是中国历史上发生的事实。我作为一个研究工作者只是抓住这个历史事实进行分析、表达和传播，使人们能理解其在社会发展中的正面和反面的作用，从而通过对社会舆论的影响，对社会客观进程发生作用，从广义来说也可以包括在政治活动范畴之内。

在 80 年代农村经济大发展中，由于乡镇企业的兴起，在比较发达的地区，不论过去属于哪一种类型的乡镇都走了工业化的道路，几乎都成了以乡镇企业为基础的小城镇，但是各地条件不同，所走的具体路子各有特点。这个客观的历史事实使我产生了“模式”这个概念。模式是从发展的路子上说的，因为各地的乡镇所具备的地理、历史、社会、文化等条件不同，在向现代化经济发展的过程中采取了不同的路子，不同的发展路子，也就是不同的历史进程，就是我们所说的不同发展模式。

1984 年我走出苏南，进入苏北调查，看到了两地发展上的差距，起初还以为是先后不同。1986 年在温州考察时，才进一步明白地区间的区别可以出于客观条件不同而所走的路子也不同，因而提出“发展模式”的概念。模式是指“在一定地区，一定历史条件，具有特色的经济发展的路子”。这个概念使我们的研究工作推进了一步，要求我们从整体出发探索每个地区的背景、条件所形成的和其他地区相区别的发展上的特色，从而引导我们进入不同模式的比较。

这个概念有它的实用价值，它防止了全盘照搬的办法，所以我们提出了“因地制宜，不同模式”的观点。后来在1988年，我在两广调查时，对照当地农村迅速向珠江模式靠拢的事实，发现我所提出的这个发展模式的概念多少带有一点静态的意味，没有照顾到条件本身是个变数。而且路子尽管不同，不能排斥相互交叉和学习。所以我在《四年思路回顾》一文中又提出了“随势应变，不失时机”的观点，在发展模式的概念中注入了动态的观点。

提出发展模式的概念是有利于采用比较研究的方法。但也必须防止偏重于各模式之“异”，而忽视其所“同”。各种模式之所以能相互比较，是因为它们是在共同基础上出发，又向同一目的前进的，共同基础是我们传统的小农经济，同一目的是脱贫致富，振兴中华。概括起来看，乡镇企业的发展，必须具备劳动力、资金、原料、市场、技术和管理等条件，它们的来源可以不同，办法可以各异，但缺一不可。怎样把农村中潜在的巨大的剩余劳动力转化成生产力是我国农村经济发展共同的关键问题，但转化的办法有所不同。

对各种模式进行比较分析时，我们注意到内地和边区的农民即使有劳动力和启动资金，工厂还是办不起来的。乡镇企业必须有现代工业的制造技术和管理知识以及市场信息，而这些在农业传统里是得不到的，必须向工商业中心的城市中去引进，所以靠近城市的乡村比较容易发展乡镇工业。这说明了农民内发的要求还是要结合了外援才能办工业。这个事实使我们注意到城乡之间的关系，逐步走向城乡关系的研究。

80年代初，我国在广东和福建建立了经济特区，试行具体的对外开放政策，进一步推动了广东珠江三角洲农村经济的发展，出现了新的发展模式，使我们意识到在中国农村发展中出现了外联和内发的不同性质。外联是指资金、经营、运销靠国外投入，不靠国外的是内发。这两种不同性质的模式又互相渗透，互相结合，90年代初期在沿海各省成为发展方向的外向型企业。

乡镇企业的发育是一个很生动的过程。这是一个农村里商品经济的生长过程。自给自足的小农经济商品流动数量和范围极小，往往采取日中为市的赶集的方式。工业下乡后情况就基本上起了变化，工业品需要广阔的市场，从低级到高级，从小规模到大规模，从国内到国外。农业经济纳入了商品经济，农村的小细胞已成为世界总体的构成部分。乡镇企业的发展促进中国市场的发展，具有极深刻的历史意义。

我在这十几年里从农村体制改革后遍地开花的家庭企业和局限在乡村小天地里的小型社队工业，一直看到正在发展中的大城市的开发区，上亿农民不同程度地离农投工，广大乡镇已换上了小城市的面貌，农村生产力大大增加，人民生活普遍提高。我们这个小农经济的国家已出现了城乡一体化的宏伟前景。也许这勾画出了我国进入改革开放时期中走出的一条具有中国特色的现代化道路。我不能不有生逢盛世之感，在我的晚年竟能亲眼看到中华民族这样深刻和伟大的变化，说实话是我完全没有预想到的。

1991年乡镇企业总产值突破了1.1万亿元，这1万亿元意味着在全国工业总产值中“三分天下有其一”，从发展速度看，乡镇企业从1984年的1000多亿元到1991年的1.1万亿元仅用了7年，而我国从1952年的1000多亿元社会总产值达到1983

年的1万亿元用了31年。在乡镇企业发达的江苏省它的产值已占全省工业总产值的一半以上了。

这1万亿元意味着乡镇企业在工业产值上已与国营企业平分秋色，而成为我国经济的“半壁江山”，乡镇企业已不再是国营工业的补充和调剂，而是我国经济建设中的一支生力军。在近三年的治理整顿期间，乡镇企业在十分困难的情况下仍以每年10%以上的增长速度发展，远远超过了全国工业年平均增长的速度。江苏省苏州市等乡镇企业发达地区的年增长则在30%以上。

这1万亿元还意味着打破了我国历史上长期形成的“农村搞农业，城市搞工业”的经济结构，乡镇企业使农村走向城镇化，工农差距在缩小，城乡差别也在逐步消失。农民自觉自愿、兴高采烈，但也是千辛万苦的，在没有花国家一分钱的投资下，自我完成了从农民到工人的角色转换。约有1亿农业劳动力转移到了乡镇企业，相当于我国前30年城市工业吸收劳动力的总和。日本一位教授评价中国农民的这一伟大创举时说：“乡镇企业的迅速发展可以看成是在中国各地出现的一次静悄悄的产业革命，它使中国农村地区的经济社会生活发生迅速变化。”“这是中国正在进行的使农村地区实现工业化的一种新尝试。乡镇企业的成功，对其他发展中国家来说，也具有重要的意义。”

现在比较发达地区的乡镇企业已向现代工业发展，从初期的“船小好调头”到“联舟抗风浪”，已发生了历史性的变化，把眼光转向质量、品种、效益和开拓国际市场，发展合资企业上来，开辟高新技术产品，以便在国内外的市场竞争中保持后劲，永远立于不败之地。如江苏省的乡镇企业出现了联合兼并的势头，形成了6000多个较大的骨干企业，其产值和利税均占全省乡村集体工业的55%以上，其中200家企业达到国家规定的大中型企业标准，近百家涉足高科技领域。

由于同国营大中企业、高等院校及科研所的横向联合，给乡镇企业注入了新的活力，并发展了外向型经济，使众多乡镇企业有了发展的新天地。江苏省乡镇企业创办的“三资”企业累计上千家，其中以“嫁接型”企业为主。所谓嫁接型即把外资和技术甚至经营管理嫁接到原来的社队集体企业的基础上，这种嫁接形式的转变在广东省很多，被称之谓“造船出海”，不同于“三来一补”的“借船出海”。更可喜的是已出现了跨出国门外，到国外办厂的乡镇企业，显示出中国农民面向世界的伟大气魄。

引人注目的，1991 年涌现出一批以乡镇企业为主体的，农业、商业、工业、建筑、运输、服务全面发展的乡（镇），人口在 10 万以下，产值接近或超过 10 亿元，其中江苏的盛泽镇突破了 15 亿元；还有产值达 2 亿元，而人口在 1000 人上下的村。江苏省 1984 年有 6 个工农业产值超亿元的乡，8 年后就发展到了 550 个；现在全国有了 2093 个，它们以巨大的经济实力成为我国农村向现代化迈进的中坚力量。这些亿元乡镇占全国乡镇总数 3.77%，人口总数占全国农村人口总数 6.5%，社会总产值占全国农村社会总产值 26.8%。乡镇企业产值占全国乡镇企业产值的 28.86%。乡镇企业使 2 亿农村人口有了固定收入和过上安定的生活。

但就全国来看，农村经济发展是很不平衡的。我国的中、西部人口 7.2 亿，集中了全国 63% 的人口。其中农业人口 5.77 亿，占全国农业人口 64.4%。城市人口 1.4 亿，占全国城市人口 57.4%。中、西部农业劳动力占全国农业劳动力 76.2%，我国的劳动力大部分集中在中、西部，而且基本上是以从事农业为主。

在我国经济发展中，宏观上形成了东（指经济较发达地区，它包括京、津、沪、辽、冀、鲁、苏、浙、闽、粤 10 省市）、中（指经济发展中地区，它包括黑、吉、晋、陕、豫、川、湘、鄂、皖、赣10省）、西（指经济欠发展地区，它包括蒙、宁、甘、青、藏、新、滇、贵、桂、琼10省区）在经济发展上的差距，而且差距相当大，这个差距不是差在资源上，而是在经济发展水平上，由于乡镇企业在地区上发展不平衡，各地区农民收入差距很大。东部的农民人均收入为812元，而中、西部只有527元，东部是中西部的1.54倍。差距是显而易见的。

为了实现我国第二步战略目标，使全国人民生活水平达到小康，中、西部地区能否从现有较低的发展水平跃上一个新台阶，有一个大的突破和大的发展，是一个决定的因素。

1984年我开始边区研究，在内蒙古和大西北进行社会调查，始终关注这一有关大局的东西差距问题，提出了“以东支西、以西资东、互惠互利、共同繁荣”的意见。“支”是指资金、技术上的支持，“资”是指原材料和能源的供应。

就边区本身来看，那里的现代工业基本上是靠外边的力量兴办起来的，有抗战时期从沿海地区迁入的现代工业，新中国成立后在苏联帮助下建立的重点企业，还有60年代为国防需要而兴建的许多三线企业。这些具有现代机器装备的大中企业，依靠行政力量搬进或兴建在原以农、牧为主的经济不发达地区，形成一个个平地起家的大小新兴城市。它们和周围乡村在经济社会各方面很少联系，有点像海洋里的孤岛。

80年代大中企业的体制改革使得孤岛上的企业要开门出来找出路了。正在这时四周的乡村也要求发展乡镇企业，双方走到一块来了，由大中企业提供信息、技术和部分设备，乡村提供土地、劳动力和部分资金，合作办中小型乡镇企业，走“城乡一体”或“一厂两制”的路子。这是城市把工业扩散到农村，农民把工业引进乡村在中、西部发展中的重要突破口。

我在看到沿海和边区的农村发展的差距时，对全国经济这盘棋的格局有了初步的综合印象，那就是经济水平由西向东梯阶形的上升和现代工业的由东向西的逐步延伸。进一步考察我看到这个经济梯阶正表现在作为工商业中心的城镇的规模和密度上的差别。在沿海分布着一系列工商业较发展的城市，而且都拥有经济水平较发达的腹地，特别是长江和珠江的三角洲已出现接近小康水平的地区。而在边区，正如上文中所说的那些孤岛式的新兴城市大多还停留在点上没有扩散成面。这幅画面促使我从着重在比较农村发展路子的“模式”研究，更上一层楼，联系上了经济区域的概念，注意到它们空间分布的格局。

1987 年我在甘肃调查时，看到了在青海和甘肃接境的祁连山两麓居住着许多人数较少的民族，如裕固、土、撒拉、保安、东乡等少数民族和人数较多的回族。他们正处在青藏高原和黄土高原之间，形成了一条夹在藏族和汉族之间的民族走廊。在经济上正是牧业和农业的接触和过渡地带。当时我从回族聚居的甘肃临夏，越过省界到青海的海东地区，这里正是明代以来茶马贸易业中心——河州的故地。我当时就意识到要发展这个地区的经济，大概只有利用它特有的历史传统，恢复它作为农牧贸易的集散地。所以提出了两地建立成一个经济协作区来发展农、牧两大区域之间的贸易。这个建议在我的研究工作中标志着进入区域发展研究的开始。在临夏和海东协作区基础上，1988 年我又进一步提出建立包括青海、甘肃两省和宁夏、内蒙古两个民族自治区的黄河上游多民族经济开发区的建议。这个建议得到了四省、区和中央的支持，已经实行了四年，取得了一定的实效。

区域发展的概念丰富了我对中国城乡研究的内容。这个概念并不取代发展模式的概念，而是城乡协调概念的进一步发展。经济发展区域是城乡协作在空间的具体表现，可以各有其发展的模式。80 年代后期，也许可以说我的研究工作又进入了一个新的层次。1988 年在南岭山脉的考察中，我把开发这一片瑶族聚居的山区的希望寄托在珠江三角洲的经济扩散上，而提出了以香港为中心的三个环形带的区域格局。可以说在我研究工作的历程中，从“珠江模式”走上了研究珠江三角洲区域发展的方向，直到最近我在《珠江模式的再认识》中提出的港、珠经济一体的观点。

1991 年我开始了以发展山区经济为重点的研究计划，首先走访了四川、云南两省接界的大小凉山，考察后我提出了采取“一点一线一面”的发展方针，即以攀枝花的工业中心为启动力，联合凉山自治州开发成昆路一线的丰富资源，开辟通向东南亚的南方丝绸之路，来推动西南云贵高原的全面发展。这也表明了我的研究着眼点正逐步从微观分析确立模式走上宏观思考区域规划的路子。当然这不是一种观点和方法的转变，而是我城乡研究本身的生长发育，逐步丰富的表现。这个方向也和中国经济和社会发展的历程更进一步地结合了起来，并更直接的发挥了以科学知识来支持社会发展的作用。

1990 年结合我这几年在长江三角洲的调查研究为这地区进一步发展提出了建立长江三角洲经济开发区的建议。最近为了配合改革开放政策的进一步发展，我在前年建立长江三角洲开发区的建议基础上，更具体地提出了以上海为龙头，江、浙为两翼、长江为脊梁，以南丝绸之路和西出阳关的欧亚大陆桥为尾间的宏观设想。

至此，综合过去一连串有关区域发展的建议，已逐步接近“全国一盘棋”的整体设想。

今天我在这里提出我们最近的研究方向，是想说明社会科学的研究工作说到底是研究者所接触到的社会变动的反映，我个人这一生的研究过程离开了中国这几十年的历史变化连我自己也是无法理解的。看来科学不可能也不应当脱离现实，也很难超越现实，所能要求于科学工作者的可能只是忠于现实，就是从现实出发，而不以主观愿望来歪曲现实。我也相信只有实事求是得来的知识，才能成为促进人们生活的知识。强调知识的实用性，我不认为是贬低了它的品质，而恰恰相反这正是科学知识可贵之处。

我30年代从事社会学和人类学以来，已经半个多世纪，除了由于政治原因停业了有20多年外，我并没有放弃过实地观察的研究机会。但是现在回顾一下，我所接触的问题还主要限于中国农民怎样解决他们基本物质需要的问题，通俗地说是解决农民的温饱问题，也可以概括说是人对资源的利用和分配的问题，人和人共同生存的问题。这些问题都属于人文生态的层次。这几年，也可能是因为我已进入了老年，越来越感觉到人的研究不能满足于这个层次了。所以在前年国外的朋友们在东京为庆祝我80岁生日而召开的讨论会上，我说当前人们已迫切需要一个共同认可和理解的价值体系，才能继续共同生存下去。并且预言21世纪由于这地球上人和人之间信息传递工具的迅速改进，互相反应的频率越来越高，集体活动的空间越来越小，原有的可以互不相干的秩序，已经过时。必须建立的新秩序不仅需要一个能保证人类继续生存下去的公正的生态格局，而且还需要一个所有人类均能遂生乐业，发扬人生价值的心态秩序。

说起了这个心态层次的人的研究，我不能不想到今天我们在此以举行这个学术讲座会的形式来纪念的潘光旦老师。我紧紧跟随他学习了有30多年，经常听他根据儒家的中庸之道反复阐发的“位育论”。位就是安其所，育就是遂其生。在全球性的大社会中要使人人能安其所、遂其生，就不仅是个共存的秩序而且也是个共荣的秩序。也就是说不仅是个生态秩序而且是个心态秩序。

当前世界的形势发展已使人们觉悟到生态秩序的日形紧张，但是很多人还没有觉悟到更为迫切的心态秩序的危机。人类历史发展到今天正应当有潘光旦先生这样的学者来广泛地宣讲他的“位育论”，而这样一位学者今天已成了我们共同缅怀的先哲了。我作为他的一个及门弟子，而没有能把他对建设人类心态秩序的课题阐述发挥，真心感到无穷的内疚。今天我只能把这根接力棒递给下一代的学者了。如果天假以年，在我这一生中还有一段生存的时间，还是极愿意在已有生态研究的基础上，更上一层次，把心态研究做一点破题和开路的工作。我想就用这个对自己今后的愿望来结束这次关于我过去近半个世纪对中国城乡研究经过的汇报吧。

1992年7月6日

对“美好社会”的思考*

非常感谢这次英迪拉·甘地国际学术讨论会为我提供今天这个机会，能在素来尊敬的学者座前陈述我对“美好社会”的一些思考，并听取各位的赐教。

在20世纪行将结束，21世纪即将来临的时刻，提出“重释美好社会”的课题，让赋有不同文化背景的学者交流见解，是一件对今后人类发展具有重要意义的事情。我能参加这次讨论感到十分荣幸。

我是来自中国的人类学者。由于我的学科训练，我不善于从哲学或伦理学的立场来探讨今后人类应当对“美好社会”做出怎样的理解。我只能从人类历史发展的事实出发，对具有不同文化的人和集团所持有的“美好社会”的意念，就其产生、变化和引起的社会效果，并对今后在全球社会形成过程中这种意念会怎样发生变化试作初步思考。

事实上，自从人类形成群体以来，“美好社会”总是群体生活不可缺少的意念。它是表现为诸如神话、传说、宗教、祖训、

* 本文是作者在印度新德里“英迪拉·甘地国际学术讨论会”上的发言。

哲学和学说等多种多样形式的价值信念。总之，它是人类社会意识中必备的要素。它不仅体现了组成群体的各个人生活上追求的人生导向，而且也是群体用社会力量来维护的人和人相处的规范。它是个人的主观意识和群体社会律令内外结合的统一体。

“美好社会”的内涵是各群体从不同客观条件下取得生存和发展的长期经验中提炼出来，在世世代代实践中逐步形成，因之它属于历史的范畴。所以，不同的群体对“美好社会”可以有不同的内涵，各自肯定群体共同认可和相互督促的理想。“各是其是，各美其美”。它是群体的社会行为准则的基础，是各群体社会生活所赖以维持的价值体系。具有“美好社会”的意念是人类社会的共相，而所认定的“美好社会”的内涵则是各群体不同历史条件所形成的个性。

在群体能够在自给自足的封闭状态下生存和发展时，各个不相关联的群体尽可以各是其是，各美其美，各不相干。但是，在人类总体的发展过程中，这种群体相互隔绝的状态已一去不复返了。群体间的接触、交流以至融合已是历史的必然。因此在群体中不仅人和人之间有彼此相处的问题，而且群体和群体之间也有彼此相处的问题。价值观点的共同认可使人和人结合成群体成为可能，而群体之间价值观点的认同使群体相互和谐共处进而合作融合，却是个更为复杂和曲折的过程。价值观念不同的群体之间相互往来中，协作是经常的，而且是历史的系统的，人类只有不断扩大其分工合作的范围才能进步。但是矛盾甚至冲突也是不免的。当任何一方触及到对方的生活以至生存的利益而发生冲突时，双方都会利用其价值信念对内作为团结群体的凝聚力量，对外作为指责对方的信念为异端以形成同仇敌忾的对抗力。因而，意识形态上的相异被卷入了群体冲突的场合。这类冲突甚至可以发展到兵戎相见。历史上群体之间以意识形态中价值观念的歧异为借口而发生的战争世不绝书，至今未止。当前世界依然面临这种危险。

在这里简单地回顾一下人类的近代史也许是有帮助的。500年前，西班牙人哥伦布发现了一个过去没有欧洲人到过的“新大陆”。这个发现不仅是欧洲人新的地理知识，而实际上是欧洲甚至世界进入了一个新的历史时期的标志。以欧洲的文艺复兴、宗教革命带来的现代科技和经济的发展，把整个地球上的各个大陆都紧密地联系了起来；原来分布在五大洲广大地域的无数人类群体却从此不再能相互隔绝，各自为生了。但是他们在这500年里，并没有找到一个和平共处的秩序，使他们能同心协力来为人类形成一个共同认可的美好社会。相反，从海上掠夺，武装侵略，强占资源开始，进而建立殖民统治和划分势力范围，形成了以强制弱，争霸天下，战争不绝的形势，这都是过去500年里的历史上的事实。在这段历史里，人类科技的发展固然一方面加强了人利用自然资源的能力，同时，却也出现了人类可以自我毁灭的武器。以上这短短几句话里所描述的局势，此时此刻正引起了广大人士包括在座同人的困扰和忧虑。

我个人在20世纪里生活了有80多年，从出生不久即发生的第一次世界大战起到现在，可以说一直生活在大大小小的战争的阴影下。两次世界大战给人类带来了严重的灾难，我们这样年纪的人都记忆犹新。这使我感觉到，全球性的世界大战可能就是这个20世纪在整个人类历史里的独特标志。在它之前，群体间的战争是常有的，但没有过包括整个世界那样大的范围。在这个世纪行将结束的时候，我相信世界上没有人会还不明白，如果20世纪的这个经历继续进入21世纪，再来一次世界规模的战争，已有的人类文明，甚至整个人类，将告结束。但是怎样使人类在21世纪里走上一条能和平生存下去的新路呢？我认为这就是这次为纪念甘地夫人而举行“重释美好社会”讨论会共同关心的主题。

我总是认为各群体间价值观念和意识形态上存在一些差别不应成为群体冲突和战争的根据。如果用比较方法去具体分析人类各群体所向往的美好社会，基本上总是离不开安全和繁荣这两项基本愿望。这两项基本愿望只有通过群体和平协作来实现，没有引起你死我活相对抗的理由。因此我总是倾向于认为历史上群体间所有意识形态之争，不论是宗教战争、民族冲突以至结束不久的“冷战”，实质上都是群体间物质利益的争夺，意识形态的水火不相容原是物质利益争夺的借口和掩饰。

我也承认意识形态的歧异之可以被利用来作为其他实质的矛盾的借口和掩饰而上升为对抗，也有人类常有的心态作为基础。那就是各个“各美其美”的群体在相互接触中，发生了“唯我独美”的本位中心主义，或称自我优越感，排斥和自己不同的价值标准。中国古书上就记下了早期人类本位中心的信条，即“非我族类，其心必异”，那就是说凡是和自己不属于同一群体的人不能会有一条心的。本位中心主义必然会发展到强制别人美我之美，那就使价值标准的差别形成了群体之间的对抗性矛盾。我们古代的孔子从根本上反对这种本位中心主义，提出了“有教无类”，“己所不欲，勿施于人”，意思是在可以接受教化上，人是不分类别的，凡是自己不愿接受的事，不要强加于人。人的价值观念可以通过教育取得一致，但是不能强加于人。

在这里可以回想起结束还不久的“冷战”时代。过去一般总是把这个时代看成是意识形态对抗的时代。事过境迁，现在是否可以说有识之士已开始明白，冷战的实质还是两霸对势力范围的争夺。不久前没有通过公开的战争，一时西风压倒东风，在旦夕之间结束了冷战。如果冷战的实质是意识形态之争，意识形态决不是旦夕之间可以改变的，必须经过长期的群众自觉思想转变才能实现。

再看我们中国在解决香港顺利回归祖国的问题上提出“一国两制”的原则。这个原则的实质是从正面来说明以不同意识形态为基础的两种社会制度是可以在统一的政治体制下，一个主权国家之内，并行不悖，而且可以相互合作取长补短，促进共同繁荣的。那就是把意识形态和经济政治予以分别处理，求同而存异。

20 世纪最后的 10 多年中所发生的这些新事物值得我们深入地进行理解，其中是否可以得出一种看法，人类大小各种群体是可以各自保持其价值体系而和其他群体建立和平互利的经济和政治关系，只要大家不采取唯我独美的本位中心主义，而容忍不同价值信念的并存不悖。在群体间尚没有通过长期的交流达到自觉的融合之前，可以在求同存异的原则下取得和平共处并逐步发展为进入融合一致的大同世界准备条件。

作为人类学者，入门的第一课就是要设身处地地从各群体成员的立场去理解各群体人们的实际生活。我们要学会“美人之美”，像各群体自己的成员那样欣赏和领悟他们所爱好的价值体系。“美人之美”并不要求“从人之美”，而是容忍不同价值标准的并存不悖。但要求摆脱本位中心主义，而采取了多元并存的观点。应用到经济上，是不要阻障有利于双方的竞争，不采取只图单方面的短期利益的保护主义，而坚持相互开放和机会平等；应用到政治上，首先是不要干涉别的主权国家的内政，不以力服人，而以对话代替对抗，平等协商来处理国与国之间的矛盾。这是在人类的各群体还没有融合成一体，而政治和经济已经密切联系的现阶段，也可能就是即将来临的 21 世纪，我们可以力求做得到的现实态度。“各美其美”和“美人之美”并不矛盾，而是相成的。只要我们能更上一个认识的层次，大家在求同存异的原则上完全可以建立起亲密的共同合作相处。

这些作为群体之间共处的基本守则，是为一个完全繁荣的全球大社会的形成做出必要的准备，也是避免在这大社会形成之前，人类历史进程受到灾难性的挫折，而倒退回到不文明的状态，或甚至使人类让出其主持这个地球发展的地位。

作为一个人类学者，我也坚信人的信念，群体的社会意识形态是不断变化和发展的，我们永远是一个从不够美好追求更为美好的过程中，分散独立的人类群体经过了百万年的历史演化，到目前已可以遥望到一个囊括全人类的协作发展的全球性大社会。这个全球性大社会我们中国古人就称为大同世界的共同道德秩序，怎样实现和什么时候实现，在目前还活着的人也许尚难以做出答案。但是又只有在当前人类的努力追求和不懈探索中，这个最后的“美好社会”才会出现在这个地球上。

以上我冒昧地如实表达了我个人的一些看法，请多予指正。

1993 年 7 月 14 日

个人·群体·社会*

——一生学术历程的自我思考

年近谢幕，时时回首反思多年来在学术园地里走过的道路，迂回曲折；留下的脚印，偏缪杂呈；究其轨迹，颇有所悟。趁这次老友会聚，略作自述，切盼指引，犹望在此生最后的尾程中勉图有所补益。

一

对“社会”历来有两种基本上不同的看法。一是把社会看做众多个人集合生活的群体。严复翻译 sociology 作“群学”。众人为群，一个个人为了生活的需要而聚集在一起形成群体，通过分工合作来经营共同生活，满足各人的生活需要。人原是动物中的一类，衣食男女，七情六欲等生活需要，来源于自然界的演化，得之于个人的生物遗传。在这些方面人和其他动物基本上是一致的，只是生物界演化到了人这个阶段出现了超过其他动物的

* 本文是作者在香港中文大学社会科学院和北京大学社会学人类学研究所联合主办的第四届两岸三地中国文化与现代化研讨会上的发言。

智力。人被生物学者称之为 homo sapiens，sapiens 就是智力的意思。凭此特点人在其满足需要上具备了超过其他动物的能力。人和人能通过共识和会意建立起分工合作的体系，形成了聚居在一起的群体。

严复把 sociology 译作群学，以我的体会说，是肯定活生生的生物人是构成群体的实体，一切群体所创制的行为规范，以及其他所谓文化等一切人为的东西都是服务于人的手段。

另一种看法却认为群体固然是由一个个人聚合而成，没有一个个人也就没有群体，这是简单易明的。但是形成了群体的个人，已经不仅是一个个生物体，他们已超出了自然演化中的生物界，进入了另一个层次，这个层次就是社会界。在这个层次里一个人不仅是生物界中的一个个生物体，或称生物人，而是一个有组织的群体里的社会成员，或称社会人。社会是经过人加工的群体。不仅不像其他动物群体那样依从生物的繁育机制吸收新的成员，也不像其他动物一样，每个人可以依他生物遗传的本能在群体里进行生活。在人的社会里，孩子须按社会规定的手续出生入世，生下来就得按社会规定相互对待的程式过日子；在不同时间，不同场合，对待不同的对象，都得按其所处的角色，照着应有的行为模式行事。各个社会都为其成员的生活方式规定着一个谱法。为了方便作个不太完全恰当的比喻，像是一个演员在戏台上都得按指定了的角色照剧本规定的程序进行表演。每一个歌手都得按谱演唱。社会上为其成员规定的行为模式，普通称为规矩，书本上也称礼制或法度。它确是人为的，不是由本能决定的；是经世世代代不断积累和修改传袭下来的成规。通过上一代对下一代的教育，每个人“学而时习之”获得了他所处社会中生活的权利和生活的方式。不仅如此，如果一个社会成员不按这些规矩行事，就会受到社会的干涉、制裁，甚至剥夺掉在这个社会里继续生存下去的机会，真是生死所系。

社会在自然的演化中是继生物世界而出现的一个新的但同样是实在的世界。这个世界是以生物体为基础的，正如生物体是以无生的有机体为基础一样。生命的开始，出现了生物界，生物群体的发展，出现了社会界。人还是动物，但已不是一般的动物，人的群体已不是一般的群体，上升成为社会。从这个角度来看，社会本身是个实体，生物人不能认为是社会的实体，而只是社会的载体。没有生物人，社会实体无法存在，等于说没有有机物质，生物实体无法存在一样。有机物质是生命的载体，生物人是社会的载体。实体和载体不同，实体有自己发展的规律，它可以在载体的新陈代谢中继续存在和发展。正如一个生物人是由无数细胞组成，个别细胞的生死，不决定整个人的寿命。个人的生命正是靠其机体细胞的不断更新而得以延续。同样的社会里的个别成员，因其尚属生物体，还是受生物规律的支配，有生有死，但并不决定社会群体兴衰存亡。因之，生物实体和社会实体是属于自然演化过程中的两个层次。人有两个属性：生物人和社会人。

这一种把社会看成比生物群体高一层次的实体和把社会只看成是人的群体的生活手段，从理论上说是两种不同的看法。

二

我初学社会学时，并没有从理论入手去钻研社会究竟是什么的根本问题。我早年自己提出的学习要求是了解中国人是怎样生活的，了解的目的是在改善中国人的生活。为此我选择了社会学。现在回头看来，我是受上述第一种看法的引导而进入这门学科的。把社会学看做是一门研究人们群体生活的行为学科，很符合严复翻译的意思，社会就是人类的群体。更符合我的主观倾向的是社会所规定的一切成规和制度都是人造出来，满足人的生活需要的手段，如果不能满足就得改造，手段自应服从人的主观要求。中国人民在我这一生中正处在社会巨大变动之世。如果社会制度不是人类的手段，那就好像谈不上人为的改革了。

我第一本翻译的社会学著作是乌格朋（Ogburn）的《社会变迁》。那时我还刚刚和社会学接触。这本书给我的印象很深，因为我很同意他的科技进步引起社会变迁的理论。科技变迁了，社会的其他制度也得相应地变迁，不然就出现社会脱节和失调。科技的进步是人为的，是人用来取得生活资源的手段，其他部门向科技适应也得出于人的努力改造已有的制度。这个理论对我很有吸引力。我把这本书翻译成中文，在商务印书馆出版，也可算是我进入社会学这个学科的入门标记。今天提到这件事是想说，我是无意地从上述的对社会第一种看法进入这个学科的，我说无意地是因为我当时还没有领会到还有第二种看法，所以并非有意的选择。

接着我在燕京大学学习的最后一年，适逢美国芝加哥大学的派克教授来华讲学。我被他从实地观察来进行社会研究的主张所吸引住了，据说这种方法来自人类学，我就决心去学人类学，虽然我当时对人类学还一无所知。我从燕京大学社会系毕业后，由吴文藻先生介绍考入清华大学研究院跟史禄国教授学人类学。史禄国原是帝俄时代国家科学院里的人类学研究员。十月革命时他正在西伯利亚和我国东北考察，研究通古斯人。当时俄国发生了革命，他不愿回国而留在中国进入了当时的中央研究院，后来又和同事们合不来，转入清华大学教书和著书。人类学在中国当时还少为人知，我投入他的门下，成了他所指导的唯一的研究生。

他依据欧洲大陆的传统，认为人类学所包括的范围很广，主要有人类体质、语言、考古、社会和文化。可说是人和人文的总体研究。他为我定下了一个6年的基础学习计划，包括体质人类学、语言学和社会人类学三个部分，规定我以两年为一期，三期完成。我从1933年先修体质人类学，同时补习动物学，作为第一期。按清华大学的章程，研究生学习只规定至少两年，没有限期。我就准备按他的学习计划进行，预备修完三期。到1935年暑假我结束了第一期，学会了人体测量和体质类型分析，写出了两篇论文，经过考试委员口试及格，按清华的章程，两年后考试成绩优秀可以取得清华公费留学的资格。1935年正逢史禄国的休假期，而且他自己又另有打算，决定休假后不再继续在清华任教。所以他为我做出了新的安排，1935年暑假后到国内少数民族地区进行调查一年，然后1936年由清华公费出国进修，他不再自己指导我第二和第三期的学习计划了。

我按他的意见，1935年暑假到广西大瑶山，现在的金秀瑶族自治县去进行实地调查。我携带了人体测量仪器以进行体质调查，并有前妻王同惠同行，共同进行社会调查。该年12月结束了大瑶山里的花蓝瑶地区的调查后，准备转入附近坳瑶地区时，在路上迷失方向，遭遇不幸事故，我自己负伤，前妻单独离我觅援，溺水身亡。我在医伤和休养期间按和王同惠一起搜集的资料写成《花蓝瑶社会组织》。这是我第一个社会实地调查的成果。

按史禄国所设计的学习进程，这是我超前的行动，因为社会人类学这一部分是安排在第三期学习计划里的。在编写这本书之前我只阅读过史禄国关于满族和通古斯族的社会调查，印象并不深，而且我对社会学理论也并没有系统的学习过。回想起来，从史禄国老师学到的也许就是比较严格的科学态度和对各个民族在社会结构上各具特点、自成系统的认识。所谓各具特点、自成系统就是指社会生活的各部门是互相配合而发生作用的，作为一个整体就有它特独的个性。我通过瑶族的调查，对社会生活各部门之间的密切相关性看得更清楚和具体了。这种体会就贯穿在我编写的这本《花蓝瑶社会组织》里。我从花蓝瑶的基本社会细胞家庭为出发点，把他们的政治、经济各方面生活作为一个系统进行了叙述。

瑶山里所取得的体质测量资料我没有条件整理，一直携带在行李里，最后在昆明发生李、闻事件后仓促离滇全部遗失，花蓝瑶的体质报告也就永远写不出来了。但这并不是说我这两年体质人类学的学习对我的学术工作上没有留下影响。除了我对人类的生物基础有了较深的印象外，在分析类型进行比较的科学方法也为我以后的社会学调查开出了一个新的路子。

我原有的学习计划既然发生了改变，1936 年暑假我就准备出国，并由吴文藻先生安排，决定到英国 LSE 跟马林诺斯基学习社会人类学。比史禄国给我预定的计划，免去了语言学的一节。

从瑶山回到家乡我有一段时间在国内等候办理出国入学手续，我姐姐就利用这段时间为我安排到她正在试办农村生丝精制产销合作社的基地去参观和休息，这是一个离我家不远的太湖边上的一个名叫开弦弓的村子。我利用在村里和农民的往来，进行了一次有类于在瑶山里的社会调查。我带了这份在这村子里收集到的有关农民生活的调查资料一起到了伦敦。

我根据这批开弦弓的调查资料写出的提纲，首先得到了当时我在伦敦的导师 Firth 的肯定，随后又得到 Malinowski 的注意，当即决定他自己亲自指导我编写以中国农民生活为主题的博士论文。当时我并不明白为什么我能获得这样顺利的学习机会。后来在有人看到我的论文后，向我提出了个问题：你怎么会在没有和 LSE 接触之前，就走上了功能学派的路子？那时我才明白我从史禄国那里学来的这些东西，着重人的生物基础和社会结构的整体论和系统论，原来就是马氏的功能论的组成部分。我当时只觉得马氏所讲的人类学是我熟悉的道理。我们相见以前，已有了共同的语言。

回到我第一节里提出对社会的两种看法，我在这个阶段还没有做出明确的选择。原因也许在我当时并没有意识到除了第一种看法之外，还有第二种看法，和两种不同看法的区别。这表明我在理论上不够敏感，也就是功底不深。

我对史、马两位老师理论上的特点直到现在也不敢说已经了然。我听说史禄国后来看到了我那本《江村经济》时曾经表示过不满意的评论。我模糊地感觉到在他的理论框框里，我这本书是找不到重要地位的。但由于我没有吃透他的理论，我还不敢说哪些方面引起了他不满意的反应。

对马氏的理论我多少有一些捉摸。按他已经写出来的有关文化功能的理论，按我所理解的程度来说，基本是属于我上述的第一种看法。马氏的功能论的出发点是包括社会结构在内的，文化体系都属于人用来满足其基本生物需要及由生物需要派生的各种需要的手段。这一点他一直坚持的，同时他也承认文化的整体性，就是说人为了满足其需要而创造出的文化是完整的。说是完整就是就完备而整体的。它必须满足人作为生物体的所有全部需要，本身形成一个整体，其各部分是相互联系和配合的一个体系。简单说是整体论和系统论。

他提出这一套理论是有其历史背景的，他是个人类学中主张实地调查的先行者。他长时间住在 Trobriand 岛的土人中间，学会土语，直接参预土人的集体生活。他深深觉得要理解一个群体的生活必须从整体上去观察他们怎样分工合作，通过有系统的活动来维持他们的生活，也就是满足他们的需要，而人的一切需求都是从人作为一个生物体而发生的。食色性也，是从人是动物的这个属性上带来的。从这个基本的生物需要出发，逐次发生高层次的需要，如维持分工合作体系的社会性的需要等等。他用这个理论来批判当时在人类学界盛行的文化传播论、历史重构论等等，因为这些理论都是把文化要素孤立起来，脱离了人而独立处理的。比如当时就有些学者把图腾信仰脱离它所发生的具体群体而研究其起源、流动和在人类整个历史发展中的地位等等。他以当时盛行在欧洲的人类学作为靶子，针锋相对地提出功能论、整体论和系统论。这在人类学学科史上是一次革命性的行动，使人类学的研究回归到科学的行列。

三

马氏自己称他的人类学理论是功能学派。他的所谓功能，就是文化是人为了满足其需要而产生的，所以都是有用的手段，文化中各个要素，从器物和信仰对人的生活来说都是有功能的，功能就是满足需要的能力，简单说就是有用的。功能这一词是英文function的译文。这词在英文中原有两个意义，一是普通指达到目的所起的作用，二是在数学里的函数，如果说甲是乙的函数，甲变乙也随着要变。马氏称自己是功能学派实际上是一语两义都兼有的。但在叙述他的理论时却常强调第一个意义，比如他在论巫术时就强调它在支持实际农作活动的节奏和权威的作用，用来批判过去认为巫术是未开化的人思想上缺乏理性的表现，是一种前科学或假科学思想的产物。19世纪在欧洲人类学充满着当时通行的民族优越感，把殖民地上的土人看成是未开化的野蛮人，把土人的生活方式看做是一堆不合理的行为。功能论是针对这种思想的批判，但是这种理论走到极端，认为文化中一切要素都是有用的，又会给人以存在就是合理的印象。这个命题在哲学上常受到批判，在常识上也和社会的传统中颇多对人无益而有害的事实不能协调。至于把满足生物需要作为功能的基础更是不易为普通人所接受。因之当马氏的功能论在人类学中盛极一时之际，就有不同的看法出现。而且就出现在也自称是功能学派的阵营里。最突出的是曾到过燕京大学讲学的 Radcliffe-Brown。

布朗也是主张实地调查而且主张文化整体论和系统论的人类学者。但是他认为功能的意义不必挂上有用无用的鉴别上，更不应当和生物需要挂钩，他把功能意义做数学中的函数来讲，那就是把功能的含义去掉了马氏所强调的一半。当时我们这些年轻的学生，经常把他们两个看成是在唱对台戏的主角。对我这个对理论缺乏敏感的人来说，在这场争论中除了看热闹之外，并没有认真思考加以辨别，而实际上却被这个争论带进了我在本文开始时所述对社会的两种看法的迷阵里。当我接触了功能派的先锋法国涂尔干的著作之后，对第二种看法发生了兴趣。他比较明确的把社会看成本身是有其自身存在的实体，和生物界的人体脱了钩。

我在医预科和在体质人类学课上受到的基础训练和社会文化和生物挂钩原是比较顺理成章容易接受的。但是我对社会的看法却被马、布的争论所动摇了，特别是联系到在瑶山和在开弦弓的实地调查的经历，使我逐渐倒向布氏的一面。我在初步进入社区的实地调查中所得到的感受值得在这里回忆一下。

当我踏入一个社区时，我接触到的是一群不相识的人。我直接看到的是各个人在不同场合的行动举止。这一片似乎纷乱杂呈的场面里，我怎样从中理出个理解的头绪呢？这时我就想到了社会行为是发生在社会所规定的各种社会角色之间，不是无序的而是有序的。如果我从这个角度去看在我面前展开的各个人的活动，就有了一个井然的秩序。不论哪一家，我们如果用父母、子女、亲戚、邻居等社会角色去观察这些似乎是杂乱的个人行为，就可以看到在不同人身上出现重复的行为模式，比如不论哪一家，母亲对儿子之间相互的行为都是类似的，成为一种模式，而这套行为模式却不同于妻子对丈夫，甚至不完全相同于母亲对女儿之间的相互行为。我在实地调查中才理解到一个社区中初看时似乎是纷杂的众人活动，事实上都按着一套相关的各种社会角色的行为模式的表演。再看各种社会角色又是相互配合，关关节节构成一个网络般的结构。从这个结构去看这社区众人的行为就会觉得有条有理，一点不乱。而且这个有条有理的结构并不是当时当地的众人临时规定的，而是先于这些人的存在，就是说这些人从小在生活中向一个已存在的社会结构里逐步学习来的。这就是个人社会化的过程。这个结构里规定的各种角色间的相互行为模式也是个人在社会中生活时不能超出的规范，一旦越出就有人出来干涉，甚至加以制裁。也因之在一个外来的调查者所能看到经常都是些按照社会模式而行为的行为，有时也可以见到一些正在或将会受到制裁的超规行为。作为一个人类学者在实地调查时，通常所观察到的就是这些有规定的各种社会角色的行为模式。至于角色背后的个人的内在活动对一般的人类学者来说就是很难接触到的。

我的社区调查不论在瑶山或在江村，现在回头来看，是不够深入的，还是满足于社会角色的行为模式，因而影响了我对社会的看法，把它看成了自成格局的实体，表达得最清楚的是我根据讲课内容编出的《生育制度》。

我本人的具体经历也影响了我学术观点的形成。所以在这里得补充几句。我是 1938 年离开伦敦的。那时，我国的抗日战争已进行了一年，我的家乡已经沦陷，原在沿海的各大学都已迁入内地。所以我只能取道越南回国，到达昆明，在当时的云南大学和由清华、北大、南开联合的西南联大工作。实际上，我到了云南，立即继续我的社会调查，接着以罗氏基金对燕京大学的社会学系的资助在云南大学成立了一个社会学研究中心，为了避免轰炸，设立在昆明附近呈贡的魁星阁，普通就称魁阁。从这时起，我的学术环境是相当偏僻和孤立的，除了少数原来的师友外，和外地及国外的社会学界几乎隔绝。不仅我们在当时和自己这个小圈子之外的思想很少接触，而且没有收集和储藏过去社会学书籍和资料的图书馆，我们对国内外过去的社会学遗产也得不到运用。这种缺乏消息交流对学术思想的发展确是一个很大的限制。现在回想起来，就能看到这种特殊环境的确对我自己学术思想有很大的影响。影响之深不仅是当时孤陋寡闻，而且造成了自力更生，独树一帜，一切靠自己来的心理，一直发展成为我后来不善于接受新的社会学流派的习惯。

1943年我虽则有由美国国务院的邀请参加了当时所谓“十教授访美讲学”的机会在美国住了一年，但是我却利用这时期，忙着编写魁阁的调查成果。在美国几个大学的同行协助下写出了 *Earthbound China* 和 *China Enters the Machine Age* 两书。说实话我并没有用心去吸收当时国外人类学和社会学的新思潮。比如我在哥伦比亚见过 Linton，在芝加哥见到 Redfield，在哈佛商学院见到 Elton Mayo，我在编写上述两书时都得到了他们的关切和具体协助，但是我对他们的著作却没有深入的钻研。除了我回国后翻译过 Mayo 的一本著作外，对其他几位老师的著作并未认真阅读。至多是吸收了一些皮毛，为我已在胸中长成的竹子添些枝叶。

我在老朋友面前无需掩饰，从40年代后期起，直到70年代结束前一年，我在国际的社会学圈子里除了两次简短的接触之外是个遗世独立的人物。

四

回到我在昆明这一时期，我们在魁阁研究工作是按照《江村经济》所走出这条路前进的。这条路我们称之为社区研究。社区这个名词是我这一代学生在学时所新创的。其由来是1933年燕京大学社会学的毕业班为了纪念派克教授来华讲学要出一本纪念文集，我记得其中有一篇是派克自己写的文章需要翻译，其中有一句话“community is not society”，这把我们卡住了。原来这两个名词都翻成“社会”的，如果直译成“社会不是社会”就不成话了。这样逼着我们去澄清派克词汇里两者的不同涵义。依我们当时的理解，社区是具体的，在一个地区上形成的群体，而社会是指这个群体中人与人相互配合的行为关系，所以挖空心思把社字和区字相结合起来成了“社区”。

社区这个概念一搞清楚，我们研究的对象也就明确了，就是生活在一个地区的一群有社会关系的人，社区可大可小，一个学校，一个村子，一个城市，甚至一个民族，一个国家，以至可以是团结在一个地球上的整个人类。只要其中的人都由社会关系结合起来，都是一个社区。有了这个概念我们实地观察的对象也有了一定范围。我当时就提出可以在瑶山进行民族集团的社区研究，也可以在各地农村里进行社区研究。在1933年这种社区研究就在燕京大学学生里流行了起来。我到了昆明还是继续走这条路子。

还应当提到的是魁阁研究工作标榜的特点是比较方法与理论和实际结合。在接受派克社区研究的概念和方法时，同时是由吴文藻先生为首提出的社会学中国化的努力方向。燕京大学的学生就是想通过社区研究达到社会学的中国化。社会学中国化其实就是社会学的主要任务，目的是在讲清楚中国社会是个什么样的一个社会。通过社区研究能不能达到这个目的呢？当然我们要说明中国社会是个什么样的社会，科学的方法只有实地观察，那就是社会调查。但是有人就质问我们，我们的研究对象如是一个具体的社区，那也只能是中国的一部分，你们能把全国所有的农村城市都观察到么？社区研究只能了解局部的情况，汪洋大海里的一滴水，怎能不落入以偏概全的弊病呢？我们对此提出了比较方法和理论和实际结合的对策。我在这里不能详细加以说明，好在我前年在东京的一个讨论会上发表的《人的研究在中国》的发言中已经答复了这个问题，这里不再重复了。

这里我想说的是社区研究的理论基础是直接和1935年到燕京大学讲学的布朗有关的。他在美国芝加哥大学开讲的人类学课程，就称作为比较社会学。社区研究接纳了布朗对社区的系统论和整体论的看法。我想只有从每个社区根据它特有的具体条件而形成的社会结构出发，不同社区才能互相比较。在互相比较中才能看出同类社区的差别，而从各社区具体条件去找出差别的原因，进一步才能看到社区发展和变动的规律，进入理论的领域。

魁阁的社区研究从1938年到1946年，一共只有8年，而且后来的三年由于教课任务的加重和政局的紧张，我自己的实地调查已经无法进行。所以魁阁的工作只能说是社区研究的试验阶段。这种工作一直到80年代才得到继续。

魁阁时期的社区研究基本上是瑶山和江村调查的继续。如果把这两期比照看看，这一期除了继承整体性和系统性之外，加强了比较研究同理论挂钩的尝试。先说比较研究。如果要从我本人的经历中寻找比较研究的根源，还应当推溯于我在清华研究院里补读比较解剖学和跟史禄国学习的人体类型分析。我们既然已在由内地看到了和沿海不同农村在社会结构上存在着差异，我们更有意识地在昆明滇池周围寻找条件不同的农村进行研究，用以求证我们认为凡是受到城市影响的程度不同的农村会发生不同的社会结构的设想。这种方法上的尝试，我在 *Earthbound China* 一书的最后一章里作了系统的申说。这不能不说是魁阁的《云南三村》比了瑶山和江村的研究在方法及理论上提高了一步。

比较研究的尝试在另一方面更使我偏向于本文开始时提出的对社会的第二种看法，就是把社会作为一个本身具有其发展的过程的实体，这种思路难免导致“只见社会不见人”的倾向，也进一步脱离马氏的以生物需要为出发点的功能论，而靠近了布朗对重视社会结构的功能论了。

五

魁阁后期，由于兼任云大和联大两校的教职以及当时政治局势的紧张，我不便直接参预实地调查，所以有更多时间从事讲课和写作。也可以提到，当时直线上升的通货膨胀使个人的实际收入不断下降，而我又在 1940 年成了一个孩子的父亲。我们在呈贡的农村里赁屋而居，楼底下就是猪圈，生活十分艰苦。因之，我不能不在固定的薪金之外，另谋收入，我这个书生能找到的生活补贴，只有靠我以写作来换取稿费。我在当时竟成了一个著名的多产作家。大后方的各大报纸杂志上经常发表我的文章，我几乎每天都要写，现货现卖，所得稿费要占我收入之半。写作的内容，不拘一格，主要是我课堂上的讲稿和对时事的评论，以及出国访问的杂记。这段时间里所发表的文章后来编成小册子发行，其中比较畅销的有《初访美国》、《美国人的性格》、《重访英伦》、《内地的农村》、《乡土中国》、《乡土重建》、《生育制度》、《民主·人权·宪法》等。

这许多为了补贴生活而写下的文章里，其实更直接暴露我的思想，而我的思想也是密切和我的学术思路相联系的。现在回头翻阅一看，其中很明显地贯穿着我在上面所说的向社会实体的倾斜。我的三本访外杂写，实际上是把英、美的社会分别作为各具个性的实体所谓民族性格来描述的。尽管其中我常用具体看到的人和事作为资料，我心目中一直在和中国社会做比较。比如我把住处经常迁移的美国城市居民和中国传统的市镇和乡村的居民相比较而以“没有鬼的世界”来表明美国社会的特点。文内尽管有人有事，而实际是把它们做文化的载体来处理的。

我在美国时特别欣赏 R. Benedict 的《文化模式》和 M. Mead 的《美国人的性格》，我根据 Mead 这本书，用我自己的语言和所见的事实写出了《美国人的性格》一系列文章，并编成一册。这里所说的社会性格都是超于个人而存在和塑型个人的社会模式。这不是把社会看成了超人的实体的思路么？我又写出了《乡土中国》一系列文章，也许可以说和《美国人的性格》是姐妹篇，现在看来，这种涂尔干式的社会观已成了我这一段时间的主要学术倾向。

上面已提到这种倾向在理论上表白得最清楚的是在 1946 年完成那一系列《生育制度》的文章。我明确的否定家庭、婚姻、亲属等生育制度是人们用来满足生物基础上性的需要的社会手段。相反的，社会通过这些制度来限制人们满足生物需要的方式。这些制度是起着社会新陈代谢的作用，甚至可以说，是为了解决生物界中人的生命有生有死的特点和社会实体自身具有长期绵续、积累和发展的必要所发生的矛盾，而产生的社会制度。我说如果从以满足两性结合的生物需要作为出发点，其发展顺序应当是说由于要满足两性结合的需要而结婚生孩子，接着不得不抚育孩子而构成家庭，又由子孙增殖而形成亲戚，这种一环扣一环可说是“将错就错”形成的社会结构。如果反过来看由于社会需要维持其结构的完整以完成其维持群体的生存的作用，必须解决其内部成员的新陈代谢的问题，而规定下产生、抚养新成员办法，而形成了“生育制度”。这个制度并不是用来使个人满足其生物上性的需要，而是用婚姻和家庭等规定的制度来确定夫妻、亲子及亲属的社会角色，使人人能按部就班地过日子。这两种对“生育制度”的不同理解正好说明功能派里两派的区别。

我这本《生育制度》是在1946年和潘光旦先生一起住在乡间时完成的，他最先看到我的稿纸，而且看出了我这个社会学的思路，和他所主张的优生强种的生物观点格格不入。当我请他写序时，他下笔千言，写了一篇《派与汇》的长文，认为我这本书固然不失一家之言，但忽视了生物个人对社会文化的作用，所以偏而不全，未能允执其中。

他从社会学理论发展上提出了新人文思想，把生物人和社会人结合了起来，回到人是本位，文化是手段的根本观点。这种观点我们当时并没有会通。而且我们当时的处境并没有条件和心情展开学术上的理论辩论。我把全书连着这篇长序交给商务印书馆出版后，自己就去伦敦访问了。1947年回国，我和潘先生虽则同住一院，但却无心继续在这个社会学的根本观点上进一步切磋琢磨，这场辩论并没有展开，一直被搁置在一旁。经过了近半个世纪，潘先生已归道山，我在年过八十时才重新拾起这个似乎已尘灰堆积的思绪，触起了我的重新思考，这已是90年代的事了，留在下面再说。我这本《生育制度》实际上结束了我学术历程的前半生。

1947年在英国访问以及回国之后到1949年北平解放，这段期间从我写作上说我曾称之为“丰收期”，北平的《中建》周刊、上海的《观察》周刊和《大公报》经常有我的文章，但我所写的主要是时事评论，其中固然表达我对社会的基本观点，而且通过《观察》及三联书店出版了我在抗战时期所发表的文章的集子，一时流传很广，成了当时的一个多产作家，但是回头来看，这段时间，在学术思想上并没有什么新的发展。

六

如果限于狭义的学术经历来说，我觉得可以把《生育制度》一书来作为我前半生学术经历的结束。自从1930年进入社会学园地时算起到1949年解放，一共是大约20年。接下去的30年是一段很不寻常的经历，包括解放、反右和“文革”的中国大变革时期。这一段时期里我的思想情况在 *Current Anthropology* 杂志发表的1988年10月我和Pasternak（巴博德）教授的谈话记录中有比较直率的叙述，这里不用重复了。但是联系上面所提出有关对社会性质的根本问题时，我觉得有一些补充，说一说我近来才有的一点新的体会，足以说明我后半生学术思路的若干变化的由来。我越来越觉得一个人的思想总是离不开他本人的切身经历。我从解放后所逢到的我称之为不寻常的经历，必然会反映在我其后的学术思想上，以至立身处世的现实生活上。我如果完全把这段时间作为学术经历中的空白是不够认真的。

在比较这一生中前后两个时期对社会本质的看法时，发现有一段经历给我深刻的影响。我在前半生尽管主张实地调查，主张理论联系实际，但在我具体的社区调查中我始终是以一个调查者的身份去观察别人的生活。换一句话说，我是以局外人的立场去观察一个处在另一种生活中的对象。我自身有自己的社会生活，我按着我自己社会里所处的角色进行分内的活动。我知道我所作所为是在我自己社会所规定的行为模式之内的，我不需犹豫，内心不存在矛盾，我所得到别人对我的反应也是符合我的意料的。这就是说我在一个共同的社会结构中活动。尽管这个社会结构也在变动中，这种变动是逐步的，而且是通过主动能适应的变动。我并不觉得自己和社会是对立物。

但是在解放之后的一段时间里，我自己所处的社会结构发生了革命性的变动，那就是说构成这个结构的各种制度起了巨大变动，在各个制度里规定各个社会角色的行为模式也发生了巨大变动。表演得最激烈的例子发生在“文革”的高潮中。作为一个教授的社会角色可以被他的学生勒令扫街、清厕和游街、批斗。这种有着社会权力支持的行为模式和“文革”前的教授角色的行为规范是完全相悖的。当然“文革”这种方式的革命是很不寻常的，但是在这不寻常的情景中，社会的本来面目充分显示了出来。我觉得仿佛是置身于一个目的在有如显示社会本质和力量的实验室里。在这个实验室里我既是实验的材料，就是在我身上进行这项实验。同时，因为我是个社会学者，所以也成了观察这实验过程和效果的人。在这个实验里我亲自感觉到涂尔干所说“集体表象”的威力，他所说的集体表象，就是那“一加一大于二”的加和大的内容，也就是我们通常说的社会的本质。这个试验证实了那个超于个人的社会实体的存在。

但就在同时我也亲自感觉到有一个对抗着这个实体的“个人”的存在。这个“个人”固然外表上按着社会指定他的行为模式行动：扫街、清厕、游街、批斗，但是还出现了一个行为上看不见的而具有思想和感情的“自我”。这个自我的思想和感情可以完全不接受甚至反抗所规定的行为模式，并做出各种十分复杂的行动上的反应，从表面顺服，直到坚决拒绝，即自杀了事。这样我看见了个人背后出现的一个看不见的“自我”。这个和“集体表象”所对立的“自我感觉”看来也是个实体，因为不仅它已不是“社会的载体”，而且可以是“社会的对立体”。这个实验使我看到了世界是可以发生这种不寻常的社会结构革命性的变动。这种变动可以发生在极短的时间里，但是极为根本地改变了社会结构里各制度中社会角色的行为模式。为期十年的“文革”在人类历史上是一次少见的“实验”，一次震度极强烈的社会变动。我的学力还不够做更深入的体会和分析，但是我确是切身领会到超生物的社会实体的巨大能量，同时也更赤裸裸地看到个人生物本性的顽强表现。

从这次大震动中恢复过来，我初步体会是做个社会里的成员必须清醒地自觉地看到社会结构的不断变化，尽管有时较慢较微，有时较快和较为激烈。处在社会结构中的个人，应当承认有其主动性。个人的行为既要能符合社会身份一时的要求，还得善于适应演变的形势。学术工作也是个人的社会行为，既不能摆脱社会所容许的条件，也还要适应社会演进的规律，这样才能决定自己在一定历史时期里应当怎样进行自己的学术工作。这种自觉可说是一方面既承认个人跳不出社会的掌握，而同时社会的演进也依靠着社会中个人所发生的能动性和主观作用。这是社会和个人的辩证关系，个人既是载体也是实体。

这点理论上的感受，虽则一直潜伏在我的思想里，在我“文革”后的公开讲话中也有所表达，但是还不能说已充分落实在后半生的学术工作中。“只见社会不见人”还是我长期以来所做的社区研究的主要缺点。

七

下半生的学术生涯，可以说从 1978 年开始，直到目前一共有 15 年。刚从“不寻常”的经历中苏醒过来时，我就想既然得到了继续学术研究的机会，就该把30年丢下的线头接下去，继续从事社区研究，而且这时我对社区研究本身的功能有了一些更明确的看法，正如我在和巴博德教授谈话中所说的，我们做的研究实际上是发挥人特有的自觉能力，成为自然演化的一种动力。人类社会是不断发展的，表现为生产力的不断增长。我们就得有意识的把中国社会潜在的生产力开发出来，提高人民的生活水平。这个进化观点我是早就接受了的。解放之后我又接受了当时的马列主义学习，认识到生产力是社会发展的基本推动力。这种思想和我早日翻译的乌格朋的《社会变迁》中强调科技的发展也正相合。我的《江村经济》调查就是接受了我姐姐改革蚕丝生产技术的启发而进行的。所以我在80岁生日那天以“志在富民”四字来答复朋友们要求我总结我过去80年所作所为的中心思想。“志在富民”落实到学术工作上就是从事应用科学，所以我把调查看做应用社会学。这一个思路，我有机会于1980年2月在美国丹佛接受应用人类学会授予我马林诺斯基奖的大会上发表的《迈向人民的人类学》讲话时，得到公开发表的机会。

1981年我又接到英国皇家人类学会授予我赫胥黎奖的通知，并由我的老师Firth建议，要我在会上介绍江村在解放后的变化。为此我特地三访江村进行一次简短的调查。就是这次调查引起了我对当时正在发生的乡镇企业和小城镇的研究兴趣。从那时起我就抓住这个题目不放，组织了一个研究队伍，跟着农村经济发展的势头，从江村一个村，扩大到吴江县的七个镇。然后一年一步从县到市，从市到省，从一个省到全国大部分的省；从沿海到内地，从内地到边区，不断进行实地观察，直到现在已经有10年多了。我每去一地调查常常就写一篇文章，记下我的体会。10年来已积了近40篇，其中大部分已收集在今年出版的《行行重行行》一书中。这一系列文章还在继续写下去，可说是我下半生的主要学术方向。

这一系列文章在理论上说是以《江村经济》为基础的。把社区的经济发展看成是社区整体发展中的一个主要方面，并和其人文地理及历史条件密切联系起来进行分析。我看到在不同条件下社区发展所走的路子不同，于是我又应用比较观点分出不同模式，并提出“多种模式，因地制宜，随机应变，不失时机”的发展方针。更从城乡结合的基础上升到经济区域的概念，逐步看到整个中国发展过程中形成的区位格局。这种社区研究是以农民自己创造的社会结构为出发点，分析这种结构形成的过程，它所具有的特点，并看出其发展的前景。这是实事求是的看法，而其目的是在使各地农民可以根据自身所处的条件，吸取别地方的经验，来推动自身的发展。所以可以说这种社区研究是应用社会学，一门为人民服务的社会科学。

回顾我这60年的研究成果总起来看还是没有摆脱“只见社会不见人”的缺点。我着眼于发展的模式，但没有充分注意具体的人在发展中是怎样思想，怎样感觉，怎样打算。我虽然看到现在的农民饱食暖衣，居处宽敞，生活舒适了。我也用了他们收入的增长来表示他们生活变化的速度。但是他们的思想和感情、忧虑和满足、追求和希望都没有说清楚。原因是我的注意力还是在社会变化而忽视了相应的人的变化。

翻阅我这段时间里所发表关于社会学的言论时，我看到我思想确是已经改变了一些原来对个人和社会关系的看法，我不再像在《生育制度》中那样强调社会是实体、个人是载体的论调，而多少已接受了潘光旦先生的批评，认识到社会和人是辩证统一体中的两面，在活动的机制里互相起作用的。这种理论见于我在1980年所讲的《社会学和企业管理》及《与医学心理学者谈社会学》里。

《社会学和企业管理》是我在第一机械工业部的讲话，在这讲话里我提到了1944年我在哈佛商学院遇见的埃尔顿·梅岳教授，他曾在芝加哥的霍桑工厂里研究怎样提高劳动生产率的问题，做了一系列实验。起初他采取改变各种工作条件，如厂内的光线、休息的时间等，来测验工作效率是否有相应的提高，结果确是上升了。但梅岳认为并没有解决提高工作效率的关键问题。他接着再把实验倒过来做，一一取消了这些客观条件的改变，出于大家意料之外的，工作效率却依然上升。他从中得到了一个重大的发现，原来不是客观条件的改变促使了工作效率的上升，而是他的实验本身起了作用。因为工人参预了这个实验，自己觉得在进行一项有意义的科学工作，从而发现了自己不仅是一个普通拿工资干活的机器，而且是一个能创造科学价值的实验者了。这个转变提高了他们的积极性。梅岳在这里发现了普通“工人身份”后面潜伏着一种“人的因素”，这个因素是工作效率的泉源，梅岳的“人的发现”改变了美国的工厂管理。联系我们所关心的问题来说，他是使社会身份，即社会规定的行为模式，背后这个一直被认为“载体”的个人活了起来了。使行为模式变成人的积极行为的是潜伏在社会身份背后的个人。其实我们在舞台上评论演员时，总是看他是否进入了角色。进入了角色就发挥出演员的积极性，演好了戏，演唱的好坏还是决定于演员本人。明白这一点，个人和社会的关系也就明白了。

上面提到的第二篇讲话是我在北京医学心理学讲习班上的讲话。我最初的题目是《神兽之间》，意思是说人既是动物而又已经不是动物，人想当神仙，而又当不成神仙，是个两是两不是的统一体。社会总是要求“满街都是圣人”，把一套行为规范来套住人的行为，可是事实上没有一个人是甘心情愿当圣人的，即便是我们的至圣先师孔老夫子也是到了快死的70岁时方才做到

“从心所欲不逾矩”。但是人又不能不在社会结构里得到生活，不能不接受这个紧箍咒，小心翼翼，意马心猿地做人，所以我用了 Freud 所说的三层结构来说明人的心理构成：一是 id（生物性的冲动）、二是 ego（自己）、三是 super-ego（超己），id 就是兽性，ego 是个两面派，即一面要克己复礼地做个社会所能接受的人，一面又是满身难受地想越狱当逃犯。Super-ego 就是顶在头上，不得不服从的社会规定的身份。我当时指出神兽之间发生的形形色色的矛盾正是（精神病）医生要对付的园地，神兽之间有其难于调适的一面，但是普通的人并不都是要挂号去请教精神病医生的。那就是说神兽之间可以找到一个心安理得做人的办法的。于是我得回到潘光旦先生给我《生育制度》写的序言里所提出的中和位育的新人文思想。

新人文思想依我的理解就是一面要承认社会是实体。它是个人在群体中分工合作才能生活的结果，既要分工就不能没有各自的岗位，分工之后必须合作，岗位之间就不能不互相配合，不能没有共同遵守的行为规则。有了规则就得有个力量来维持这些规则。社会是群体中分工合作体系的总称，也是代表群体维持这分工合作体系的力量。这个体系是持续的超过于个人寿命的，所以有超出个人的存在、发展和兴衰。社会之成为实体是不可否认的。但是社会的目的还是在使个人能得到生活，就是满足他不断增长的物质及精神的需要。而且分工合作体系是依靠个人的行为而发生效用的，能行为的个人是个有主观能动性的动物，他知道需要什么，希望什么，也知道需要是否得到了满足，还有什么期望。满足了才积极，不满足就是消极。所以他是个活的载体，可以发生主观作用的实体。社会和个人是相互配合的永远不能分离的实体。这种把人和社会结成一个辩证的统一体的看法也许正是潘光旦先生所说的新人文思想。

我回顾一生的学研思想，迂回曲折，而进入了现在的认识，这种认识使我最近强调社区研究必须提高一步，不仅需看到社会结构，而还要看到人，也就是我指出的心态的研究。而且我有一种想法，在我们中国世世代代这么多的人群居住在这块土地上，经历了这样长的历史，在人和人中和位育的故训的指导下应当有丰富的经验。这些经验不仅保留在前人留下的文书中，而且应当还保存在当前人的相处的现实生活中。怎样发掘出来，用现代的语言表达出来，可能是今后我们社会学者应尽的责任。对这个变动越来越大，全世界已没有人再能划地自守的时代里，这些也许正是当今人类迫切需要的知识。如果天假以年，我自当努力参预这项学术工作，但是看来主要是有待于后来的青年了。愿我这涓滴乡土水，汇归大海洋。

1993 年 7 月 24 日

农村、小城镇、区域发展

——我的社区研究历程的再回顾

我一生的学术工作是以农村调查开始的，其后进入小城镇研究，近年来又开始区域发展的探索，统称为一生社区研究的历程。流年似水，转眼已经60年了。当我进入85岁的时刻，似乎值得自己回头反省一下。由于我已在1985年发表过《社会调查自白》，1989年发表过《四年思路回顾》，这次反省只能说是再回顾了，但一个人的思想总是多少有一条前后连贯的理路，所以还得从头说起，其中有一点重复在所难免。

一

我这一生有个主题，就是“志在富民”。它是从我学术工作中产生的，我的学术工作也是围绕着这个主题展开的。

1935年偕我妻王同惠进入广西大瑶山调查瑶族农村，合写《花蓝瑶社会组织》。1936年在我家乡的一个农村里进行调查，后来写成《江村经济》一书。我在农村实地调查里从亲眼所见的事实产生了一种想法：中国农村的基本问题就是农民吃饭穿衣的问题，内忧外患使他们难以维持最低生活水平，陷入不足温饱的极端贫困境地。当时的历史现实，促使我生发了尽力使中国农民脱贫致富的使命感，也为我后来一生“志在富民”的追求扎下了根子。

40 年代我曾在云南内地进行农村调查，与张之毅同志合写成《云南三村》。其后，我曾应《世纪评论》之约，连续写了十几篇讨论中国农村社会特点的文章。这些文章分期连载后，集为《乡土中国》一书。我还在《大公报》发表了一系列有关农村复兴的文章，后来被《观察》周刊社汇编成了《乡土重建》单行本。我在这本书里提出了农民温饱的“小康水准”、“现代工业技术下乡”、“乡土工业”等问题和想法，都是围绕中国农民脱贫致富这个主题做的文章。

全国解放后，50 年代后期，我 1957 年重访江村。看到当时农业有了发展，粮食增产，感到高兴。但是，也看到副业被忽视了，乡村工业没有得到恢复，农民虽有土地可耕种，却只能搞粮食，手里没有钱花。市镇上的商品交换日益萧条，小城镇也萎缩了，这使我忧心忡忡。我在《重访江村》一文中建议恢复发展副业和乡土工业，在村子里办小型工厂，希望促进农民尽快富起来。

意外的政治运动打断了我这种发展农村经济的愿望。“反右”斗争中，我被划成“右派”，失去了继续进行学术研究的机会。从那时起直到“文革”结束，我这篇富民的文章做不下去了。

1966 年到 1976 年的全国大动乱，严重地破坏了社会生产力，国民经济到了崩溃的边缘。直到拨乱反正后的 1980 年，农民的人均谷类配额仅约有 580 斤。以这样只够糊口的粮食来维持农民全部生活费用，显然远远不够。何况各地产量并不平衡，大部分地区的农民所得远低于这个平均数，他们依然没有摆脱贫困状态。这样的情状，加上周边一些国家经济起飞势头的映衬，使中国农民实现温饱、脱贫致富的问题变得更加迫切了。

1980年，我恢复了名誉和正常生活，从1952年就被取消的社会学也得到了恢复，我有条件拾起被迫中断20多年的“为中国农民能富起来做些什么事”的实践课题，重新开始农村调查。我急切地想实地看看我曾经十分熟悉的江村经过这20多年风雨后的样子。1981年，我三访江村，高兴地看到了江村当时全年人均收入已接近300元，位于全国前列。而在1978年，江村的人均年收入还只有114元。为什么这个村子的农民能在短短三年中这么快地富裕起来？事实就在眼前，家庭副业恢复了，集体小工厂办起来了。当地农村经济结构中出现了农、副、工互相结合的现实和进一步发展的趋势。

让我特别兴奋的一点，是在江村看到了我几十年前所想象的目标已经开始在现实生活中出现，而且今后中国经济的特点也显露了苗头。中国人口有10多亿，农村人口又占绝大多数，在这样的国情下，我认为多种多样的工业不宜集中在少数城市，而应当设法尽可能分散到广大农村里边去，我称之为“工业下乡”。工业下乡的意图，是使在国家经济结构中增加工业比重时人口不至于过分集中，甚至可以不产生大量脱离农村的劳动者，而在农工相辅、共同繁荣的基础上实现农村工业化，城乡一体化。这可能是中国的工业化进程不同于西方工业国家发展模式的一个基本区别，也是我看到的适合中国国情的可行道路。

江村的变化不是孤立的，家乡吴江县的各个集镇都表现出活跃的迹象，商品交换多了起来，城镇居民普遍增加。其中有名的吴江七大镇正在从先前冷冷清清的衰落景象里抬头挺胸，一股欣欣向荣的生机吸引着我。我看到了一种值得特别注意的变化，这就是由于乡镇工业办得好而富裕起来的乡村，农业收入所占的比例不断降低，绝对数字却在明显增长，增长速度也比工业不发达的乡村要快。这是一个值得大书特书的历史事实，它向世界展示出中国在发展经济道路上的一个崭新特点：中国社会的工业化是在农业的基础上发生和发展的，它又反过来促进了农业的进一步繁荣和发展，推动农业走上了现代化道路。

把这个特点和西方早期工业化的历史做一个简单对照，中国乡镇工业的意义可以看得更清楚。在欧洲工业化初期，新兴的机器工业集中到了都市，农村却濒于破产，农民不得不背井离乡，涌进城市，充当新兴工业的劳动后备军。西方工业化的发展是以农村的萧条和崩溃为代价的，这是西方工业化道路的一大特点。中国当然也要顺应历史潮流，实现工业化，但在当前的历史条件下，绝不可能走西方的工业化道路。我们不能想象上亿乃至数亿的农民涌入城市来发展工业，中国的工业化只能走适合自己特点的路子。农民在农业繁荣的基础上，利用来自土地的积累兴办乡镇工业。这种工业也以巩固、促进和辅助农业经济为前提，农副工齐头并进，协调发展。这条工业化道路已经切切实实地开始出现在我们面前。它不是从理论上推论出来的成果，而是中国农民在改革实践中的新创造。

在这个值得大书特书的变革中，由于乡镇企业的发展，在比较发达的地区，不论过去属于哪一类型的乡镇都先后开始走上了工业化道路，发生了以乡镇企业为基础的小城镇，而且生机勃勃，引人注目，令我感动。在社会发展现实的推动和启发下，我开始了调查研究小城镇的课题。

二

1982 年以后，我的社区研究领域比三四十年代已经扩大。

首先是从农村扩大到小城镇，提高了一个层次，把小城镇看成是城乡结合部，进行深入调查研究。研究的地域也从家乡的一个村扩大到吴江七大镇，又到整个吴江县，再扩大到苏南地区。到1984年，我走出苏南，进入苏北，对苏南、苏北进行了比较研究。很明显，我这一时期研究地域的扩大有意无意地是顺着行政区域的层级进行的。有意思的是，对于特定行政区域内的经济和社会现象的观察和研究，使我看到了超越行政区域的一种经济区域发展的事实，这就是说我的经济区域的概念在观察现实经济生活中开始发芽茁长了。

这要从“模式”这个概念的发生说起。

在对苏南、苏北的比较研究中，我看到苏北的乡村里工业化程度明显比苏南低，小城镇的兴起也比苏南慢。对于两地在发展上的差别，起初我以为是起步的先后不同。后来我意识到，地区间可以由于客观条件的不同而走上不同经济发展路子。在总结苏北调查的《小城镇——苏北初探》一文中，我把思想上酝酿的一个概念提了出来，这就是发展的“模式”。我具体提出了“苏南模式”这个名词。

模式这个概念是从发展方式上说的。因为各地所具备的地理、历史、社会、文化等条件不同，所以在向现代经济发展过程中采取了不同的路子，这是可以在实际中看到的。不同的发展路子就是我所提出的不同发展模式。“模式”这个新概念，来自于我们身边正在发生的客观历史事实。让这样的概念再回到正在成长的新事物中，用它来认识现实，也就能把问题说得更清楚一点。

比如，在对苏南模式所做的研究里边，我把位于江北的南通划到了苏南经济区，让它和苏州、无锡、常州并称，道理就在于南通有和苏、锡、常大体相同的经济发展背景和现实发展路子。

苏、锡、常、通都位于长江下游，都是由于乡镇工业的兴起而进入工业化时期的。这几个地方乡镇工业的来历和发展机遇也类似。它们的前身是人民公社时期的社队工业，即公社和生产大队、生产队办的工业。公社和生产大队、生产队是集体经济的实体，它有权在社员的劳动所得中积累一部分资金，用来兴办集体公有的工业，叫社队工业。到80年代初江苏农村实行家庭联产承包责任制的时候，苏南的农民没有把社队企业分掉。在改制过程中，乡和村的人民政府替代先前的人民公社和生产队管理这份集体经济，通过工业保存下了集体经济实体，又借助上海经济技术的辐射和扩散，以乡镇企业为名而继续发展。苏、锡、常、通的乡镇企业发展模式是大体相同的，我称之为苏南模式。我从经济发展的模式出发把地处长江北岸的南通划进“苏南”的范围，从概念上说，我已把心目中的经济区域摆脱了一般的以江为界的地理区域。

1986年，我到浙江温州考察。温州以它明显有别于苏南的发展方式进一步启发了我，使我对“发展模式”这个概念有了更深入一步的认识，明确了它的意义是指：“在一定地区，一定历史条件下，具有特色的发展路子。”这里所说的“地区”，既可能是在某一行政区域范围内，也可能包括几个不同行政区划的地域范围。但是在这时候，我还没有提出“经济发展区域”的概念。

客观发生的历史事实使我产生了“模式”这个概念。新概念的形成反映着客观实际的变化，是实践的产物，同时又成为认识工具，帮助进一步认识新生事物和促进实践变革。发展模式的概念把我的研究工作推进了一步，要求我从整体出发，探索每个地区发展的背景、条件，和在此基础上形成的与其他地区相区别的发展特色，这就促使我进入不同发展模式的比较研究。

各种模式之所以能相互比较，是因为它们是在一个共同的基础上出发，又向同一目标发展的。共同基础是我们传统的小农经济，同一目标是脱贫致富，振兴民族经济。80 年代，各地农村先后进行了农业体制改革，实行了家庭联产承包责任制，农民因此得到了支配自己劳动的自主权。他们在承包的土地上经营农业之外，可以主动从事其他生产活动，以增加收入，这就大大调动了农民发展经济的积极性。他们千方百计、千辛万苦、千山万水地去开辟生财之道。

各地农民居住的地域不同，条件有别，所开辟的生财之道必定多种多样，因而形成了农村经济发展的不同模式。我在观察和研究这些不同的发展模式时，没有忘记它们只是解决增加农民收入这同一个问题的不同答案。对各种模式进行比较研究，也就是要说明它们有什么不同和为什么不同。具备了这种知识，各地农民都可以因地制宜地选择生财之道，争取早日脱贫致富。

如前所说的苏南发展的路子，是通过公社这个集体经济的积累，有足够的资金一步到位地把工业引进了农村，借着农村体制改革的机遇，快速地发展起乡镇企业，带动了经济的整体发展。但具备苏南这样条件的地区并不多。那些在公社的集体经济实体解散后再要办工业的地方，就得从其他渠道取得兴办工业的启动资金了。温州人想出了另外的办法。

温州原来也是个穷地方，人多地少，单靠农业连温饱都难以维持。当地农民就大批到外地去打零工，卖手艺，如木匠、裁缝、修鞋、弹棉花等。一时浙江人满天飞，远到边区的小镇上都有他们的足迹。这些人省吃俭用，把在外地挣得的钱寄回家乡积累起来，成了后来在温州一带发展家庭工厂的启动资金，然后通过广大的运销网络出售家庭作坊的产品，形成了“小商品，大市场”。我把这个发展方式称作“温州模式”。

在河南民权县，我看到当地发展了庭院经济。他们有两条“龙”。一是果农专业户以农户为单位种葡萄，乡镇的集体企业榨汁发酵，县里的国营酒厂最终制成果酒。这条龙带动了两万户农民致富。另一条龙是纺织品抽纱，一根针，一根线，不用油，不用电，老人小孩都能干。初级成品分散在千家万户，县工艺品厂集中收去修整、漂白、包装出口。每个农民可以利用农余时间借助抽纱为自己每月增加收入八九十元。这种利用千家万户的劳动力，让他们不出院不出村就能增加收入、脱贫致富的路子，我叫它“民权模式”。这也就是后来我在河南信阳所看到的所谓“公司+农户”，这可能是适合中原农业地区经济发展的一条路子。

到苏北调查时，我又了解到了另一种生财之道。徐州的农民组成建筑队，到外地承包工程。大庆油田的厂房建筑，多年来几乎全是由苏北农村的建筑队承包的，依靠这种劳务输出挣回的钱，成了苏北农村工业化的启动资金。后来我又在安阳听说林县也有“10万大军出太行”，北京有些大建筑工程就是他们干的。林县的建筑队已经在北京打出了名气。林县人说，他们80年代出太行，90年代富太行。类似徐州和林县这种专业性劳务输出的富民路子，也可以看做是一种模式。

在靠近福州的福清县，我还看到一种由侨胞投资兴办各种企业，甚至成片开发工业小区的发展方式。这些用现代设备和先进技术建立起来的企业，和国际市场密切相联，奠定了更为宽广的发展前途，为农村经济的发展开出了一条新路。我称之为“侨乡模式”。

模式这个概念的产生和发展，直接反映出我走出苏南以后观察范围的逐步扩大，比较方法的逐步深入。起初我是用小城镇的功能，如农贸中心，行政中心，工业中心等来区别不同“类型”。后来我看到乡镇企业的发展使许多过去不同类型的小城镇在主要功能上逐步趋于一致，于是我提出模式的概念作为比较研究的主要依据，但是在对各种模式的比较中，我并没有追问由每一种模式所覆盖的地区有多大，划出各种模式所占的区域，这是因为当时我还没有明确“区域发展”这个概念。

三

我的研究跨出了江苏省界之后，分成两个方向扩大范围。一路是沿海从江苏到浙江，经福建到广东的珠江三角洲，进而接触到广西的东部地区。另一路是进入边区，从黑龙江到内蒙古、宁夏、甘肃、青海、云南等地。在我“行行重行行”的实地调查过程里，越来越多的见闻和思索使我注意到经济发展具有地理上的区域基础。各区域不同的地理条件包括地形、资源、交通和所处区位等自然、人文和历史因素，均具有促进和制约其社会经济发展的作用，因而不同地区在经济发展上可以有不同的特点，具有相同地理条件也有可能形成一个在经济发展上具有一定共同性的经济区域。这些区域又可能由于某种经济联系而形成一个经济圈或地带。

1987年我在甘肃调查时，注意到在甘肃和青海交界的祁连山两麓居民除汉族外还有一些人数较少的少数民族，如裕固族、土族、撒拉族、保安族、东乡族等，还有人数较多的回族。他们处在青藏高原和黄土高原之间，形成了一道夹在藏族与汉族之间的民族走廊，在经济上，正是牧业和农业的接触和过渡地带。当时，我从回族聚居的甘肃临夏越过省界到青海的海东地区，一查历史知道这一带正是明代以来茶马贸易中心河州的故地。对这一带的情况有了初步了解后我产生了一个想法：要发展这个地区的经济，大概只有利用它特有的历史传统，恢复它作为农牧贸易的基地，把临夏和海东联合起来，共同发展成为向青藏高原发展贸易的中心。我把这个想法同当时两省的领导讲了，得到了他们双方的赞同，我就向中央提出了两地建立一个经济协作区来发展农牧两大区域之间贸易的建议。这个建议在我的研究工作中标志着进入区域发展研究的开始。经济区域发展的概念丰富了我社区研究的内容。这使我意识到，80 年代后期，以此为标志，我的研究工作又进入了一个新的层次。

在东南沿海和西北地区进行的实地调查，使我感觉到沿海和内地特别是边区发展不平衡的问题已经十分引人注目。从全国一盘棋和实现共同富裕的观点来看，有必要重视这个事关全局的东西差距。同时，我也想把在 50 年代被迫中断的民族研究工作在大西北的调查中继续下来。

中国的少数民族大部分聚居在中国西部地区，东部和西部的差距里包含着民族经济水平的差距。西部的发展离不开少数民族的发展，通过西部的经济开发和社会发展，可以使当地的少数民族进入现代文明，与汉族共享繁荣，这是一个具有重大意义的课题。

我在青海、甘肃两省和宁夏、内蒙古两个民族自治区做了实地考察后，看到从青海的龙羊峡到内蒙古的托克托河段的黄河上游沿岸地区，正处在西藏、新疆、宁夏、内蒙古四大民族自治区的中心，是西部的经济文化相对发达些的多民族聚居区。我认为它们可以走共同的发展路子，就是利用黄河水量充沛、落差巨大和沿河资源丰富的优势，可以以水电为龙头，发展原材料工业和深加工工业，稳定发展农牧业。加快这里的开发，可以带动附近各民族自治地区的发展，改变少数民族地区经济落后的面貌，巩固民族团结，缩小东西部的差距。为此，我提出了“共同规划，有无相济，互利互惠，共同繁荣”的原则，并在1988年向中央提出了《关于“建立黄河上游多民族经济开发区”的建议》。建议得到中央和两省两区领导的支持。这个建议是从广大区域出发来设想怎样推进经济发展的路子，可以说是区域经济这一概念落到实处的例子。

回想起来，80年代中期我曾研究过珠江三角洲的发展。这地区借助邻近香港的地缘优势普遍发展“三来一补”企业，与香港形成前店后厂格局的特点。我称之为“珠江模式”。珠江三角洲的快速发展得益于香港经济的扩散。表现出经济区域的特点，启发我注意到珠江三角洲这个经济区域的发展当中存在着的中心与腹地的关系。在1988年考察南岭山脉时，我把开发这一片瑶族聚居区的希望寄托在珠江三角洲的经济扩散上，提出了以香港为中心的三个环形地带的经济区域格局。后来我又在《珠江模式的再认识》一文中提出港珠经济一体化的观点，开始考虑以香港为中心的华南经济区的整体发展，这说明我的经济区域概念又深化了一步。

1989年，我到黄河三角洲做实地考察，并参加了由民盟中央和山东省政府联合召开的“黄河三角洲经济技术和社会发展战略研讨会”。站在黄河三角洲广阔的土地上，我想到了世界各国著名河口的三角洲多数已发展成为现代经济区，我国的珠江三角洲和长江三角洲也都已成为国内的经济发达地区。想着这些，我似乎亲身感受到脚下地层中正涌动着巨大的发展动力，也更清楚地意识到黄河三角洲是我国东部沿海地区一块亟待开发的宝地。同时又想起我提出过黄河上游多民族经济开发区的建设，接着再提出建立黄河三角洲开发区的问题，正好首尾相应。

从经济区域发展的角度去考虑这块宝地的开发，我发现有一个基本的概念需要讨论，就是黄河三角洲的地域范围问题。过去说的黄河三角洲，实际上是黄河口的概念。三角洲应当是包括河口的一个经济区域，河口不等于三角洲这个经济区域。一个经济区域必须有口有腹。因之，在我看来，可以考虑把稍为靠里一点的潍坊、淄博划入黄河三角洲。历史上淄博是齐国的首都，是当时的政治、经济、文化中心，现在也是一座很有实力的城市。潍坊的实力也可以。有了有实力的中心城市，再加上两市的乡镇为腹地，黄河三角洲的开发就能更有力量。从地理上看，好像这两地离河口远了一点，但从区域发展要有中心城市带动来讲，是合乎实际的。看来在考虑黄河三角洲的开发时，把限于河口的眼界扩展到经济区域的眼界是有必要的。

1990 年，我结合此前多次对长江三角洲所做的调查研究，继续思索这块地方的区域发展和上海的地位问题。浦东开放开发以后，我提出了上海走什么路子的问题，是搞深圳式的上海，还是建设香港式的上海？寻找这个答案，要顾及许多因素，我以为应充分注意区域发展的大局和长远利益对上海的要求。

当时在大陆建设几个香港的设想已经提出来了。这使我想起孙中山先生在 20 世纪初就提出在长江三角洲建设东方大港的方略，进而想起 20 世纪 30 年代，上海已成为东亚地区仅次于东京的第二大城市。包括 58 家外国银行分行在内的 168 家银行使上海成了亚洲的重要金融中心。当时占全国 50% 到 80% 的商品进口量和占全国 60% 的茶叶和猪鬃出口量又使上海成为我国外贸和商业中心。建国以后上海的经济地位虽已大不相同，但到 90 年代初期，我国走社会主义市场经济的总方向业已定论，上海在全国经济格局中的地位势所必然的要起变化。何况上海四周长江三角洲这个腹地的经济技术发展水平也比改革开放之前有了很大的提高。如果上海浦东仍想像深圳那样吸引外资，以建工厂为主，哪怕是兴建一些高技术产业，它的扩散和辐射能力都会受到很大的限制，并可能在市场、产业结构等方面与江、浙乃至沿海城市发生矛盾，即使上海能起到窗口作用，也无法起到龙头的作用。当中国已经进入全方位开放时期后，比起窗口来，似乎更需要龙头。

由此看来，上海的发展宜更上一层楼，在更高层次上从区域经济发展的观点出发，考虑成为长江流域的贸易、金融、信息、科技、运输中心。换句话说，使上海在经济上成为长江三角洲和沿江地带工农业商品总调度室或总服务站，成为一个具有广阔腹地的大陆香港。这也许是更可取的一条路子。以这个思路为底子，我于1990年提出了关于建立长江三角洲经济开发区的建议，后来又更具体地提出了以上海为龙头，江、浙为两翼，长江为脊梁，以“南方丝绸之路”和西出阳关的欧亚大陆桥为尾闾的宏观设想。

1991年，我开始了以发展山区经济为重点的研究计划，首先走访了四川、云南两省交界处的大小凉山。根据考察所得，我提出了“点—线—面”的发展方针，即以攀枝花工业中心为启动力，联合凉山自治州，开发成昆路一线的丰富资源，开辟通向东南亚的“南方丝绸之路”，推动西南云贵高原的全面发展。

到1994年，我在地矿部的支持帮助下，结合我先后在西北和西南贫困地区实地得来的资料，与中国地质科学院从事黄土研究和熔岩研究的专家们讨论了西北黄土高原和西南熔岩地区的扶贫开发问题，研究怎样配合国家“八七”扶贫攻坚计划的实施，加强对这两个区域的治理，尽快帮助这里的农民脱贫致富。在思路较成熟时，我向中央提出了关于西北黄土高原和西南熔岩地区扶贫开发的具体建议。

在这两套有关开发西南的设想里边，有我在长江三角洲开发设想中有关经济区域内容的延伸。但更重要的是表现出了研究取向上的相通之处，即以较小范围的区域发展联系上了更宏观的区域发展。经济区域这个概念就是这样逐步在接触实际中生长起来的。

四

中国大地上方兴未艾的区域间经济协作的现实，持续地推动着我对区域发展这课题的探索。在对东南沿海地区和西北、西南边区的发展情况有了较多了解并相继提出这些区域进一步发展的设想之后，我把重点放在过去了解较少的区域。一路是沿海岸线北移，经环渤海湾进入东北地区，考虑建立参与发展东北亚经济的基地问题，另一路是沿欧亚大陆桥由东向西进入中部地区，研究沿桥建立经济走廊的条件。

东北的情况，我在80年代中期开展边区研究的时候，曾对黑龙江省有局部的了解，并想提出从内地吸收移民开发北大荒，为今后参与发展东北亚的国际大会战时充实实力的设想，但时机未到，并没获得当地领导的共识。几年过去了，国际形势发生了巨大变化。1991年，我有机会访问吉林省延边朝鲜族自治州，着重考察了珲春市和珲春的长岭子口岸、距图们江出海口不远的边界和图们江口岸等地。我了解到，地处延边东部的珲春市具有图们江通海航行的悠久历史，早在1200年前就是我国东北地区海上“丝绸之路”的枢纽。清末民初时，当地居民一直利用图们江航道出海捕鱼和通商。1907年，清政府在珲春设立商埠，1909年又设海关总管，珲春成为中国进出日本海的一个重要贸易城市。可是在1938年，日军由于日俄冲突而强行封锁了图们江口。从此，中国人民被迫中断沿图们江出海航行达52年。图们江口“金三角”地区的重要政治地位和经济价值，被历史淹没半个世纪之久，东北地区的广大腹地的发展也受到很大影响，实在可惜。

我由此想到了行使图们江出海权、开发利用图们江口地区的重要战略意义。简要地说，这是行使中国主权、维护中国在日本海利益的需要，是进入日本海、确立中国在东北亚的地位、建立参与东北亚经济发展的基地、迎接21世纪的需要。这一点，从宏观的经济区域发展的观点可以看得很分明。图们江口位于东北亚区的中心部位，从这里启航到朝鲜的罗津港、俄国的符拉迪沃斯托克（海参崴）港、韩国的釜山港和日本的新潟港，距离最近，也能缩短到加拿大温哥华和美国旧金山港的航程。这对促进中国外贸的发展十分有利。中国东北地区的外运港口，目前全部集中在辽东半岛，并已趋饱和状态。打通图们江出海口，不仅可以缓和东北地区的外运紧张状况，还可使全国外运港口和铁路运输布局得到改善。更为重要的是，在图们江口建设开放城市，并引导大连向“北方深圳”的样式发展，改善沿海地区对外开放的总格局。加上胶东半岛的烟台、威海这些据点，连成一体，形成中国与世界经济的又一个大的接轨站，依托东北广大腹地的建设，将使我们取得面向参与东北亚发展的广大空间。

从注意到参与东北亚的开发，我又看到了发展环渤海地区的重要性。环渤海地区是中国经济由东向西扩散、由南向北推移的纽带。我曾利用访问考察的机会陆续对环渤海湾的沿岸城市及其腹地做过实地调查，了解到环渤海地区具有独特的港群优势和广阔的腹地，有在国内密度最高的交通网络，有丰富的资源和强大的工业生产能力，在占全国5.1%的国土面积上创造着超过全国1/4的工业产值。在第二轮改革开放高潮中，加快发展环渤海地区的战略任务已被写进了中共十四大文件。同时，随着改革的深化，华北地区经济运行的市场机制开始启动，原来受到行政区划局限的生产要素正在市场经济力量的推动下突破行政区域界限，走向联合与协作，形成综合力量，促进经济区域的发展，这都为环渤海地区的崛起提供了有利条件。

为了切实加快环渤海地区发展，我在自己所做调查研究的基础上，建议民盟中央与环渤海地区的省市政府有关部门领导、研究人员以及民盟地方组织一起开会，专题研讨环渤海地区加快发展的自身优势、外部条件、制约因素和基本思路，并以此为框架向中央提出了加快发展这个地区经济的具体建议。

从1992年起，为了改变中部地区和沿海地区的发展差距，为了充实沿海发达地区的腹地，我把探索中部地区加快发展的路子作为重点研究题目，又接触到了新的情况，受到了新的启发，这使我能比以前更深一层地思索传统农业地区脱贫致富的路子和沿欧亚大陆桥地区的整体发展问题，提出了发展欧亚大陆桥经济走廊的设想。

改革开放以来的10多年里，东部沿海地区凭借其地缘优势，发展步子较快。到90年代初期，东部沿海地区的农民人均收入，要比中部地区农民人均收入高出大约一倍。在这样的差距下，中部地区的农民在想些什么，做些什么，我很想知道，也想在扶贫实践当中和农民一起寻找下一个10年里让中部地区尽快赶上来的办法。我到苏北、山东找，到湖南、湖北找，到河南、河北找，找来找去，找到了两个旨在促进区域发展的经济协作区，找到了能使农民切实增加收入的庭院经济，和以此为基础发展起来的当地称之为“公司+基地+农户”的路子。

我在苏北访问的时候，听说有一个淮海经济协作区，是苏鲁豫皖接壤地区的17个地市自愿组成的区域经济协作组织。他们从1986年起正式开始联合，打破条块分割的局面，形成横跨四省的协作网络，使这个区域的国民生产总值、工业总产值、财政收入、外贸出口额的增长在成立协作区后的数年里边均高于全国平均水平。在作为东部沿海腹地的经济欠发达地区，这样的成绩是令人鼓舞的。

接下来，我在邯郸访问时又知道有一个中原经济协作区。包括晋、冀、鲁、豫四省的15个地市，自1985年起自动联合起来，进行地市间经济技术协作。这是个农业传统悠久，人口、市镇密集，轻重工业并举，城乡市场广阔的区域，地处大陆桥中段，战略地位重要。这里的15个地市根据发展经济的需要自发组织起来，开展跨省界的区域协作，这里的干部有意识地组织群众走出条块分割，联手发展，这是值得关注和倡导的新生事物。

淮海和中原两个区域经济协作组织引起了我浓厚的兴趣。这两个协作区包括的这一大片历史上以农业为主的地区，是否可以在从事农业和副业的个体农户的基础上积累起资金，走上工业化道路？对此，我不能说自己没有一点想法，但他们的现状怎样，他们已经做出了哪些探索，发生了什么样的效果，下一步怎么走更好一些，我所知道的还不多。同时我又看到中部地区能不能加快发展，不光是中部自己的事情，也是决定沿海地区能不能进一步加快发展的一个关键。如果中部作为沿海地区乡镇企业的市场不能快点发展起来，沿海地区的下一步发展就会受到很大制约。

我在访问过淮海经济区大部分地市之后，于1993年到商丘参加了淮海经济区第八届市长专员联席会议。又在对中原经济区做了一些了解后，于1994年到濮阳参加了中原经济技术协作区第九届会议，并借与会机会对信阳、安阳、濮阳、焦作四市进行实地调查。再结合我以前在湖南洞庭湖区、湖北孝感、河南民权、河北沧州、山东无棣等地看到的例子，我脑筋里的思路比较清楚了一些。看来，在农业传统悠久的中部地区，从农业到发展工业之间要有一个过渡。这个过渡可能就是发展庭院经济，为广大农民切实增加收入，早日脱贫致富，积累资金，自力发展乡镇企业。在增加农民收入的基础上，加快中部地区的整体发展，沿欧亚大陆桥建设一条沟通东西、平衡南北的经济走廊，需要尽早提上日程。

庭院经济，就是以个体农户为基础发展成为农林牧副渔任何一业的专业户、专业村。我在孝感看到了“一村一品”形式的庭院经济，以一家一户为基本单位，有的村养甲鱼，有的村养鸟，有的村编鸟笼，千家万户都富了起来。在民权看过的种葡萄，做抽纱，也是分散在千家万户。我到沧州、无棣去看，了解到当地的枣粮间作，也是大有可为。在麦地里间种枣树，发展果业，光是这一条，扩大规模，落到实处，一年就能创造几亿元财富。淄博临淄区有一个西单村，我在村里看到家家户户都有池塘，村里搞立体农业，生态农业。他们在屋顶上种水葫芦，用麦秆、玉米梗养牛，牛粪集中起来生产沼气，沼气渣用来养鱼，养鱼的水可以浇地种田做肥料，这样在庭院经济基础上搞起了多业并举、良性循环的集体经济。加上村办工业，1993 年的产值已有十几亿，真是小农村做出了大文章。

庭院经济虽然还是在农业里边，却已不是传统的农业概念，而是跨到大农业的阶段上来了。大农业不是单搞粮棉油，而是农林牧副渔全面发展，这就使农民致富的路子多了起来。农民手里有了钱，要买消费品；生产的东西多了，要卖出去；钱更多一点的时候，需要投资，用钱滚动来得到更多的钱，这样，流通就出来了，工业就办起来了。乡镇企业一开始就是农民自己在计划经济之外干起来的，它的启动资金不是向国家要的，而是农民从土地里边积累起来的，是通过把劳动力在土地上变成生产力挣出来的。可以说，庭院经济是促进乡镇企业发展的一支强大力量。淮海、中原两个协作区有 1.5 亿人口，每人增加几百元收入，就是几百亿元的大市场。庭院经济看起来小，力量却很大，看着不如大中企业气派大，却是广大农民增加收入、脱贫致富的好门路，显示出的是另一种气派，富民的大气派。星星之火，可以燎原。燎原的力量不是来自好高骛远，而是来自脚踏实地，尊重实际，尊重群众的首创精神。发展市场经济的伟力存在于千千万万的群众之中。

中部地区的经济协作已经搞了将近10年，打下了基础，积累了经验，现在要上一个台阶了。有机遇，也有条件。沿海地区的发展搞了十几年，沿江地区的发展也已经提出了好几年，中国北部沿大陆桥经济走廊的发展还有待提上日程。大陆桥虽然早就有，可是还没有被当作经济走廊去发展。陇海线通车已久，沿线的腹地并没有得到大的发展。现在，情况已经大不一样，南中国的发展迅猛，形势逼人，要求北方有相应的发展。长江三角洲的经济辐射借助长江进入中部，在不长的时间里就可能实现。中部和北部的发展，要求沿大陆桥建设经济走廊，一方面发展潜力强大的沿桥腹地，一方面作为东部经济技术向西转移和扩散的通道，沟通东西。不仅如此，这个经济走廊正贯穿黄河中游的广大腹地，西接黄河上游多民族开发区，东联黄河三角洲开发区，它可以带动整个黄河流域的经济大发展。而且可使北方经济既能从连云港东出，又能沿桥经河西走廊西进，去开发从中亚细亚到阿拉伯的巨大市场。

淮海和中原两个协作区继续增强实力，连片发展，就是这条走廊的基础。加快这两地的经济区域发展，一边建设经济走廊，一边建起欧亚大陆桥的桥头堡，与全国各地形成承东启西、南呼北应的大格局，对于中国从20世纪末到21世纪初实现全国协调发展，人民共同富裕，应该是有益的。

至此，综合我一系列有关经济区域发展的设想，已接近了

“全国一盘棋”的格局。写到这里，我似乎看到中国经济的两条龙，长江，大陆桥；还有两只虎，华南虎，东北虎，似乎看到了龙腾虎跃的局面，看到我们这个小农经济延续几千年的国家城乡一体现代工业化的前景。这是我一生梦寐以求的理想。

五

经济区域的研究是我近几年在实地调查和思考中提出的一个新课题，也可说是我的农村调查，小城镇研究的延伸。这个新课题至今还在探索的阶段，刚刚破题，许多方面尚须深入探索。

我在上面回顾了我自己逐步明确区域经济这个概念的过程。总的说来是我在西北少数民族地区看到地区间经济协作的需要，又在珠江三角洲看到香港这个经济中心所发生的作用，因而进一步产生发展围绕这中心的环形地带的设想。可以说是在我思想上开始对经济区域有了初步认识。以珠江三角洲的模式结合长江三角洲的现实，才使我觉得这里还缺少一个和香港相当水平的经济中心。因此想到提高上海的经济规格，希望它能成为长江三角洲的龙头，带动整个长江流域这条经济脊梁骨的发展，在长江流域形成一个经济高度发达的区域。这条思路又带着我看到华北和东北，以及横贯全国带动西北的欧亚大陆桥经济走廊，使我在这几年里做一系列发展区域经济的建议。这是我个人提出这一课题的来龙去脉。

经济区域是在人们经济生活中形成的，本身有一个发展过程。我们可以设想在人类社会的原始时代，人们都是在自给自足的小群中生活。这种小群散居在广大的土地上，相互依存的地区性的经济联系很微薄。即使社会发展到了小农经济阶段，若干以亲属为基础形成的农户，聚居在一地形成了村落，进行类似的采集、农耕和副业的生产活动，互通有无的交易还是极有限的。社会分工的发展，使各村各户才有交换不同产品的需要，而发生了日出而集、日入而散、“日中为市”的临时市场，就是在我们内地至今还可以看到的赶场或赶集。又经过了一段历程，才发生作为农副产品集散和销售工业制造品中心的市镇，它们各自拥有为其服务对象的若干农村，在我家乡称作乡脚，即市镇的腹地。经济继续发展，有些市镇上升为城市，有些小城市上升为中、大城市，直到特大城市。各级城市都拥有它的腹地，形成城乡相互依存不同层次的经济区域。

我国改革开放以来，进入经济迅速发展的时期。农村的工业化和城市化，走上了城乡一体的道路。小城镇的兴建正进入高潮，中大城市都在发展和扩建。同时，社会主义市场经济的蓬勃成长，已使过去经济关系在不同程度上处于分割和疏隔的各层次行政区域，已日益感到协作和互补的需要而相互开放和联系了起来，而且已出现了超越行政界限的各种形式的协作和结合。我身处这个大势之中，从研究工作的实践里逐渐意识到区域发展研究的重要性。在这篇回顾中我试图具体地把这项课题在我思想中形成的过程，理出一条线索，也想藉此作为今后研究工作的导向。

由于这个研究课题牵涉的范围较广，问题众多，我自己明白对这课题的认识还不够全面，概念也不够明确，对这篇回顾中已经冒头的许多问题还没有深入系统地追索。例如：经济区域和行政区域怎样既相联系，又有区别？经济区域内部的结构，如中心、腹地、口岸、道路怎样组合，又怎样安排？各层次的经济区域怎样形成和发展，它们又怎样受到自然和人文，即地理和历史因素的促进和约束？这些都是还需要研究的问题，像这样的问题还有许多。

今后进一步研究这些新的课题，我还是将继续采取我过去的实事求是研究方法。一切要从已发生的事实为基础，观察和描述“已然”。用可以观察到的事实为资料，进行比较和分析，探索在事物发展中可能发生的情况，做出设想，然后通过思考，引发出“或然”。最后以实践去检验其正确与否，经过历史的对证，得出“果然”或“不然”的结论。

我在经济区域研究这个课题上，还在观察和描述“已然”的阶段，但也在思考“或然”的发展。我已注意到20世纪后期世界经济发展中不断出现跨国家的经济共同体的理论和现象。欧洲共同体把欧洲一些独立的国家在经济领域里进行密切协作和共同规划，初步踏进了全面统一的门槛。接着北美、中美各国也已分别在部分经济领域中实行了联合和协作。近年来有关亚太经济区域的结合也已提到日程上。这许多国际间的大趋势都指向这个世界由于科技的发展，经济上全人类已密切地相互依存，正在走向联合，但还没有形成一个平等、和平、合作、团结的全球性共同体。洲级经济区域概念的提出，也许是走向这个共同体的一个起步。

我在这个世界规模的大趋势的影响下，不能不联系我们自己的国情，思考社会主义市场经济的发展前景，因而注意到已经出现的形成我国国家规模的经济共同体的积极因素。在这种背景下，我提出这个区域发展的研究课题。这个研究课题，需要微观和宏观相结合，需要理论和实际相结合，需要人文和地理相结合，看来和小城镇研究相比是个更大的问题。我从农村的微观研究，进入小城镇的比较研究，经过60年的时间，提出了这个更大的课题。这个课题不仅要把全国的经济发展看成一盘棋，而且应联系着全球性经济发展的大趋势来思考，确是一篇不像是我这一生可以亲自写到底的大文章。这篇文章我算是破了题，但怎样做下去还需要认真探索，更需有志同道合的学人共同努力。我相信总有一天能看到我们国家作为一个具有实力的统一体，矫健地踏进全球一体的大社会。我也愿意为这篇大文章的写作付出我最后的一段生命。

回顾毕，情未已，墨有余，作短歌。歌曰：

老妻久病，终得永息。
老夫忆旧，幽明难接。
往事如烟，忧患重积。
颠簸万里，悲喜交集。
少怀初衷，今犹如昔。
残枫经秋，星火不熄。

1995年1月1日

反思·对话·文化自觉

下面是根据我在北大社会学人类学研究所开办的第二届社会文化人类学高级研讨班上多次发言的录音整理编成的记录。我历来不喜欢在讲课时照本宣读我已写出的讲稿，而喜欢随稿补充一些即席的思考，这也可名之为“讲课旁白”。

一

上届研讨班上我们大家约定：回去后都到田野去做一次调查研究，对中国社会和中国文化思考思考，过一段时间大家再聚在一起互相汇报心得。一年过去了，今天能在这里召开第二届研讨班，实现了这个约定，我感到十分高兴。同时李亦园教授主张，这样的研讨会不仅要有第二届，还要有第三届、第四届，每年召开一次，继续开下去，我十分赞成。在这里我也得表示一下决心，只要我还活着，不论哪一届，我一定参加。当然有一个前提，决定权不在我手上，要看老天还打算让我在这个世界上再活多少年。我是属狗的，依传统算法，已经88岁了。俗话说“八十不留宿”，是指像我这样年纪的人到人家去做客，主人不愿再留我在他家过夜了，为的是谁也保不住第二天我是否还能起得来。我这样长的寿命，已超过了我的几位老师，包括吴文藻、潘光旦、史禄国、马林诺斯基。但在学术成就上实在无法相比，我对几位老师，只有惭愧二字可说。从《花蓝瑶社会组织》和《江村经济》的两次实地调查算起，到去年已过了60年，老话是一个花甲了。如果不是在1980年我又获得第二次学术生命，我这一生就留不下多少对后代也许还会有用的遗产了。也正是这种“岁月春水逝”的生命短促感，促使我这十多年来不停地“行行重行行”，力求此生能对得住祖祖辈辈的培育和期待。

最近这几年，我在外地跑得少了一些，原因不尽是由于年老力衰，而是因为我打算用这最后的一段生命，把自己一生中已经写下的东西多看看，结结账，写一套反思性质的文章，这不能不占去我一部分时间。我曾利用上一届的研讨班推出了我重读马老师文化论的体会一文，作为我在这个研讨班上的第一讲。同时我也为这届研讨会上的第二讲预定了内容，打算发表我对《江村经济》一书的反思。讲稿是写了出来，却花了有好几个月。今秋定稿时正好许多亲友建议利用我江村调查60周年的机会，大家到我家乡去欢叙一番，顺便去看看今天的江村。我就把那篇刚写好的文章送交《北京大学学报》（1996年第4期）印发，供大家讨论之用。

北大社会学人类学研究所决定召开这届研讨班时，又把这篇讲稿编入《社区研究与社会发展》一书中，在讲课前分发给参加这届研讨班的学员们。一稿两用，不得已也。但因此大家能在听讲之前，看到这篇讲稿，思想上有些准备便于听得明白我这个南腔北调的口音。这篇讲稿题目是《重读〈江村经济〉序言》。讲稿既然预先发给你们了，由你们自己去念好了。我将利用这两个小时，随心所欲地讲些有关这篇讲义的旁白。

这篇讲稿也是我正在写的一系列反思文章中的一篇，和在上一届研讨班上所讲的是相连续的。现在电视不是时兴连续剧么？我写连续性的文章，固然有点赶时髦的味道，其实这也是我在抗战时期养成的习惯。《乡土中国》、《生育制度》等等都是先写连续性的文章，然后合编成的。我这一系列反思文章还刚开始，打算还要写下去。我这样说不是又在作预约，而是想说，各位最好把我的那几篇反思文章连起来念，一个人的思想是不断发展的，前后有个继承性、连贯性，不掌握其中的思路，也就难于理解作者想在所写的文章中表达的论点。

我今天提供大家的那篇讲稿，不仅是想为我写的那本《江村经济》在人类学这门学科里定个位，而且也想借此说明这篇序言的作者，马老师，对这门学科发展上的贡献。我想把我今天的讲稿和60年前开始动笔的那本《江村经济》和马老师为这本书写的序言，三者连结起来，来说明第二次世界大战前这门学科发展的一段经过。用以引出人类学在当前的处境和可能出现的新突破。

我在这篇讲稿里一开始就声明，我这本《江村经济》是一棵我无心插下的杨柳。马老师在序言里对它的评语，我当时不仅没有预料到，甚至没有完全理解。也就是说我在江村调查时并不是有意识地要用此把人类学这门学科推进一步。当时我还是个初入门的年轻小伙子，既没有这眼光，也没有这雄心，甚至我在江村调查时并没有想到会写成一本书。我是在我姊姊的好意安排下到江村去养伤的。从插在这本书里的相片上还可以看出我当时扶着手杖，病容满面，一副未老先衰的样子。我是凭着从当时留我寄宿的农民合作丝厂给我的深刻印象和启发中想为这“工业下乡”的苗子留下一点记录而开始做江村调查的。

这棵无心插下的树苗，得到了泥土和雨水的滋养居然成活并长大了。论文写成，又印成了书出版，马老师还为它写了序。序里写些什么，我只是在伦敦回国前从出版这本书的书局送来该书的校样上粗粗地看了一遍，说实话印象并不深。当时占着我心头的是国内抗日战争。我记得船过印度停泊时才知道汉口和广州已经沦陷，当时我和同伴们正忙着办越南起岸和过境的签证手续。我和《江村经济》英文本初次见面是在1948年清华胜因院的书房里，离开这本书问世已有10年之隔。

我从西贡上岸经河内回归祖国。到达云南的昆明后，接着我就遵循马老师的主意，在滇池边上继续搞农村调查。其后，抗日战争结束后，内战发生，我开始投身民主运动。在这段时间里，我在学术工作上只完成了《云南三村》的中英文稿，英文本的名称还是用了和马老师同桌吃饭时他建议的 *Earthbound China*。中文本《云南三村》直到1990年才正式出版。闲话不说了，总之我对这本《江村经济》的认识是逐步形成的。这次为了要准备这届研讨班的讲稿，才用心细读此序，似乎开了窍。我现在的想法，认为马老师写这篇序的目的，似乎并不完全在评论我这本书，而是想借这篇序吐露他自己心头蓄积着的旧感新愁。

我在讲稿里已说出了我这一点体会，不必在此重复。他当时正面对第二次世界大战的严峻形势，心头十分沉重，所以说“我们的现代文明，目前可能正面临着最终的毁灭”。他介绍我时强调我是个“年轻爱国者”，他对我能有机会成为一个“研究自己民族”的人类学者，用自己的研究成果真正“为人类服务”，竟流露出“时感令人嫉妒”，甚至他表白对“自己的工作感到不耐烦”，他用了“好古、猎奇和不切实际”来贬责当时的许多人类学者。他还自责“人类学至少对我来说是对我们过分标准化的文化的一种罗曼蒂克式的逃避”。这些话我现在看来正是一个寄寓和依托在拥有广大殖民地的帝国权力下失去了祖国的学者的气愤之词。但是为了表达他的信心，他紧接着又说："我认为那面向人类社会、人类行为和人类本性的真正有效的科学分析的人类学，它的进程是不可阻挡的。为达到这个目的，研究人的科学必须首先离开对所谓未开化状态的研究，而应该进入对世界上为数众多的，在经济和政治上占重要地位的民族较先进文化的研究。"

我重复这些话是要指出马老师在把现代人类学者从书斋里拉进充满着新鲜空气的"田野"之后，接着他很明白地表示要把人类学的研究从野蛮人的田野拉进文明人的社区里去。在人类学的发展过程中第一步从书斋到田野的转变上他是立了功的，但从野蛮到文明的第二步，他在一生中并没有实现。目前那些以"文化领导人"、"掌握着优势文化"自居的人还坚持着先进和落后之分，实质就是上一代的"文野之别"。这条鸿沟看来一时还难于跨越。这是我体会到马老师的内心的新愁。

我自问自己怎么会似乎毫不经心地跨过了这个"文野之别"的呢？马老师的这篇序又替我回答了这个问题，他在序末的一段话里说："作者的一切观察所具有的特征是，态度尊严、超脱、没有偏见。当今一个中国人对西方文明和西方国家的政治有反感，是可以理解的。但本书中没有显示出这种迹象。事实上通过我个人同作者和他的中国同事们的交往，我不得不羡慕他们不持民族偏见和民族仇恨——我们欧洲人能够从这样一种道德态度上学到大量的东西。"他替我所作的答复是归根于中国和欧洲在文化上的差别，即他所说的道德态度上的基本差别。中国人在马老师看来并不像欧洲人那样心存民族偏见和仇恨。马老师这个概括是否正确还有待实证。我常自己审察自己总觉得我们传统文化中对异民族的偏见不能说没有，但是和欧美相比是有差别的。我在讲稿里已提到过欧美人类学里反映出来的"文野之别"历来被认为是文化本质之别，甚至在30年代还有人怀疑土著民族的头脑是否具备欧美白种人所认为人之所以为人的理性。西方人类学的学者中否认“野蛮人”有逻辑思想的为数不少。这个问题到了马老师的时代还要由他挺身而出极力争辩，巫术并不是出于缺乏实证的逻辑思想。

在我们的传统文化里也有夷夏之别，但孔子一向主张“有教无类”。教就是可以学习得到文化，类是本质上的区别。孔子看到他不能在中原行其道，曾想乘桴浮于海，甚至表示愿意移居九夷之中，就表白他认为夷夏只是文化上有些差别，有教则夷即入华，人的本质是一致的，并没有不能改变的本质上的区别。

通过我的行为和思想，在马老师眼中看出了我们中国人和欧美人在道德素质上的不同，也许就是这种不同，使我在进入人类学的领域时，很自然地闯过了“文野”这一关。这一点认识使我更感觉到要理解一门学科的发展绝不能离开学者所有的文化素质。我们中国人要认真地去研究人和文化，就不能不警惕各种理论的历史背景和从事这门学科的人的文化修养。

二

我在这个高级研讨班上的两次讲稿，都可以归入我所说的反思性质的文章中，就是回过头来，多读几遍自己过去发表的文章，把自己新的体会写下来。这类文章我是从1993年在苏州召开的两岸三地社会人类学座谈会上开始的，当时我在会上宣读了《个人·群体·社会》一文，是我重读《生育制度》一书时的新体会。1994~1995年又写了两篇关于怀念我在清华研究院的史禄国老师的文章，和一篇对我《小城镇　大问题》那篇文章的10年回顾，以及去年在第一届高级研讨班上所讲的关于马老师

《文化论》的体会。以上几篇已收集在《学术自述与反思》这本新近出版的文集里。现在还可以在市面上买得到。这一系列文章是我这几年开辟的一条推进我学术思想的新路子。希望这个研讨班能帮助我对我过去写的文章、出版的文集，多提意见。我受到了启发之后，可以在班上一次一次地写我的讲稿，作为答谢。

学术反思并不是我发明的，拿我个人来说就是从马老师那里学来的，是从他在 LSE 讲课时所采用的“席明纳”方式中推衍出来的。“席明纳”是 seminar 的音译，其实就是有一位教授主持的学术研讨班。采用这种方式来改变过去“先生讲，学生听”的教育方法。采取了由学生讲，通过师生平等的对话和先生与学生一起讨论，最后由先生总结的教育法。我正在试验的学术反思其实就是自我讨论或称自我对话，针对我自己过去的学术成果，通过自己的重新思考，进行自我反思。我把这些反思文章作为讲稿，请参加研讨会的同行们一起用对话方式进行研讨，性质上是一样的。同行们一起对话，比一个人自己对话自然高出了一个层次，接近于我在 30 年代参加的马老师的“席明纳”。

鼓励对话，使这一届研讨班比上一届研讨班前进了一步。上一届主要是请了几位在人类学这门学科里已有一定学术地位的各国学者作主讲，各人讲各人的，参加研讨班的学员只是到会听讲，很少像这届大家进行对话，因之多少还偏向于传统的“先生讲，学生听”的一般上课方式。这一届研讨班上有了改变，学员间的对话增多了，大家放言无忌，真是一个大改进。可以说是开创了一种学术新风。这不仅得到学员们的积极支持，而且在对话中，我确实得到很多启发，充实了我今后继续“反思”的内容。

举几个实例来说，在这届研讨班上有一位学员对我所说的“文化没有界线”这句话提出质疑。这位学员是出生在新疆多民族地区的汉族移民，现在北京工作。她说从她本人的生活体验中感觉到到处都碰着文化的界线。我听了之后发觉她感到的“文化界线”很值得深入思考。我初步想到的是她是个生活在不同文化相互接触地区的人，文化间的差别在她是生活中日常可以感觉到的活生生的事实。她在新疆生活时，带着外来文化的底子，在本地人看来她还没有完全融合在本地文化里；当她回到原籍，又因为在外地生长过，留有外地文化痕迹，有点异味。这种人在社会学里有人用“边际人”来形容他。边际和边界不同。边界是地域上用来划分两个不同单位的界线，在界线两边分属于不同的单位，一过界就属于另一个单位，两方不相重叠。边际是对中心而言的。从一个中心向四周扩张出来的影响，离中心越远，受到的影响就越小，成一种波浪形状。这相当于力学里“场”的概念，适用于声、光、电、磁。场就是一种能量从中心向四周辐射所构成的覆盖面。在这一片面积里，所受强度只有程度上的差别，深浅、浓淡等等。但是划不出一条有和无的界线。行政区域是属于前一种状态，在地图上可以用一条线划定边界。而文化属于后一种状态，有中心和扩散的范围，远离中心的可以称为边际。边际是不能用界线来划定的。两个文化中心可以向同一地域扩散，所以常出现互相重叠的边际。这种受到不同文化波及的人，可以称作“边际人”，是文化接触中出现的现象。我回想到早年在《乡土中国》中用“差序格局”来表达亲属关系的结构形态，意义并不十分明白。经过这次对话，遇到了文化有没有边界这个问题，我才进一步想到用“场”的概念来补充“差序格局”的意思。这是我从这次对话中得到的启发。

由于提出文化是否有边界的问题，促使我联想到我们当前正生活在其中的这个世界上，若干主要文化正处在大规模的接触、冲突、嫁接，一直到融合的过程中。我在考虑是否应当引进

"场"这个概念来认识这个过程。我注意到现在西方的欧美国家里出现了一种把文化和国家这个制度挂钩的倾向。把国家的领土概念引申到文化领域中来，把不同文化划出界线，以强调文化冲突论。我意识到这种看法是有很大危险的。如果把边界的概念改成"场"的概念，也许可以纠正这个倾向。"场"就是由中心向四周扩大，一层层逐渐淡化的波浪，层层之间只有差别而没有界线，而且不同中心所扩散的文化场在同一空间互相重叠。也就是在人的感受上可以有不同的生活方式、不同的规范，可以自主地选择。把冲突变成嫁接、互补导向融合。

在扩大对话的范围中，这次研讨班从文化是否有界线这个问题，引起了一位鄂伦春族的学员提出的文化存亡问题。鄂伦春是个长期在森林中生存的民族。世世代代传下了一套适合于林区环境的文化，以从事狩猎和饲鹿为生。近百年来由于森林的日益衰败，威胁到这个现在只有几千人的小民族的生存。提出的问题是，从鄂伦春的立场看，要生存下去应当怎么办？其实这不仅是鄂伦春人特有的问题。在我看来这是个现代人或后工业化人类的共同问题，是一个人类文化前途问题，值得我们研究文化的人重视和深思。

我这样说是因为我想到这是个人和文化的关系问题。人利用自然资源，创造、维持和发展了自己的人文世界。文化是人为的，也是为人的。从这方面看去，鄂伦春人碰到的是人创造的利用自然来为自己服务的狩猎文化因森林的破坏而受到了威胁。如果坚持原有的文化，就会导致人的灭亡。现在正面对一个严酷的选择，保存文化呢还是保存人？如果依照我的文化是为人的认识，选择是明显的，就是要保持的是人而不是文化。这就是说鄂伦春人只有从文化转型上求生路。问题是怎样转，转向何处？

我记得我在访问大兴安岭鄂伦春人时曾建议他们能不能发展

饲鹿业来代替狩猎，又因他们提出了鹿种退化问题，我曾向农业部申请向当时的苏联引入鹿种。后来听说这件事办成了。但是我没有去追踪调查，不知道鄂伦春人是否发展了饲鹿业。我当时的建议是想到文化转型不大可能是个急转弯。从狩猎文化要转到农业或工业文化是有困难的，其中不妨用已有传统的饲畜文化作为过渡台阶。这个想法看来是可行的。我又在这个思路上，后来提出善于发挥原有文化的特长去发展少数民族经济的主张，其实这个思路和我提倡乡镇工业和庭院经济的主张是一脉相通的。

我认为文化转型是当前人类的共同问题，因为现代工业文明已经走上自身毁灭的绝路，我们对地球上的资源，不惜竭泽而渔地消耗下去，不仅森林已遭难于恢复的破坏，提供能源的煤炭和石油不是也已在告急了么。后工业时期势必发生一个文化大转型，人类能否继续生存下去已经是个现实问题了。

以上我举的两个例子，说明了我在这次研讨会上从对话中得到的收获。我相信为了在班上讲课我在准备讲稿时所进行的反思和在班上与同仁们的对话，确实已成为推进我学术生命的动力。我希望这样的研讨班能继续下去。反思和对话这两个法宝能继续发挥作用。

三

反思和对话是我们这届研讨班采用的行之有效的方法。但是目的是什么呢，我们当前的社会人类学走向何处？也就是我们从四面八方、五湖四海来到这里参加这个研讨班，所为何事？在这个班刚开始时，我自己也回答不了这个问题，但经过了实践，我开始觉得逐渐有点明白了。我们大家一起回顾了几代人对人类文化的研究经过，大家都亲自参加了“田野工作”，对我们切身参与的社会生活进行了观察和思考，总结了个人的心得，又在这班上互相对话、讨论。到最后一刻，我想总结一下，问一句：我们大家在搞什么？心头冒出四个字“文化自觉”。这四个字也许正表达了当前思想界对经济全球化的反应，是世界各地多种文化接触中引起人类心态的迫切要求，要求知道：我们为什么这样生活？这样生活有什么意义？这样生活会为我们带来什么结果？也就是人类发展到现在已有开始要知道我们的文化是哪里来的？怎样形成的？它的实质是什么？它将把人类带到哪里去？这些冒出来的问题不就是要求文化自觉么，我们这届研讨班上大家的发言和对话不是都环绕这几个问题在动脑筋么？我提出“文化自觉”来作为我们这个研讨班的目的是否恰当和适合，还得请大家思考、体会和讨论。

我提出这四个字“文化自觉”来标明这个研讨班上的目的，确实是我在为这个班作闭幕发言中冒出来的。但是这个概念的形成也有一个经过，不妨在这里对它作一点跟踪追忆。

上面已说过，我想到要对自己过去的学术思想进行反思可以推到1993年在苏州举行的两岸三地社会学人类学座谈会，那时我已83岁，心头在盘算我如果还要在这个世界上活几年的话，我应当做些什么事？还有哪些未了的心愿？我又自问这一生做了些什么事？立德、立功当然都说不上，可是从14岁开始在《少年》杂志上发表文章起，确实写了不少文章。这些文章大多都在各种刊物上发表了，也就是说通过文字曾对社会发生过影响。这是不是可以说“立言”？

在写文章和拿出去发表时，我并没有想到这并不是个人的行为，而是会对别人发生一定作用的，所发生的是好作用还是坏作用，过去一直未曾感觉到是自己的问题。童年时我看到过我祖母把每一张有字的纸都要拾起来，聚在炉子里焚烧，并教育我们说要“敬惜字纸”。我长大了一些，还笑老祖母真是个老迷信。我长到了老祖母的年纪时我才明白“敬惜字纸”的文化意义。纸上写了字，就成了一件能为众人带来祸福的东西，不应轻视。我一旦理解了祖母的行为和教训，我心头相当郑重，因为我一生对字纸太不敬惜了，想写就写，还要发表在报章杂志上，甚至还编成了书，毫不经意地在国内外社会上流行。“文化大革命”时期，大字报上攻击我到处放毒，罪该万死。事后想来，不无道理。如果我确是发表了一些有害于人民的文章，不能不说是贻害了人。“文革”结束了，别人不再批判我了，我却想到了祖母的遗教，应当自己回头看看我过去的文章和著作。当然不是想像托尔斯泰那样自己把一生的著作付之一炬。已经行世的著作，火是烧不尽的，但这样想至少表白了他个人的心迹。我也明白我写下这么多字纸，并不是我个人的作品，而是反映当时中国知识分子的心态。是非祸福自有历史去公断，不必由我去审定，我要审定也无此能力。但是我至少应当回头把这些旧著作为客观存在的东西，凭老来的眼光，反思一下，再花点字纸，写点反思文章，聊尽作为历史载体的责任。同时我也解决了怎样打点我余生的问题。这是我这几年下笔写反思文章的衷曲。

反思实际上是文化自觉的尝试。如果不停留在个人的“衷曲”上，再前进一层，我所以会发生这些“衷曲”，还是反映了客观的社会现实。我的处境和上节里提到那位出生于新疆移民家庭的我称之为“边际人”的学员，实在是大同小异，我们都是在不同文化的接触、矛盾中求安身立命的人。我当时曾用“上不着天，下不着地”来形容这种人的尴尬状态。旧的文化已不能给我们心安理得的生活方式，新的文化还正处在形成的过程中。我同情鄂伦春族学员的处境，要在保存文化还是保存人中做出选择。概括地说，我们都是生存在文化转型过程中的人物。

在这种心理状态中，我进行反思，重读马老师给《江村经济》写的序言，我就很敏感地联系上了英国人类学在20世纪上半世纪的变化，看到马老师自己越过了从“书斋到田野”这个关。但在面临“文野之别”的那一道关时，只能叩关而未能夺关了。我又看到在我面前关山重重，我在“微型到宏观”的关上观望，在“传说到历史”的关前犹豫，在“生态到心态”的关口缩手缩脚。环视左右，人类学将何去何从至今还没有人能站出来说“俱往矣，数风流人物，还看今朝”。20世纪一转眼就将过去了。新时代的呼唤已在耳边。

这个声音最近由于巧合又在新近译成中文的美国畅销书中听到了。从这个声音里我仿佛又听出了“文化自觉”四个字。

在这次研讨班开始前十几天里，完全是由于偶然的机会，我接触到这一本小说。书名是《塞莱斯廷预言》。这几年，小说对我并不具吸引力。但由于这本小说作者的名字，引起了我的注意。他是不是就是在北京解放前几天回美国的我熟悉的那位当时和我在小学里的女儿差不多同年的小朋友James Redfield？天下同名同姓多得很。这本小说的作者如果确是我过去的小朋友，那就太有意思了。所以我就在百忙中抽出两天时间把这本小说读了一遍。

这是一本寓言性的小说，虚构的奇遇。作者假托一个美国青年听说秘鲁的塞莱斯廷地方发现了一本古代传下的关于人类过去和未来的预言文本，有点像我在童年时看到过的刘伯温的《推背图》。由于这本预言对当前当局不利，被列入禁读禁传之列。这位青年却偏偏要去寻觅，于是构成了一本探险记。这故事其实并没有惊险场面，不能和美国流行的这类电影相比。但是经过逐段探索到的预言内容却激动了当前美国的读者。这书一出版，1995年到1996年两年间畅销了600万册。流传之广成了雄踞榜首的奇书。反映了当前美国群众的精神状态。这却不是件小事，一叶知秋深。

在我看来这本书实际上是一本西方文化的反思录。它假托“预言”，总结了西欧人在公历纪元后第一个“千年”中走过的道路，道出了当今欧美文化的来龙去脉，当前遇到的危机，和今后的出路。这是一本可说是用小说体裁编写的一篇人类学论文。

虽则本书的译者有意或无意地没有在本书前后介绍作者的简历，但从这些问题的提出就不能不使我怀疑我早年的小朋友和这同名同姓的作者是一人。我的这位小朋友是美国社会学和人类学的世家子弟。他的外祖父就是我在燕京大学读书时，教我到人们生活中去学社会学的那位访问教授，他的妈妈又是在我初访美国时帮我翻译《云南三村》和《中国的士绅》的得力助手。在临近解放时她和她丈夫老两口带了个小儿子全家应邀来华，曾在清华的胜因院和燕京的临湖轩落脚。我就是在这时认识了这位我们都叫他作詹曼的小朋友。转瞬间已过了半个世纪。后来我知道詹曼在芝加哥大学继承了祖业，而且曾当过现在知名的华人学者林毓生的博士导师。这就使我怀疑这本小说的作者有可能就是我早年相识的小名叫詹曼的小朋友。如果我猜中了，也算是一回巧合吧。

撇开小说里的奇遇不说，只就它作为西方文化的反思那一部分来说，也是值得我们注意的。作者从第一个千年的西方文化说起，前半个500年里欧洲正处在所谓“中世纪”，人们在“原罪意识”控制下把自己一生命运统统交给了一位全能的上帝去支配，这样浑浑噩噩地过了半个“千年”。后来经过一场宗教革命，推倒了神的权威，接着又被世俗的追求所控制。人们既不再想在死后进入天堂，眼前只有现世的需求。个人的生活关切把人带进了物质享受的小天地里，只求舒适地生活，不再问为什么活着。一生追求感觉上的刺激，到头来落得个心理上的空虚和焦急。在这500年里人类的科技大为发达，使人利用资源的力量大增，配合上但求享受的人生观，对地球上有限的资源，肆意开发和浪费，导致那一部分有权有势可以控制资源的人无餍地挥霍、掠夺。于是这个世界出现了贫富的两极化。如是过者又500年。到目前快要进入第二个千年之前，也就是当前的时候，众生所依赖的大地，因为经不起这样的糟蹋而亏损到了日暮途穷的地步，甚至整个地球都已变色。人们出现了“千年忧患”的情结。以上就是我所说的对西方文化的反思。下个千年还是这样在老路上盲目前进，自毁所赖以生存的生态系统么？秘鲁塞莱斯廷地方所隐藏的那本预言，到此结束了反思，进入了“前瞻”。预言说是人类到了第一千年的结束前那一刻，出了个大转变。这个转变出于强烈的危机感，认识到了人与人之间的争夺物资，必然会导致匮乏。人类到这时才“迷途知返”，才开始打算走出这个匮乏—争夺—更匮乏的怪圈。怎样走出来呢？作者并没能跳出基督教的影响，提出了一个“爱他人、爱自然”的观念作为救命圈，但是人类这条命怎样救得过来？这本《塞莱斯廷预言》似乎没有给出答案。但对于人类最后达到的境界却作了预言：一是计划生育，人口取得控制，二是用机器人代工人劳动，三是物资充沛后实行各尽所能，各取所需。看来这个作者对我们中国现在所走的社会主义道路是赞同的。

读完这本小说，我觉得作者主张在跨入21世纪之前，西方文化应当清理一下自己的过去，认清自己的真实面貌，明确生活的目的和意义，这不也正是我这一段时间里所想到的“文化自觉”么？看来文化自觉是当今世界共同的时代要求，并非哪一个人的主观空想。

在座的都是有志于研究人类学的学者，对当前人类的困惑自然会特别敏感，对当前新形势提出的急迫问题自然会特别关注。所以我到了耄耋之年，还要在这个班上呼吁文化自觉，希望大家能致力于我们中国社会和文化的科学反思，用实证主义的态度，实事求是的精神来认识我们有悠久历史的中国社会和文化。

文化自觉只是指生活在一定文化中的人对其文化有“自知之明”，明白它的来历，形成过程，所具的特色和它发展的趋向，不带任何“文化回归”的意思。不是要“复旧”，同时也不主张“全盘西化”或“全盘他化”。自知之明是为了加强对文化转型的自主能力，取得决定适应新环境、新时代时文化选择的自主地位。

文化自觉是一个艰巨的过程，只有在认识自己的文化、理解所接触到的多种文化的基础上，才有条件在这个正在形成中的多元文化的世界里确立自己的位置，然后经过自主的适应，和其他文化一起，取长补短，共同建立一个有共同认可的基本秩序和一套各种文化都能和平共处、各抒所长、联手发展的共处守则。

7 年前我在 80 岁生日那天在东京和老朋友欢叙会上，曾瞻望人类学的前途，说了下面这一句话：“各美其美，美人之美，美美与共，天下大同。”这句话我想也就是对我今天提出的文化自觉历程的概括。

附记：上文定稿后接到詹曼的姊姊丽莎复我的信，告我《塞莱斯廷预言》的作者不是她的弟弟，这两个人是同名同姓。

复信如下：

Feb. 20 1997

Unfortunately, the James Redfield who is author of the *Celestine Prophecies* is not the James Redfield who is my brother;

indeed, we have so far been unable to find any kinship relation.

Regards to you all.

Lisa Peattie.

丽莎 Lisa Peattie 是 Robert Redfield 之女，Robert Park 的外孙女，系 MIT 退休教授。去年 9 月曾应邀来吴江参加纪念我江村调查 60 年的聚叙。该书中译本未介绍作家简历，致有此误，但也可视为一次巧合，所以上文可按原稿发表，未加修改。

1997 年春节于北京北太平庄

创建一个和而不同的全球社会*

我很高兴能在有生之年，来参加这个会议，原因是我和国际人类学与民族学联合会很早就有关系。过去因为各种原因没有能出席会议，很高兴这次会议能到我们中国来召开，也就给我这个老人一个很好的机会，能够亲自参加了。在这里，我祝贺这个会议能够开得很成功。

我是20世纪早年出生的人，现在已经年过九十，我大部分的人生历程是在20世纪度过的，我很高兴，有幸能够坚持到上个世纪的终结，看到新世纪的降临。

回想起来，我是在1933年从燕京大学毕业后，接受我的老师吴文藻先生的建议，进入清华跟从史禄国（S. M. Shirokogoroff）教授学习人类学的。当时吴文藻先生就认为，要做中国本土的社会文化研究，必须得有人类学的基础，要用人类学的方法来研究中国社会并改造中国的社会学。他提出，要创立一条社会学中国化的道路。在清华大学研究院，我很有幸地得到了史禄国

---

* 本文是作者在“国际人类学与民族学联合会（IUAES）中期会议”上的主旨发言。

教授的培养。他是俄罗斯上一代传统学术训练出来的世界级的人类学家，以研究通古斯民族闻名于世。史禄国教授继承了欧洲人类学的悠久传统，他的研究范围非常广，包括体质、语言、考古以及当代各民族文化的比较研究。他给我的培养和训练没有按计划完成。我只是在他的亲自指导下，学完了人类学的第一个阶段，即体质人类学的基础知识（他给我规定了三个学习阶段：第一阶段学习体质人类学，第二阶段学习语言学，第三阶段学习社会人类学）。当然，这期间除了体质人类学之外，我还学到了他严谨的科学治学态度，以及对各民族在社会结构上各具特点、自成系统的认识方法。后来我才意识到，从史禄国那里学到的着重人的生物基础和社会结构的整体论和系统论，原来就是马林诺斯基功能论的组成部分。从清华学习人类学出来后，我在大瑶山和江村做过田野调查，然后就转到了伦敦经济政治学院，师从马林诺斯基和雷蒙德·弗思学习社会人类学。这段历史我相信在座的各位人类学家都比较清楚。如果从跟史禄国正式学习人类学算起，我和人类学打交道已经有将近 70 年的历史了。在这 70 年里，我贯彻了吴文藻先生的主张，把人类学的学习和研究包括在社会学的范围之内，把社会学和人类学密切地联系和结合起来，我的学术道路一直贯穿着这个原则。当然，由于种种原因，我的学术研究曾经有过间断。但总的来说，我一直没有离开这条学术道路。这条道路就是用人类学的基本概念和基本理论来研究当代中国社会的变化，这是我始终如一的学术追求。同时，我总认为人们的思想必然受到当时社会文化的影响，所以我这一生的思想也必然反映了这一时代特点，打上了时代的烙印。这也是我们常说的个人的经历总离不开世界的变化。

我出生在中国东南沿海地区一个小城镇，一个有着浓郁传统的知识分子家庭。我最初受到的教育和我的家庭有着很大的关系。我的父亲是旧社会的一名秀才，科举制度被废除后，他被选派到日本学习教育专业。回国后，他是中国第一批主张摆脱旧教育制度，创立新教育制度的知识分子之一，这个新制度就是从日本借鉴的，西方传来的教育模式，当时称做“新学”。我是从我母亲最早开办的幼儿园里出来的，当时叫做“蒙养院”，它是中国最早具有现代教育意义的幼儿教育的模式，这是我一生的出发点。从这里开始，我按照当时的教育制度从小学、中学到大学一直到同西方接触，到了英国，于 1938 年在伦敦大学获得博士学位告一段落，这是我一生中受教育的时期。接下来是中国的动乱时期，也就是抗战和国内战争时期，这是我一生中的第二个时期。当时，日本人打到我的家乡，我只能到大后方昆明来从事教书生涯，这个阶段一直到 1949 年中华人民共和国成立，中国革命成功才结束。此外，我真正的第二次学术生命是从 1980 年开始的，到现在正好 20 年。这 20 年我的收获比较大一些，也可以说是成熟时期。从现在开始我进入了这段时期的后期了。

我这一生经历了 20 世纪中国社会发生深刻变化的各个时期，可以概括为两个大变化和三个阶段。我把它称做“三级跳”。第一个变化是中国从一个传统性质的乡土社会开始变成为一个引进西方机器生产的工业化时期。一般人所说的现代化就是指这个时期。这是我一生中最重要的一个时期，也是我从事学术工作最主要的时期，即中国的现代化过程。在这一时期我的工作是了解中国如何进入工业革命。从这一时期开始一直到现在也可以说一直到快接近我一生的最后时期，在离开这世界之前我有幸碰到了又一个时代的新变化，即信息时代的出现。这是第二个变化，即中国从工业化或现代化走向信息化的时期。就我个人而言，具体地说，我是生在传统的经济社会里，一直是生活在走向现代化的过程中，当引进机器的工业化道路还没有完全完成时，却又进入了一个新的阶段即信息时代，以电子作为媒介来沟通信息的世界的开始。这是全世界都在开始的一大变化，现在我们还看不清楚这些变化的进程。由于技术、信息等变化太快，中国也碰到了一些问题，第一跳有的地方还没有完成，而第二跳还在进行中时，现在又在开始第三跳了。中国社会的这种深刻变化，我很高兴我在这一生里都碰到了，但因为变化之大我要做的认识这世界的事业也不一定能做好。因为时间变化得很快，我的力量也有限，我只能开个头，让后来的人接下去做。这是我的一个背景。要理解我作为学者的一生，不能离开这个三级跳。

我所有的学术研究，都是和中国社会变化的大背景联系在一起的。从 1935 年开始，我因受吴文藻和史禄国两位老师的影响开始了实地调查的研究方法。我最初研究的是作为中国少数民族的瑶族。从这时起我就已经把社会学和人类学结合起来了。在过去的学术界，往往把少数民族的研究看做为人类学的专利，少数民族研究在中国后来发展成民族学的一部分。当然这种学术分类与名称曾引起了各种讨论。对我来说，从人类学开始的用实地研究方法来研究我们中国的社会与文化，是一条非常重要的学术道路。从这一点来说自我从瑶山调查开始一直到现在进入对大都市社区建设与发展的研究，都是一贯的。今天讲这一点，是想说明我一生的学术生涯和这次会议的主题“都市民族文化：维护与相互影响”相联系也相符合。因为我是从中国少数民族实际生活研究起到上海和北京等大城市进行社区研究，这个过程本身说明了这个变化。这个实际的客观的变化同一个社会的发展的趋势是紧密地联系在一起的。

中国社会的第一跳是以我们中国各地不同民族的农村生活为基础的。我是生长在江苏一个以农业为基础的小城镇里。它最早的历史可以追溯到7000年前的良渚文化，这个文化开始有了农业和家庭手工业。在考古学上我们可以很清楚地看到这个时期村落的生活。这就是我们第一跳的基础，也是我们乡土社会基本的性质。那个时候从全国讲，文化形式上也有很大的不同，已经是一个多元文化的基础。多元文化逐步交流融合，成为多元一体。这里也就开始了我研究的第一个阶段，我写的《花蓝瑶的社会组织》这本书可以作为代表。从中看出它和以我们家乡为代表的汉族社会文化的区别，以及它是如何受到汉族的影响的情形。

我第二阶段的研究，是从中国7000年前的良渚文化到近代以来开始快进入工业化时期的一个中国农村的变化，可以我的《江村经济》为代表。代表一个传统的文化基础、社会组织，面临着一个全新的科学技术和机器生产的早期的冲击，这也是我对《江村经济》的定位。这是我们现代化开始的原初的形态，这是第一步。接下去代表这个时期我的重要著作是《云南三村》。这里反映了内地农村不同于沿海农村的特点。这便是我们的现代化最早的过程，从地域上讲是由东向西、从沿海到内地的。我的《江村经济》讲的是沿海地区的农村，开始了工业化。而《云南三村》却描绘了比较原始形态的乡土社会。1938年底，我从伦敦回国，当时，日本人打到我的家乡，我们只能到大后方昆明来从事我的教书生涯。我在离昆明100多公里的地方，进行了与江村所处条件不同的农村类型——禄村的调查。禄村受现代工商业影响较小，没有手工业，几乎完全靠土地维持生计。通过对禄村的调查，我看到了与江村不同的土地制度。这是我第一个时期第二阶段的工作，这阶段到1949年才结束。

1949年之后，我就开始参加民族工作。这也是我进入新中国后第一期的工作。新中国的建立引起了中国社会结构的重大变化，其中最大的变化之一就是民族关系和民族政策的变化。为了实现民族平等，在政治体制上我们成立了一个有各族代表共同参加的最高权力机关，即人民代表大会。但是在开国初期，我们还不清楚中国究竟有多少民族，它们叫什么名称、各有多少人口。为了摸清有关各民族的基本情况，建立不久的中央人民政府于1950年到1952年间，派出了若干个“中央访问团”，分别到各大行政区去遍访各地的少数民族，摸清他们的民族名称、语言、历史以及社会文化上的特点。由于我学过人类学，所以政府派我参加西南和中南两个访问团。我代表中央人民政府访问了这些地区的少数民族。我花了足足两年时间在贵州、广西分布在各处的少数民族村寨中进行实地访问考察，在和众多的少数民族的直接接触中，我深深地体会到民族是一个客观而普遍存在的“人们共同体”，是代代相传、具有亲切认同感的群体。

在对少数民族的状况了解的基础上，我直接参与了新中国民族政策的制定与实施。这一段从学术上讲是我第一期学术工作的延伸，是《江村经济》和《云南三村》的延伸。我具体的研究对象也从汉族为主的农村转移到少数民族地区——一个更复杂更多样化的领域。这便是从1950年到1957年我主要从事的少数民族的调查研究工作。

1957年之后，由于众所知道的政治上的原因，我的学术工作停止了。一直停止了23年。70年代末80年代初，我才恢复工作。从那时起到现在，是我的第二次学术生命。这段时期是中国社会变化最大的时期。恢复研究后，我做的工作之一，就是总结了我几十年来的民族工作，1988年在香港中文大学的特纳（Tanner）演讲中，发表了《中华民族的多元一体格局》。我从中华民族整体出发来研究民族的形成和发展的历史及其规律，提出了“多元一体”这一重要概念。我在这篇讲演中指出：“中华民族”这个词是指在中国疆域里具有民族认同的11亿人民，“它所包括的50多个民族单位是多元，中华民族是一体，它们虽则都称‘民族’，但层次不同”。中华民族的主流是许许多多分散独立的民族单位，经过接触、混杂、联结和融合，同时也有分裂和消亡，形成一个你来我去，我来你去，我中有你，你中有我，而又各具个性的多元统一体。

事实上多元一体理论并非单纯是关于中华民族形成和发展的理论，也是我对中国社会研究的一个总结。56个民族及其所属的集团是社会构成的基本单位，因而从另一个方面勾画出多元社会的结合和国家整合的关系，是多元和一体的关系。

在现代社会，人类学越来越关注人类社会和人类生活所遇到的或所面临的最现实的问题。因此，人类学的功能不仅在于“回顾与展望”或者“解释”，还在于“参与和创新”。记得1981年我在英国接受赫胥黎奖时的演讲中，就曾经强调“人类学必须为群众利益服务”。这种“学以致用”的思想一直贯穿在我的学术研究中。我认为知识分子的本钱就是有知识，有了知识就要用出来，知识是由社会造出来的，不是由自己想出来的。从社会中得到的知识应当回报于社会，帮助社会进步，这就是“学以致用”。“学以致用”本身就是中国的传统，意思就是说，得之于社会要回报于社会。我是跟着中国这一传统进行我的工作的，这也是我的志向。这志向并不是我自己想出来的，而是跟着中国的传统学来的。但是我是通过吸收新的知识来把传统精神贯彻出来，我希望这样做，做得如何我自己不敢说。正是抱着这一理想，我的学术研究，从一而终地和全体人民的生活紧密地联系在一起。综合起来说，在中国范围内用人类学的实地调查方法可以解决过去没有解决的很多问题，包括农村发展、中国社会经济发展这些大的问题。70年代末80年代初我复出后，一直到现在，围绕着这一目标，我已经做了20多年，我还要继续做下去。这一段工作我主要的研究体现在《行行重行行》一书中。因为受身体条件的限制，我已经不可能在具体的地方长期进行观察和访问，只能主要依靠各地群众和干部提供的情况和委托陪同我去考察的助手分别下乡或下厂去进一步了解情况，以及通过在当地进行的各种访问和座谈来取得一些感性知识。所以，我也只能根据别人的第二手材料，来介绍我曾经直接访问、看到的地方的情况，当然这不是严格的人类学田野调查工作了。在这里，我的特点是结合第二手材料和访问的材料进行类型式的比较研究，即typology（类型学）的方法。对于同一时期的不同类型的研究，可以看到一个社会的动态，特别是在现代化和城市化过程中如何改变的。在这一阶段中，我主要提出乡镇企业和小城镇发展两个主题。可以说在50年代以前我的类型比较研究主要局限在农村。虽然在40年代末，我已经注意到了农村的调查不能只限于农村本身，也应考察经常与农村社区发生关系和制约作用的城镇。不过由于内战的爆发和之后的社会学学科的被取消，我对于城镇的调查和研究，一直到80年代才开始。我提出“小城镇，大问题”等题目，目的就是在于解决农民的出路问题。而小城镇的发展和乡镇工业紧密地联系在了一起。我从30年代起就指出了农村社会的发展在于农村工业化，即依托于本土社会文化优势的“草根工业”，让农民先富起来。而这个大的变化是在80年代以后才发生的。乡镇企业的出现和发展，使农民得到了很多非农就业的机会，使得农民的生活发生了质的变化。记得在1983年开始的小城镇研究中，我就提出了“类型、层次、兴衰、分布、发展”的10字提纲，成为研究小城镇的出发点。在此基础上，1984年提出了经济模式的概念。在我看来，所谓经济模式就是“在一定地区，一定历史条件下，具有特色的经济发展的路子”，进而引导出不同经济模式的比较研究，如苏南模式、温州模式、珠江模式等。这些模式本身和这一地区的社会文化基础有着一定的关系。我认为，任何经济制度都是特定文化中的一部分，都有它天地人的具体条件，都有它的组织结构和理论思想。具体条件成熟时发展成一定的制度，也必然会从它所在文化里产生与它相配合的伦理思想来做支柱。有的国外同行，如日本的社会学家鹤见和子教授认为，我的这些研究是“内发型发展论”的原型。

现在这些不同的模式也在变化之中。“苏南模式”是从人民公社中发生出来的，由社队工业变成乡镇企业的。这是第一个变化。第二个就是温州模式，是小商品大市场的模式，即把乡镇工业结合到市场经济里面，这是第二个大变化，也可以说是过渡阶段。现在为第三个阶段，是发展时期，即珠江模式，吸引外资利用外资提高科技含量来发展经济。这三个模式是互相连接起来的，有一个内在发展过程，现在苏南模式也正在改变，向着珠江模式发展了。

在这一时期，我以“下活全国一盘棋”为出发点，在注重沿海地区研究的同时，从 80 年代中期开始，更大程度地关注内地和边区的发展，特别是边区少数民族共同繁荣的问题。我曾经提出一些多民族的经济协作区的计划，有的已经在实施之中。如黄河中上游西北多民族地区、西南六江流域民族地区、南岭民族走廊地区、武陵山区山居民族地区、内蒙古农牧结合区等。在对这些区域进行综合性研究的基础上，我试图将民族研究与民族地区现代化的实际相结合。在边区民族经济的发展中，应该强调因地制宜，注意民族特点。如果总结我的研究，可以说从 80 年代中期开始，我的研究工作重点从沿海转到边区又到内地。从东南移到西北，从农村小城镇转到民族地区。作为一个多民族的国家，我们应该强调西部和东部的差距包含着民族的差距。西部的发展战略要考虑民族因素，而民族特点是一个民族从历史过程中形成的，适应其具体的物质和社会条件的特点。中国社会的民族特征，从历史上开始就在不同民族的交错地带，建立了经济和文化的联系。久而久之，形成具有地区特色的文化区域。人们在这个区域中，你来我往，互惠互利，形成一个多元文化共生的格局。我所提出的经济协作的发展路子，就是以历史文化区域为出发点的。

从实际讲，我的理论和方法还没有脱离最早期的人类学的理论的训练，我只是把这些理论和方法应用到正在变化中的中国社会和文化的研究中。去年我 90 岁时，把我以前写的文章，收集起来，出版了我的文集——《费孝通文集》（14 卷）。这既是我个人经历的记录，也反映了时代在我身上发生的变化。

从今天这个会的主题来讲，并没有离开我的研究范围。因为我的目的是了解中国，中国就包含多民族的多元一体的中华文化，这一点不去多讲了，大家有兴趣可以看我已经写出来的东西。在提出这个看法之后，各方面都有反应。作为过程来看，多元一体是一个历史过程。这个过程也同时表示各民族的现代化、工业化和城市化。

我们讲都市人类学，就是要强调中国多元文化的主体在工业化和城市化道路上发生的变化。对于都市人类学的研究，我觉得可以从两方面来看，一方面是中国各民族现代化的过程，就是如何工业化、城市化。从生产本身讲，是如何从农业和手工业的基础发展到机器化，在这一阶段，第三跳还没有跳，这就是要研究的问题，这个问题的基本方向和基本理论是符合大多数民族的发展过程的，也包括占人口大多数的汉族。比如我研究的领域、地区也放大了一些，各民族从不同的起点出发，如何共同发展到现代社会的过程，在这方面内容更丰富了。第二我要想说的是，中国城市的特点不是单一民族的城市，是多民族构成的城市。这就存在一个问题，即不同文化的人在同一个城市中，如何和平共处在一个政治经济组织里面，一体化（多元一体）是如何完成的。这不仅是一个历史的概念，也是一个当今的概念。

这里面又包括了两个大问题：发展的问题和和平共处问题。

一是发展问题，现在我们叫西部大开发。西部地区少数民族成分多，大部分少数民族人口集中在西部地区，西部的现代化过程必然包括少数民族的现代化过程。中国作为一个统一的多民族国家，在都市研究中赋予了民族文化多样的内涵。在都市化过程中，如都市开发如何依托少数民族的文化传统以及少数民族移民都市后的文化适应等，都是民族地区现代化过程中的新问题和新现象。所以，我们都市人类学应该包括这一部分，这是我的理解。不能像过去的人类学那样，满足于描述静态的本土性的原初的文化，必须要看到它的变化。文化的变迁应该成为以后人类学研究的主题。这又让我回想起我的老师马林诺斯基。1998 年，在北京大学百年校庆所举行的“21 世纪：文化自觉与跨文化对话”的国际学术系列讲座上，我曾经提交一篇《读马老师遗著〈文化动态论〉书后》的论文。在这篇论文中我谈了我阅读完马老师这部晚年著作的体会。最初，人类学的研究是以封闭的简单社会作为研究对象的学科，其比较也是在简单社会之间进行的，这也是马老师那个时代的中心研究工作。同时，他也是这一学科科学的民族志方法的奠基人，在早期，他也主张人类学应在封闭的社区中进行调查和研究，进而来揭示社区的文化功能。30 年代末期，马老师基本写完了他描述和分析西太平洋岛土著人的那几本巨著。之后在走访非洲东部和南部的殖民地时，他看到的正是一个在发生文化巨变的大陆，他也看到了当地文化与外来的殖民地文化互动的生动情景。他认为研究人类社会文化的学科必须跟上形势的发展，他把文化的动态研究看做“现代人类学的新的任务”。马老师的《文化动态论》是在30年代末40年代初写的，1945年，在他逝世后三年由耶鲁大学出版社出版。这本书出版到现在已快60年了。他在去世前，所提出的问题，就是dynamics of culture change，这一文化动态论适应于世界各民族的变化，他预先看到了，给我们指出了一个方向。我们这一代的人类学家以及我们下一代的人类学家，如何能接上他所开创的事业，这是我们当代人类学的一个主题。

二是和平共处问题，就是多民族在城市中共同的政治经济组织的框架之内能和平共处，继续发展。如果不能和平共处，就会出现很多问题，甚至出现纷争。实际上这个问题已经发生过了。过去占主要地位的西方文明即欧美文明没有解决好的问题，在这几年逐步凸显出来了。事实上也发生了很多的地方性的战争。最突出的是科索沃战争，这一类战争还在不断地发生。从人类学角度来看，第二次世界大战后，社会的巨变、科技、交通的发展，已使人类不能像简单社会那样处于相互隔绝的境界之中，人类的空间距离也日渐缩小。然而就在人类文化寻求取得共识的同时，大量的核武器、人口爆炸、粮食短缺、资源匮乏、民族纷争、地区冲突等一系列问题威胁着人类的生存。特别是冷战结束后，原有的但一直隐蔽起来的来自民族、宗教等文化的冲突愈演愈烈。自1988年以来，全世界爆发的武装冲突，除伊拉克人侵科威特的战争，都是由内部民族问题而引起的。有的研究者曾做过统计，从1949年到90年代初，因民族冲突而造成的伤亡大约为169万，数倍于在国家间战争中死亡的人数。诸如前苏联解体后，一些民族的主权与独立问题，非洲的索马里和苏丹、亚洲的缅甸和斯里兰卡、南斯拉夫的克罗地亚、塞尔维亚、波黑及科索沃问题等。从这个意义上说，人类社会正面临着一场社会的危机、文明的危机。这类全球性问题所隐含着的潜在危机，引起了人们的警觉。不同学科的学者正在寻找形成种种危机的根源，期盼发现解决问题的办法。而作为科学的人类学也正在以传统的研究领域和技术为基础，扩展自身的研究视野，试图探索出解决现代社会诸问题的方法，并从比较社会与文化的视角来解决人类赖以生存和发展的问题，引导人们适应现在和未来变化的轨迹。

这个问题，看来原来已有的西方的学术思想里还不能解决。而中国的传统经验以及当代的民族政策，都符合和平共处的逻辑。事实上我们的方向已经有了，而且已经向前走了一步了。我们的民族政策已经走过了50年。对于这些问题也希望引起我们国际的人类学家的关心，共同研究这其中的理论上的发展等。

21世纪的脚步声已依稀听到，人类正在匆匆构筑21世纪的共同理念。不同的国家、民族、宗教、文化的人们，如何才能和平相处，共创人类的未来，这是摆在我们面前的课题。

刻在孔庙大成殿前的“中和位育”几个字代表了儒家文化的精髓，成为中国人的基本价值取向。这种“中和”的观念在文化上表现为文化宽容和文化共享。记得11年前，在日本东京为我召开的80岁生日的欢叙会上，我在展望人类学的前景时，提出人类学要为文化的“各美其美、美人之美、美美与共、天下大同”做出贡献。这就是意味着人类学应当探讨文化的自我认识、相互理解、相互宽容和世界多元文化之间的共生理念以及达到“天下大同”的途径。事实上，如果我们再往回看呢，这是在中国的传统的经验里面所一直强调的“和而不同”思想的反映。

对于中国人来说，追求“天人合一”是一种理想的境界，而在“天人”之间的社会规范就是“和”。这一“和”的观念成为中国社会内部结构各种社会关系的基本出发点。在与异民族相处时，把这种“和”的理念置于具体的民族关系之中，出现了“和而不同”的理念。这一点与西方的民族观念很不相同。这是历史发展的过程不同即历史的经验不一样。所以中国历史上所讲的“和而不同”，也是我的多元一体理论的另外一种说法。承认不同，但是要“和”，这是世界多元文化必走的一条道路，否则就要出现纷争。只强调“同”而不能“和”，那只能是毁灭。“和而不同”就是人类共同生存的基本条件。

我们现在生活的世界都已被纳入到全球化的世界体系中。但发端于西方世界的全球化浪潮，在非西方世界接受西方的文化的同时，也应当通过自身的文化个性来予以回应。过去很多观点认为，随着全球化特别是少数民族移居都市后，在民族文化和文化认同上会逐渐丧失个性，事实却非如此。事实上，全球化与地方社会之间有一互相对应的逻辑关系。说到这里，我想起了我近年来在很多场合提到的“文化自觉”的问题。“文化自觉”是当今时代的要求，它指的是生活在一定文化中的人对其文化有“自知之明”，并且对其发展历程和未来有充分的认识。从某种意义上可以讲，文化自觉就是在全球范围内提倡“和而不同”的文化观的具体表现。

在人类即将进入21世纪的今天，我们聚集在一个有着悠久文明，有着占世界人口将近1/4的多民族文化和平共处的中国，来讨论“都市民族文化：维护与相互影响”这一会议的主题，确实有着深远的历史意义。我相信中国思想中的这种“和而不同”的理念，也一定会赋予这一会议主题以新的内涵。

2000年7月28日

经济全球化和中国“三级两跳”中对文化的思考*

一

全球化是近年来人们越来越注意讨论的一个话题。经济的全球化，世界市场的形成，加上电子化的信息沟通手段，引起了社会各方面和文化的重大变化。但是，现代化过程中可能发生怎样的变化，目前还不能预测。不过，回顾一下全球化进程的来路，对我们认识这一段历史的发展，理解我们身处的现实，保持清醒的头脑，跟上现代化的潮流，取得参与全球化社会发展的自觉和主动，应该是有益的。

据我所知，对于全球化过程开始时刻的确定，存在着多种看法。其中有一种观点似乎更为合理，正在被不同领域的学者接受。这种观点认为，全球化即全球各地人们的密切关联其实由来已久，可以认为开始于15世纪末的航海大发现。航海技术克服了海洋障碍，人类的洲际交通成为可能，加上后来以机械化大生

* 本文是作者在“炎黄文化研究会2000年年会”上的讲话。

产为特征的工业革命，使西方那些生产力领先的国家向世界各地的扩张成为现实。它们对世界市场的拓展和向亚非国家的殖民活动是全球化过程开始阶段的根本特征。此后，到19世纪70年代告一段落。在这一阶段，最具有典型意义的例子是大英帝国霸权的确立。以英国为代表的欧洲国家在世界范围内进行大规模拓殖，用武力摧毁了亚洲、非洲、南北美洲的古代文明中心。试图把西方的社会制度和文化强行施加于这些地区，逐渐确立起以英国为首的西方中心地位。

在接下来的一个历史阶段，即大约从19世纪末叶到20世纪70年代初，美国崛起，并长期保持着生产力领先的发达国家地位。第二次世界大战以后，英国霸权让位于美国霸权，中心地位被美国取代。在美国霸权维持的经济秩序中，全球化进程明显加快了。运输和通讯技术的革新，使物资与信息的流动可以跨越种种空间障碍。经济交往的规模和频次大为提高，促进了经济组织的革新，以跨国公司为代表的经济力量对生产要素和世界市场进行新的整合。所谓“国际惯例”即市场上共同“游戏规则”的出现，是经济全球化进程在贸易交往制度上的反映，是与经济活动伴生的文化现象。更值得注意的一个事实是，由美国霸权主导的全球化进程，使美国模式的社会制度、文化价值观念等成了许多后起国家模仿的对象。

经济全球化的第三个阶段，是从20世纪70年代直到现在，目前还在继续发展。这个历史时期最突出的特点，是霸权受到强有力的挑战并在事实上将逐渐淡出中心地位，全球化进程的参与者以及驱动力呈现多元化局面。许多曾经被压制的力量和众多的新兴力量纷纷登场，走向前台，在全球化进程中积极强化自身的角色分量和参与权利。在这种多元格局里边，许多问题的产生和解决已经超出国界，所以，全球意识、全球共识、全球纲领、全球行动等越来越多地成为不同民族、不同国家、不同文化的人们自觉的追求。目前，全球化进程正在摆脱由单一中心为主导的局面，正在形成多元推动、多元共存、多元发展的强大趋势。这是包括中华民族、炎黄文化在内的当今世界各地的不同民族、国家和文化所共处的历史阶段。

二

上述的史实使我想起孙中山先生的一句话："世界潮流，浩浩荡荡，顺之者昌，逆之者亡。"我相信，中山先生的话也是我们在座各位的共识。我国避免不了要进入全球化这一世界潮流。既然如此，我们就应该对自己所处的变局有一个清醒的认识。我想，当前所说的全球化，指的主要是经济的全球化，人类社会在政治、文化、意识形态和生活习俗方面还是多元的。全球化这个总的趋势，不可能一下子就实现，而是以一步一步变化来完成的。第一步是经济的结合，形成全球市场，构成一个分工合作的经济体系，但其他方面还没有合起来，还保持着民族国家的分割状态。民族国家是19世纪以来形成的格局，新的经济体系看来正在冲击它，但还没有好的代替办法。优势国家统治劣势国家造成的殖民体系在二战后发生了变化，但殖民主义造成的南北差距还存在。搞得不好，经济全球化可能会加深南北差距，扩大贫富悬殊。这是20世纪没有解决的问题，但是看来已退不回去，只能顺势下去，想办法解决南北贫富差距的问题。

经济上的休戚相关和政治上的各行其是、文化上的各美其美，在人类进入全球化进程的初期，会形成一个大的矛盾。这给我们带来一个不能不面对的课题，即文化自觉和文化调适问题。过去有过"化外之民"的说法，现在则到了一个想做"化外之民”而不得的时代。我国要顺着潮流走，要融合到潮流中去，先进的东西要学习和掌握，要接受现代化这个大的方向，但要软着陆。软着陆的前提，是知己知彼。要看清自己的条件，盲目接受新事物是不行的，我们在这个方面的历史教训很多，这里不去多讲了。现在要紧的是我们不光要知道我国是在这个潮流当中，还要知道是处在这个潮流的什么地方，也就是说，需要对自己有一个比较客观、比较准确的历史定位。

在这个问题上，我希望能够向这次研讨会贡献一点我从自身经历中得出的具体认识。

大体上可以说，我这一生经历了 20 世纪我国社会发生深刻变化的各个时期。这段历史里，先后出现了三种社会形态，就是农业社会、工业社会和信息社会。这里边包含着两个大的跳跃，就是从农业社会跳跃到工业社会，再从工业社会跳跃到信息社会。我概括为三个阶段和两大变化，并把它比做“三级两跳”。第一个变化是我国从传统的乡土社会开始变为一个引进机器生产的工业化社会。一般人所说的现代化就是指这个时期。这是我一生中最重要的一个时期，也是我从事学术工作最主要的时期。在这一时期里，我的工作主要是了解我国如何进行工业革命。我为此做了力所能及的实地调查，从个案分析到类型比较，写出了相当数量的文章。从这一时期开始，一直到现在，到接近我一生的最后时期，在离开这个世界之前，我有幸碰到了又一个时代的新变化，即信息时代的到来。这是我所说的第二个变化，即我国从工业化走向信息化的时期。

就我个人而言，具体地说，我是生在传统经济的社会里面，这一生一直在经历我国走向现代化的过程。作为一个见证人，我很清楚地看到，当引进机器的工业化道路还没有完全完成时，已经又进入了一个新的阶段，即信息时代。以电子产品作为媒介来传递和沟通信息，这是全世界都在开始的一个大变化。虽然我们一时还看不清楚这些变化的进程，但我们可以从周围事物的发展事实中确认，由于技术、信息等等变化太快，我国显然已碰到了许多现实问题。我们的第一跳还在进行当中，有的地方还没有完成，现在却又在开始下一个更大的跳跃了。我国社会的这种深刻而复杂的变化，我在自己的一生里边都亲身碰到了，这使我很觉得庆幸。虽然因为变化太大、太快，我的力量又太有限，要求自己做的认识这世界的抱负不一定能做到和做好，但我还是想尽心尽力去做。事实上，我所有的学术研究工作的成就和失误都是和中国社会变化“三级两跳”的背景联系在一起的。

三

我国社会的第一跳是以我国各地不同民族的农村生活为基础的。我生长在江苏一个以农业为基础的小城镇里。它最早的历史实际可以追溯到7000年前的良渚文化。这个文化开始有了农业和家庭手工业。从考古学上，我们可以很清楚地看到这个时期已有村落生活。这就是我国第一跳的基础，也是我们乡土社会基本的性质。那个时候，从全国讲，文化形式已有很大的不同，已经是一个多元文化的基础。多元文化逐步交流融合，成为多元一体。这里也就开始了我进行研究的第一个阶段。我和前妻王同惠合写的《花蓝瑶社会组织》这本书里可以看到广西花蓝瑶社会和以我们家乡为代表的汉族社会文化的区别，以及它是如何受到汉族的影响的情形。

我第二阶段的研究题目，是从我国7000年前的良渚文化基础上发展出来的到近代以来开始进入工业化时期的一个我国农村的变化，可以我的《江村经济》为代表。从30年代早期的江村可以看到一个代表传统的文化基础和社会组织的农村，如何面临着全新的科学技术和机器生产的早期冲击。这是我们现代化开始的原初的形态。接下来，我又和我的学生一起写了《云南三村》，反映了内地农村不同于沿海农村的特点。这便是我们的现代化最早的过程。从地域上讲，是由东向西、从沿海到内地的。我的《江村经济》讲的是沿海地区的农村，开始了工业化。《云南三村》描绘的却是一个形态比较原始的乡土社会，受现代工商业影响逐步走向现代化的过程。通过在云南的研究，我看到了与江村不同的发展阶段。这是我第一个时期里第二阶段的工作，这个阶段到1949年告一段落。

50年代初，我国社会进入了社会主义改造时期。新中国逐步实现了对工业的国有化政策。在产权方面，对农村的土地和城市的企业进行了新的界定和安排。直到1978年中共十一届三中全会以后，随着农村改革的进展，乡土社会的工业化问题被历史性地重新提出，并在最近20年里得到全局性的实践。我国农村的工业化和现代化过程因此获得了真正强大的加速度。我自己的第二次学术生命也和我国农村工业化和现代化的全面推进同步展开。我在这一段的研究工作主要体现在《行行重行行》一书中。

在这个时期，因为受身体条件的限制，我已经不可能在具体的地方长期进行观察和访问，主要工作就变为结合第二手材料和直接访问进行类型式的比较研究。对于同一时期的不同类型的研究，可以帮助我们看到中国基层社会的动态，特别是在现代化和城市化过程中如何改变的。在这一阶段，我主要提出了乡镇企业和小城镇发展两个主题，目的是解决农民的出路问题，促进我国的城市化发展水平，提高广大城乡居民的生活质量。同时，我还以“全国一盘棋”为出发点，既注重沿海地区的发展研究，也关注内地和边区的发展，特别是边区少数民族的共同繁荣问题。

我曾经提出一些多民族的经济协作区的计划和建议，如黄河上游多民族地区、西南六江流域民族地区、南岭民族走廊地区、内蒙古农牧结合区等等。作为一个多民族的国家，从历史上开始，就在不同民族聚居的交错地带建立了经济和文化的联系。久而久之，形成具有地区特色的文化区域。人们在这个区域中，你来我往，互惠互利，形成一个多元文化一体共生的格局。我所提出的经济协作的发展路子，就是以历史文化区域为出发点。现在回过头来看，可以更清楚地看到，我对我国经济和社会发展的多元一体的设想，对我以下要讲的国际经济社会多元一体的全球化进程的瞩望具有启发作用。

四

经过 80 年代开始的最近 20 年的改革，到新的世纪的最初时刻，我们已经可以从我国经济发展和我们与世界经济的联系中看到经济、社会和文化的巨大变迁的来临，预感到 21 世纪即将给人类的生存和发展带来全新的面貌。为了提请人们及早注意适应新世纪的要求，在 10 年前的“21 世纪婴幼儿教育与发展国际会议”上，我做了题为《从小培养二十一世纪的人》的讲话。在那次讲话中，我谈到，20 世纪是个世界性的“战国时代”，意思是说，在 20 世纪里，国与国之间，文化与文化之间，区域与区域之间，有着明确的界限，这个界限是社会构成的关键。不同的政治、文化和区域实体依靠着这些界限来维持内部的秩序，并形成它们之间的关系。这是我们共同经历过的历史事实。而在展望 21 世纪的时候，我似乎看到了另外一种局面，20 世纪那种“战国群雄”的面貌已经受到一个新的世界格局的冲击。民族国家及其文化的分化格局面临着如何在一个全球化的世纪里更新自身的使命。

我作出这样的判断，不是没有根据的。近几年来，我特别注意到区域发展过程中全球化的力量。我看到，信息产业的发展带来了一种十分严峻的挑战。美国在最近10多年里发展起来的微软公司，实力已经达到几千亿美元。这是个当代信息技术的密集型产业，是最新现代化技术的世界级龙头。它的作用已经使城市中的许多产业的传统操作技术面临深刻的危机。在这样的情况下，我们不能不重新考虑我国农村工业化和城市化的问题。我有一次访问广东的顺德，当地的领导同志对我说，根据当地的经济发展趋势，他们认为乡镇企业的概念已经过时了。为什么这么说呢？因为经济发展的现实告诉我们，小城镇的规模看来不具备接受信息技术产业的能力，应该使一批紧密相连的城镇和中心城市尽快兴起，以便接受快速发展的信息产业的较高要求。另外，产业组织的跨国化，同样也对小城镇的发展提出了新的问题。为及时解决这类问题，顺德从1992年开始进行机构改革，政府把三大产业分离出来，组建工业发展公司、农业发展公司和贸易发展公司。1993年起，实行股份合作制，并改革企业的医疗保险和养老制度，真正转变了政府职能。企业在解决了体制问题之后，接着就解决市场问题。市场问题不是一个简单的地区性问题，而是牵涉到香港以及世界其他地区，牵涉到地区与地区之间的新型关系，牵涉到大型中心城市的发展问题。这次谈话，给我很大的震动和启发。

跨地区和跨国界的经济关系，除了表现在市场的超地方特征之外，还表现在近年来跨国公司的大量发展上。跨国公司在产权方面与具有民族国家疆界的国有、私有企业不同，它们没有明显的地理界限。它们的最大特征就是“无国界性”。在经济全球化的进程当中，不仅外国人来中国设立他们跨国公司的办事处、子公司，拓展业务，而且也有越来越多的中国人到海外办公司、办工厂，甚至开设大型专业市场。我家乡的震泽丝厂在美国开办了分公司；我访问过的青岛海尔集团在海外开了分公司；我所熟悉的温州人在巴西开设了“温州城”……这样的经济交融，已经不是简单的“西方到东方”、“外国到中国”、“中国到外国”的老问题，而是一种新型的国与国、区域与区域之间交流和互动的新发展和新的经济组织形式。

五

从沿海地区和内地的局部地区看，我国一些企业乃至产业对经济全球化进程的融入已经相当自觉。但是从我国广大中西部地区看，整体情况还不能让我们很乐观。相比较而言，我国属于全球化进程中的后来者，而且是后来而暂未居上。由于历史的原因，我国的现代化进程曾经一再被延误，失去过很多宝贵的时机。

从19世纪40年代开始，我国由一个古老的文明中心被帝国主义的坚船利炮强行纳入了西方国家主导的全球化进程。包括我的朋友费正清在内的许多学者都认为，鸦片战争之前，中国的文化体系平行于其他的世界体系，并且一度比西方世界体系更为发达。但是长期的封闭导致政府腐败、科技落后、经济凋敝、装备松弛以及心理上的抱残守缺、妄自尊大，致使这个庞大的体系逐渐失去活力，终于被西方列强的殖民扩张所压倒，无从自主，只能在全球化进程中处于依附地位。

一个世纪以后的1949年，中国实现了独立与自主，却在苏联经济模式的影响下脱离并抵抗了西方主导的全球化进程。在对全球化主体潮流的脱离和抵抗中，我们虽然坚持了政治上的独立，却也造成了自身的封闭和僵化，无法从全球化进程中获得发展动力，结果是在现代经济和文化等方面的落伍。而世界的发展没有停下来等我们，“沉舟侧畔千帆过”，我们明显是落后了。

1978 年，我们终于下定了改革开放的决心，主动并且逐渐深入地加入到了全球化进程的各个领域当中，急起直追。在政治上，我们与西方各国加强接触和了解，融洽了在“冷战”时期冻结的关系；在经济上，我们以经济特区为先导，依次开放沿海城市、沿江城市和内地，进行经济体制改革，建立市场经济体制，积极与国际惯例接轨，形成了加入经济全球化潮流的制度性保障。正是在这样的情况下，出现了我们在第一跳还没有完成的情况下已经不能不进行第二跳的局面。

这一局面来之不易，值得倍加珍惜。而这一局面给我们提出的艰巨使命，更需要进行深入的思考。第一跳还没有完成，已经必须跳第二跳了。这是我们走改革开放的路、融入全球化潮流所必然要碰到的局面。怎么办？小平同志说，要冷静观察，沉着应付，摸着石头过河。这就是科学的态度。我们要大刀阔斧地进行改革，又要小心谨慎地应付局面。不看清潮流的走向，不摸清自己的底子，盲目地进入潮流是不行的。我们的底子是第一跳尚未完成，潮流的走向是要我们跳上第三级。在这样的局势中，我们只有充实底子，顺应潮流，一边补课，一边起跳。不把缺下的课补足，是跳不过去的。历史不是过去了就算了，历史会对今天发生影响的。就物质与精神两个方面说，或者说是硬件与软件两个方面看，我们曾经有过精神（软件）讲得多，物质（硬件）讲得少的时代，现在却是物质讲得多，精神讲得少了。这叫矫枉过正，这就是历史的一种影响。在当前的发展过程中，重理轻文，差别太大，从长远看，会带来负面的东西。“文革”的影响太大了，不能不记取。

改革开放，不能只学外国的表面文章，而是要拿来现代化过程中形成的先进的文明成果为我所用。我们是要提高生产力水平，提高综合国力，提高人民群众的生活水平，是要把中国文化很好地、很健康地发展起来。现在中国的大问题是知识落后于要求。最近20年的发展比较顺利，有些人就以为一切都很容易，认为生产力上来了就行了，没有重视精神的方面。实际上，我们与西方比，缺了“文艺复兴”的一段，缺乏个人对理性的重视。这个方面，我们也需要补课，这决定着人的素质。现代化的发展速度很快，没有很好的素质，就无法适应现代化的发展要求。这是个文化问题，要更深一层去看。

六

中国文化的历史很长，古往今来的很多思想家为我们留下了十分宝贵的思想财富。中国传统文化思想的一大特征，是讲平衡和谐，讲人己关系，提倡天人合一。刻写在山东孔庙大成殿前的“中和位育”四个字，可以说代表了儒家文化的精髓，成为中国人代代相传的基本价值取向。我的老师潘光旦先生早在20世纪30年代就讲“位育”问题，认为在社会位育的两方面中，位即秩序，育即进步。位者，安其所也；育者，遂其生也。潘先生对“中和位育”作了很好的发挥。潘先生是个好老师，可惜我不是个好学生，没有能在当时充分意识到这套学说的价值，没有在这方面下够工夫。直到晚年，才逐渐体会到潘先生当年的良苦用心，体会到“中和”的观念在文化上表现出的文化宽容与文化共享的情怀。11年前，在一些学界朋友为我召开的80岁生日的欢叙会上，我展望人类学的前景时，提出人类学要为世界文化的多元和谐作出贡献。我说了四句话，16个字：“各美其美，美人之美，美美与共，天下大同。”作为一个人类学者，我希望这门学科自觉地探讨文化的自我认识、相互理解、相互宽容问题，确立世界文化多元共生的理念，促进天下大同的到来。实际上，这也是中国的传统经验里面一直强调的“和而不同”的思想所主张的倾向。

对于中国人来说，“天人合一”是一种理想的境界。天与人之间的社会规范就是“和”。这个“和为贵”的观念，是中国社会内部结构各种社会关系的基本出发点。在与异民族相处时，把这种“和”的观念置于具体的民族关系中，出现了“和而不同”的理念。这一点与西方的民族观念很不相同。我认为，“和而不同”这一古老的观念仍然具有强大的活力，仍然可以成为现代社会发展的一项准则和一个目标。承认不同，但是要“和”，这是世界多元文化必走的一条道路，否则就要出现纷争。而现在人类拥有的武器能量已经可以在瞬间毁灭掉自身。如果只强调“同”而不讲求“和”，纷争到极端状态，那只能是毁灭。所以说，“和而不同”是人类共同生存的基本条件。

“和”的局面怎样才能出现呢？我想，离不开承认不同，存异求同，化解矛盾。化解的办法中，既要有强制，也要有自律。从社会学的角度看，一个基本问题是个人与社会的矛盾、自由主义与平等主义的矛盾。自由要承认竞争为主，竞争就是有优势劣势之分，就形成了过去的格局。要解决这个问题，不能单靠社会控制的强加式的外力，还要有自我控制的内力。世界各国既然现在都属于一个地球村，这个“村”里就应该有一套“乡规民约”，大家认同，自觉遵守，否则就要乱套。“乡规民约”与法律不同，是习惯化的、自动接受的、适应社会的自我控制，是一种内力。中国老话里讲“克己复礼”，这个“礼”是更高境界的乡规民约。

要实现个人与社会的相互统一，不同文化之间的相互理解和适应，大家都自觉地遵守“乡规民约”，需要一个磨合的过程。只要愿意共存共荣，就必须要磨合。磨合就是通过接触交流、对话和建立共识，以达到矛盾的消除的过程。事实上，我们现在就处在这个磨合的过程中。当前需要有一个对磨合的认识和肯定，要意识到，这个磨合过程需要种种的临时协定作为大家有利的“乡规民约”。有了这个方面的共识，才会有比较自觉的磨合行为，才会有比较好的磨合状态，才能比较顺利地从经济全球化过渡到文化上的多元一体，经过不断的磨合，最终进入“和而不同”的境界。

依照进化的观点和规律，21 世纪的人类应该比 20 世纪的人类生活得更加聪明。事实上，已经有人在讨论新的发展观，提出了不同传统发展观的几个特点，比如合理开发资源、讲究生态效益，又比如注重社会平等、倡导精神追求、促进人的全面发展等等。我们可以发现，这些现代人类提出的准则，是中国传统文化精神一向坚持的倾向。这样的史实的肯定和弘扬，应该有利于帮助我们树立起应有的文化自信。

当今世界上，各地不同的文化都已经被纳入到全球化的世界体系中，已经不存在化外之地。全球化潮流发端于西方世界，非西方世界在接受西方文化的同时，应当通过发扬自身的文化个性来对全球化潮流予以回应。我近年来在很多场合提到的“文化自觉”，就含有希望看到这种回应的意思。“文化自觉”是当今时代的要求，它指的是生活在一定文化中的人对其文化有自知之明，并对其发展历程和未来有充分的认识。也许可以说，文化自觉就是在全球范围内提倡“和而不同”的文化观的一种具体体现。把这个话放在炎黄文化研究会的年会上讲，我觉得应该有更充分的理由表达一种愿望，就是希望中国文化在对全球化潮流的回应中能够继往开来，大有作为。最近在许多文章中经常提到的“中华民族的伟大复兴”，应该包括这一个很重要的方面，就是中国文化的复兴。为了这个前景，我们有必要加强人文主义，提倡新人文思想。有如潘先生讲的，在原有传统文化的基础上，吸收西方科学精神，建设新的人文精神。回到今天我的讲话的题目上，面对经济全球化的世界潮流，我们在开始第二跳的时候，要记住把这些想法带上，把“天人合一”、“中和位育”、“和而不同”的古训带上，把对新人文思想、新人文精神的追求带上。这样去做，我们就能获得比较高的起跳位置，也才能跳得高，跳得远，在真正的意义上实现中华民族的伟大复兴。

2000 年 10 月

“美美与共”与人类文明*

一　文明的话题

探讨全球化和不同文明之间的关系，不是一个新的话题，也不是一个新的现象。今天我们经常说的“全球化”，其渊源可以追溯到19世纪西方（主要是英国）主导的世界各地不同文化之间的广泛接触和交往。对于这种广义的全球化趋势的关注与研究，也是从19世纪开始的，比如卡尔·马克思就关注过资本主义全球扩张和原始积累的过程。关于这方面问题的探索，一直是社会学、人类学、民族学等诸多社会科学研究的重要领域。

这种对于全球化、文明、文化的研究，不仅仅是一种纯知识性的探索，它已经成了解决人们面临的严峻问题的一门科学。当今世界上不同的国家、民族、宗教之间的各种交融和冲突屡见不鲜，全球化造成的矛盾和问题，对我们构成了多种多样的挑战，对此，国际学术界和思想界做出了种种反应。我本人近年来对

* 本文是作者在2004年8月“北京论坛”上所做的书面发言。

“天人对立论”、“文明冲突论”等思潮的评论，就是对目前世界上发生的一些问题所发表的意见。

当今世界上，还没有一种思想或意识形态能够明确地、圆满地、有说服力地回答我们所面临的，关于不同文明之间该如何相处的问题。不管是社会经济高度“发达国家”，还是大多数“发展中国家”，在这个问题上，都同样受到严峻的挑战。这不是哪个单一的国家、民族或文明遇到的问题，而是一个全人类都要共同解决的问题。全球化的特点之一，就是各种“问题”的全球化。

二 时代的呼唤

近二三百年来，西方思想在世界学术界起着主导作用，但在面对全球问题的时候，西方的一些基本思路，出现了很大的局限性，在解决某些问题的同时，又引发出一些新的矛盾。比如，近百年来，随着西方强势文化的扩张，“自我中心主义”在一些人的头脑里大大地膨胀起来，“西方至上主义”、“殖民主义”、“极端国家民族主义”和“种族主义”等等思潮，成了上世纪两次世界大战的催化剂，也是造成很多国际性问题的重要原因。时至今日，世界上极端主义和以暴制暴所造成的种种事端，依然摆脱不掉“以我为中心”的影子。

因此，我觉得要更好地理解今天世界上出现的问题，寻求解决全球化与不同文明之间的关系，就必须超越现有的一些思路，在一个更高的层次上重新构建自我文明和他人文明的认识，只有当不同族群、民族、国家以及各种不同文明，达到了某些新的共识，世界才可能出现一个相对安定祥和的局面，这是全球化进程中不可回避的一个挑战。

要认真深入地对这些问题进行研究，必然会碰到诸如文化、文明、人性、族群性等基本概念，会涉及到认识论和方法论这样更高层次的问题。比如在探讨文化交流时，常会牵扯到对文化的基本定义；在对各种文明基础和特质进行研究时，也要谈到关于"人"、"人性"这些更基本的问题。事实上，很多人文学科的研究，比如人类学者对文化、传统的理解；社会学对社会群体结构的理论；民族学对族群性的解释等等，都可为我们提供很好的思路，对我们有很大启发。

我提及这方面的话题，并不是说我已经有了某种结论，而是希望我们在探讨、研究问题时，要把眼光放开、放远一些；思路变得灵活、广泛一些，不要总局限在一些常识性的、常规性的和褊狭的框框里。在探索关系人类文明这样一个宏大的、长远的课题时，我们的思想要有与之相适应的、博大的包容性和历史的纵深感；要充分利用全人类的智慧，发挥多学科、跨学科的优势来进行研究。

人类每逢重大的历史转折时期，就会出现各种各样的所谓"圣贤"，其实，这些"圣贤"就是那个时代所需要的，具有博大、深邃、广阔的新思路和新人文理念的代表人物。我曾经把当今的世界局势比作一个新的战国时代，这个时代又在呼唤具有孔子那样思想境界的人物。我确实已经"听"到了这种时代的呼唤。当然，今天的"圣贤"，不大可能是由某一种文明或某一个人物来担当，他应该，而且必然是各种文明交流融合的结晶，是全体人类"合力"的体现。

近年来，在讨论全球化这个话题的时候，我多次提到"和而不同"的概念。这个概念不是我发明的，它是中国传统文化中的一个重要核心。这种"和而不同"的状态，是一种非常高的境界，它是人们的理想。但是要让地球上的各种文明，各个民族、族群的亿万民众，都能认同和贯彻这个理想，绝不是一件轻而易举的事。为此，我们还有很长的路要走，还要付出沉重的代价。

我还提出了“文化自觉”。什么是文化自觉？简单地说，就是每个文明中的人对自己的文明进行反省，做到有“自知之明”。这样，人们就会更理智一些，从而摆脱各种无意义的冲动和盲目的举动。

后来，我又进一步提出“各美其美，美人之美，美美与共，天下大同”的设想。这几句话表达了我对未来的理想，同时也说出了要实现这一理想的手段。我认为，如果人们真的做到“美美与共”，也就是在欣赏本民族文明的同时，也能欣赏、尊重其他民族的文明，那么，地球上不同文化、不同民族、不同国家之间就达到了一种和谐，就会出现持久而稳定的“和而不同”。

三 经验性研究

研究文化和文明问题，可以有多种不同的视角和方法，不同的视角和方法之间可以互相支持和取长补短。作为一名从事实地调查研究的社会工作者，我想借此机会，谈一谈我在对全球化和文化、文明的关系的研究中所采用的方法和体会。

我的学术生涯，大约是70年前从广西大瑶山开始的，那次人类学和民族学的田野调查的研究方法（用今天的话说，就是“理论和实际相结合”的方法），对我一生学术研究产生了决定性的影响，成了我后来学术研究的基本手段。

我提出这个问题，是想提醒大家在关注探讨全球化和文明的问题时，如何拓展我们的研究方法。今天，世界上发生了许多新的问题和现象，这些问题和现象，都是由于不同文化的相互接触、碰撞、融合而产生的，没有现成的答案可以解决。也就是说，用原有的思维逻辑，原有的研究方法来解决现在的问题已经不行了。要想找到解决问题的方法，就是回到现实社会生活中去，扎扎实实地做实地调查。要超越旧的各种刻板的印象（stereotype）和判断，搞清楚各种文明中的人们的社会生活，并以此为基础（而不是以某种意识形态体系为基础）来构建人类跨文明的共同的理念。这种研究的难点，在于研究者必须摆脱各种成见，敞开胸怀，以开阔的视角，超越自己文化固有的思维模式，来深入观察和领悟其他族群的文化、文明。在跨文化的交流和沟通中，构建起新的更广博的知识体系。

为什么必须要到现实生活中去调查呢？因为人类社会是复杂的、多样性的；又是多变的、富于创造性的，它绝不是只有单一文化背景和有限知识和经验的研究者能够想象和包容得了的。所以，研究者必须深入到你要了解的“他人”的生活中去观察、研究。从某种意义上说，这种实地调查的方法，也反映出研究者的一种心态，就是你是不是真正要去理解、接受“他人”的文化、文明，这种心态正是今天不同文明之间交流的一个关键。深入到“异文化”中去做调查，努力学习“他人”的语言、传统，入乡随俗，适应他们的生活方式，做到设身处地地用当地人的眼光来看待周围的事物……这本身就是对“异文化”的尊重和对“异文化”开放的心态。如果连这种最基本的平等态度都没有，还谈什么交流和沟通。

可以说，在我的学术生涯中，我一直试图坚持走实地调查这条路。当我七十岁获得“第二次学术生命”时，虽然已经不可能像年轻时那样，长期地、深入地去观察某一个具体的社区或社会现象，但是，我仍然不懈地“行行重行行”，每年要安排三分之一以上的时间到各地做实地考察，这种实地考察使我受益匪浅。

四 心态和价值观

从学术史上说，这种实地考察的实证主义，是我在英国留学时的导师马林诺斯基在上个世纪初提出的。1914—1918 年间，马老师通过在西太平洋 Trobriand 岛上参与和观察当地土人的生活，从而总结出一套行之有效的研究方法，构建了人类学功能学派的理论基础。他的这一贡献与其说是学术上的，不如说是人文价值上的，因为长期以来，西方学术界流行的是以西方为中心的社会进化论思潮，把殖民地上的人民看成是和白人性质上不同、"未开化"的"野蛮人"。马老师却号召人类学者到那些一直被认为是非我族类、不够为"人"的原始社会里去参与、观察和体验那里人的生活。马老师使这些"化外之民"恢复了做人的地位和尊严。

在马老师强调和提倡田野工作之前，即使像佛雷泽这样的人类学大师在搞研究工作时，也主要是依靠查阅各种游记、笔记、文献资料。这种大量利用间接观察、间接记录、多手转达的方法，很容易因为观察者视角不一致、信息不连续和不完整，使研究者做出错误的解释和结论。实地调查能够促使研究者深入到"社会生活"中去"参与观察"，使"人类学走出书斋"，取得超越前人的成绩。

要进行跨文化的观察体验，还必须具有一种跨越文化偏见的心态。由某一种文化教化出来的人，因为对"他文化"不习惯，出现这样那样的误解、曲解，对"他文化"产生偏见，应该说是一种正常的现象。但作为一个研究者，则必须具备更高的见识、更强的领悟力，能够抛弃这种偏见。我特别提到一个"悟"字，这个字在跨文化的研究中显得特别重要，它不仅要求研究者全身心地投入到被研究者的生活当中，乃至他们的思想当中，能设身处地地像他们一样思考；同时，又要求研究者能冷静、超然地去观察周围发生的一切。在一种“进得去，出得来”的心态下，去真正体验我们要了解的“跨文化”的感受。我认为，在讨论全球化和不同文明之间的关系时，具体的研究方法等技术因素，并不是最重要的，最要紧的还是研究者的心态。

其实，我们平时常说的“凡事不要光想着自己，要想到人家”这句话，就很通俗地说出了在研究跨文化时所要持有的心态。这句话是中国人一个传统的、十分重要的为人处世的原则，类似的“原则”在老百姓中间流传的还有很多。我想这些“原则”应该是我们中华民族在形成多元一体格局的历史进程中，融会百川，不同文明兼收并蓄而积累下来的宝贵经验，这些经验或许能够对我们社会研究工作者提供有益的帮助。

培养这种良好的跨文化交流心态，是提高每个社会工作者人文修养的一门必修课，应该把这方面素质的提高，作为对社会学专业学生的基本要求。如果再扩大一些，我们能在一般民众中也推行这方面的宣传教育，其结果，必然能够增进不同文明中普通成员之间的良好沟通、交流和理解。如果这种沟通、交流和理解能够有广泛的群众基础，那么，今天世界上诸多民族和文明之间的矛盾、偏见、冲突以及冤冤相报、以暴制暴等等就有了化解和消除的希望。

五 交融中的文明

近几百年来，西方文化一直处于强势地位，造成了其社会中某些势力的自我膨胀，产生了殖民主义、种族主义、极端民族主义、文化沙文主义、单线进化论等形形色色的自我中心主义的思潮。但与此同时，在西方学术界，也出现了像马林诺斯基这样的，对西方文化中自我中心主义思潮进行反思和反制的学术流派。这种反思，可以说就是"文化自觉"的一个表现。然而直到今天，西方社会中各种势力和学术界各派别之间，仍然存在着巨大的分歧和激烈的较量。从另一方面看，非西方的各种文明，在经历了几百年的殖民主义、世界大战、冷战、民族解放运动等等磨炼后，其社会成员的思想和心理都起了十分复杂的变化，产生了多种多样的社会思潮，其中不乏与"西方至上主义"相对立甚至相对抗的思潮。这个状况，被一些人称作是"文明的冲突"，这种冲突已经影响到了今天的世界局势。目前所谓的"恐怖主义"和"反恐斗争"，就是这种"冲突"的表现之一。

几百年来，主导世界的西方文化大量地传播到其他文明中，随着时间推移，世界已经越来越紧密地联系在一起，这种传播也变得越来越快了。然而，文化交流是双向的，在西方文化快速传播的同时，西方社会也大量地汲取了其他文明的文化，而且这种文化上的交融，每时每刻都在发生着。这些被吸收的"异文化"，经过"消化"、"改造"之后，成了各自文明中新的、属于自己的内容，并从宗教、政治和意识形态等方面反映出来。可以说，今天世界上不同文明之间已经是"你中有我，我中有你"。今日之世界文明，已非昔日历史文献、经典书籍中所描绘的那种"纯粹"的传统文明了。因此，我们必须改变过去概念化的、抽象的、刻板的思维方式，以一种动态的、综合的、多层面的眼光，来看待当今世界上不同文化和文明之间的关系。

六　中华文明的启迪

作为非西方文明主要代表之一的中国，长期以来遭受殖民主义、帝国主义的欺压，为了民族生存，中国人民前仆后继、英勇斗争，终于捍卫了自己的主权和独立。长期的遭受屈辱，不断的奋起抗争，如今昂首屹立在世界上的经历，对中华民族面对全球化时的心态，必然会产生巨大的影响，尤其是当中国的综合实力和国际地位不断提高的时候，我们更应该加强“文化自觉”的反思，使我们能够清醒地认识到自己的状况，摆正在世界上的位置。

“文化自觉”的含义应该包括了对自身文明和他人文明的反思，对自身的反思往往有助于理解不同文明之间的关系。因为世界上不论哪种文明，无不由多个族群的不同文化融会而成。尽管我们在这些族群的远古神话里，可以看到他们不约而同地在强调自己文化的“纯正性”，但严肃的学术研究表明，各种文明几乎无一例外是以“多元一体”这样一个基本形态构建而成的。上个世纪 80 年代末，我总结了多年来研究的心得，提出了“中华民族多元一体格局”的观点，试图阐明中华民族这个由 56 个民族组成的实体形成的过程。

在我们探讨全球化和不同文明之间的关系的时候，中华民族的“多元一体格局”给了我们一些启示。我们知道，古代中国人的眼里，“中国”就是“天下”，也就是被看作是一个“世界”。所以中国人常说的“分久必合，合久必分”，并不是现代西方人所指的一个“民族国家”的“统一”或“分裂”（比如南北朝鲜、东西德国），而是一种“世界”的分崩离析和重归“大一统”。纵观中国几千年的历史，分分合合，纷争不断，但是从“多元”走向“一体”的大趋势是整个历史发展的主线，而且即使是在“统一”的时期，统治者在政治制度、宗教信仰、经济形态等方面，仍然允许在某些地区、某一阶层、某种行业中保持它的特殊性。古代中国这种分散的多中心的局面，究竟是因为怎样的内在机制、怎样的文化基础和思想基础才得以存在？这样“和而不同”的局面有什么优势和劣势？在中国传统文化中，哪些要素在这里边起了什么作用？古代的中国人究竟是怀有怎样的一种人文价值和心态，才能包容四海之内如此众多的族群和观念迥异的不同文化，建立起一个“多元一体格局”的中国！这些都是值得我们深刻思考和努力研究的问题。

中华民族在漫长的“分分合合”的历程中，终于由许许多多分散孤立存在的族群，形成了一个“你来我去、我来你去，我中有你、你中有我，而又各具个性的多元一体”。所以，在中华文明中我们可以处处体会到那种多样和统一的辩证关系。比如早在公元前，号称“诸子百家”的战国时期，出了那么多思想家，创立了那么多学说，后来为什么会“独尊儒术”，能够“统一”？儒家学说中又有什么东西使它成为一种联结各个不同族群、不同地域文化的纽带，从而维系和发展了中华民族的多元一体格局？还有，许许多多的族群在融入以“汉人”为主体的大家庭时，是以一个怎样的机制，使原本属于某一族群的文化，发展成由大家“共享”的文化？我们都知道，不同的宗教信仰之间怎样“友好共处”，是一个比较复杂、棘手的问题，但是在中国历史上也有成功解决的范例。比如古代犹太人在中国的经历，就是一个例子。人们通常认为犹太民族是一个宗教观念非常强烈的群体，但是在中国这样一个相对宽松的传统文化氛围里，在中国的犹太人，逐步融合到中国的社会中，没有发生像在西方社会，犹太人由于受到压制而不断强化民族宗教意识，甚至发生冲突的现象。还有在辽、金、元、清的时候，统治者在不同民族、不同族群的地区，实行不同的行政制度，因地制宜，顺应当地民众的传统文化、信仰和习俗来进行统治。但是，这种“顺应”又都统一在更高一层的“国”的框架之内。

这些例子，说明中华文明的结构和机制，在漫长的岁月中，经过一代代先人在实践中的不断探索、积累、完善，已经形成了一套相当成熟的协调模式。它充分体现了古人高度的政治智慧和中华民族深厚的文化底蕴。时至今日，在我们的生活实践中实施的“民族区域自治”、“一国两制”等政治制度，无不缘于厚重的中华传统文化。

中华文明有着悠久的历史和深厚的内涵，也有与“异文化”交流的丰富经验。我相信，在今后中国越来越广泛、深入地融入到世界的过程中，一定能为重构全球化和不同文明之间的关系做出应有的贡献。

七　跨文化研究的人文属性

人们常常把世界上不同文明之间如何相处的问题，看成是国与国、民族与民族之间政治、军事、综合国力等方面的比较，像是在做一种“力学”关系的分析。这样的分析不能说没有道理，但是不全面，因为文明、文化都是关于“人”的事情，所以要搞清楚还得从“人”入手。

文明、文化都是抽象的概念，它们之间的关系，不同于一般社会群体、社会组织这样的实体之间的关系。但是人们常常有一种倾向，遇到文明、文化之间的问题的时候，会不自觉地把它当作社会实体之间的问题来处理。要知道，文明和文化是具有浓厚情感、心理、习俗、信仰等非理性的特征，它们之间的关系也不是靠简单的逻辑论证、辩论、讲道理就能解决的。我们大约都有过在处理涉及感情、心理、习俗等等这些问题时，讲不清道理的经历。所以，在处理跨文明关系、跨文化交流这样更复杂、更微妙的人文活动时，就要求我们运用一套特殊的方法和原则，最大限度地注意到"人文关怀"和"主体感受"。这是一项涉及到历史、文化、传统、习俗、文学、艺术等诸多领域里的，以"人"为中心的系统工程。

在对跨文化的研究中，理解"人"，理解人的生物性、文化性、社会性；人的思想、意识、知识、体验以及个人和群体之间微妙、复杂的辩证关系等等都是至关重要的。因为，人的上述特性通过交流、传播和传承，可以成为群体共有的精神和心理财富，并在这一群体里"保存"下来，达到"不朽"，成为"文化"的一部分。同样的道理，不同文明、不同文化的人们之间，也存在着这种交流、传播和传承。

从总体上说，人类文明的多样性，是各个文明得以"不朽"的最可靠的保证。一种文明、文化，只有融入更为丰富、更为多样的世界文明中，才能保证自己的生存。人们常说，"只有民族的，才是世界的"，这是不错的；反过来说，只有世界的，才是民族的，才能使这个民族的文化长盛不衰，也很有道理。所以，文化上的唯我独尊、故步自封，对其他文明视而不见，都不是文明的生存之道。只有交流、理解、共享、融合，才是世界文明共存共荣的根本出路。不论是"强势文明"还是"弱势文明"，这是唯一的出路。

探讨文明和文化问题，不可避免地要涉及到价值观和信仰，而这些又极容易转变成感情和心理因素，然而在科学研究中，一旦掺杂了这些因素，就会产生巨大的阻力，这是我们从事族群、民族、宗教研究的社会科学工作者都遇到过的问题，因此，必须构建一种超越常规的理念。我们不提倡用某一种文明的意识形态、价值观念来解决不同文明之间的问题，因为用一种文明的"标准"去评判另一种文明，不管这种做法"对不对"，实际上会让人感觉到这样做"好不好"。由于不同文明之间人们的认知体系有差别，所以不同文明的人，对同一个问题的看法，常常会变得不是“是”与“非”，而成了“好”与“坏”了。我觉得，不管出于什么动机，强迫别人接受一种本来不属于他们的价值观，这种做法，本身就含有欺压和侮辱人的性质。

不同文明之间的交往，“内容”常常会退居到次要的地位，而“形式”会上升为主要的东西。我说的“形式”，不是科学主义说的那种可以忽略的、外在的、表面化的形式，而是人类学中所指的“仪式”、“象征”，也即是“意义”。它在一种文明、一种文化里起着很重要的作用，甚至是生死攸关的作用。不同文明之间的矛盾，是不能简单地按照经济或功利的原则来解释的。中国古代有“不食周粟”、“苏武牧羊”的故事，这些故事说明，文明、文化的交往绝不是简单的商品交易；一个族群、一种文化，不是物质利益就能收买，也不是强力所能压服的。

当前世界上某些人，常常有意无意地把不同文明、文化之间的关系，直接与国家或民族利益挂钩，这是一种加大，甚至是激化不同文明之间误解和矛盾的做法。这些人在大谈“国家利益”的时候，手里不断挥舞着文明、文化的旗号，把赤裸裸的为“一国谋利益”的做法，装扮成捍卫“某某文明”的“义举”；把具体的国家利益之争，混淆成不同文明之间的争斗。当然，从广义上讲，文化价值也包含在“利益”之中，但它们并不是简单地连接在一起的，这种随意的联系，是不成熟、不理智、不准确、不负责任的表现。犹如我们不能把美国的国家利益，等同于基督教文明的利益；也不能把中国的国家利益，说成是儒家文明的利益。

我们认为，国家利益可以“一事一议”，好像谈生意那样，通过理性的协商来解决。如果把这种事情上升到文明、文化的层次里，就会变成充满感情和心理因素的、非理性的问题。

一个国家不能自命为某一种文明的代表或化身，说成是某文明的卫士；各种政治集团也不该盗用文明、文化的名义，制造民粹运动来为自己的政治利益服务。这种夹杂着经济和政治目的的"国家利益"，会大大歪曲不同文明之间关系的本质，造成恶劣的结果。

八 美美与共

从历史和现实中可以看到，要想处理好不同文明之间的关系，首要的条件应该是各自能够保持一种平和、谦逊的心态，就是中国古人所谓的"君子之风"。

前几年，我提出了"各美其美、美人之美、美美与共、天下大同"的设想，这是我的心愿。要想实现这几句话，还要走很长的路，甚至要付出沉重的代价。比如要做到"各美其美、美人之美"，也就是各种文明教化的人，不仅欣赏本民族的文化，还要发自内心地欣赏异民族的文化；做到不以本民族文化的标准，去评判异民族文化的"优劣"，断定什么是"糟粕"，什么是"精华"。

要达到这样的境界并不容易，比如当今世界上许多发展中国家，历史上大多遭受过西方殖民主义的欺凌，这些国家的民众，由于受一种被扭曲的心理的影响，容易产生两种截然相反的倾向：一种是妄自菲薄，盲目崇拜西方；一种是闭关排外，甚至极端仇视西方。目前，这种仇视西方的状况似乎已经酝酿成一股社会潮流。从另一方面说，作为强势文明的发达国家，容易妄自尊大，热衷于搞"传教"，一古脑儿地推销自己的"文明"，其实这样做会蒙住自己的耳目，成了不了解世界大势的井底之蛙。中国的历史上，也出现过"盲目崇拜"和"闭关排外"的现象。

希望今天的中国学术界，能够彻底抛弃妄自菲薄、盲目崇拜西方或者妄自尊大、闭关排外的心理。

中华文明经历了几千年，积聚了无数先人的聪明智慧和宝贵经验，我想我们今天尤其需要下大力气学习、研究和总结。面对今天这种“信息爆炸”、形形色色“异文化”纷至沓来的时代，我们需认真思考怎么办？全盘接受、盲目排斥都不是好的办法，我们应该用一种理智的、稳健的，不是轻率的、情绪化的心态来“欣赏”它。要知道，不论哪种文明，都不是完美无缺的，都有精华和糟粕，所以对涌进来的异文化我们既要“理解”，又要有所“选择”。这就是我说的“各美其美、美人之美、美美与共”。

中国历史上有过这样的例子。唐朝的时候，国家昌盛、经济发达、文化繁荣，引起了邻国日本的关注，派人来学习，与唐朝建立了友好关系。他们把唐朝好的东西带回去，丰富了自己的文化。这段历史表明，当时的日本人是很有“鉴赏力”的，善于“美人之美”，因此获得了很多文化资源，达到了“双赢”的结果。

当今地球上的人类，应该比古代人具有更广阔的胸怀、更远大的目光，对于不同文化有更高的鉴赏力，拥有一个与不同文明和睦相处的良好心态。在这方面，我们的先辈留下了许多包含了深刻哲理的宝贵经验。比如孔子说：“己所不欲，勿施于人”，强调的是人们“不应该做什么”，而不是要求人们“应该做什么”；又如“修己而不责人”、“退一步海阔天空”等等这样的格言，都包含了克己、忍耐、收敛的意思。这些都是在中华民族多元一体格局形成的漫长岁月中，逐渐发展起来的中国人特有的一套哲学思想。

为了人类能够生活在一个“和而不同”的世界上，从现在起就必须提倡在审美的、人文的层次上，在人们的社会活动中树立起一个“美美与共”的文化心态，这是人们思想观念上的一场深刻大变革，它可能与当前世界上很多人习惯的思维模式和行为方式相抵触。在这场变革中，一定会因为不被理解而引起一些人的非议甚至抵制，特别是当触动到某些集团的利益的时候，可能还会受到猛烈的攻击。但是，当我们看到人类前进的步伐已经迈上全球化、信息化的道路；已经到了一个必须尽快解决全球化和人类不同文明如何相得益彰、共同繁荣的紧要关头，这些抵制和攻击又算得了什么。

九　博采众家之长

当我们探讨和研究不同文明如何相处的时候，必须充分了解和借鉴世界上各种文明，做到博采众长、开阔胸怀、拓宽思路、启迪灵感。中国的社会科学工作者在探讨、研究中华文明的时候，也要认真地理解和研究世界上其他文明的文化，要“美人之美”。

近年来，欧盟的统一进程引起了人们的关注。欧洲的社会经济发展，一直在世界上扮演着“领跑者”的角色，所以欧盟的统一，可以看作是在全球化背景和现代社会条件下，欧洲不同文明、不同文化的国家，在试图重新协调它们之间的关系，探索如何共处的一个实例。当然，欧洲的“统一”并不就是未来“全球化”的模式，全球化并不是世界“统一”。地球上如此众多信仰不同、风俗各异的民族和国家，情况远比欧洲复杂得多，而且世界各地普遍存在着严峻的经济、政治和军事等诸多问题，绝不是一个“模式”就能解决的。这个尝试和实践之所以引起我们注意，是因为它能为世界上不同文明之间的交往，提供很多值得学习、借鉴的经验。

从人类学社会学的角度上看，世界上所有文明都蕴含着人类的智慧，每一种文明都值得我们关注、研究，从中汲取营养。比如像印度这样一个历史悠久，民族、宗教关系极其复杂的国家，在他们的传统文化中就包含着极其丰富的处理多民族、多宗教、多文化并存的经验；同样，历史上曾经出现过的强大国家和各种强势文明，诸如奥斯曼帝国、俄罗斯帝国、奥匈帝国，阿拉伯文明、南美文明、非洲文明等等，这些庞大的多民族的社会实体，无不在解决不同文化之间的交流、沟通和融合方面，为后人积累了丰富的经验和教训。

作为人类学社会学工作者，我们应该以严肃、认真的态度，不带任何偏见地深入研究本民族的历史文化，同时也应该下工夫研究其他国家、民族的历史文化，以扩展我们的视野，增强我们的想象力和创新能力，为当今世界经济迅速“全球化”的同时，建设一个“和而不同”的美好社会贡献力量。

2004 年 8 月

作者主要论著目录

"提倡小规模制丝合作社"，《国际贸易导报》1932年第4卷第6号。

"社会变迁研究中的都市与乡村"，《北平晨报》1934年11月15日。

Peasant Life in China, London: Rontledge, 1939.

"农村土地权的外流"，《今日评论》1940年第3卷11期。

"患土地饥饿症者"，《今日评论》1940年第3卷第20期。

"农村游资的吸收"，《今日评论》1940年第4卷第22期。

"增加生产和土地利用"，《当代评论》1941年第1卷第13期。

《禄村农田》，商务印书馆，1943年。

"中国乡村工业的性质及前途"，《旅行杂志》1943年第17卷第2期。

Earthbound China, Chicago: Chicago University Press, 1945.

《初访美国》，生活书店，1946年6月。

《民主、宪法、人权》，生活书店，1946年12月。

《内地农村》，生活书店，1946年。

《乡土中国》，观察社，1947年。

《乡土重建》，观察社，1948年。

《生育制度》，商务印书馆，1947年。

《美国人的性格》，生活书店，

1947年。

《重访英伦》，上海大公报馆，1947年。

《皇权与绅权》，观察社，1949年。

Chinese Gentry, Chicago: Chicago University Press, 1952.

"中国民族学当前的任务"，《科学通报》1956年8月号。

《话说呼伦贝尔草原》，通俗文艺出版社，1956年8月。

"重访江村"，《新观察》1957年第11、12期。

《访美掠影》，三联书店，1979年。

"迈向人民的人类学"，《社会科学战线》1980年第3期。

"社会学与中国的现代化"，《天津社联通讯》1980年第10期。

"三访江村"，《文汇报》1981年11月18日。

Toward a People Anthropolgy, Beijing: New World Press, 1981.

《民族与社会》，人民出版社，1981年。

"中国家庭结构的变动"，《信使》1983年第2期。

"家庭结构变动中的老年赡养问题"，《北京大学学报》1983年第3期。

《从事社会学五十年》，天津人民出版社，1983年。

Chinese Village Close—up, Beijing: New World Press, 1983.

"西部经济发展和各民族共同繁荣"，《群言》1985年第8期。

《小城镇四记》，新华出版社，1985年。

Small Town in China, Beijing: New World Press, 1986.

《社会学的探索》，天津人民出版社，1985年。

《论小城镇及其他》，天津人民出版社，1986年。

"重建社会学的又一阶段"，《光明日报》1986年3月26日。

"三论中国家庭结构的变动"，《北京大学学报》1986年第3期。

"江村五十年"，《群言》1986年第9、10期。

"我国农村经济发展战略"，《社会学与社会调查》1987年第2期。

《边区开发与社会调查》，天津人民出版社，1987年。

《沿海六行》，江苏人民出版社，1987年。

Rural Development in China,

Chicago: Chicago University Press, 1987.

“地区发展战略规划若干问题”,《群言》1987年第11期。

《山水、人物》,江苏人民出版社,1988年。

“论梁漱溟先生的文化观”,《群言》1988年第9期。

《中华民族多元一体格局》,民族出版社,1989年。

《城乡和边区发展的思考》,天津人民出版社,1990年。

“中华民族研究的新探索”,《北京大学学报》1990年第4期。

“人的研究在中国——个人的经历”,《读书》1990年第10期。

《行行重行行》,宁夏人民出版社,1991年。

“重访云南三村”,《中国社会科学》1991年第1期。

From the Soil, Unicersity of Califorbnia Press, 1992.

“中国城乡发展的道路”,《中国社会科学》1993年第1期。

《逝者如斯》,苏州大学出版社,1993年。

“农村、小城镇、区域发展”,《北京大学学报》1995年第2期。

“从马林诺斯基老师学习文化论的体会”,《北京大学学报》1995年第6期。

“重读《江村经济》序言”,《北京大学学报》1996年第4期。

“开风气、育人才”,《北京大学学报》1996年第9期。

《费孝通学术文化随笔》,中国青年出版社,1996年6月。

《学术自述与反思:费孝通学术文集》,生活·读书·新知三联书店,1996年。

“简述我的民族研究经历和思考”,《北京大学学报》1997年第2期。

“反思、对话、文化自觉”,《北京大学学报》,1997年第3期。

“我对自己学术的反思”,《读书》1997年第9期。

《行行重行行(续集)》,群言出版社,1997年。

《走出江村》,人民日报出版社,1997年。

“人文价值再思考”,在香港出席香港中文大学、北京大学、台湾东华大学主办的“社会科学的应用与中国现代化”学术研讨会上的演讲,1997年4月。

“中国农村工业化与城镇化发展”,提交杭州国际学术研讨会的论文，1998年5月。

“中华文化在新世纪面临的挑战”，提交香港“中华文化与二十一世纪”国际研讨会的论文，1998年12月。

《往事重重》，辽宁出版社，1998年。

“重建社会学与人类学的回顾和体会”，在江苏吴江出席香港中文大学、北京大学、台湾东华大学主办的“面向二十一世纪的中国社会学与人类学”研讨会上的演讲，1999年10月。

《费孝通文集》（十四卷），群言出版社，1999年。

“创建一个和而不同的全球社会”，在国际人类学与民族学联合会中期会议上的演讲，2000年7月。

“经济全球化和中国‘三级两跳’中对文化的思考”，在北京中华炎黄文化研究会等主办的“二十一世纪中华文化世纪论坛”的演讲，2000年11月。

“人类学与二十一世纪”，在兰州出席北京大学、西北民族学院主办的“面向二十一世纪的中国社会学与人类学”研讨会上的演讲，2001年7月。

《费孝通文集》（第十五卷），群言出版社，2001年。

“对上海社区建设的一点思考”，在上海大学举办的“社区建设理论研讨会”上的演讲，2002年4月。

“文化论中人与自然关系的再认识”，在南京参加“世界著名科学家论坛”上的演讲，2002年5月。

《费孝通译文集》（上下册），群言出版社，2002年。

《社会学初探》，鹭江出版社，2003年。

“‘美美与共’和人类文明”，在北京“北京论坛”上的书面发言，2004年8月。

《费孝通文集》（第十六卷），群言出版社，2004年。

作者大事年表

1910 年

11 月 2 日，生于江苏省吴江县县城（旧属苏州府）松陵镇富家桥弄一个传统的，同时又是一个善于接受新思想的知识分子家庭。

1913 年

入吴江县第一蒙养院，“开始（接受）正规教育”。

1916 年

入吴江县第一初等小学（俗称雷震殿小学）。

1920 年

举家迁至苏州城十全街，入振华女校（今苏州第十中学）读书。

1923 年

升入振华女校初中一年级。

1924 年

转入苏州东吴大学第一附属中学。在商务印书馆主办的《少年》杂志上，发表了《秀才先生的恶作剧》、《一根红缎带》等文章。

1928 年

入东吴大学医预科。在《少年》杂志和东吴一中毕业纪念刊《水荇》上发表《年终》、《雪花》、《一封未寄的信》、《死》、《桂花》、《冬》等文章。

1929 年

任东吴大学学生会秘书、校刊通讯秘书，参加东吴大学学潮。

1930 年

秋，由东吴大学转入燕京大学社会学系，师从吴文藻老师。

1931 年

参加北平学生反对日本帝国主义侵占我国东北三省的游行示威

活动。

翻译《印度农村改造问题》一文，刊于《社会问题》卷1第4期。

1932年

参加燕京大学社会学研究班，听美国著名社会学家派克教授讲学。

以姐姐费达生的名义发表《提倡小规模制丝合作社》一文，刊于《国际贸易导报》卷4第6号。与费青合译《中国战争目击记》（又名《龙旗下》），刊于《再生》卷1第7、8、9期。

1933年

燕京大学社会学系毕业，获社会学学士学位。撰写毕业论文《亲迎婚俗之研究》。考人清华大学研究院社会学人类学系，师从史禄国教授。

这期间所写的《人类学几大派——功能学派之地位》刊于《社会思想》第24、25期；《中国文化内部变异的研究举例》刊于《社会问题》第9期；《社会变迁研究中的都市与乡村》刊于11月5日的《北平晨报》；《我们在建设乡村事业中的经验》刊于《独立评论》第73号。

1934年

在史禄国教授指导下专修体质人类学课程。

所写的《周族婚姻制度及社会组织一考》刊于《清华周刊》卷41第7期；《论社会组织》、《从社会进化到社会平衡》、《分析中华民族人种成分的方法和尝试》，分别刊登在2月7日、3月7日和10月17日的《北平晨报》；《论内省及意识》刊于天津4月23日的《益世报》；《复兴丝业的先声》刊登在5月10日《大公报·乡村建设》。

1935年

翻译《社会变迁》一书。到北平清河军营对那里的士兵进行人体测量。和王同惠一起开始翻译《甘肃土人的婚姻》。

6月从清华大学研究院毕业，获硕士学位。毕业论文是（1）Anthropology of Koreans；（2）Anthropology of criminals in Peiping。

8月与王同惠结婚，同赴广西大瑶山做特种民族研究的课题。途中以《桂林通讯》为总题，报告田野工作情况，文章刊于《北平晨报》、天津《益世报》和《宇宙旬刊》。

12月16日在转移调查地点途

中，因向导失引，费孝通误踏捕虎陷阱，身负重伤，王同惠觅援求救途中失足落入山涧，溺水遇难。调查被迫中断。

1936 年

年初在广州柔济医院疗伤，开始整理、编写《花蓝瑶社会组织》。

9 月初从上海乘轮船赴英国留学，入英国伦敦大学政治经济学院，师从马林诺斯基教授。

1937 年

在伦敦大学政治经济学院学习，参加“席明纳”（讨论会），研究文化变迁问题。在马林诺斯基指导下整理在开弦弓村调查的资料，撰写博士论文。为天津《益世报》开辟《伦市寄言》专栏。

1938 年

春，申请论文答辩。

夏，论文 Peasant Life in China（中文译名《江村经济》）通过答辩，获哲学博士学位。

秋初，离英返国。

10 月底，抵达云南省昆明。

11 月 15 日，赴禄丰县做实地调查。

12 月，任云南大学社会学教授并在西南联大兼课。

1939 年

博士论文 Peasant Life in China 在英国出版。马林诺斯基为之作序，称该书“将被认为是人类学实地调查和理论工作发展中的一个里程碑”。

主持云南大学和燕京大学合作联合成立的社会学研究工作站的工作，任研究员。

1940 年

因日军轰炸昆明，社会学研究工作站迁至呈贡魁星阁。

是年所写文章多刊于《今日评论》，如《农村土地权之外流》、《土地继承和农村的粉碎》、《患土地饥饿症者》、《农家费用的分析》、《西南工业的人力基础》等。

1941 年

任云南大学社会学系主任，除授课外，大部分时间用于魁阁工作站的实地调查。

有大量的时评、政论及学术论文发表，分别刊于《今日评论》、《星期评论》、《东方杂志》、《当代评论》、《社会科学学报》。

1942 年

继续指导学生进行实地调查。

12 月，接受赴美进行文化交流的邀请。

是年发表文章所涉及的报刊范围又有扩大，除前述者外，又在《中央日报》、《大公报》、《旅行杂志》等报刊发表文章。

1943 年

年初，与潘光旦教授等人赴大理讲学，并写《鸡足朝山记》在《生活导报》周刊连载。

6 月，赴美国访问；写《旅美寄言》系列文章。所著《禄村农田》一书作为吴文藻主编的《社会学丛刊乙集》的一种，由商务印书馆出版。

1944 年

译著《人文类型》作为吴文藻主编的《社会学丛刊甲级》第三种，由商务印书馆出版。

1945 年

被清华大学聘为教授，由云南大学转入西南联大，仍主持云南大学社会学系工作。

被推举为《时代评论》主编。

英文版 *Earthbound China* 即《被土地束缚的中国》（中文版书名为《云南三村》）一书在美国出版。同时有大量的时评、政论性文章刊登在《时代评论》、《大公报》、《中央日报》、《自由论坛》、《民主周刊》等报刊上。

加入中国民主同盟。

1946 年

夏秋之交，因“李闻事件”到美国驻昆明领事馆避难。

11 月，应英国文化交流协会邀请访问英国。

《人性与机器——中国手工业的前途》、《初访美国》、《民主·宪法·人权》等书均由生活书店出版。另有时评、政论、随笔等多篇文章刊于《上海文化》、《文萃》、《时事评论》等刊物上。

1947 年

2 月，离开英国途经新加坡、香港返回中国上海。

3 月，到北京，继续在清华大学执教，任社会学教授。

《重访英伦》由大公报馆出版；《生育制度》由商务印书馆出版；《美国人的性格》由生活书店出版。另外还有近 70 篇文章分别刊载在《世纪评论》、《观察》、《知识与生活》、《大公报》等报刊上。

1948 年

4 月，赴西柏坡参加中共中央与各民主党派和民主人士共商筹备政协、成立联合政府、制定共同纲领的会议。

《乡土中国·乡土重建》由上

海观察社出版；与吴晗、袁方等合著的《皇权与绅权》亦由该社出版；《炉边天下》和《乡土复员论》两个系列，分别刊于《大公报》和《观察》杂志。另有大量文章发表于《中国建设》等刊物上。

1949 年

5 月，出任清华大学校务委员会委员、副教务长。

9 月，参加中国人民政治协商会议第一届全体会议。

10 月 1 日，参加中华人民共和国成立大典。

1950 年

6 月，被任命为中央民族访问团副团长，率团访问贵州少数民族地区。

发表《什么叫搞通了思想》、《不改造就落后》、《解放以来》等文章。《大学的改造》一书由上海公司出版；《我这一年》一书由三联书店出版。

1951 年

6 月，出任中央民族学院副院长。

8 月，被任命为中央人民政府民族事务委员会委员。

当选为中国民主同盟中央委员会委员，中国民主同盟北京市委副主委。

在《新观察》杂志发表《兄弟民族在贵州》系列文章，后由三联书店结集出版。

1952 年

《关于广西壮族历史的初步推考》等多篇文章，分别刊登在《新建设》和《新观察》等杂志上。

1953 年

出席纪念斯大林逝世座谈会并发言。《打开了和平大门》一文刊于《光明日报》。

1954 年

当选为全国人民代表大会代表。9 月，出席第一届全国人民代表大会。

1955 年

赴南京、苏州、杭州等地调查知识分子问题。

《话说呼伦贝尔草原》系列文章在《新观察》杂志上连载。

1956 年

10 月，被任命为国务院专家局副局长，国家民族事务委员会副主任。

1957 年

1 月，任中国科学院学部委员。

3 月 18 日，在《人民日报》上发表了《知识分子的早春天气》一文。

4月下旬至5月中旬，重访开弦弓村调查农村经济情况，写《重访江村》一文，刊于当年《新观察》的第11、12期。

5月31日，在《光明日报》上发表了《早春前后》一文。

1959年

4月，当选全国政协委员，出席全国政协会议。

配合当时中印划界工作，收集、翻译有关资料。

1962年

夏，随全国政协视察团考察内蒙古。

撰写回忆文章《留英记》。

1963年

翻译《工业文明的社会问题》。

1964年

《工业文明的社会问题》由商务印书馆出版。

1966年

9月1日，受“文革”冲击，被抄家，遭批斗。

1967年

接受批斗改造。看护老师潘光旦，直至潘老师病逝。

1972年

接待来华访问的费正清夫妇。与吴文藻、谢冰心等人翻译《世界史》。

1973年

继续翻译《世界史》。开始翻译《世界史纲》。

1974年

4月，接待来访的日本人类学家中根千枝。

1975年

《世界史》一书由三联书店出版。

1977年

撰写《蓄意歪曲，无耻篡改》一文，批判江青关于“‘母系社会’就是女人掌权”的谬论，刊于《中央民族学院学报》。

出任中华人民共和国最高人民法院特别法庭审判员。

1978年

担任中国社会科学院民族研究所副所长。

当选全国政协常委，民盟中央副主席。

1979年

3月，参加有关“恢复社会学”问题的讨论会，被推举为中国社会学研究会会长，主持召开了该会首届理事会。

10月至11月，赴加拿大访问讲学。被聘为加拿大奎尔大学客座教授。

1980年

1月，任中国社会科学院社会学研究所所长。

3月，赴美国接受国际应用人类学学会授予的该年度马林诺斯基荣誉奖，并成为该会会员。

《访美掠影》一书由三联书店出版。

被聘为北京大学教授。

1981年

11月，赴英国接受英国皇家人类学会授予的赫胥黎奖章，并做题为《三访江村》的演讲。

《生育制度》由天津人民出版社重版；《民族与社会》由人民出版社出版。

1982年

12月，在南京倡议加强对小城镇建设的研究。

被选为伦敦大学政治经济学院荣誉院士。

《杂写甲集》由天津人民出版社出版；与吴文藻、冰心等人合译的《世界史纲》一书由人民出版社出版；另外有多篇文章在《人民日报》、《新观察》等报刊上发表。

1983年

3月，被选为第六届中国人民政治协商会议全国委员会副主席。

《从事社会学五十年》一书由天津人民出版社出版；《重访英伦》一书由湖南人民出版社出版。

1984年

《杂写乙集》由天津人民出版社出版。是年发表的文章内容，多是关于小城镇发展和重建社会学的问题。

1985年

3月，辞去中国社会科学院社会学研究所所长。组建北京大学社会学研究所，任所长，培养研究生。

6月，出任中华人民共和国香港特别行政区基本法起草委员会副主任。

《社会调查自白》由知识出版社出版；《杂写丙集》、《社会学的探索》由天津人民出版社出版；《美国与美国人》一书由三联书店出版；《小城镇四记》一书由新华出版社出版。同年出版《费孝通社会学文集》。

1986年

被选为英国皇家人类学会荣誉会员。

《小城镇四记》获北京大学首届科研成果荣誉奖。

《江村经济》一书中文译本由江苏人民出版社出版；《杂写丁集》、《论小城镇及其他》由天津人民出版社出版。

1987 年

10 月，赴澳门参加澳门东亚大学李约瑟讲座，并获东亚大学社会科学博士。

《小城镇四记》获北京市首届哲学社会科学研究荣誉奖。

《边区开发四题》一书由浙江人民出版社出版；《边区开发与社会调查》一书由天津人民出版社出版；《沿江六行》一书由江苏人民出版社出版；译著《文化论》由中国民间文艺出版社出版。

1988 年

2 月，赴美国纽约接受美国不列颠百科全书奖。

3 月，当选第七届全国人民代表大会常务委员会副委员长。

《山水·人物》一书由江苏人民出版社出版；《费孝通选集》由天津人民出版社出版；《费孝通学术精华录》由北京师范学院出版社出版；《费孝通外访杂写》一书由中国展望出版社出版。同年出版《费孝通民族研究文集》。

《边区开发与社会调查》获北京大学第二届科研成果荣誉奖。《社会学概论》获国家教委高校优秀教材二等奖。

1989 年

《中华民族的多元一体格局》一文刊登于《北京大学学报》；发表《四年思路回顾》、《甘肃行》等文章。

1990 年

4 月 10 日，在江泽民同志接见时，提出“将上海建成大陆的香港”的构想。

发表《人的研究在中国》、《重访云南三村》等文章；《甘肃杂写》系列文章和《红场小记》刊于《瞭望》周刊。

1991 年

3 月，在“中国民主同盟成立五十周年纪念”大会上，做题为《风雨同舟五十年》的讲话。

发表《清华人的一代风骚》、《〈城乡协调发展研究〉后记》、《关于内蒙古经济发展的一些意见》等文章；《旧燕归来》一书由江苏人民出版社出版。

《中华民族的多元一体格局》获北京大学学报首届优秀论文奖、北京大学第三届科研成果奖、北京市第二届哲学社会科学优秀成果特等奖。

1992 年

《行行重行行》由宁夏人民出版社出版。

1993 年

9 月，赴日本福冈接受该年度亚洲文化大奖。

被授予国际人类学、民族学联合会终身会员。

发表《寻根絮语》、《〈史记〉的书生私见》等文章；《逝者如斯》由苏州大学出版社出版，《人的研究在中国》由天津人民出版社出版。

1994 年

8 月底至 9 月初，访问菲律宾，接受菲律宾拉蒙麦格赛赛“社会领袖”奖。

发表《近年来中国农村经济发展的几个阶段》、《从史禄国老师学体系人类学》、《从蚌龙想起》等文章；《芳草天涯》一书由苏州大学出版社出版。

1995 年

《行行重行行》获全国高等学校首届人文社会科学研究优秀成果社会学类一等奖。发表《农村、小城镇、区域发展》、《小城镇研究十年反思》、《晋商的理财文化》、《开风气 育人才》等文章；《言以助味》由苏州大学出版社出版。

1996 年

11 月底，在民盟第七届中央委员会第五次会议上辞去民盟中央主席职务。任中国民主同盟名誉主席。

发表《简述我的民族研究经历和思考》等文章；《爱我家乡》由群言出版社出版，《学术自述与反思》由三联书店出版，《费孝通学术文化随笔》由中国青年出版社出版，《费孝通选集》由海峡文艺出版社出版。

1997 年

发表《青春作伴好还乡》、《人文价值再思考》、《上海浦东开发开放中的一个重要问题》、《游滕王阁小记》等文章；《走出江村》由人民日报出版社出版，《行行重行行续集》由群言出版社出版。

1998 年

3 月，第八届全国人大副委员长任职期满，除保留北京大学教授一职外，辞去所有公职。

6 月，被推选为中华炎黄文化研究会会长。

11 月，赴香港中文大学参加王宽诚基金会的学术活动。随即赴番禺接受该年度“霍英东杰出奖”。

发表《文化的传统与创造》、《区域经济发展的新思考》等文章；《往事重重》和译著《甘肃土人婚姻》由辽宁出版社出版。

1999 年

12 月，赴香港参加香港中文大学第 55 届毕业典礼并获得荣誉社会科学博士。

发表《区域经济发展的新思考》、《文化的传统与创造》、《我心中的爱国者》、《家庭工业和私营企业》等文章。《费孝通文集》（十四卷本）由群言出版社出版。

2000 年

发表《关于当前城市社区建设的一些思考》、《关于当前城市社区建设的再思考》、《论西部开发中的文化产业》、《故地重游多新见》等文章。

2001 年

发表《关于“多元化的西部文化”和“文化生态失衡问题”的谈话》、《再谈中国古代玉器和传统文化》、《人类学与二十一世纪》等文章；群言出版社出版《费孝通文集》第 15 卷。

2002 年

11 月，出席北京大学社会学建系二十周年庆祝大会，做题为《继往开来，建设二十一世纪中国的社会学》及《回眸七十年》的演讲。列席中国共产党第十六届全国代表大会开幕式。

发表《关于“文化自觉”的一些自白》、《“补课”问题应引起知识界的注意》、《哲学社会科学的春天》等文章。《费孝通译文集》（上下册）由群言出版社出版。

2003 年

3 月，参加北京中国高校校友海外联谊会主办的“费孝通教育基金”成立大会。赴南京调查城镇化建设发展情况。

11 月，获首届江苏省小城镇建设与研究终身成就奖。

12 月，在北京参加“纪念费孝通教授《小城镇　大问题》发表二十周年座谈会”，并发表了题为《再谈从小城镇到区域经济》的书面发言。

12 月 28 日，住进北京医院。

2004 年

住院治疗。在“北京论坛”发表《“美美与共”与人类文明》书面发言；群言出版社出版《费孝通文集》第 16 卷。

2005 年

4 月 24 日，在北京病逝。